Crosby · Qualität bringt Gewinn

Philip B. Crosby

Qualität bringt Gewinn

McGraw-Hill Book Company GmbH

Hamburg · New York · St. Louis · San Francisco · Auckland · Bogotá · Guatemala
Johannesburg · Lissabon · London · Madrid · Mexiko · Montreal · New Delhi
Panama · Paris · San Juan · São Paulo · Singapur · Sydney · Tokio · Toronto

Titel der Originalausgabe:
Quality is Free. The Art of Making Quality Certain

© 1979 by Philip B. Crosby

Aus dem Amerikanischen übersetzt von Helga Huisgen

© 1986 by McGraw-Hill Book Company GmbH, Hamburg

Umschlag: Grafik Design Studio, Hamburg
Gesamtherstellung: Druckerei Bitsch GmbH, Birkenau

Printed in Germany
ISBN 3-89028-045-5

Inhaltsverzeichnis

Für Harold S. Geneen

Aus der Praxis des Qualitätsmanagements

Man mag darüber diskutieren, welcher Buchtitel treffender ist, *Qualität bringt Gewinn* oder, wie es im Originaltitel heißt, *Qualität kostet nichts*. Vermiedene Kosten sind relativer Gewinn.

Wenn also Qualität Gewinn bedeutet, wird Qualität ein unternehmerischer Faktor. Qualität ist keine Randbedingung mehr, die erfüllt wird, wenn es die kommerziellen Gesichtspunkte zulassen, sondern eine Quelle des Gewinns. Diese Quelle muß aber erst geschaffen werden.

Qualität kann nicht erzeugt werden, wenn das Produkt schon fertig ist. Wenn jedoch alle vorhergehenden Schritte der Produktentwicklung und Fertigungsvorbereitung so ablaufen, daß nur noch einwandfreie Produkte entstehen können, sprudelt die Quelle für alle Zukunft und Kosten für Nachbesserung und Gewährleistung entfallen ein für alle Mal.

Aber nach erfolgreicher Fertigung ist das Produkt noch nicht beim Kunden, es darf also noch nicht aus der Kette der Qualitätssicherungsmaßnahmen entlassen werden. Die je nach Unternehmensgröße umfangreiche Organisation von Planung, Logistik und Kundenauftragsbearbeitung bedarf in gleicher Weise der Qualitätssicherung, nicht anders als die traditionelle Fertigung.

Dies zeigt, daß *jeder Mitarbeiter* angesprochen ist. Aus der Kenntnis seines Arbeitsplatzes wird er sagen, wie Fehlern *vorgebeugt* werden kann, vorausgesetzt, er ist sich seines Anteils am Ganzen bewußt.

Das Prinzip des Vorbeugens ist *universell*, nicht nur für methodische Arbeitsabläufe, sondern für alle Funktionen, die von Einzelpersonen ausgeführt werden; wohlgemerkt, für *alle* Funktionen, unabhängig von hierarchischen Strukturen. Die Führungskräfte sind dabei nicht nur einfach Vorbild, sie schaffen die Rahmenbedingungen für den *praktizierten* Qualitätsprozeß.

Wenn erst einmal sichtbar und wirklich glaubhaft gemacht wurde, daß sich das Management in diesem Sinne verpflichtet hat, sind es die Mitarbeiter, die neue Chancen für qualitativ bessere Resultate ihrer Arbeit sehen und oft die ersten sind, die auf die Realisierung des Prozesses drängen.

Auch wenn Ihnen der Weg beschwerlich erscheinen sollte: Viel Erfolg!

Wolfgang Junghans
Leiter des Referates Qualitätswesen
Valvo
Unternehmensbereich Bauelemente
der Philips GmbH

Vorwort

Ich habe mir angewöhnt, auf allen Reisen meine Schreibmaschine mitzuführen. Beim Mieten von Schreibmaschinen gibt es tausend Wenn und Aber, und zumeist kann man sich auf sein Schreibgerät am Ende nicht verlassen. Die Schreibmaschine beim Einchecken am Flugplatz zusammen mit dem Gepäck aufzugeben ist wenig ratsam. Die Außengehäuse von tragbaren Schreibmaschinen sind einfach nicht für die normale „Gepäckbehandlung" konstruiert. Schreibmaschinen, die eine solche Behandlung überstehen würden, könnte man nicht mehr tragen.

Da ich die Maschine also immer im Handgepäck bei mir habe, werde ich regelmäßig von Mitpassagieren gefragt, ob ich Schriftsteller sei. Wenn man wirklich Schriftsteller wäre, brauchte man nur ja zu sagen, und schon wäre für eine angeregte Unterhaltung während der Reise gesorgt. Ich habe mich jedoch nie als Schriftsteller betrachtet. Ich betrachte mich als professionellen Manager, der auf vielerlei Wegen Kommunikation betreibt; einer dieser Wege ist das Schreiben.

Das mag Ihnen vielleicht nur wie ein kleiner Definitionsunterschied vorkommen, aber in Wirklichkeit ist es mehr als das. Eigene Ideen so darzulegen, daß andere sie verstehen, darum geht es hier letzten Endes. Konzepte in einer so attraktiven Verpackung anzubieten, daß Angesprochene sie zumindest einiger Gedanken würdigen muß, das ist seit jeher mein Anliegen gewesen. Manche meiner Konzepte, die ich so an den Mann zu bringen versuchte, sind tatsächlich akzeptiert worden, aber in aller Regel erst einige Jahre, nachdem ich mit ihrer Entwicklung begonnen hatte. Im Grunde ist das nur gerecht so, denn das Konzipieren von Ideen nimmt ja auch viele Jahre in Anspruch.

Ich fühlte mich nicht von Anfang an zum Manager berufen; meine Familie erwartete von mir, daß ich die medizinische Laufbahn einschlagen würde. Mein Vater war Fußpfleger, mein Onkel Arzt und die ganze übrige Familie war auf die eine oder andere Weise im medizinischen Bereich tätig. Ich wuchs mit der festen Vorstellung auf, ebenfalls für diesen Bereich bestimmt zu sein.

Keine Angst, ich habe hier nicht vor, meine Lebensgeschichte zu erzählen; Sie wären wahrscheinlich schon eingeschlummert, ehe Sie die nächste Seite erreichten. Keine Lebensgeschichte also, aber auf etwas will ich mit dieser Einleitung doch hinaus. Ich habe im Betriebsleben ganz unten angefangen und auf dem Weg nach oben jede nur erdenkliche Tätigkeit ausgeführt. Ich war Inspektor, Kontrollingenieur, stellvertretender Werkmeister, Nachwuchstechniker, Zuverlässigkeitsprüfer, technischer Gruppenleiter, Sektionschef, Betriebsleiter, Vorstandsmitglied des Konzerns − alle Stufen der Leiter also. Ich bin dadurch in den Genuß einer „Ausbildung mit schmutzigen Fingernägeln" gekommen, die mir wohl versagt geblieben wäre, wenn mir das Schicksal eine Familie zugedacht hätte, die an den Gott des Ingenieurs- oder Rechnungswesens glaubte.

Dank dieser persönlichen Erfahrungen betrachte ich alle Betriebsvorgänge von vornherein aus der Sicht derer, die die Dinge letzten Endes ausführen müssen. Ich meine, daß Konzepte und ihre Anwendung auf Menschen zugeschnitten sein müssen. Hin und wieder erhasche ich einen kurzen Blick auf die Zukunft, genug, um zu wissen, welche Konzepte Eingang finden werden und welche nicht. Bei der Vorbereitung dieses Buchs habe ich das Schwergewicht auf das praktische Vorgehen gelegt, wie sich Programme und Konzepte innerhalb des Unternehmens vermitteln lassen, so daß Ergebnisse erzielt werden.

Es hat schrecklich lange gedauert, bis dieses Buch zustande kam. Ein Großteil des dafür vorgesehenen Materials wurde im Lauf der Jahre wieder verworfen. Die Prüfmatrix sowie das Programm ,,Auf Nummer Sicher Gehen'' wurden neu entwickelt. Beide Qualitätsverbesserungs-Programme sind einzigartig in der Konzeption, wenig kostenaufwendig in der Durchführung und erstaunlich wirksam, was die Ergebnisse anbelangt. Sollte es Ihnen nicht gelingen, mit Hilfe der Prüfmatrix Ihr Management anzusprechen und mit Hilfe des ,,Auf Nummer Sicher Gehen''-Programms die Belegschaft Ihres Betriebs zu erreichen, nun, dann stecken Sie in Schwierigkeiten, aus denen auch dieses bescheidene Buch Ihnen nicht heraushelfen kann. Und zwar sind das dann keine Unternehmensschwierigkeiten, sondern Verständnisschwierigkeiten.

Meine Mitarbeiter haben während der Vorbereitung dieses Buchs die größte Geduld mit mir bewiesen. Meine Sekretärin Virginia Brauneck hat sich durch mein unordentlich getipptes Manuskript gekämpft und dieses in druckreifes Englisch übersetzt. Abwechselnd enerviert und amüsiert, hat sie bei dieser Arbeit viel von sich selbst eingebracht. Ich weiß es zu würdigen.

Meine Vorgesetzten haben mich mit ihren Kommentaren und ihrem Interesse zum Weitermachen ermutigt. Nicht alle Konzerne hätten dafür Verständnis, daß ein Mitglied ihrer Konzernleitung Nacht für Nacht in einem Hotelzimmer sitzt und auf einer Schreibmaschine herumhämmert. Der Konzern, für den ich arbeite, erkennt, daß Kommunikation die treibende Kraft ist, durch die unsere Gesellschaft in Gang gehalten oder abgewürgt wird.

Im Lauf dieser fünfundzwanzig Jahre habe ich von mehr Menschen Hilfe und Unterstützung erfahren, als sich hier aufführen lassen. Drei dieser Menschen sind heute nicht mehr am Leben. Sie bedeuteten mir sehr viel, und so würde ich gerne an dieser Stelle die Erinnerung an Tom Willey, Jim Halpin und Murray Hack wachhalten.

Und dann wäre natürlich noch die Familie Crosby zu erwähnen: Shirley, Phylis, Philip und Kathy. Sie zeigen immer Verständnis; jedenfalls ist mir ihre Liebe immer sicher.

Ich hoffe, Sie lesen die ersten drei Kapitel der Reihenfolge nach durch. Sie können sich dann nämlich einen viel besseren Reim auf den Inhalt des ganzen Buches machen. Danach können Sie wahllos Stellen herausgreifen, wie Sie mögen. Es ist schließlich Ihr Buch.

Philip B. Crosby
John's Island, Florida

TEIL EINS

Wie ist Qualität zu verstehen?

Qualität kostet nichts. Sie wird einem nicht geschenkt, aber sie kostet nichts. Was dagegen Geld kostet, ist der Mangel an Qualität — all die Handlungen, die nicht auf Anhieb richtig ausgeführt werden.

Qualität kostet nicht nur nichts, sie ist zudem im wahrsten Sinne gewinnbringend. Jede Mark, die Sie nicht dafür ausgeben, daß etwas falsch gemacht, wiederholt oder ersetzt wird, ist unter dem Strich schon wieder eine halbe Mark zu Ihren Gunsten. Und heutzutage, wo es allgemein heißt „Wer weiß, wie es morgen um unseren Betrieb steht?", gibt es nicht mehr allzu viele Möglichkeiten, höhere Gewinne zu erzielen. Wenn Sie Ihr Hauptaugenmerk auf die Qualitätssicherung richten, können Sie aller Wahrscheinlichkeit nach Ihre Gewinne um einen Betrag in der Größenordnung von 5 bis 10 Prozent Ihres Umsatzes verbessern. Das ist eine Menge Geld, das Sie umsonst haben können.

In diesem Buch geht es darum, wie man den sicheren Weg zu Qualität finden kann. Jeder Manager, ganz gleich welchen betrieblichen Vorgangs oder welcher Funktion, kann praktische, nicht an Technologie gebundene Schritte unternehmen, um Qualität zu verbessern. Er hat es in der Hand, die berüchtigten Programmierungsfehler zu verhindern, ebenso wie die unbrauchbaren Schrauben, die kalt gewordenen Steaks, die verlorengegangenen Pakete, die falsch ausgestellten Rechnungen. Alle Wege, Mittel und Konzepte, mit denen sich Qualität sicher gewährleisten läßt, sollen in diesem Buch aufgezeigt werden.

1

Der sichere Weg zu Qualität

Was heißt „Qualität sicherstellen‟? „Die Leute dazu bewegen, daß sie all die sinnvollen Dinge tun, die sie ohnehin tun sollten‟ wäre keine schlechte Definition. „Die Leute‟ schließt dabei die oberste Führungsspitze ebenso ein wie die unteren Ränge der Belegschaft. Es gehört schließlich mit zur Aufgabe eines Spitzenmanagers, zu gewährleisten, daß alle Management-Funktionen im Betrieb erfüllt werden können. Die Schwierigkeit ist natürlich die, daß jeder, der eine Spitzenposition im Management erreicht, seinen Weg nach oben innerhalb eines bestimmten Unternehmensbereichs gemacht hat, so etwa im Bereich Finanzen oder Technik, dem eine begrenzte, spezifische Funktion zugeordnet ist; er hat also nicht notwendigerweise auch die Qualität der Gesamtleistungen im Auge. Es ist durchaus möglich, daß Spitzenmanagern der Einblick fehlt, auf welchem Weg Qualität zu erreichen ist. Oder aber, was noch schlimmer ist, sie sind vielleicht der irrigen Meinung, sie hätten diesen Einblick. Dieser Typus kann am meisten Schaden anrichten.

Es ist Sache des professionellen Qualitätsmanagers, dafür Sorge zu tragen, daß die oberste Führungsebene über diesen Teil ihrer Aufgabe unterrichtet ist. Man muß dazu weder besonders klug noch besonders mutig sein; man muß lediglich in der Lage sein, sich bei der Erläuterung der ganzen Angelegenheit unmißverständlich auszudrücken. Fachleute, die, wann auch immer, die Dinge in einer rätselhaften Terminologie erklären, leisten sich und ihrer Funktion einen Bärendienst. Es mag ihnen zwar einige Genugtuung bereiten, wenn sich auf den Gesichtern ihrer Vorgesetzten offenkundige Verwirrung malt, doch diese Verwirrung macht allen Beteiligten die Arbeit nur noch schwerer.

Meine ersten Erfahrungen im Qualitätssektor machte ich als junger Techniker beim Testen von Feuerleitsystemen für die B-47. Ohne jede Schulung und ohne Grundlagenkenntnisse, lernte ich die einfachen Vorgänge des Justierens und Messens, ohne mir je wirklich Gedanken darüber zu machen, warum das alles überhaupt nötig sei.

Es kam mir tatsächlich in meinen ersten vier oder fünf Jahren bei ähnlichen Beschäftigungen nie in den Sinn, mir darüber Gedanken zu machen. Doch dann ergab es sich, daß ich mit Zuverlässigkeitsprüfungen in Berührung kam. Die meisten Konzepte und ihre Anwendungen waren ziemlich breiig und mathematisch, doch sie offenbarten mir etwas, das ich zuvor nie bedacht hatte: die Vorbeugung.

Daß eine solche Möglichkeit bestünde, hätte ich mir nie träumen lassen: „Warum so viel Zeit mit dem Aufspüren und Definieren und Bekämpfen von Fehlern vertun, wenn man deren Auftreten von vornherein verhindern könnte?‟

Alle Welt, so schien es, war überzeugt, daß Fehlerverhütung — zumindest im großen Maßstab — ein höchst erstrebenswertes, aber völlig unerreichbares und nicht praktikables Ziel sei. Man redete immer davon wie von König Salomos Traum über die verlorenen Diamantenminen. Ich führte viele lange, ernsthafte Gespräche mit Fachleuten, die mir klipp und klar zu verstehen gaben, daß wahre Qualität nicht über den Weg der Fehlerverhütung zu erreichen sei. ,,Die Ingenieure machen da nicht mit.'' ,,Das Verkaufspersonal läßt sich einfach nicht schulen und ist ein wenig unzuverlässig.'' ,,Mit solchen Konzepten erreicht man nie die oberste Management-Ebene.'' ,,Die Qualitätsspezialisten glauben ja selbst nicht daran.''

Mir war sofort klar, daß sich hier die Gelegenheit bot, die ich gesucht hatte. Wir hatten es mit einem Problem zu tun, an dessen Lösung jeder interessiert war, aber für das sich keiner verantwortlich fühlte. Ich hatte nichts weiter zu tun, als auf irgendeine Weise ihr Engagement für eine Verbesserung zu wecken, ohne sie durch die Erkenntnis bloßzustellen, daß sie mit ihrer Ansicht die ganze Zeit unrecht gehabt hatten.

Im Lauf der nächsten paar Jahre, in denen ich viel über Qualitätsmanagement dazulernte, wurde mir klar, daß man nie auf einen grünen Zweig kommen würde, wenn man die Sache vom herkömmlichen Standpunkt aus anging. Da gab es immer wieder Qualitätsmanager, die stolz aufstanden und verkündeten, sie übernähmen die persönliche Verantwortung für die Qualität innerhalb eines bestimmten Vorgangs. Und ebenso regelmäßig, nur nicht mehr ganz so stolz, wurden sie in die Wüste geschickt, wenn sie nicht in der Lage waren, alle ,,Qualitätsprobleme'' des Unternehmens zu lösen.

Als Qualitätsmanager im Projektbereich wurde ich allwöchentlich vom Projektleiter in seiner Stabssitzung abgekanzelt, weil ich die angestrebten Zielvorgaben nicht erreicht hatte, während die wirklichen Missetäter aus den Bereichen Technik, Herstellung und Vertrieb verstohlen ein Gähnen unterdrückten und sich die ganze Angelegenheit vom Tisch wünschten, damit sie endlich an ihre wichtige Arbeit zurückkämen.

Es war nur allzu offensichtlich, daß manche grundlegenden Vorstellungen so tief verwurzelt sind, daß sie durch die bloße Feststellung, sie seien falsch, nicht ins Wanken zu bringen sind.(Hier wäre anzumerken, daß diese Erkenntnis mit ein Grund ist, warum ich die Aktivitäten von Minderheiten und Frauenrechtlerinnen, die eine ihnen zugewiesene Rolle abzuschütteln versuchen, immer unterstützt habe.) Doch zur aktiven Revolution als Qualitätsmanager entschloß ich mich erst, als einer der Juristen des Unternehmens eines Tages allen Ernstes zu mir sagte, er verstehe nicht so recht, ,,was ein heller Kopf wie Sie in einer kleinen Sackgasse wie dem Qualitätsmanagement verloren habe''. Wenn ich je mit dem Gedanken gespielt habe, dem Qualitätssektor den Rücken zu kehren, dann hat diese Bemerkung mich zum Gegenteil bewogen. Ein paar Veränderungen waren überfällig.

Also konzentrierte ich mich auf die eigentlichen Probleme. Zunächst war es notwendig, das oberste Management und damit zugleich die unteren Führungsebenen davon zu überzeugen, daß Qualität ein vordringlicher Teilaspekt eines Arbeitsvorgangs ist, in seiner Bedeutung gleichwertig mit allen anderen Teilaspekten. Zum zweiten mußte ich mir etwas einfallen lassen, um das das ganze Qualitätskonzept so darzustellen, daß es von jedermann verstanden und begeistert unterstützt würde. Und drittens mußte ich in eine Position gelangen, die mir als Ausgangsbasis dienen könnte, um in der ganzen Welt für Qualität einzutreten.

Ich glaube, die genannten Ziele wurden ausnahmslos erreicht. Ich gehöre dem leitenden Management eines der größten Industrieunternehmen der Welt an und verdiene ebensoviel Geld und habe ebenso viele Rechte wie die übrigen leitenden Führungskräfte. Wir haben effektive und in den normalen Ablauf eingegliederte Wege gefunden, daß das Qualitätskonzept von allen verstanden wird und der Informationsaustausch zwischen Unternehmensspitze und Basis in beiden Richtungen funktioniert. Man hat mir, zumindest in den vergangenen fünf Jahren nicht, nun nie mehr vorgehalten, es gäbe da ein „Qualitätsproblem", gegen das ich etwas unternehmen müsse.

Dasselbe können Sie auch erreichen. Sie müssen sich lediglich die Zeit nehmen, die Konzepte zu verstehen, sie den anderen beibringen und immer wieder Druck hinter das Gebot der Fehlervorbeugung setzen. Es ist von Vorteil, wenn Sie sich darin üben, sich klar auszudrücken, und es ist ebenso von Vorteil, wenn Sie sich nicht emotional in die Probleme anderer verwickeln lassen. Aber das ist alles erreichbar und ausgesprochen praktikabel.

Dieses Buch ist so aufgebaut, daß es Ihnen einen direkten Leitfaden für alle Maßnahmen an die Hand gibt, die für ein adäquates Qualitätsmanagement-Programm erforderlich sind. Fallbeispiele, samt und sonders meinem persönlichen Erfahrungsbereich entstammend, geben über praktisch alle Fragen Aufschluß, denn aus ihnen können Sie ersehen, wie andere in realen Situationen reagiert haben. Bei einem der interessantesten dieser Fallbeispiele geht es um die Erstellung eines Qualitätsmanagement-Programms für den gesamten ITT-Konzern. Ich führe es hier ohne namentliche Erwähnung der Beteiligten an, denn derer waren einfach zu viele. ITT hatte 1979 350.000 Beschäftigte und einen Jahresumsatz von über 15 Milliarden Dollar. Es gab an die 2.500 leitende Angestellte und über 200 Mitglieder der Geschäftsleitung. Sie müssen mir einfach glauben, wenn ich sage, daß sie alle mitgemacht haben. Wenn ich ihre Namen hier auflisten wollte, käme so etwas dabei heraus wie das Telefonbuch von Bochum.

Ich führe den genannten Fall hauptsächlich deswegen an, um den Grundgedanken dieses Buchs mit Tatsachenmaterial zu untermauern. Der Grundgedanke lautet, daß Qualität eine realisierbare und meßbare, gewinnbringende Sache ist, die sich durchsetzen läßt, sofern man sich mit Engagement und entsprechenden Kenntnissen dafür einsetzt und bereit ist, hart dafür zu arbeiten. Das hier zitierte Fallbeispiel soll lediglich eine Schilderung von Strategie und Einsatz sein, kein persönlicher Leistungsbericht.

Im Jahr 1965 beschloß die Führungsspitze von ITT, auf Gesamtunternehmensbasis etwas für Qualitätssicherung zu tun. Es war offenkundig, daß Qualität nicht zu den vorrangigen Unternehmenszielen gehörte. Es war nicht etwa so, daß Qualität bewußt als unwichtig eingestuft wurde; keiner hatte etwas gegen Qualität. Aber als fester Bestandteil eines Industrieunternehmens, wie es zum Beispiel Belegschaft, Herstellung, Technik usw. sind, war Qualität nicht vertreten. Meiner Ansicht nach aber ist Qualität der entscheidende Katalysator, von dem Erfolg oder Mißerfolg des Unternehmens abhängt, und so war es mein erstes Ziel, das Streben nach Qualität zur betrieblichen Gesamtaufgabe zu machen. Das bedeutete, daß absolut korrekte Anforderungen festgesetzt und absolut eingehalten werden müßten und daß jeder bestrebt sein müßte, es gleich richtig zu machen. Dieses Bestreben mußte fester Bestandteil des täglichen Ablaufs werden.

Für das ITT-Qualitätsprogramm wurden vier Ziele konzipiert. Diese Ziele haben sich im Lauf der Jahre sehr gut bewährt, und ich kann sie anderen „Zielformulierern" nur wärmstens empfehlen:

1. Ein kompetentes Qualitätsmanagement-Programm für jeden Betriebsvorgang sowohl im Fertigungs- als auch im Dienstleistungsbereich erstellen.
2. Unvorhergesehene Qualitätsabweichungen eliminieren.
3. Die Kosten für Qualität reduzieren.
4. ITT zum Maßstab für Qualität machen — weltweit.

Für die Erreichung dieser Ziele konnte kein riesiger Beraterstab in der Chefetage zusammengetrommelt werden, um jedes potentielle Problem bereits im Keim zu ersticken. Es gab nur mich und eine Sekretärin, die noch für zwei andere Leute arbeitete. Es war etwa so, wie wenn man ein Floß aus Treibholz zusammenzimmert, während man schon von den Stromschnellen mitgerissen wird.

So setzte ich von Anfang an ganz bewußt auf eine Strategie, die eine kulturelle Revolution auslösen sollte — eine kulturelle Revolution, die überdauern und Teil des gesamten Unternehmensgerüsts werden sollte. In Zukunft sollte Feuerbekämpfung durch Fehlervorbeugung ersetzt werden; Qualität sollte als ebenbürtige „Priorität unter Prioritäten" anerkannt werden; die Gewohnheit, es gleich richtig zu machen, mußte zur Routine werden; und, was das Allerwichtigste war, diese ganze umwälzende Veränderung sollte innerhalb der Units (die bei ITT übliche Bezeichnung für Tochtergesellschaften und andere Betriebe) stattfinden, weil diese selbst eine derartige Veränderung verlangt hatten.

In meiner Vorstellung hat ein vollständiges Qualitätsprogramm für alle Unternehmensbereiche immer schon wie ein „Tisch" ausgesehen, auf dem alle „Gütesysteme" ausgebreitet sind. Qualitätssicherung, Zuverlässigkeit, Qualitätswesen, Zulieferqualität, Abnahme, Produktqualifikation, Ausbildung, Messungen, Kundendienst, Qualitätsverbesserung und Meßtechnik; und alle weiteren Qualitätssysteme und -konzepte sind auf diesem Tisch ausgebreitet. Das Management sucht sich unter diesen Instrumenten aus, was es braucht, und wendet sie auf sein gesamtes Problem an. Es ist weder notwendig noch ratsam, auf jeden einzelnen Vorgang ein und dasselbe Qualitätsprogramm anzuwenden. Bei ITT zum Beispiel kann eine Unit aufgrund ihres speziellen Profils und ihrer Bedürfnisse sehr wenig direkte Arbeitsbeziehungen mit einer anderen Unit haben, und doch sind für alle beide Programme erforderlich, die sowohl auf sie selbst zugeschnitten und gleichzeitig im Rahmen des gesamten Unternehmens effektiv sind.

Um solch ein Programm zu erstellen, bedarf es weitaus mehr an Kenntnissen und Kräfteeinsatz als einer bloßen Aufzählung der Werkzeuge in unserem Werkzeugkasten. Unser Tisch der Gütesysteme muß vielmehr von vier Pfosten oder Tischbeinen getragen sein, und diese müssen in ihrer Konstruktion aufeinander abgestimmt sein. Obwohl sie in Wirklichkeit zu ein und demselben Verfahren gehören, wollen wir sie hier eines nach dem anderen besprechen.

Die vier Tischbeine sind:

- Mitwirkung und Einstellung des Managements
- Professionelles Qualitätsmanagement
- Speziell konzipierte Programme
- Anerkennung

Mitwirkung des Managements. „Mitwirkung" ist die zutreffendere Bezeichnung für dieses Tischbein als der Ausdruck „Unterstützung". Wo es um Qualität geht, muß das Management mitten in die Materie hineingehen und aktiv werden. Diejenigen unter uns, die für andere arbeiten, tendieren dazu, sie ständig zu überwachen und einzuschätzen. Wir behalten sie fortwährend im Auge, um festzustellen, welche Einstellungen und Ansichten bei ihnen überwiegen. Wir wollen in Erfahrung bringen, was sie freut oder genauer gesagt, was sie ärgert. Und wir entwickeln großes Geschick im Aufspüren und Normieren von derartigen Informationen. Daß das Management auf allen Ebenen die richtige Einstellung und das richtige Verständnis von Qualität hat, ist nicht nur von größter Wichtigkeit – es ist absolut entscheidend.

Den ersten zähen Kampf – und der ist niemals ganz ausgefochten – kostet es, das herkömmliche Wissen in bezug auf Qualität zu überwinden. Aus unerfindlichen Gründen bekommt jeder Jungmanager dieses Wissen vermittelt. Das traditionelle Vorurteil besagt: Qualität ist gleichbedeutend mit Hochwertigkeit; sie ist nicht meßbar; Fehler sind nicht zu vermeiden; und die Leute haben nicht das mindeste Interesse, gute Arbeit zu leisten. Ganz gleich, für welches Unternehmen sie arbeiten oder wo sie ausgebildet wurden oder aufgewachsen sind – alle jungen Manager haben ähnlich irrige Vorstellungen. Aber in der praktischen Wirklichkeit ist Qualität etwas ganz anderes. Qualität heißt Erfüllung von Anforderungen; sie ist sehr genau meßbar; Fehler sind von keinem Naturgesetz vorgeschrieben; und die Leute arbeiten heute so hart wie eh und je. Diese Grundthesen werden in den folgenden Kapiteln in aller Ausführlichkeit behandelt. Was jedoch von vornherein klar sein dürfte, ist, daß die Leute sich in ihren Leistungen nach den Erwartungen ihrer Vorgesetzten richten. Wenn das Management davon ausgeht, daß die Leute kein Interesse haben, dann haben sie auch kein Interesse.

Bei ITT war unsere Tätigkeit überwiegend darauf gerichtet, die Irrmeinungen aus der Welt zu räumen und sie durch solche zu ersetzen, die dem Tisch der Gütesysteme als Stütze dienen könnten. Wir hielten überall in der Welt, wo ITT Niederlassungen hat, regelmäßig Seminare ab. All die Geschäftsführer und Betriebsleiter, die an Programmen teilgenommen hatten und den Begriff Qualität richtig verstehen gelernt hatten, gaben ihr Wissen an andere weiter. Sie schlossen sich dem „Glaubensfeldzug" an, und das Wort machte die Runde: „Die Programme funktionieren tatsächlich, und dem Qualitätsapostel kann man trauen." 1967 kam noch ein weiterer Qualitätsspezialist zum Stab, und im Jahr 1968 wurde eine eigene Qualitätsabteilung für das gesamte Unternehmen gegründet. Zu jenem Zeitpunkt wurden uns drei leitende Qualitätsmanager aus den Units zugeordnet.

Von einer Bereichsgruppe zur anderen, von Unit zu Unit arbeiteten wir uns allmählich durch das ganze Unternehmen. Gaben Orientierungshilfen, unterstützten, redeten, erteilten Anleitung, rückten den Leuten auf die Pelle, taten alles mögliche, um Dampf hinter die Sache zu setzen. Den neu zum Unternehmen hinzugekommenen Managern wurde das Gefühl vermittelt, die Mitwirkung am Qualitätsprogramm sei üblich und werde von ihnen erwartet. Sie machten daher gleich voll mit. Heute müßte man lange suchen, um auf der Führungsebene noch jemanden ausfindig zu machen, der noch nicht die richtige Überzeugung hat.

Professionelles Qualitätsmanagement. Früher waren bei ITT nicht viele Qualitätsspezialisten in den einzelnen Units anzutreffen, weil sie in den Bereichen Herstellung und Technik vergraben waren, sofern es überhaupt Fachleute gab, die für Qualität zuständig waren. Und wenn es sie gab, ließ man sie meistens nicht auf Reisen gehen. So riefen wir also für jedes Gebiet einen eigenen Qualitätsausschuß (Expertengruppe) ins Leben. In den Vereinigten Staaten wie auch in Europa fanden sich Qualitätsfachleute zusammen, um sich gegenseitig zu unterstützen und das jeweils erforderliche Programm zu ermitteln. Heute gibt es siebenundzwanzig Ausschüsse für verschiedene Produktlinien oder Service, und einige der speziellen Länderausschüsse treten weiterhin zusammen. Darüber hinaus gibt es auf allen Kontinenten übergeordnete Ausschüsse, in denen alle Vorsitzenden der Qualitätsausschüsse zusammentreten. Der Informationsaustausch zwischen den einzelnen Niederlassungen klappt bestens und ist sehr anregend.

Zur Unterstützung der Ausschüsse und der Programme riefen wir eine Akademie für Qualität ins Leben. Seit Bestehen dieser Akademie haben über 24.000 Personen ihre Abschlußqualifikation für Lehrgänge im Qualitätsmanagement und in der Sicherung von Produktqualität entgegengenommen. Die Akademie ist das Rückgrat der ganzen Sache. Immer wenn wir meinen, nun sei keiner mehr da, der die Ausbildung brauche, ist die Anmeldeliste schon wieder voll. Das Programm hat sich als sehr wirksam erwiesen. Alle Qualitätsfachleute bei ITT stimmen in ihrer Interpretation der Programme überein. Sie haben sich innerhalb der Organisation freigekämpft, und ihre Rückmeldungen erreichen zumindest die Betriebsebene, auf der sie Qualitätssicherung durchführen. Damit steigt die Wahrscheinlichkeit, daß die Programme richtig zur Anwendung gelangen.

Speziell konzipierte Programme. Herkömmliche Programme zur Qualitätssicherung sind negativ und eng begrenzt in der Anwendbarkeit, und das war auch bei ITT nicht anders. Da sie in erster Linie auf die Leistungsprüfung im Produktsektor ausgerichtet waren, schreckten sie das Management oft eher ab, als es für die Programme zu gewinnen. Um dem Abhilfe zu schaffen, entwarfen wir zahlreiche Programme mit praktischen Maßnahmen, die auf Unit-Ebene durchgeführt werden konnten.

Die Qualitätsverbesserung durch Fehlervorbeugung ist ein Vierzehn-Schritte-Programm und die Grundlage aller Qualitätsprogramme bei ITT; es wird an einer späteren Stelle in diesem Buch noch ausführlich beschrieben. Dieses Programm ist in jedem technischen oder kaufmännischen Betrieb des Unternehmens durchgeführt worden. Einige von ihnen haben damit große Erfolge erzielt; andere waren weniger erfolgreich. Aber nirgendwo trat eine Verschlechterung ein.

Es dauert vier oder fünf Jahre, bis man die Leute so weit hat, daß sie die Notwendigkeit für ein derartiges Verbesserungsprogramm einsehen und allmählich Vertrauen dareinsetzen. Ich hatte zunächst eine sechzehnseitige Broschüre zusammen mit einem Tonband verschickt, um alle Units über das Null-Fehler-Konzept zu informieren. Das Ergebnis war verblüffend. Niemand nahm auch nur im mindesten Notiz davon. Das Material wurde nicht einmal zurückgeschickt. Es war augenfällig, daß die Umstellung und die Unterweisung der Reihe nach in den einzelnen Units vorgenommen werden mußten, bis wir die ersten Erfolgserlebnisse hatten, die wir in den Seminaren anführen konnten.

Weitere eigens konzipierte Programme waren: ,,Fünf Mark pro Tag'', ein Programm zur Kostensenkung; ,,Null-Fehler-30'' (ein Dreißig-Tage-Programm in einem Schuber mit ausreichend Informationsmaterial für einen Schulungsleiter und acht bis zehn seiner Mitarbeiter); Verbraucherfragen; Selbstkontrollprogramm für Umweltfreundlichkeit; Prüfmatrix für das Qualitätsmanagement; Musterqualität (ein System für die Herstellung von gedruckten Schaltungen); Qualitätsverbesserung in Wartungsbetrieben; ,,Auf Nummer Sicher gehen''; und viele andere.

Anerkennung. Dieses unentbehrliche Element eines jeden Qualitätsprogramms wird häufig übersehen oder nicht ausreichend verwirklicht. Richtig angewendet wird es Glanzpunkt und Anreiz des gesamten Qualitätssystems. Im Jahr 1971 riefen wir die Auszeichnung ,,Ring für Qualität'' ins Leben. Wir waren zunächst von dem Gedanken ausgegangen, jenen Mitarbeitern besondere Anerkennung zukommen zu lassen, die dem Qualitätsprogramm über einen Zeitraum von fünf Jahren oder auch durch eine aufsehenerregende spezifische Einzelmaßnahme hervorragende Dienste geleistet hatten. Doch sehr bald schon entwickelte sich das Programm so, daß die Ausgezeichneten von gleichgestellten Mitarbeitern nominiert wurden. Auf dieser Basis haben wir Tausende von Nominierungen geprüft und 182 goldene Ringe an Gewinner verliehen. Darüber hinaus haben wir Hunderte von Nominierten mit silbernen Nadeln und besonderer Erwähnung ausgezeichnet. Dabei haben wir all die Nominierungen ausgeschlossen, die von Untergebenen vorgeschlagen wurden. Nur Nominierungen, die aus derselben Unternehmensebene kommen, machen die Auszeichnung sinnvoll.

Die Auszeichnung ,,Ring für Qualität'' wird sehr ernst genommen. Die Verleihung erfolgt durch den Generaldirektor oder Präsidenten im Rahmen eines Festessens. Für viele der Ausgezeichneten ist das im wahrsten Sinne der größte Augenblick ihres Lebens. Ebenso wie das gesamte Programm genießen die Preisverleihungen höchstes Ansehen. Die positive Reaktion auf die Überreichung von Ringen und Nadeln hat eines klar bewiesen: Bargeld oder finanzielle Auszeichnungen sind für eine wirksame Anerkennung nicht persönlich genug.

Die Entwicklung und Einführung der vier ,,Tischbeine'' des Qualitätsprogramms war mit Reisen über Millionen von Kilometern, mit Tausenden von Gesprächsstunden und zahllosen Geschäftsessen verbunden. Daß sich die Mühe mehr als gelohnt hat, geht aus der folgenden Gegenüberstellung der erzielten Ergebnisse mit den ursprünglichen Zielen hervor.

Ein kompetentes Qualitätsmanagement-Programm für jeden Betriebsvorgang sowohl im Herstellungs- als auch im Dienstleistungsbereich erstellen

Als wir anfingen, gab es in etwa 5 Prozent unserer Firmen Qualitätsprogramme, die man als annehmbar betrachten konnte. Im Jahr 1977 fielen über 85 Prozent in diese Kategorie. Bahnbrechende Programme wurden zum ersten Mal auch für Hotels, Versicherungen, Autovermietungen und andere Dienstleistungsbetriebe erstellt. Die Zahl der kompetenten Fachleute auf dem Gebiet des Qualitätsmanagements hat so weit zugenommen, daß inzwischen genug Spezialisten zur Verfügung stehen.

Unvorhergesehene Qualitätsabweichungen eliminieren

Die Probleme mit unvorhergesehenen Abweichungen sind verschwunden. Probleme gibt es bei uns zwar nach wie vor, und oft sind es nur Winzigkeiten. Doch ehe die sich zu großen Schwierigkeiten auswachsen können, haben wir sie schon aufgespürt.

Die Kosten für Qualität reduzieren

Die Qualitätskosten (die in Kapitel 7 genauer ausgeführt sind) entsprechen den Aufwendungen, die durch Fehler verursacht werden. Dazu gehören Ausschuß, Nachbesserung, eine Wartung nach der anderen, Garantieleistungen, Gütekontrolle, Abnahmeprüfungen und ähnliche Vorgänge, die durch Nichterfüllung von Anforderungen notwendig gemacht werden. In der Zeit zwischen 1967 und 1977 wurden bei ITT die Qualitätskosten im Fertigungsbereich um einen Betrag in der Größenordnung von 5 Prozent des gesamten Umsatzes gesenkt. Das ist eine Menge Geld. Die vom Rechnungsprüfer ermittelte Kosteneinsparung belief sich 1968 auf einen Betrag von 30 Millionen Dollar; 1971 waren es 157 Millionen Dollar; im Jahr 1973 328 Millionen Dollar; und 1976 betrug die Summe gar 530 Millionen Dollar! Es war uns – mit Hilfe von Fehlervorbeugung – gelungen, Kosten in dieser Höhe einzusparen.

Natürlich wurde diese Leistung nicht allein von den Qualitätsspezialisten in den Units erbracht. Die Nachbesserer verschwanden von der Bildfläche, als es nichts mehr zum Nachbessern gab. Die Kosten für Garantiereparaturen wurden immer geringer, als die qualitativ einwandfreien Produkte im praktischen Einsatz nicht mehr versagten. Viele Faktoren haben zur Kostenreduzierung beigetragen, und das wird auch so bleiben.

Doch die Unternehmenswirklichkeit sieht heutzutage so aus, daß sich die Verkaufskosten Jahr für Jahr schneller erhöhen als die Erlöse. Das bedeutet nichts anderes, als daß Sie Kosten eliminieren oder reduzieren müssen, um Gewinne zu erzielen. Der einzige Weg, auf dem Sie dieses Ziel erreichen können, ist Fehlervorbeugung.

Auf Ergebnissen wie den genannten gründet sich meine Behauptung, daß Qualität nichts kostet. Ja, nicht nur umsonst zu haben ist, sondern einen beträchtlichen Beitrag zum Gewinn liefert.

ITT zum Maßstab für Qualität machen – weltweit

Das vierte und letzte Ziel war es, ITT weltweit zum Maßstab für Qualität zu machen. Wenn wir nun versuchen, unseren heutigen Stand zu definieren, ist die Frage durchaus zulässig: „Wer sagt das?" Offensichtlich sind wir noch weit von der vollständigen Erreichung dieses Ziels entfernt, aber enorme Fortschritte auf diesem Weg sind schon gemacht.

In Europa sind die Abnehmer für Produkte der Fernmeldetechnik fast ausschließlich staatliche Behörden. Noch im Jahr 1965 führten sie die Qualitätsüberwachung für alle unsere Produkte selbst durch. Sie hatten in sämtlichen unserer Betriebe in allen europäischen Ländern ihre eigenen Abnahmebeamten sitzen. Heute dagegen wird uns überall die Überwachung und Endabnahme selbst überlassen. In vielen Ländern hat man uns sogar die Prüfmarken ausgehändigt und schickt nur hin und wieder amtliche Prüfer. Diese staatlichen Behörden halten unsere Konkurrenten dazu an, ihre Arbeitsweise der von ITT ebenbürtig zu machen.

– Das sowjetische Elektronikministerium verschaffte sich einen Überblick über verschiedene westliche Systeme des Qualitätsmanagements und kam dann zu ITT, um sich von uns Anleitung zur Nachahmung geben zu lassen.
– Als McGraw-Hill ein neues Standardwerk für professionelles Management herausbrachte, wurde ITT gebeten, das Kapitel über Qualitätsmanagement zu verfassen.
– 1974 beurteilte American Express die Sheraton Hotelkette als die qualitativ schlechteste Hotelkette der Welt. 1979 schnitt Sheraton bei ihrer Beurteilung am besten ab.
– Wir erhalten ständig Anfragen nach irgendwelchen Informationen von anderen Firmen. Im Durchschnitt gehen jährlich über 400 Anfragen in unserem Hauptbüro ein.

Alle diese Erfolge sind das Ergebnis von sehr viel Planung und, schlicht und altmodisch, von harter Arbeit. Aber nicht nur unserer Planung und unserem Arbeitseinsatz ist das Ergebnis zu verdanken. Einer der wesentlichsten Faktoren für sein Zustandekommen war, daß es uns gelungen ist, das erste Bein des „Gütetischs" tragfähig zu machen – die Verpflichtung des obersten Managements.

Einer der Gründe, warum ich andere Firmen so ruhigen Gewissens an diesen Programmen teilhaben lasse, ist meine Gewißheit, daß viele sie gar nicht werden anwenden können. Nicht weil es ihnen dazu an Befähigung fehlt, sondern weil sie nicht auf eine Führungsspitze bauen können, die gewillt ist, sich zu gedulden, wenn das Programm zunächst mühsam angeleiert wird. Es hat fünf bis sieben Jahre unermüdlicher Anstrengung gekostet, die kulturelle Revolution bei ITT in die Wege zu leiten – und ich bezweifle ernsthaft, daß sie dort je wieder abgeschafft wird.

Wir sind uns bewußt, daß wir außergewöhnliche Führungskräfte an der Unternehmensspitze haben, denn nachdem sie einmal Einblick in die praktischen Realitäten von

Qualität gewonnen hatten, unterstützten sie die Projekte, wirkten an ihnen mit und standen uns auf dem ganzen Weg ermutigend zur Seite.

Alle Einzelheiten über das Wie, Warum und Was finden Sie in den folgenden Kapiteln. Dieser kurze Überblick über die Strategie, die hinter dem ITT-Programm steht, wurde hier nur eingefügt, um Ihnen eine Ahnung davon zu vermitteln, wie bei dem Programm alles aufeinander abgestimmt ist. Ich bin sicher, daß wir unser Ziel bereits sehr viel früher erreicht hätten, wenn mir die Prüfmatrix für das Qualitätsmanagement schon vor einigen Jahren zur Verfügung gestanden hätte. Und sicher hätte ich, wenn ich damals die Erfahrungen von ITT als ,,Argumentationshilfe'' hätte anführen können, weniger Schwierigkeiten gehabt, mir Gehör zu verschaffen.

Ihnen stehen sie zur Verfügung. Ziehen Sie also Nutzen aus dem, was gewesen ist. Warum nicht aus der Vergangenheit lernen?

2
„Qualität ist vielleicht nicht das, was Sie meinen"

Ich zweifle nicht daran, daß diejenigen, die dieses Buch zur Hand nehmen, sich der Hoffnung hingeben, sie könnten ihm irgendeine einzelne Information entnehmen, mit deren Hilfe sie all ihre Qualitätsprobleme auf der Stelle klären und auf Dauer lösen könnten. Vielleicht irgendsoeinen tiefgründigen Spruch wie: „Qualität ist wie Ballett, nicht wie Hockey."

Ich wünschte, es wäre so. Leider ist die Sache mit dem Qualitätsmanagement so einfach doch wieder nicht. Sie ist auch nicht so unerhört schwierig, aber es gehört mehr dazu als eine Einzeldosis Philosophie. Und außerdem verlangt sie unermüdlichen persönlichen Einsatz, Geduld und Zeit. Das eigentliche Problem beim Qualitätsmanagement ist weniger, was die Leute nicht wissen. Das Problem ist vielmehr, was sie zu wissen *glauben*. Was die Sache so erschwert, sind die herkömmlichen Vorstellungen über Qualität, wie sie Leute entwickeln, die lange Jahre auf einem Gebiet tätig waren, das mit Qualitätsmanagement nichts zu tun hat.

In dieser Hinsicht verhält es sich mit der Qualität nicht viel anders als mit dem Sex. Alle Welt ist dafür. (Unter gewissen Voraussetzungen natürlich.) Alle Welt glaubt Bescheid zu wissen. (Auch wenn sie es nicht gerne näher erklären würde.) Alle Welt meint, bei der Ausübung müsse man nur seinen natürlichen Neigungen folgen. (Schließlich kommen wir alle irgendwie zurecht.) Und natürlich glauben die meisten, an allen Schwierigkeiten auf diesen Gebieten seien die anderen schuld. (Wenn die *anderen* sich nur die Zeit nähmen, was sie tun, richtig zu tun.) In einer Zeit, in der jede zweite Ehe mit Scheidung oder Trennung endet, sind solche Vorstellungen ausgesprochen fragwürdig.

Es ist schwierig, eine sachliche und realistische Diskussion über Sex, Qualität oder andere komplexe Themen zu führen, ehe nicht einige grundlegende Irrtümer aufgedeckt und aus dem Weg geräumt sind. Zu diesem Schritt sind in der Regel nur die bereit, die offen zugeben, daß sie in Schwierigkeiten stecken, oder solche, die ein eher theoretisches Interesse am Dazulernen und Verbessern haben. Ich habe im Lauf der Jahre Hunderte von Diskussionen mit Managern im Unternehmensbereich geführt und kann ohne jede Einschränkung feststellen, daß ihr Interesse an Qualität direkt proportional zum Ausmaß des Gewinnrückgangs ist, mit dem sie zum jeweiligen Zeitpunkt konfrontiert sind. Über ihre Einstellung zum Sex kann ich keine Aussage machen.

Wo man Gelegenheit hat, die Begriffe des Qualitätsmanagements einem Personenkreis zu erläutern, der, aus welchen Motiven auch immer, bereit ist zuzuhören, kann man echtes Engagement wecken. Mit keinem anderen Ansatz kann ein Manager in so kurzer Zeit und mit so geringem Aufwand die Betriebsvorgänge optimieren, die Gewinne erhöhen und die Kosten reduzieren. Doch bevor all das möglich ist, müssen wir zunächst die Gedankengänge näher untersuchen, die der Auffassung Vorschub leisten, Qualität sei nichts anderes als Hochwertigkeit und immer mit Mehrkosten verbunden.

Bei der Diskussion über Qualität haben wir es mit Menschen zu tun. Auf diesem Grundgedanken ist das gesamte Konzept des Qualitätsmanagements in diesem Buch aufgebaut. Es sind Menschen, die für die Betriebsführung in einem Unternehmen verantwortlich sind, ganz gleich, ob es sich dabei um eine Gießerei oder ein Hotel handelt. Jeder Einzelmensch erbringt eine Einzelleistung. Diese Leistung wird vom Management bestimmt, genau beschrieben und zugewiesen. Ist die Leistung richtig konzipiert und korrekt ausgeführt, ergibt sich als logische Folge, daß die Gesamtheit der Unternehmensvorgänge erfolgreich ist. Das trifft auf jede Branche und jede Technologie gleichermaßen zu. Ich differenziere hier nicht zwischen Fertigungs- und Dienstleistungsqualität. Was ich sage, ist für alle Qualitätsleistungen, von denen hier die Rede ist, gleichermaßen gültig, unabhängig vom Geschäftszweig des Unternehmens. Es gibt wohl einige technologische Unterschiede, doch die machen wirklich nur einen Bruchteil der Schwierigkeiten aus. Anhand der in den folgenden Kapiteln dargestellten Programme können Sie an diese Ausnahmen planmäßig herangehen.

Um diese Programme und den Begriff Qualität an sich im rein praxisorientierten Sinne verständlich zu machen, müssen wir uns an dieser Stelle mit fünf irrigen Vorurteilen auseinandersetzen, denen die meisten Führungskräfte anhängen. Diese Vorurteile verursachen die meisten Verständigungsschwierigkeiten zwischen denen, die Qualität anstreben, und denen, die sie verwirklichen sollten.

Die erste Fehleinschätzung ist die, daß Qualität mit Hochwertigkeit gleichzusetzen sei oder auch mit Luxus, Glanz, Gewichtigkeit. Mit dem Wort ,,Qualität'' wird der relative Wert von Dingen bezeichnet, so etwa in den Zusammensetzungen ,,gute Qualität'', ,,schlechte Qualität'' oder in dem gewagten neuen Schlagwort ,,Lebensqualität''. ,,Lebensqualität'' ist ein Klischee, weil jeder, der den Ausdruck gebraucht, es für selbstverständlich hält, daß sein Gegenüber darunter dasselbe versteht wie er. Hier haben wir es mit einer dieser Situationen zu tun, in der Leute sich aufs Geratewohl über eine Sache unterhalten, ohne sich die Mühe zu machen, sie zu definieren.

Genau aus diesem Grund müssen wir Qualität als ,,Erfüllung von Anforderungen'' definieren, wenn wir sie bewerkstelligen wollen. So muß auch, wenn von Lebensqualität die Rede sein soll, dieses Leben durch spezifische Werte definiert werden, so etwa durch Begriffe wie erstrebenswertes Einkommen, Gesundheit, Umweltschutz, politische Programme oder andere meßbare Werte. Erst wenn alle Kriterien definiert und erklärt sind, ist die Messung von Lebensqualität möglich und sinnvoll.

Dasselbe gilt auch in der Wirtschaft. Anforderungen müssen so klar definiert werden, daß sie nicht mißverstanden werden können. Dann erst läßt sich kontinuierlich messen, inwieweit die Erfüllung dieser Anforderungen gegeben ist. Die dabei festgestellte Nichtübereinstimmung oder Abweichung vom geforderten Soll ist der Mangel an Qualität. Damit werden Qualitätsprobleme zu Problemen der Nichtübereinstimmung oder mangelnden Sollerfüllung, und Qualität wird meßbar. Sie sollten also in diesem ganzen Buch den Ausdruck ,,Qualität'' immer als ,,Erfüllung von Anforderungen'' lesen.

Wenn ein Mercedes alle Anforderungen, die an einen Mercedes gestellt werden können, erfüllt, so handelt es sich um einen Qualitätswagen. Erfüllt ein Volkswagen alle Anforderungen, die sich an einen Volkswagen stellen lassen, haben wir ebenfalls einen Qualitätswagen. Luxus oder das Fehlen davon ist nur durch spezifische Anforderungen faßbar zu machen, so etwa durch die Frage, ob Teppichverkleidung oder Gummimatten gewünscht werden. Das nächste Mal, wenn Sie jemanden von „miserabler Qualität" reden hören, fragen Sie ganz genau nach, wie der Betreffende Qualität definiert.

Der zweite grundsätzliche Irrtum ist der, Qualität sei ein nicht faßbarer und demzufolge auch nicht meßbarer Begriff. Das Gegenteil ist der Fall: Qualität ist sehr genau meßbar, und zwar am ältesten und höchstgeachteten aller Maßstäbe − an barer, harter Münze. In Unkenntnis dieser Tatsache hat so manches Management lieber die Finger von etwas gelassen, was angeblich nicht in den Griff zu bekommen ist. Für sie ist die Frage nach der Qualität einer Sache gleichbedeutend mit der Frage, ob eine Sache gut ist; so vergeuden sie ihre Zeit mit emotionalen Diskussionen, die es ihnen unmöglich machen, spezifische, folgerichtige Maßnahmen zu ergreifen, um Qualität zu erreichen.

Qualität wird an den Qualitätskosten gemessen, und die entsprechen, wie schon gesagt, den Kosten für Nichterfüllung − den Aufwendungen für alles, was falsch gemacht wird. Diese Kosten lassen sich in die Kategorien Vorbeugen, Messen und Versagen unterteilen. Aber die Ausgaben sind samt und sonders das Ergebnis davon, daß etwas nicht gleich richtig gemacht wird. Sie können dafür 15 bis 20 Prozent von jeder Mark Umsatz ausgeben, ohne sich besondere Mühe zu geben. Ein Unternehmen mit gut funktionierendem Qualitätsmanagement dagegen kann diese Aufwendungen auf einen Betrag von unter 2,5 Prozent vom Umsatz drücken; dieser Betrag muß für Vorbeugen und Messen aufgewendet werden, um sicherzugehen, daß der Qualitätsstandard des Unternehmens gewahrt bleibt. Messungen sollten durchgeführt werden, sowohl um die Gesamtaufwendungen für Qualität zu bestimmen als auch um den jeweiligen Stand der Sollerfüllung eines speziellen Produkts oder Vorgangs zu ermitteln. Das Ergebnis dieser Messungen sollte für alle einsehbar ausgehängt werden, denn sie stellen einen sichtbaren Beweis für die Fortschritte, die gemacht werden, und eine Anerkennung der Leistung dar. Daß gemessen wird, ist sehr wichtig. Die Leute wollen Ergebnisse *sehen*.

Sicher werden Sie Einwände hören, daß einige Aufgaben schlechterdings unmeßbar seien. Hier müssen Sie mit der Frage kontern, wie sich dann überhaupt beurteilen lasse, welche Leute sich für welche Arbeit am besten eignen, welche Leute entlassen und welche besonders ausgezeichnet werden sollten. Alles ist meßbar, wenn es sein muß.

Der dritte irrige Glaube ist der, es gäbe so etwas wie einen Gesichtspunkt der „Wirtschaftlichkeit von Qualität". Die meistgebrauchte Ausflucht, mit der Manager ihre Untätigkeit bemänteln, lautet: „Das ist nicht unsere Sparte." Die zweithäufigste Entschuldigung ist die, daß ihnen durch Gesichtspunkte der Wirtschaftlichkeit die Hände gebunden seien. In Wirklichkeit wollen sie damit sagen, daß sie es sich nicht leisten können, was sie machen, wirklich gut zu machen. Das freilich beweist, daß sie den Begriff Qualität nicht verstehen und ihre Ruhe haben wollen. Wenn man nicht locker läßt, haben sie irgendeine Episode von einer vergoldeten Zahnbürste auf Lager, bei der ein Designer ein Produkt durch Hinzufügen einer Luxuskomponente unverkäuflich machte. Das wäre der gegebene Zeitpunkt, die wahre Bedeutung des Qualitätsbegriffs zu erläutern und darauf hinzuweisen, daß man immer billiger wegkommt, wenn man es gleich richtig macht. Und wenn sie sichergehen wollen, daß sie das am wenigsten kostenaufwendige Verfahren haben, das gerade noch die Qualitätsanforderungen erfüllt, dann sollten sie sich einmal eingehend mit Verfahrensoptimierung und Produktqualifikation befassen. Die gehören zu jedem ausgereiften Qualitätsprogramm. Man darf sich nicht durch Schlagworte ohne Bedeutung ins Bockshorn jagen lassen, und der Ausdruck „Wirtschaftlichkeit von Qualität" gehört sicherlich dazu.

Die vierte Fehleinschätzung, die Schwierigkeiten bereitet, läuft darauf hinaus, daß angeblich alle Qualitätsprobleme von den Miarbeitern verursacht seien, insbesondere von denen im Fertigungsbereich. Man findet heutzutage kaum mehr ein Wirtschaftsmagazin, in dem nicht in irgendeinem Artikel über das Absinken des Leistungsstandards in der Arbeiterschaft und das miserable Qualitätsniveau am Fließband geklagt wird. Und wenn Qualitätsspezialisten über Produktqualität diskutieren, wird über kurz oder lang einer betonen, daß heute eben nicht mehr dasselbe geleistet werde wie früher. In Wirklichkeit arbeiten die Leute in den Werkstätten heute so gut wie eh und je und dazu weit produktiver als früher. Sie verursachen viel weniger Schwierigkeiten als ihre Kollegen an den Schreibtischen.

Es ist statistisch nachgewiesen, daß die Kriminalitätsrate in der Mittel- und Oberschicht genauso hoch ist wie in niederen Einkommensschichten. Und die dicksten Betrügereien, wie etwa Computermanipulationen, werden ausschließlich von Leuten mit höherem Bildungsgrad begangen. Und doch gilt es den meisten als unbezweifelbar, daß Armenviertel nichts als Kriminelle hervorbringen. Zum „Beweis" dieser Behauptung wird auf die Gefängnisse verwiesen, in denen vorwiegend Personen aus niederen Einkommensschichten inhaftiert sind.

Der wahre Grund dafür ist jedoch nicht, daß die meisten Straftaten von Armen begangen werden, sondern daß die Polizei Straftäter eher in den Wohngebieten verfolgt, wo die Leute weniger mobil, leichter zu identifizieren und weniger in der Lage sind, sich zu verteidigen. (Natürlich gibt es in ärmlichen Vierteln auch viele Missetäter. Doch nahezu jeder erfolgreiche leitende Angestellte, dem ich begegnet bin, wies sich als Arme-Leute-Kind aus – also sind Armengettos doch nicht so schlecht wie ihr Ruf.) Die Leute vom Qualitätswesen sind in ihrer Vorgehensweise mit der Polizei vergleichbar. Sie marschieren blindlings an den Unzulänglichkeiten im Rechnungswesen, in der Technik, in der EDV-Programmierung und im Marketing vorbei und geradewegs ins Getto des Fertigungsbereichs, um nach Fehlern zu suchen. Und sie finden in der Tat genug dort. Der Herstellungssektor ist durchaus von Bedeutung, wenn man nach Möglichkeiten sucht, unnötige Kosten einzusparen. Aber die Belegschaft im Herstellungsgetto kann zur Fehlervorbeugung relativ wenig beitragen, weil die gesamte Planung und Ideenschöpfung anderswo stattfindet. Und auf dieses „anderswo" sollte das Hauptaugenmerk gerichtet sein, wenn es darum geht, die Kosten für Qualität zu reduzieren. Sie werden entdecken, daß die meisten unserer kostenintensiven Probleme über Bleistifte und Telefone in die Welt gesetzt werden.

Die fünfte irrige Annahme ist die, daß Qualität Sache der Qualitätsabteilung sei. Leider fühlen sich die meisten Qualitätsspezialisten für die Qualität in ihrem Betrieb verantwortlich, wodurch dieses Vorurteil erst wirklich zementiert wird. Doch die hohe

Verschleißquote an Managern im Qualitätsbereich, die so unbedingt für Qualitätsprobleme die Verantwortung tragen wollen, sollte uns zu denken geben. Solche Leute, die sich nicht davon abbringen lassen, daß Qualitätsprobleme durch Fehler in der Qualitätsabteilung verschuldet sein müssen, sägen über kurz oder lang den Ast ab, auf dem sie sitzen. Sie müssen lernen, das Kind beim Namen zu nennen und die Probleme nach ihren Verursachern zu definieren: Buchhaltungsprobleme, Herstellungsprobleme, Konstruktionsproblemeobleme, Etatprobleme, Chefetagenprobleme usw. Andernfalls wird man sie für die Lösung von Problemen verantwortlich machen, auf die sie keinen Einfluß haben.

Die Leute von der Qualitätsabteilung sollten die Erfüllung von Anforderungen anhand der verschiedenen Intrumentarien messen, die ihnen zur Verfügung stehen; sie sollten über die Ergebnisse in einer klaren und objektiven Form Bericht erstatten; sie sollten sich an die Spitze der Kampagne für eine positve Einstellung zur Qualitätsverbesserung setzen; und sie sollten sich aller möglichen Schulungsprogramme bedienen, die in diesem Sinne von Nutzen sein können (z.B. „Null Fehler", „Auf Nummer Sicher gehen" und andere Programme, wie sie an späterer Stelle in diesem Buch noch beschrieben werden). Aber sie sollten anderen nicht die Arbeit abnehmen, sonst sehen die sich nämlich nie veranlaßt, ihre üblen Gewohnheiten abzulegen.

Hier liegt die Hauptschwäche des modernen professionellen Qualitätsmanagements. Der Drang, sich aktiv in die Gestaltung, die Herstellung, das Marketing und Management des Produkts oder der Dienstleistung eines Unternehmens einzumischen, ist beinahe unwiderstehlich. Aber schon bei ein wenig Einmischung bringt sich der Qualitätsmanager um seine Objektivität, das Wertvollste, was er besitzt. Hat er erst einmal seine Objektivität aufs Spiel gesetzt, kann er sie nie mehr unverfälscht zurückgewinnen.

Es ist nicht leicht, zu einem guten Freund nein zu sagen, der einen flehentlich um noch einen Drink bittet. Aber Sie werden hart bleiben müssen, wenn Sie ihm das Leben retten wollen. In ähnlicher Weise tun Sie niemandem einen Gefallen, wenn Sie plötzlich „vorübergehend" neue Anforderungen stellen. Die vorgeschriebenen Anforderungen werden entweder erfüllt oder nicht erfüllt. Wenn ein darin enthaltenes Kriterium für den Betrieb und auch für den Kunden nicht notwendig ist, dann sollten Sie die Anforderungen offiziell ändern – aber achten Sie darauf, daß Sie es systematisch machen und keinen Schritt vergessen.

Nun wollen wir einmal darauf zu sprechen kommen, was das Qualitätsmanagement tatsächlich für ein Unternehmen zu leisten vermag. Ein Vergleich dürfte hier das Verständnis fördern. Tag für Tag steigen Tausende von Menschen in Hunderte von Flugzeugen und fliegen in Dutzende von Städten. Mit sehr wenigen Ausnahmen starten und landen diese Flugzeuge planmäßig, und Gefahr entsteht für die Passagiere nur selten. Es werden Mahlzeiten serviert, Filme gezeigt, Drinks angeboten; Gewitter werden rechtzeitig erkannt und umflogen; und vielerlei Arten von perönlichem Service werden geboten. In einem Linienflugzeug sind Sie beinahe sicherer als zu Hause in Ihrem Wohnzimmer.

Doch nehmen wir einmal an, das alles fände ohne die Piloten und die übrigen Besatzungsmitglieder statt. Angenommen, die Besatzung säße irgendwo in einem Bürogebäude und lenkte das Flugzeug per Fernsteuerung, und zwar indem sie jeden Befehl zunächst an Untergebene erteilten, die die Instruktionen an die automatische Flugsteuerung weiterleiteten.

Nun sehen wir uns plötzlich einer völlig veränderten Grundsituation gegenüber. Unsere Auffassung vom Fliegen ist jetzt eine grundlegend andere. In unserem gegenwärtigen System ist der Pilot mit an Bord und würde bei einem Unglück mit abstürzen. Wenn der Pilot demselben Schicksal ausgesetzt ist wie die Passagiere, wird er an jeder Kleinigkeit des Flugbetriebs ein persönliches Interesse haben. Doch wenn der Pilot das Flugzeug von einem Büro aus steuert, wäre er von einem Flugzeugabsturz nicht betroffen. In einem solchen Fall würde man das Vorgehen des Piloten zwar untersuchen, aber es könnte nie mit endgültiger Sicherheit nachgewiesen werden, ob der Pilot, einer seiner Untergebenen, das System oder vielleicht gar einer der im Flugzeug befindlichen Passagiere das Unglück verschuldet hatte.

Wenn Sie unter solchen Umständen eine Flugreise unternähmen, würden Sie sichergehen wollen, daß jeder Plan, jede Kontrolle, jede Überlegung und jede Entscheidung geprüft, kontrolliert und von oberster Stelle abgesegnet wäre. Sie würden für jeden Aspekt des Flugbetriebs das kompetenteste und professionellste Management fordern. Sie würden absolut sichergehen wollen, daß jede Handlung richtig ausgeführt würde – und zwar gleich.

Qualitätsmanagement ist nichts anderes als eine systematische Form der Garantie, daß organisierte Handlungen planmäßig ablaufen. Es ist ein Teilbereich des Managements, wo es darum geht, Probleme schon vor dem Entstehen zu verhindern, indem die richtigen Einstellungen und Kontrollen geschaffen werden, die eine vorbeugende Fehlerverhütung möglich machen.

Qualitätsmanagement ist notwendig geworden, weil alle Handlungen heute komplexer sind denn je. Unsere hochkomplizierte Wirtschaftwelt gleicht jenem Flugzeug, das per Fernsteuerung und mittels Instruktionen gelenkt wird, die erst viele Stufen von Untergebenen durchlaufen müssen. Die Leute, die letztendlich die Steuerhebel bedienen, sitzen in Büros, Labors, Konstruktionsbüros und an anderen weit entfernten Stellen. Je weiter die Verwaltung vom Gegenstand ihrer Verwaltung entfernt ist, desto ineffizienter wird sie.

Wenngleich der einzelne auf untergeordneteren Betriebsstufen einen Arbeitsgang noch weiter beeinträchtigen kann, ist er nicht in der Lage, ein Produkt oder eine Dienstleistung wesentlich zu verbessern. Man kann sich deshalb nur wundern, warum Verbesserungen auf diesen Ebenen so viel Aufmerksamkeit gewidmet wird und denen im Bereich des Managements und der Verwaltung so wenig. Wenn effektives Qualitätsmanagement praktikabel und realisierbar sein soll, muß es an der Spitze ansetzen.

Dieses Buch will Ihnen ein Verfahren an die Hand geben, den genauen Stand Ihres gegenwärtigen Qualitätsprogramms festzustellen, und Ihnen zeigen, welche konkreten Schritte Sie unternehmen können, um dieses Programm zu bewerten und zu verbessern. Das Bewertungssystem, die Prüfmatrix für das Qualitätsmanagement, wird im folgenden Kapitel näher erläutert. Die Matrix wurde in sämtlichen Betriebszweigen von ITT angewandt und führte in allen Fällen zum Erfolg. Das Schöne an der Sache ist, daß sie nicht nur von professionellen Qualitätsfachleuten angewandt werden kann. Sie müssen lediglich darüber Bescheid wissen, was in Ihrem Betrieb vorgeht. (Wenn Sie darüber nicht Bescheid wissen, ist das Problem anderer Natur.) Jede Entwicklungsstufe ist so ausführlich beschrieben, daß Sie sicher einige Ihrer eigenen Betriebsvorgänge darin wiedererkennen. Aber stufen Sie sich zu Anfang nicht zu hoch ein. Denn es ist durchaus möglich, daß Sie, sobald Ihnen mehr Informationen vorliegen, feststellen werden, daß Sie doch noch nicht so weit sind, wie Sie glauben. Es heißt, der Unterschied zwischen einem Optimisten und einem Pessimisten bestehe darin, daß der Pessimist mehr Daten habe.

Nach den Matrix-Kapiteln folgt eine ausführliche Falldarstellung zum Thema Qualitätsverbesserung. Diese Fallstudie können Sie mit anderen Mitgliedern Ihres Managements in Form eines Rollenspiels durcharbeiten, wenn Sie wollen, und sie eignet sich auch sehr gut als Unterrichtshilfe. Aber was diese Falldarstellung im Grunde bezweckt, ist, die Folgerichtigkeit und Philosophie der Qualitätsverbesserung anschaulich und verständlich zu machen. Ich empfehle Ihnen, dem Kapitel über Führungsstil besondere Aufmerksamkeit zu widmen. Letzten Endes ist das Qualitätsmanagement doch eher dem Ballet als dem Hockey verwandt.

3
Die Prüfmatrix für das Qualitätsmanagement

Als Management bezeichnet man jene Funktion, die dafür verantwortlich ist, den Zweck einer Handlung zu bestimmen, meßbare Ziele festzulegen und die notwendigen Maßnahmen zu ergreifen, um diese Ziele zu erreichen. Obwohl man im landläufigen Sinne davon ausgeht, daß Management mit eingetragenen Gesellschaften und Organisationen zu tun hat, gibt es die Tätigkeit des Managements durchaus auch in anderen Bereichen.

Eine Familie zu „managen" dürfte beispielsweise zu den allerschwierigsten Aufgaben gehören. Ohne Zweifel sind nur sehr wenige bei der Erfüllung dieser Aufgabe uneingeschränkt erfolgreich. Der kleine Kreis von Leuten, denen es tatsächlich gelingt, alle potentiellen Ziele, die sie anstreben, zu erreichen, ließe sich auch in die Kategorie der reinen Zufallserfolge einordnen, wenn man einmal davon ausgeht, wie viele Milliarden von Menschen in der Vergangenheit gelebt haben und wie viele Milliarden heute noch leben. *Irgendwer* muß ja schließlich Erfolg haben!

Drei wesentliche Hindernisse stehen dem „Management" einer Familie im Wege. Da ist als erstes die Tatsache, daß die Mitglieder dieser Organisation keiner persönlichen Beurteilung, psychologischen Tests oder anderen Formen der Bewertung ausgesetzt sind, nach denen offizielle Organisationen ihre Mitarbeiter auswählen. Somit ist jedes Mitglied eine unbekannte Größe.

Zweitens ist man auf den Familienverband mehr oder weniger festgelegt. Wenn Ihre dreijährige Tochter Ihnen das Leben schwer macht, können Sie sie schlecht feuern oder vor die Tür setzen. Die Nachbarn hätten sie schnell wieder zurückgebracht. Der Einfluß, den „Familienmanager" auf die „Belegschaft" ausüben, wird von Gefühlen und äußeren Umständen bedingt, zwei Faktoren, die sich kontinuierlich wandeln.

Zum dritten sind die Manager einer Familie, ja auch die Familie selbst, nicht für ihren „Job" ausgebildet. Sie haben keine Maßstäbe, um Leistung zu messen, außer ihrer eigenen begrenzten Erfahrung. Man verlangt von ihnen, daß sie den Kindern finanzielle Mittel, Sicherheit und Erziehung bieten, oft ohne daß sie Gelegenheit gehabt hätten, durch praktische Erfahrungen zu lernen. Und sobald sie diese Erfahrungen gesammelt und ihre Arbeit gelernt haben, werden sie zum alten Eisen gerechnet und in die hinteren Ränge verwiesen, während die Kinder nun ihrerseits ein Familienmanagement übernehmen.

Familien und Wirtschaftsunternehmen haben sehr viel miteinander gemein. Beide sind auf Menschen ausgerichtet, und beide haben Schwierigkeiten, wichtige Aspekte ihrer Weiterentwicklung zu messen. Beim Familienmanagement wird alles an den persönlichen Wertvorstellungen des Managers gemessen. Deshalb hinken die anerkannten Aktivitäten immer ein paar Schritte hinter der Entwicklung her. Die Kinder mögen eine Art Musik, die Erwachsenen eine ganz andere.

Wenn man hier Maßstäbe sucht, muß man zunächst die „Ansprüche" und Erwartungen im menschlichen Leben definieren. Worauf haben die Mitglieder jeder Generation Anspruch? Zu welchen Ansprüchen an die Familie sind sie berechtigt, und was wird als Gegenbeitrag von ihnen erwartet? Mit wachsendem Wohlstand verschieben sich in den Familien die spezifischen Normen. Empfand der Großvater sich in seiner Kindheit noch berechtigt, das Zugpferd zur Schule zu reiten, wenn zwei Geschwister dabei waren, erhebt die achtzehnjährige Enkelin vielleicht den Anspruch, ein eigenes Auto zu besitzen. Und die Mutter meint vielleicht, alle müßten sie grenzenlos verehren, wenn sie laufend Haushaltsgeräte beansprucht.

Alle Menschen haben eine mehr oder minder konkrete Vorstellung, was die Gesellschaft für ihr körperliches und seelisches Wohlbefinden zu leisten hätte. Sehr viel weniger Menschen dagegen haben eine Vorstellung von dem, was sie selbst zur Erreichung dieser Ziele zu leisten hätten oder was sie für andere tun sollten.

In der Familie ist es schwer, Ziele festzusetzen, Leistung zu messen und gestellte Aufgaben zu erfüllen. Wie überall zwischen Menschen ergeben sich auch hier Kommunikationsschwierigkeiten, die noch verschlimmert werden, weil Gefühle mit hineinspielen.

Das Qualitätsmanagement wurde immer als eine subjektive Tätigkeit angesehen, die schwer zu definieren und zu messen ist. Das liegt daran, daß man es immer in die Rolle des ergebnisorientierten Handelns verwiesen hat anstatt es als Planungsfunktion zu begreifen. In bezug auf das Familienmanagement gibt es die Binsenweisheit, daß Kinder, die nicht verwöhnt und mit liebevoller Disziplin erzogen werden, zu guten Menschen heranwachsen. Eine vergleichbare Binsenweisheit über das Unternehmensmanagement besagt, man könne Qualität dadurch erzielen, daß man es gut meine.

Ich will diese Platitüden nicht unbedingt ins Lächerliche ziehen; ganz falsch sind sie nicht. Aber Sie wissen sicher aus eigener Erfahrung, daß es kaum Eltern gibt, die nicht der festen Überzeugung sind, sie hätten für ihr Kind das Beste getan, das unter den gegebenen Umständen möglich war. Wie reden uns ein, unsere Kinder hätten es besser haben können, wenn sie nur mehr auf uns gehört hätten. Aber letzten Endes kann keiner genau sagen, was für die Kinder das Beste ist, und die Eltern können sich nur auf ihr Glück verlassen und ihr Bestes tun.

Das Qualitätsmanagement dagegen ist heutzutage zu wichtig geworden, als daß man sich dabei auf sein Glück verlassen dürfte. Angesichts der erdrückenden Steuerlasten, der undurchsichtigen Buchführungsmethoden, der rasend fortschreitenden Inflation und der politischen Instabilität unserer Tage ist Qualität womöglich unsere letzte Möglichkeit, Einfluß auf die Ertragslage zu nehmen. Aber wenn wir Qualität den Rang der „Priorität unter Prioritäten" einräumen wollen, dann muß das Management eine Methode finden, um sie zu messen und zu überwachen. Es wird Sie nicht überraschen zu erfahren, daß ich genau so ein System entwickelt habe.

Mit Hilfe der Prüfmatrix für das Qualitätsmanagement kann selbst der Manager, der kein Spezialist auf dem Qualitätssektor ist, feststellen, wie ein bestimmter Unternehmensvorgang unter dem Gesichtspunkt der Qualität einzustufen ist. Die einzige Voraussetzung ist, daß er über die Vorgänge Bescheid weiß. Wenn er das nicht tut, dann haben wir beide das falsche Buch gewählt.

Ich predige schon seit Jahren und auf jede erdenkliche Art und Weise, daß Qualität viel zu wichtig ist, um sie allein den Spezialisten zu überlassen. Das Qualitätsprogramm muß von Spezialisten geleitet werden, doch seine Ausführung gehört zu den Pflichten und Chancen der Leute, die für das Management des jeweiligen Vorgangs verantwortlich sind.

Leider hatte ich jedoch nicht genug objektive Beweise, um alle Welt zu überzeugen. Was wir heute erreicht haben, mußten wir uns Schritt für Schritt erkämpfen. Wir mußten erst eine Maus fangen, ehe man uns die Lizenz als Rattenfänger erteilte. Aber schließlich konnten wir unser Pensum auf einen Drachen pro Woche steigern. Bei dieser Methode braucht man acht bis zehn Jahre vom ersten Vorgespräch bis zum lückenlos eingeführten Qualitätsprogramm. Und man darf nie als gegeben annehmen, daß das Programm von sich aus weitergedeiht. Tag für Tag müssen neue drohende Gefahren aufgespürt und aus der Welt geschafft werden. Wenn Sie keinen toten Drachen pro Woche vorweisen können, entzieht man Ihnen womöglich Ihre Lizenz.

Der schottische Dichter Robert Burns wünschte den Menschen die Gabe, sich selbst mit den Augen der anderen zu sehen. Viele von uns teilen diesen Wunsch, wohl gerade weil es so unwahrscheinlich ist, daß er je in Erfüllung geht. Schließlich ist das Bild, das wir von uns selber haben, doch sehr viel schmeichelhafter als das der anderen, und die meisten Leute legen im Grunde gar keinen Wert darauf, die Wahrheit über sich zu erfahren.

Und auch von der Zukunft wollen sich nur die wenigsten ein Bild machen, vor allem für den Fall, daß ihnen Unheil droht. Propheten, die die Zukunft voraussagen konnten, wurden in ihrer eigenen Zeit noch nie gewürdigt. Die Geschichte, die Mythologie und die heutige Realität sind reich an Situationen, in denen einzelne vor drohenden Ereignissen gewarnt haben − und verlacht oder ignoriert wurden. Noah und die Sintflut; Kassandra und das Trojanische Pferd; Churchill und der Zweite Weltkrieg; die Aufzählung läßt sich beliebig fortsetzen.

Die Leute ziehen es vor, sich mit den voraussehbaren, gewöhnlichen Alltagsproblemen auseinanderzusetzen, beispielsweise ihren Lebensunterhalt zu verdienen. In der Regel sammelt der einzelne im Lauf seines Lebens einen Vorrat an Klischeevorstellungen und Erfahrungen an, auf die er zurückgreift, um die Situationen, denen er sich gegenübersieht, zu bewältigen. Neue Gedanken und ungewohnte Vorstellungen müssen die Konfrontation mit diesem Erfahrungsvorrat bestehen, ehe sie angenommen werden. Wenn nicht, werden sie als wertlos abgetan.

Gerade in dieser Form der Beurteilung (Vergleich mit Vergangenem) liegen die Schwierigkeiten begründet, neue Gedanken und Programme zu entwickeln und durchzusetzen. Feststehende Meinungen umzukrempeln gehört mit zum Schwierigsten im Beruf des Managers. Aber genau da liegt der Gewinn.

Betrachten Sie das Qualitätsmanagement als das reinste Beispiel dafür. Es ist dazu da, ein System und eine Managementdisziplin zu schaffen, die das Auftreten von Fehlern im Regelkreis der Unternehmensleistungen verhindert. Um das zu erreichen, müssen Sie bereits heute auf Situationen Einfluß nehmen, die vielleicht erst in einiger Zeit Schwierigkeiten machen werden. Das heißt: Jetzt handeln für künftigen Nutzen.

Das Management muß in diesem Jahr Geld in das Qualitätswesen investieren, damit es in zwei Jahren keine Schwierigkeiten gibt. Ein Ausbildungsprogramm, das viel Zeit und Geld kostet und möglicherweise Nutzen bringt, muß sofort beschlossen werden. Überwachung, Messungen und Korrekturmaßnahmen müssen durchgeführt werden, noch bevor sich Probleme zu Katastrophen auswachsen können.

Derartige Vorbeugungsmaßnahmen sind nicht schwer zu verwirklichen – sie sind nur schwer an den Mann zu bringen. Sie erfordern die Fähigkeit, Leute davon zu überzeugen, daß Schlimmes auf sie zukommt, wenn sie nicht bald handeln. Die meisten von uns können oder wollen solche Dinge nicht von der Theorie her begreifen und sind nur durch Erfahrung zu überzeugen.

Aber immer erst zu warten, bis ein Fehlschlag unwiderruflich passiert ist, ehe man aus Erfahrung lernt und einen Schritt weiter tut, wäre wohl keinem Menschen zuzumuten. Eine Karriere könnte längst beendet sein, ehe ein Mensch Gelegenheit hätte, aus jedem möglichen Fehlschlag Erfahrungen zu sammeln.

Das ist das Frustrierende an der Sache. Wie kann man die Führungsspitze des Unternehmens, die Leute also, die Gelder bewilligen und verweigern können und denen die Entscheidung überlassen ist, wer was tut – wie kann man diese Leute zu der Einsicht bringen, was es mit dem Qualitätsmanagement auf sich hat und was es ihnen nützen kann?

Bis zur Entwicklung der Prüfmatrix für das Qualitätsmanagement war diese Überzeugungsarbeit allein vom persönlichen Charme und der Überzeugungskraft des professionellen Qualitätsmanagers abhängig. Wenn ihn die Leute mochten und ihm vertrauten, setzte er sich durch und sein Programm wurde ausgeführt. Aber auch dann, wenn gute Ergebnisse den Nachweis lieferten, daß das System funktionierte, war es noch lange nicht selbstverständlich, daß der Qualitätsmanager die Fehlervorbeugung nun in verstärktem Maße angehen durfte. Es ist ein sonderbares Phänomen, daß Erfolg nicht notwendigerweise eine bessere Ausgangssituation schafft, jedenfalls wurden schon viele Leute vom Management dadurch entmutigt.

In vielen Fällen kann zum Beispiel durch eine Wertanalyse eine wesentliche Kostenreduzierung, eine Konstruktionsverbesserung und eine echte Gewinnsteigerung erzielt werden. Trotzdem wird der Vorschlag, eine derartige Analyse durchzuführen, beim nächsten Mal auf verständnislose Mienen stoßen. Man kann sich offenbar nicht darauf verlassen, daß Erfolge in diesen funktionalen Bereichen den Boden für weitere Erfolge bereiten. Hier geht es allem Anschein nach um die Frage, was für eine bestimmte Wirkung in einem Betrieb zu einem bestimmten Zeitpunkt erreicht werden muß.

Der Bedarf an langfristigen Programmen im Qualitätssektor geht aus der Prüfmatrix hervor. Ein Manager jedes beliebigen Arbeitsgangs kann schon nach einem kurzen Blick in die Matrix die ihm vertrauten Abläufe identifizieren und sich genau über den jeweiligen Stand seines Arbeitsprozesses orientieren. Um festzustellen, welche

Maßnahmen zur Verbesserung erforderlich sind, muß er sich lediglich das nächste Feld in der Matrix ansehen. Und für den Fall, daß ein bereits laufendes Programm gegenwärtig schlechtere Ergebnisse zeugt, kann die Matrix auch in der umgekehrten Richtung gelesen werden. In diesem Fall kann man feststellen, an welchem Punkt man zuletzt noch Erfolge erzielt hat, und sich dann ausrechnen, wie man wieder dahin zurückgelangt.

Die Matrix ist in fünf Entwicklungsstufen unterteilt. Für sechs verschiedene Management-Kategorien sind Erfahrungen beschrieben, die Ihnen beim Ausfüllen der Matrix als Bezugswerte dienen sollen. Wenn Sie sich den kurzen Erfahrungsabriß in jedem Feld durchlesen, können Sie Ihren eigenen Standort bestimmen.

Diese Art der Standortbestimmung läßt sich sachlich und emotionsfrei vornehmen und ohne daß andere davon erfahren. Selbst wenn der eigene Stolz die Genauigkeit der Standortbestimmung ein wenig trübt, beträgt diese Ungenauigkeit selten mehr als einen Entwicklungsschritt, außer man macht sich wirklich etwas vor. Das bedeutet also in jedem Fall, daß Verbesserung nottut. Und die besagte Verbesserung läßt sich erkennen, sobald sie sich einstellt.

Um sich mit der Matrix vertraut zu machen, sollte man sich über den Inhalt einer jeden Entwicklungsstufe klar werden. Die in den folgenden Kapiteln geschilderten Episoden und Fallbeispiele sollen Ihnen dieses Verständnis erleichtern. Aber schon beim ersten Überfliegen der Spalten in der Matrix werden Sie feststellen, daß jede Entwicklungsstufe ein ganz bestimmtes Erkennungsmuster aufweist. Ich bezeichne das Verhalten in jeder Phase gern mit dem Namen der jeweiligen Entwicklungsstufe.

Stufe 1, *Unsicherheit*, ist in der Tat gekennzeichnet durch eine konfuse und planlose Einstellung. Die Führungskräfte verstehen Qualität nicht als ein konkretes Werkzeug des Managements. Sie vergleichen ihre Qualitäts-Funktion häufig mit der Tätigkeit von Polizisten oder Schnüfflern, die Missetäter auf frischer Tat ertappen sollen. Probleme mit Qualitätsabweichungen schiebt man auf die Tatsache, daß man gegen die ,,Bösewichte'' nicht scharf genug vorgegangen ist. Im Unsicherheitsstadium hat das Management seine Kontrollfunktionen aus Clint-Eastwood-Filmen gelernt.

In der Unsicherheitsstufe ist die Qualitäts-Funktion in die dunklen Tiefen einzelner Unternehmensbereiche verbannt: in die Sektoren Fertigung, Verwaltung, Arbeitsprozesse, Technik usw. Die Inspektionen gelten manchmal als eigener Vorgang, der den Leuten von der Produktion zugeordnet wird, ,,um ihnen das Rüstzeug zu geben, ihre Arbeit zu tun''.

Aufgrund dieser Einschränkungen muß sich die Prophezeiung, daß es immer ungelöste Probleme geben wird, zwangsläufig erfüllen. Jedes Problem wird als einzigartig angesehen, auch wenn es schon früher einmal aufgetaucht ist. Probleme ziehen immer neue Probleme nach sich, und wenn es keine disziplinierte Methode gibt, sie offen anzugehen, kommen immer neue Probleme hinzu. Das Ergebnis sind emotionale Reaktionen auf der Managementebene. Man fragt sich, ,,wer'', und nicht so sehr, ,,was'' die Schwierigkeit verursacht hat. Bei der Problembekämpfung stehen vorwiegend Personen im Schußfeld. Das führt mitunter zu sinnlosen Entlassungen oder Kündigungen, weil eine methodische Untersuchung und Lösung der anstehenden Probleme unmöglich geworden ist.

Der Begriff Qualitätskosten taucht im Unsicherheits-Stadium überhaupt nicht auf, wohl weil die für Qualität zuständigen Bereichsmanager nicht sehr viel Ahnung davon haben. Bringt man jedoch den Begriff zur Sprache, findet man meist willige Zuhörer, schon allein deshalb, weil es ein Gesichtspunkt ist, der nie zuvor in Betracht gezogen wurde. Hier sollte man ansetzen, wenn man bei dieser Art Unternehmen etwas in Gang setzen will.

Aber letzten Endes wird Qualitätsverbesserung in Betrieben, die noch nicht über die Stufe der Unsicherheit hinausgediehen sind, immer ein Fremdwort bleiben. Solche Firmen lassen sich mit Alkoholikern vergleichen, deren vordergründigstes Symptom die vehemente Leugnung ihres Zustands ist. Deshalb ist man gar nicht der Ansicht, etwas verbessern zu müssen. Betriebe in der Unsicherheitsstufe wissen, daß sie Probleme haben, aber nicht, warum; was sie wohl sagen können, ist, daß es nicht daran liegt, daß sie nicht hart genug arbeiten. Beim Unsicherheits-Typus arbeiten alle sehr hart, und die meisten sind frustriert über das Ausmaß an Schinderei, die es kostet, den Betrieb in Gang zu halten.

Stufe 2, *Einsicht*, ist erfreulicher, aber kaum weniger frustrierend. Hier erwacht die Betriebsführung allmählich zu der Einsicht, daß Qualitätsmanagement Abhilfe schaffen könnte, doch ist sie nicht willens, Geld und Zeit darauf zu verwenden. Wird sie unter Druck gesetzt, die Qualitäts-Funktion zu verbessern, zieht sie es vor, einen von der ,,Truppe'' auf den Posten zu schieben. Der Grund für diese Wahl ist die irrige Vorstellung, hier werde eher jemand gebraucht, der über das Produkt oder die Dienstleistung, als einer, der über professionelles Qualitätsmanagement Bescheid weiß.

Die Einsichtigen sind noch nicht einsichtig genug, um zu realisieren, daß Qualitätsmanagement mehr erfordert als den Einblick in die technischen Aspekte eines Produkts oder einer Dienstleistung. Auf dieser Entwicklungsstufe werden Inspektionen und Messungen jedoch häufiger durchgeführt und Probleme schon an früherer Stelle im Produktionszyklus aufgespürt. Damit lassen sich Nachbesserungskosten ein wenig reduzieren, und der Behebung von Problemen kann mehr Aufmerksamkeit zukommen.

Chronisch auftauchende Schwierigkeiten werden registriert, und es werden eigene Teams zu ihrer Beseitigung eingesetzt, wenngleich das Hauptaugenmerk noch immer darauf gerichtet ist, die Produktion am Laufen zu halten. In Dienstleistungsbetrieben wird der Kunde in diesem Stadium mehr hofiert. Serviceprobleme werden rascher behoben. Aber die grundlegenden Probleme sind noch nicht aus der Welt geschafft. Die Sonderteams, die zur Behebung spezieller Probleme eingesetzt werden, leisten gute Arbeit, aber ihre Wirkung ist auf die nahe Zukunft beschränkt. Langfristige Lösungsformen werden gar nicht ernsthaft in Betracht gezogen.

Etwas sehr Interessantes passiert, wenn zum ersten Mal die Qualitätskosten kalkuliert werden. Der Qualitätsmanager, der vielleicht gerade eine einschlägige Abhandlung gelesen oder einen Kurs mitgemacht hat, setzt sich mit dem Finanzchef zusammen und rechnet. Sie sind ganz fassungslos und rechnen alles noch einmal ganz genau nach, wenn sie auf einen sehr kleinen Betrag für die Qualitätskosten kommen. Er beläuft sich unter Umständen nur auf 3 Prozent vom Umsatz oder gar weniger, ein Kostenrahmen, den wirklich gut geführte Betriebe als Wunschziel anstreben. Das nährt dann allgemein die Überzeugung, daß die Dinge so schlecht nicht stehen, wie es den Anschein haben mag, denn ,,wir haben ja die Belege in Zahlen". Doch da haben sie sich, wie sie sehr viel später feststellen werden, etwas vorgemacht. Sie haben nämlich nicht alles in die Kalkulation aufgenommen, was mit hineingehört.

Nehmen wir Inspektionen als Beispiel. In einem Betrieb, der es bis zur Stufe der Einsicht gebracht hat, werden Inspektionen von vielen verschiedenen Leuten in vielen verschiedenen Bereichen durchgeführt. Weil der Qualitätsabteilung der Überblick fehlt, vergißt sie bei ihrer Kalkulation der Inspektionskosten die Leute, die im Fertigungsbereich für Justierungen und Meßvorgänge verantwortlich sind. Sie übersieht die Gemeinkosten für alle Kontrollvorgänge und wahrscheinlich auch die Gehälter der Inspekteure im Fertigungsbereich.

Die Kosten für Garantieleistungen beispielsweise werden von einem Betrieb auf der Einsichts-Stufe lediglich mit den Kosten für den Ersatz des Produkts veranschlagt. Doch das sind nur die Werkstattkosten. Wie aber steht es mit der erforderlichen Korrespondenz? Was ist mit den Arbeitsstunden für die Reparatur, die Weiterleitung und was sonst noch dazu gehört? Wir wollen es hier bei der Feststellung bewenden lassen, daß nur etwa der sechste Teil der tatsächlichen Aufwendungen in die Kalkulation mit einbezogen werden. Mehr können die Qualitätsmanager auf dieser Stufe nicht finden. Aber ein Anfang ist zumindest gemacht.

Die Unternehmen auf der Stufe der Einsicht erwachen oft zu großem Tatendrang, wenn sie das Zauberwort *Motivation* entdeckt haben. Sie gehen davon aus, daß man nur ein paar Plakate aufhängen und einen Wettbewerb veranstalten müsse, um das Engagement der Leute für Qualität zu wecken; dann wäre die Verbesserung nicht mehr fern. Tatsächlich genießen die Leute von der Belegschaft den Unterhaltungswert solcher Aktionen, beachten sie auch und machen ein paar Tage wunschgemäß mit. Aber dann werden sie die Sache leid und kehren wieder zu ihren alten Gewohnheiten zurück.

Also wird die einsichtige Firma ein ganzes Motivationspaket zusammenstellen. Das Management wird ein paar Vorträge halten und zu einem festlichen Mittagessen einladen und sogar wirklich mit den Leuten reden. Die Ergebnisse dieser Kundgebung lassen nicht lang auf sich warten. Jede Meßtabelle zeigt eine Verbesserung an. Aber das hält nur kurze Zeit vor — gerade so lang nämlich, bis die Belegschaft erkannt hat, daß sich mit dieser Anstrengung nur kurzfristige Ergebnisse erzielen lassen.

Diese Erkenntnis bewirkt auf der Einsichtsstufe gewöhnlich ein Nachlassen der Einsatzfreude für eine Verbesserung, und es ist möglich, daß das Unternehmen auf die Stufe der Unsicherheit zurückfällt. Die Schockwirkung kann das Erreichte vollkommen zunichte machen. Aber in den meisten Fällen geht dann von der Belegschaft des Betriebs der Ansporn dazu aus, daß die Einsicht nicht auf dem steinigen Weg der Qualitätsverbesserung stehenbleibt. Die Belegschaft sieht die Dinge weit mehr aus praktischer Sicht. Sie begreift instinktiv, daß das Unternehmen bei der Dienstleistung wie beim Produkt ein höheres Maß an kontinuierlicher Qualität bieten muß, weil sonst ihr Überleben gefährdet ist.

Das ist das harte Brot der Einsichtigen.

Für das Durchlaufen der einzelnen Entwicklungsstufen im Bereich der Qualitätsverbesserung gibt es keinen festen ,,Fahrplan" wie bei Verkehrsbetrieben. Die Stufen sind leicht zu erkennen, aber sie folgen keinem festen Zeitplan. Durch Nachlässigkeit oder einen Wechsel im Management kann ein Betrieb in kürzester Zeit von der fortgeschrittenen Stufe der Weisheit auf die der anfänglichen Einsicht zurücksacken.

Genau festlegen läßt sich nur ein Zeitpunkt, und zwar der, wenn ein Unternehmen auf die Stufe der *Erleuchtung* kommt. Die Erleuchtung setzt dann ein, wenn der Entschluß zum Handeln fällt und einem fest vorgeschriebenen, methodischen und offiziell ausgewiesenen Qualitätsverbesserungsprogramm grünes Licht erteilt wird. Mit der Einführung einer regelrechten Qualitätspolitik und dem Eingeständnis, daß die Probleme selbstverschuldet sind, betritt das Management die Stufe der Erleuchtung.

Mit der Festschreibung auf die Ziele der Erleuchtung wird es erforderlich, daß die Qualitätsabteilung zu einer ausgewogenen, straff organisierten und funktionstüchtigen Betriebseinheit gestaltet wird. Dieses Team soll die Führung des Qualitäts-Programms übernehmen, und um diese Aufgabe erfüllen zu können, muß es entsprechende Fähigkeiten und Finanzmittel haben. Das gesamte Qualitätwesen, die Prüfverfahren und die Qualitätstechnik, die Berichterstattung und ähnliche Vorgänge müssen dem Qualitätswesen unterstellt sein. Und darüber hinaus muß dieser Abteilung ein eigenes Budget für die Qualitätsschulung bewilligt werden.

Zu den auffälligsten Veränderungen auf der dritten Stufe gehört der veränderte Ansatz zur Problemlösung. Wenn Probleme offen angegangen werden, ohne daß die Schuld auf Einzelpersonen abgewälzt wird, ist ein reibungslos funktionierendes System zur Lösung dieser Probleme gewährleistet. Allerdings sind Systeme nicht mehr als eine Art Straßenkarte; ob sie zum Ziel führen, steht und fällt mit der persönlichen Begeisterung, mit der die Leute bei der Sache sind. Wenn Expertenteams dafür verantwortlich sind, ein aktuelles Problem zu lösen und seinem künftigen Entstehen vorzubeugen, widmen sie sich der Aufgabe mit Begeisterung. Wenn Mitarbeiter ihre Arbeit auf die Zukunft ausrichten sollen, müssen sie kontinuierlich bestätigt werden. Sie wollen sicher sein können, daß Sie über den Lebenszyklus eines Projekts Bescheid wissen.

Die Qualitätskosten werden auf dieser Entwicklungsstufe erstmals in einer angemessenen Größenordnung angesetzt. Die Qualitätskosten werden zwar immer noch um rund ein Drittel zu gering ausfallen, aber der geschätzte Betrag wird zumindest plausibel genug sein, um Kosteneliminierungen dienen zu können. Es gibt kein wirkungsvolleres Mittel als genaue Kostenkenntnis, um konkurrierenden Bereichen vorzuführen, daß eine Abteilung effektivere Methoden zur Kosteneinsparung hat als andere.

Und es ist selbstverständlich, daß der Qualitätsverbesserung nun ein offizielles eigenes Team vorangestellt wird, dessen Leitung nicht mit der Qualitätsabteilung identisch ist. Dieses Team nimmt sich die Zeit, Inhalt und Ziel jedes einzelnen Schritts genau zu erfassen, ehe es an seine Durchführung geht. Aufgabe dieses Teams ist es, ein System und eine Einstellung zu schaffen, die überdauern werden − die im Betrieb so fest verankert sind, daß sie nur durch den verbissenen Einsatz eines Anti-Qualitäts-Teams entkräftet werden könnten.

Auf dieser Erleuchtungs-Stufe gibt es nach wie vor Qualitätsprobleme, und es wird sie noch eine ganze Weile geben. Aber das Qualitätsteam sieht nun bereits Licht am Ende des Tunnels und hat die Zuversicht, daß es nicht − wie in dem bekannten makabren Scherz − die Lichter eines entgegenkommenden Zuges sind.

Auf der vierten Entwicklungsstufe der *Weisheit* stellt sich die Sache schon ganz anders dar. Unternehmen, die schon weit in dieses Stadium vorgedrungen sind, und von dieser Sorte gibt es nicht allzu viele, fragen sich mit einem Mal, warum sie früher so viele Qualitätsprobleme hatten, und warum die Leute von der Qualitätsabteilung immer in einer Welt für sich lebten. Alles klappt ziemlich reibungslos. Die Maßnahmen zur Kostenreduzierung sind in Kraft; wenn Probleme auftauchen, werden sie in Angriff genommen und aus der Welt geschafft. Das ist der Punkt, den jede politische Administration anstrebt, aber nur in den seltensten Fällen erreicht, weil ihr meist nicht genug Zeit gegeben ist. Die Entwicklungsstufe der Weisheit ist die Phase, in der das Unternehmen die Möglichkeit hat, die Reformen auf Dauer zu verankern. Aber vielleicht ist es gerade darum auch das kritischste aller Stadien.

Der Qualitätsmanager wird nun in aller Regel befördert, und zwar in den meisten Fällen in den Unternehmensvorstand. Das kann ihn unter Umständen dazu verleiten, sich über exotischere Dinge Gedanken zu machen als darüber, wie sich der erforderliche Druck hinter der Qualitätsverbesserung kontinuierlich aufrechterhalten läßt. Die Tatsache, daß das Management nun reibungsloser und ,,lautloser'' vonstatten geht, stellt an sich schon eine Versuchung zur Verminderung der Anstrengungen dar, die die Veränderungen bewirkt hatten.

Unter Umständen wird nun die Auseinandersetzung mit den Problemen an eine niederere Unternehmensebene delegiert, und es kann sein, daß einzelne Instanzen zur Überwachung des Fortschritts übergangen werden. Dadurch besteht die Gefahr, daß man wieder in die ursprüngliche lasche Organisation vom Typus ,,Wer ist der Schuldige?'' zurückfällt. Es müssen kontinuierlich strenge und gründliche Überprüfungen durchgeführt werden, und zwar auf der Basis des ,,ohne Wenn und Aber''. Eine Lockerung dieser rigorosen Handhabung ist ein Zeichen der Schwäche.

Auf der Stufe der Weisheit werden die Qualitätskosten genauer im Auge behalten als auf irgendeiner der vorausgehenden Stufen. Der absolute Betrag, der sich durch die Berücksichtigung der Qualitätskosten einsparen läßt, übertrifft meist alle Erwartungen. In vielen Fällen sah man im Qualitätsmanagement früher nur eines von vielen Überwachungssystemen mit umständlicher Benennung und Aufgabendefinition. Jetzt wird das Qualitätswesen für das Unternehmen zu einem realen Begriff, und möglicherweise erhofft man sich nun zuviel innerhalb zu kurzer Zeit.

Auf der Stufe der Weisheit ist die Leitung eines Unternehmens ein reines Vergnügen. Jede Aufgabe, die Sie dem Unternehmen vorgeben, kann erfolgreich angegangen werden. Die erforderliche Einstellung, die Systeme und die Begeisterung stehen in vollem Umfang zur Verfügung. Solange man diese drei Elemente nicht als selbstverständlich hinnimmt, werden sie unverändert fruchtbar und produktiv bleiben.

Ein Unternehmen auf der Stufe der *Sicherheit* werden Sie mühelos als ein solches erkennen, gesetzt den Fall natürlich, Sie finden eines. Die letzte Stufe läßt sich in einem einzigen Satz zusammenfassen: ,,Wir wissen, warum wir keine Probleme mit der Qualität haben.'' Klingt Ihnen das nicht wie Zukunftsmusik des fünfundzwanzigsten Jahrhunderts in den Ohren? Aber es ist machbar; ich kenne einzelne Unternehmensbereiche, denen genau das gelungen ist.

Auf dieser höchsten Stufe wird das Qualitätsmanagement als ein lebenswichtiges Organ der Unternehmensführung angesehen. Der oberste Qualitätsboss sitzt im Aufsichtsrat. Es kann durchaus sein, daß in Unternehmen, die dieses Stadium erreicht haben, die Bewältigung von Qualitätsproblemen zu einer Art ausgestorbener Kunst wird. Denn auf der Stufe der Sicherheit ist das System der Fehlervorbeugung derart perfektioniert, daß es kaum mehr Probleme von Bedeutung gibt. Die Qualitätskosten sind auf eine Größenordnung reduziert, die kaum mehr als die Gehälter für die Mitglieder des Qualitätswesens und die Kosten der Qualifikationstests beinhaltet.

Das Qualitätsverbesserungsteam führt zum x-ten Mal eine Umstrukturierung und Neuauswertung durch. Ihr wichtigstes Projekt ist es nun vielleicht, alle früheren und heutigen Teammitglieder zu einem Picknick einzuladen.

Es ist ein weiter, weiter Weg von der Unsicherheit zur Sicherheit. Aber diesen Weg zu gehen ist das, was am Management eigentlich Spaß macht.

Die Matrix als Vergleichsmaßstab

Wenn Sie mit Hilfe der Matrix-Werte verschiedene Operationen miteinander vergleichen wollen, sollten Sie immer im Auge behalten, daß es Ziel solcher Vergleiche ist, diejenigen auf Trab zu bringen, die auf der Stelle treten. Es geht nicht allein darum, Ergebnisse zu ermitteln.

Die Bewertung des Unternehmens, der Abteilung oder der jeweiligen Betriebseinheit sollte von drei Einzelpersonen vorgenommen werden, vom Qualitätsmanager, vom Geschäftsführer und von einem von außen kommenden Mitarbeiter.

Bitten Sie diese Personen, die entsprechenden Felder in der Matrix anzukreuzen. Sie sollen in bezug auf jede der sechs Bewertungskategorien beurteilen, in welchem Stadium der Entwicklung sich das Unternehmen ihrer Ansicht nach befindet. Geben Sie den Gutachtern zu verstehen, daß Sie die Beurteilung als subjektiv erachten, aber daß sie als Manager bezahlt würden und diese fast immer subjektiv seien. Vergeben Sie für jede Stufe Punkte, und zwar jeweils entsprechend der Stufenzahl. Also einen Punkt für ein Kreuz im Feld Unsicherheit, zwei Punkte für Einsicht und so weiter. Die höchste erreichbare Punktzahl beträgt dreißig Punkte. Wenn jemand auf dreißig Punkte kommt, laden Sie ihn zum Essen ein und vergessen Sie die ganze Angelegenheit.

Bei richtiger Anwendung der Matrix können Sie den Vergleich zwischen den drei verschiedenen Gutachtern dazu nutzen, diese zu persönlichem Engagement für eine Verbesserung zu motivieren. Vielleicht wird es Sie überraschen, daß der Geschäftsführer das Unternehmen als Ganzes in der Regel schlechter beurteilt als der Qualitätsmanager. Geschäftsführer haben immer eine bessere Einschätzung des eigenen Rudels.

Die besten Erfolge zeitigt die Matrix, wenn sie dazu benutzt wird, eine Gesamtdarstellung der Unternehmensziele zu liefern, die alle Beteiligten akzeptieren können. Sie ist deshalb von großem Wert, wenn es darum geht, den Entwicklungsstand verschiedener Firmen oder Abteilungen miteinander zu vergleichen. Überdies kann man auf die Matrix jederzeit zurückgreifen, um sich zu orientieren, was als jeweils nächster Schritt getan werden muß. Es ist denkbar, daß Manager sich demnächst nur mehr in Matrix-Begriffen untereinander verständigen.

,,Wir stehen kurz vor der Erleuchtung.''

,,Wir waren schon ein paar Jahre erleuchtet, aber dann haben wir einen neuen Geschäftsführer bekommen, dem Qualität zu teuer ist. Wir werden unweigerlich ein oder zwei Stufen zurückfallen, bis er begriffen hat, worum es geht.''

PRÜFMATRIX FÜR DAS QUALITÄTSMANAGEMENT
Gutachter _____

Bewertungs-kategorien	*Stufe I:* *Unsicherheit*	*Stufe II:* *Einsicht*
Verständnis und Einstellung des Managements	Qualität wird nicht als Instrument des Managements begriffen. Die Schuld an „Qualitätsproblemen" wird meist dem Qualitätswesen zugeschoben.	Wert des Qualitätsmanagements wird anerkannt, aber es fehlt die Bereitschaft,dafür Geld oder Zeit aufzuwenden.
Organisation des Qualitätswesens	Qualität ist im Fertigungs- oder Techniksektor verborgen. Hauptgewicht liegt auf Kontrolle und Sortierung.	Ernennung eines stärkeren Qualitätsleiters, aber Hauptgewicht liegt noch immer auf Kontrolle und Durchsatz. Weiterhin Teil der Fertigung oder eines anderen Sektors.
Problembewältigung	Probleme werden erst bei der Entstehung angegangen; keine Analyse; unzureichende Definierung; lautstarke Beschuldigungen.	Zur Bewältigung größerer Probleme werden Teams gebildet. Langfristige Lösungen werden nicht angestrebt.
Qualitätskosten in % vom Umsatz	Ausgewiesen: unbekannt Real: 20%	Ausgewiesen: 3% Real: 18%
Maßnahmen zur Qualitätsverbesserung	Keine organisierten Maßnahmen. Kein Verständnis dafür.	Experimentieren mit eindeutig „motivationsorientierten", kurzfristigen Maßnahmen.
Fazit der Qualitätspolitik des Betriebs	„Keine Ahnung, wieso wir Qualitätsprobleme haben."	„Ist es absolut unumgänglich, daß wir immer Qualitätsprobleme haben?"

Gruppe _____

Stufe III: Erleuchtung	*Stufe IV:* Weisheit	*Stufe V:* Sicherheit
Lernt bei der Anwendung des Qualitätsprogramms mehr Qualitätsmanagement. Leistet in wachsendem Maß Anregung und Unterstützung.	Wirkt mit. Kennt die absoluten Grundsätze des Qualitätsmanagements. Erkennt seine Funktion, steten Nachdruck auf Qualität zu legen.	Betrachtet Qualitätsmanagement als fundamentalen Bestandteil des Unternehmens.
Qualitätswesen ist Führungsspitze direkt unterstellt. Gütebewertung ist eingegliedert; Manager ist an Betriebsführung beteiligt.	Qualitätsmanager wird vom Geschäftsführer beauftragt; effektive Rückmeldung; Maßnahmen zur Fehlervorbeugung Eingeschaltet in Kundenbetreuung und Sonderaufgaben.	Qualitätsmanager sitzt im Aufsichtsrat. Hauptanliegen ist die Fehlervorbeugung. Qualität bestimmt die Unternehmenspolitik.
Kommunikation über Korrekturmaßnahmen besteht. Probleme werden offen angegegangen und methodisch gelöst.	Probleme werden frühzeitig im Ansatz erkannt. Alle Funktionen sind für Anregungen und Verbesserungen offen.	Mit Ausnahme von Sonderfällen werden Probleme vorbeugend verhindert.
Ausgewiesen: 8% Real: 12%	Ausgewiesen: 6,5% Real: 8%	Ausgewiesen: 2,5% Real: 2,5%
Durchführung des 14-Schritte-Programms; jeder Schritt wird verstanden und ausgeführt.	Fortsetzung des 14-Schritte-Programms und Beginn des Programms „Auf Nummer Sicher gehen".	Qualitätsverbesserung wird kontinuierlich und routinemäßig betrieben.
„Durch Managementverpflichtung für Qualität und deren Verbesserung erkennen und lösen wir unsere Probleme."	„Fehlervorbeugung gehört bei uns zur Routine."	„Wir wissen, warum wir keine Qualitätsprobleme haben."

4
Qualitätsverständnis und Einstellung
des Managements

Ein Fallbeispiel

Herr Gutmann streckte den Kopf aus dem Werkzeugraum und warf einen nervösen Blick in die Runde, ehe er die Fertigungshalle betrat. Er wollte Herrn Wiesner, dem Fertigungsleiter, nicht über den Weg laufen. Herr Wiesner würde ihn heute abend Überstunden machen lassen, weil ein ganzer Tisch voll Ausschuß aufzuarbeiten war, der von der Inspektion zurückgewiesen worden war. Herr Gutmann hatte etwas anderes vor.

Jedesmal, wenn ein mangelhaftes Fertigungslos zurückkam, führten sich Herr Wiesner und die übrigen Fertigungsleiter auf, als hätte die Inspektion einen Feldzug gegen sie persönlich angezettelt. Als der einzige Qualitätstechniker der Abteilung tat Herr Gutmann sein Mögliches, die Fehlerursachen zu erkennen und zu beheben, aber die Probleme waren so zahlreich und manchmal so kompliziert, daß sie oft immer wieder auftauchten, weil er sie nicht gleich das erste Mal ganz hatte lösen können.

Als Herr Gutmann sich umwandte, kam Herr Wiesner schon auf ihn zu. Seine Pläne für den Abend begannen sich in Wohlgefallen aufzulösen. Es würde wieder die üblichen Diskussionen geben. Herr Wiesner würde ihn vor den Tisch mit den Ausschußstücken schleppen, und dann würden sie sie eins nach dem anderen durchgehen. Der Fertigungsleiter würde sicher wieder mit den Argumenten kommen, daß es so schlecht doch gar nicht sei oder daß man es nacharbeiten könne oder daß die Vorschriften von vornherein unsinnig seien, und so weiter und so fort. Das schlimmste Ausschußstück hob er sich immer bis zum Schluß auf, wenn Herrn Gutmanns Widerstandskraft auf dem Tiefstand war. Herr Gutmann hatte keine besondere Lust, wieder einmal einen Abend als Punktrichter zu fungieren.

Er streckte dem herankommenden Werkmeister abwehrend die Hände entgegen.

„Weiche von mir, dunkler Geist. Kehr zurück in die dunklen Gefilde, denen du entstammst. Ich beschwöre dich: laß mich in Frieden."

Herr Wiesner legte ihm kollegial den Arm um die Schulter.

„Kommen Sie, guter Freund, das meinen Sie doch nicht ernst. Ich weiß, daß Sie heute abend noch zu einer Versammlung wollen. Ich will Ihnen bestimmt nicht viel von Ihrer Zeit stehlen. Die paar Stücke haben Sie sich im Nu angesehen, es sind nur so an die fünfundzwanzig. Dann können Sie gleich gehen."

Herr Gutmann hatte plötzlich einen Geistesblitz. Vielleicht gab es doch noch einen Ausweg aus dem Schlamassel.

,,Herr Wiesner, ich mache Ihnen einen Vorschlag. Ich gehe heute zu einer Versammlung des TÜV.''

Sein Gegenüber schaute ihn verständnislos an.

,,Qualitätsüberwachungsverein heißt das. Dem gehören alle Qualitätsfachleute aus dem Umkreis an. Wir treffen uns von Zeit zu Zeit, um uns gegen Leute wie Sie zu verschwören. Heute haben wir einen Gastreferenten eingeladen, der uns etwas darüber erzählen will, daß die Abnahme keine Ermessenssache zu sein braucht. Sind Sie daran interessiert, wie man sich das mit der Begutachtung von Ausschuß sparen kann?''

,,Na und ob! Wenn wir uns die ganze Geschichte sparen könnten, hätte ich's wesentlich leichter. Dann bräuchte ich nicht immer irgendwelchen Qualitätstechnikern hinterherzurennen, um mir für die albernen Kleinigkeiten, die die Leute von der Fertigungskontrolle zu beanstanden haben, eine Unterschrift zu holen. Ob ich dafür bin, daß die Abnahmeprüfung nicht mehr Ermessenssache ist? Ich wüßte nicht, was mir willkommener wäre.''

Herr Gutmann unterdrückte ein Lächeln.

,,Na gut, dann schließen wir doch einen kleinen Handel ab. In einer halben Stunde trifft man sich zum Cocktail. Dann folgt das Abendessen und das Referat. Die ganze Sache dauert nur bis 21 Uhr. Kommen Sie doch mit, und wenn Sie nach der Versammlung noch herkommen und diese Partie hier durchgehen wollen, bin ich dabei.''

,,Sie wollen, daß ich mitkomme und den Abend mit einem Verein von Qualitätsleuten verbringe? Das kann mich ja meinen Ruf kosten. Aber wenn ich mir damit erkaufe, daß die Probleme hier gelöst werden, und Sie mich freihalten, komme ich mit.''

Während der Cocktail gereicht wurde, beobachtete Herr Gutmann angespannt, wie Herr Wiesner sich mit verschiedenen Vereinsmitgliedern angeregt unterhielt. Alle fanden sie die Idee gut, ihn hierher zu bitten, und einige hatten schon beschlossen, bei nächster Gelegenheit diesem Beispiel zu folgen. Während des Essens unterhielt Herr Wiesner den Tisch mit ein paar erheiternden Anekdoten über das Tauziehen, das schon des öfteren zwischen ihm und Herrn Gutmann stattgefunden hatte. Lachend meinten die anderen, bei ihnen gehe es ganz ähnlich zu.

,,Vermutlich haben wir uns einen Beruf ausgesucht, bei dem Konflikte bewußt angestrebt werden, weil sie Teil der Methode sind'', bemerkte einer vom Verein. ,,Sieht ganz so aus, als stärke das die Persönlichkeit der Mitarbeiter, und meines Erachtens wirkt sich die Auseinandersetzung positiv aus.''

,,Mal hören, was unser Referent dazu meint'', sagte ein anderer. ,,Aber der ist wohl bloß mit Definitionen beschäftigt, nehme ich an. Der Vorsitzende hat mir erzählt, daß sein Referat das Thema hat: ‚Was bedeutet Qualität?'''

Herr Wiesner lachte. ,,Scherereien, das ist es, was Qualität bedeutet. Nichts als Scherereien.''

Dann erging er sich eine Viertelstunde in gutartigen Frotzeleien über die bekannte Praxisfremdheit der Qualitätsfachleute.

,,Wenn Leute wie Sie ein Einsehen hätten, könnten wir im ganzen Land von einem Tag auf den anderen die Produktion verdoppeln. Dann hätten wir jede Menge Zeit für Betriebsfeiern und Schulungslehrgänge.''

Nun rief der Vorsitzende die Versammlung zur Ordnung, und nachdem einige Komiteemitglieder Berichte zur Lage abgegeben hatten, stellte der Programmverantwortliche den Referenten vor.

„Herr Mulzer ist Qualitätsmanager für den Verkaufssektor des Albiex-Konzerns, der, wie Sie wissen, spezielle mechanische Produkte herstellt. In seiner Funktion hat er Hunderte von Zulieferern und Kunden zu betreuen. Und er macht seine Sache sehr gut − da ich selbst zu seinem Kundenkreis gehöre, kann ich ohne Übertreibung sagen, daß er und seine Mitarbeiter uns immer mit der größten Offenheit begegnet sind. Sie nennen eben das Kind beim Namen. Das ist Walter Mulzer.‘‘

Die Gruppe begrüßte den Redner mit höflichem Beifall.

„Ich bin heute abend unter falscher Flagge hier. Mein Thema lautet ‚Was bedeutet Qualität?‘, und das ist es auch, worüber ich vor einem Jahr, als ich die Einladung zu diesem Vortrag annahm, sprechen wollte. Damals war ich mir völlig darüber im klaren, was Qualität bedeutet, wie man sie erreichen kann und so weiter. Schließlich bin ich schon fünfzehn Jahre in der Branche.

Aber dann beschlossen wir im Frühjahr vergangenen Jahres, für unsere Zulieferer eine kleine Broschüre herauszugeben, um ihnen unsere Anforderungen und Methoden begreiflich zu machen. Nichts Großartiges, bloß ein kleines Heft mit den Grundsätzen, die für die Zusammenarbeit mit unserem Unternehmen gelten.

Natürlich wollten wir dem Ganzen eine Liste von Definitionen vorausschicken. Schließlich läßt sich über eine Sache, die man nicht definieren kann, schwerlich diskutieren. Der erste Begriff auf unserer Liste war *Qualität*. Inzwischen sind sechs Monate vergangen, und wir sind eben erst beim zweiten Begriff angekommen.‘‘

Herr Wiesner sah fragend zu Herrn Gutmann hinüber. Seine hochgezogenen Augenbrauen ließen keinen Zweifel daran, daß er es für das Klügste hielt, wenn sie beide sich unauffällig verdrückten. Sie hatten ganz offensichtlich einen Dummkopf vor sich.

Herr Mulzer fuhr in seiner Rede fort. „Die übliche Definition schien mir einfach nicht klar faßbar. Schlagworte wie ‚wünschenswerte Eigenschaften‘, ‚subjektive Bewertung‘ und ähnliches schienen irgendwie nicht die richtigen, wenn es darum ging, Qualität zu definieren. Schließlich legte ich keinen Wert darauf, als Manager wünschenswerter Eigenschaften angesprochen zu werden.

Ich begann allmählich nervös zu werden. So viele Jahre hatte ich in der Branche gearbeitet, und nun konnte ich den Leuten nicht einmal genau sagen, worum es dabei ging.

Wir sahen uns einige der modernen Definitionen an. ‚Eignung für den Gebrauch‘ klingt schon ganz gut und ist tatsächlich auch recht sinnvoll, insbesondere wenn man vom Entwurfskonzept eines Produkts spricht. Ist zum Beispiel von einem Toaster die Rede, dann ist mit der Definition ‚Eignung für den Gebrauch‘ schon sehr Wesentliches gesagt. Dazu gehören Griffe und eine Schaltung, die selbst bei unvorschriftsmäßiger Bedienung nicht kaputtgeht, ein glänzendes Gehäuse, das seinen Glanz nicht verliert, und Heizspiralen, die ihre Funktion in der vorgeschriebenen Zeit erfüllen. Das ist ein wertvolles Konzept.

Aber darum geht es bei unserer Tätigkeit gar nicht. Wir kaufen und produzieren Dinge. Da sind die Entwurfs- und Konstruktionsentscheidungen längst gefallen. Wenn

unser Abwicklungsleiter einen Auftrag von uns entgegennimmt, interessiert ihn lediglich, was wir wollen, wieviel Stück davon und wann. Er zerbricht sich nicht den Kopf
darüber, wozu wir es brauchen, oder über das Kriterium ,Eignung für den Gebrauch'.

Kurz und gut, wir mußten uns eine Definition für die Praxis einfallen lassen, die
für jedermann verständlich und für unsere Arbeit zu gebrauchen wäre. Wie es einer meiner Mitarbeiterinnen beschrieben hat: ,Wir brauchen etwas, mit dem man sein Brot verdienen kann.' Sie hatte völlig recht.

Wir besannen uns also wieder auf die grundlegenden Dinge. Wir fragten uns, was
die Qualitätsfunktion genau bewirkt und warum.''

(,,Das frage ich mich auch manchmal'', murmelte Herr Wiesner vor sich hin.)

,,Wir spielten mit Begriffen wie Fehlerverhütung und Meßverfahren und Korrekturmaßnahmen und ähnlichem herum und kamen schließlich zu einem zusammenfassenden
Ergebnis. Und dieses Ergebnis lieferte uns die Definition von Qualität. Ich versichere
Ihnen, daß Sie, wenn Sie sich diese Definition erst einmal zu eigen gemacht haben, alles
ganz anders sehen werden als früher.

Wir kamen zu dem Schluß, daß unsere Tätigkeit darin bestand, eine Erfüllung der
Anforderungen zu bewirken und zu messen. Somit bedeutet Qualität Übereinstimmung.
Das Fehlen von Qualität ist gleichzusetzen mit Nichterfüllung von Anforderungen.

So nimmt die Sache plötzlich klare Konturen an. Statt Qualität in Begriffe wie Hochwertigkeit oder wünschenswerte Eigenschaften fassen zu wollen, betrachten wir sie nun
als Mittel, um den Anforderungen zu genügen.

Sie müssen sich allerdings damit abfinden, daß wir Leute von der Qualitätsbranche
unser bevorzugtes Feld, die Entwicklung und Konstruktion, räumen müssen. Ob wir
Eigenschaften annehmen oder ablehnen, basiert nun nicht mehr auf unserer Einschätzung, ob sie gut genug oder auch nur erforderlich sind. Viele von uns haben der Herstellung immer wieder einmal eine Überschreitung der Toleranzgrenzen zugestanden, weil
wir wußten, daß sie von vornherein zu eng waren. Das ist nun nicht mehr möglich. Jetzt
gibt es nur noch Erfüllung oder Nichterfüllung und damit basta.''

Unter den Zuhörern kam an dieser Stelle eine leichte Unruhe auf, und an verschiedenen Tischen wurde leise debattiert. Der Referent registrierte das mit einem Lächeln.

,,Wie ich sehe, haben einige von Ihnen auf diesen Gedanken reagiert. Das ist ganz
normal, das versichere ich Ihnen. Vielleicht sollten ich hier unterbrechen und Ihnen Gelegenheit bieten, Fragen zu stellen.''

Er sah zum Vorsitzenden hinüber, der zustimmend nickte.

,,Also, die erste Frage, bitte.''

,,Ich verstehe, wie Sie zu dieser Qualitätsdefinition gekommen sind, und ich kann
Sie und Ihre Mitarbeiter zu einer so gründlichen Analyse nur beglückwünschen. Aber
Sie haben doch nicht ernsthaft die Absicht, diese Definition zum Grundsatz Ihres Unter-
nehmens zu machen? Sie müssen doch schließlich praktisch denken.''

,,Wir finden die Sache sogar sehr praktisch und zudem leicht verständlich. Wieso
sehen Sie darin ein Problem?''

,,Also, zum einen käme damit jede Produktion völlig zum Erliegen. Da würde überhaupt nichts mehr produziert. Kein Entwurf ist vollkommen − es muß immer eine gewisse Toleranz geben.''

Herr Mulzer nickte.

,,Ich gebe zu, daß die Entwürfe auch nicht annähernd perfekt sind und Korrekturen vorgenommen werden müssen. Aber wie wollen Sie solche Korrekturen bewerkstelligen, ehe Sie nicht die Probleme gefunden und auf ihre Ursache untersucht haben? Wenn alle Korrekturen durchgeführt sind, klappt der Produktionsablauf reibungslos.

Erst neulich ist mir etwas passiert, das mir wirklich zu denken gegeben hat. Wir waren in unserer Maschinenfertigung im Verzug und gaben deshalb ein paar Teile, die wir schon seit Jahren herstellen, bei einer fremden, aber sehr guten Firma in Auftrag, der wir das Rohmaterial zusammen mit den Konstruktionszeichnungen zuschickten. Und wissen Sie was? Sie konnten sie nicht nachbauen. Wenn man sich genau an die Pläne hielt, paßte nichts zusammen. Unmöglich. Eine Menge kleiner Änderungen war nötig. Und nicht eine dieser Änderungen war schriftlich festgelegt. Es stellte sich heraus, daß wir in unserer eigenen Fertigung mehrere höchst versierte Handwerker hatten, die genau wußten, wieviel sie an dieser oder jener Stelle noch abfräsen mußten, um am Ende trotz falscher Zeichnungen doch noch ein brauchbares Produkt zu erhalten.

Können Sie sich vorstellen, was das für eine schauderhafte Entdeckung war? Die Unternehmensleitung hatte den Betrieb nicht mehr unter Kontrolle. Sie war vollkommen abhängig von den ‚Machern‘ in der Werkstatt, und denen lagen genau die Leute zu Füßen, die wir zu ihren Vorgesetzten bestimmt hatten. Als mir der Sachverhalt klar wurde, war ich ziemlich niedergeschlagen.

Ich trug die Angelegenheit bei der nächsten Stabssitzung der Geschäftsleitung vor und erntete nur verständnislose Blicke. Keiner schien die Tragweite meiner Feststellungen zu erkennen. Alle warteten nur ungeduldig darauf, daß ich ausgeredet hätte. Stellen Sie sich das einmal vor! Da hatte ich die unwahrscheinlichste Entdeckung meiner ganzen Karriere gemacht, und die Anwesenden hätten nicht gleichgültiger reagieren können. Was allgemein bekannt ist, gilt eben nicht mehr als wichtig.

Aber sehen Sie, wenn Sie nicht sicher sein können, daß das, was Sie im Fertigungsbereich herstellen, so aussieht wie das, was Sie bei der Entwicklung entworfen haben, dann ist die ganze Sache bloß Zeitverschwendung. Dann kann keiner sagen, was am Schluß dabei herauskommt. Folglich sind Marketing, Marktforschung, Entwicklung, Garantieplanung und Fünf-Jahres-Planung von Anfang bis Ende eine pure Farce, wenn wir nicht dafür sorgen, daß das Produkt so aussieht wie auf den Zeichnungen, und wir nicht sichergehen können, daß es funktioniert.''

Sich ein wenig vorbeugend, sprach Herr Mulzer nun leiser, dringlicher.

,,Es hat doch keinen Sinn, Lebensdauertests und derartiges durchzuführen, wenn die Produkte unter Umständen nicht einmal gleich aussehen.''

Herr Wiesner hörte mit offenem Mund zu. Er war wie gebannt.

,,Ich begriff also, daß ich einen anderen Weg finden mußte, gehört zu werden. Nach langem Hin- und Herüberlegen entschloß ich mich, die leitenden Angestellten in der Kantine anzusprechen. Essen tun sie alle gern.

Ich suchte also den Kantinenleiter in seinem Büro auf und überredete ihn, mir bei meiner kleinen Verschwörung behilflich zu sein. Er war gerade dabei, das Tagesmenü zusammenzustellen, und wir sahen es uns gemeinsam an.

Zu Mittag gab es als Tagesgericht Rinderbraten mit Kohl. Der eine bekam ein winziges Stück Braten und einen Riesenberg Kohl. Beim nächsten war es genau umgekehrt. Die Leute, die sich ein Sandwich bestellt hatten, bekamen es halb mit Toastbrot, halb mit Schwarzbrot. Wir dachten uns sieben oder acht solcher kleinen Streiche aus. Ich wartete nun, bis das Murren unüberhörbar und mein Verbündeter allmählich etwas blaß um die Lippen war. Dann betrat ich den Speisesaal und bat mit einem Handzeichen um Ruhe.

,Sie haben eben so zu Mittag gegessen, als hätten gewisse Anforderungen nichts zu bedeuten. Jedes Gericht wurde so zubereitet, wie es dem Koch gerade in den Sinn kam, ohne Berücksichtigung dessen, was in der Speisekarte oder gar von Ihnen als Kunden vorgegeben war.

Ich habe die ganze Sache hier veranlaßt und nehme alle Schuld auf mich. Ich wollte Ihnen jedoch nur einmal an einem persönlichen Fall veranschaulichen, wie unklug es ist, nicht darauf zu bestehen, daß die Anforderungen bedingungslos erfüllt werden.'

Alle im Saal waren willens, die Sache noch einmal zu überdenken, mit Ausnahme der Buchhaltungschefin.''

,,War sie denn nicht überzeugt?''

,,Überzeugt wohl schon, aber sie hatte statt der bestellten Portion Eis eine Dreifachportion bekommen. Ihr gefiel das System.''

,,Aber gibt das nicht eine Art Chaos, wenn man so urplötzlich Nägel mit Köpfen machen will? Müßte man da nicht eigentlich den ganzen Betrieb dicht machen und von vorn anfangen?''

,,Nein. Man kämpft sich einfach schrittweise aus den Schwierigkeiten heraus, indem man mit den Reformen da ansetzt, wo man sie für nötig hält. Das bringt zwar eine Zeitlang große Unruhe, aber es klappt. Auf manche Probleme muß man ein besonderes Team ansetzen.

Eines der interessantesten Probleme lag im Bereich der internen Auftragserteilung. Wie wir entdecken mußten, hatte man es mit der Auftragsausstellung schon lange nicht sehr genau genommen, weil allgemein bekannt war, daß man sich in den Werkstätten ohnehin nicht genau daran hielt. Nun sind wir mit einem Mal dazu übergegangen, alles buchstabengetreu laut Auftrag auszuführen, und da mußten die Leute von der Auftragsabteilung natürlich spuren. Inzwischen sind sie mit großem Ehrgeiz bei der Sache. Wir haben die Erfahrung gemacht, daß ein korrekt ausgestellter Auftrag die Chancen erhöht, daß die Werkstätten sich genau an die Anforderungen halten.''

Nach der Versammlung fuhr Herr Gutmann mit Herrn Wiesner zurück in den Betrieb, um sein Versprechen wahrzumachen. Herr Gutmann hatte gehofft, die Erfahrungen dieses Abends hätten den Werkmeister zum Umdenken veranlaßt, so daß er der Fehlervorbeugung vielleicht ein wenig mehr Interesse entgegenbrächte. Aber Herr Wiesner hatte seit ihrem Aufbruch kaum ein Wort gesagt.

Als sie sich gerade die ersten Ausschußstücke vornahmen, hielt Herr Wiesner bei der Arbeit inne.

,,Ich glaube, allmählich geht mir ein Licht auf. Sehen Sie, wir haben den Anstellwinkel an diesem einen Teil schon seit zwei oder drei Jahren immer wieder beanstandet. Die Leute von der Technik sagen jedes Mal, wir könnten die Sache durchgehen lassen, aber sie verbessern sie nie in den Zeichnungen. Und sehen Sie sich diese Teilmontage an! Wir haben da jedes Mal zuviel Flankenspiel, wenn die Zahnräder montiert sind. Immer wieder dasselbe."

Er schaute Herrn Gutmann an.

,,Wissen Sie, ich glaube , es ist an der Zeit, daß wir aufhören, uns etwas vorzumachen. Wir lassen diesen Berg Teile am besten einfach liegen. Und den Leuten von der Technik und der Fertigungskontrolle sagen wir, daß wir nicht ein Stück mehr herstellen, ehe sie uns nicht den genauen Termin für die erforderlichen Änderungen genannt haben.

Wir beide haben Besseres zu tun, als hier herumzusitzen und anderen Leuten die Arbeit abzunehmen. Gehen wir nach Hause."

Herr Gutmann nickte.

,,Vielleicht sollten wir unseren ersten Vorstoß in der Kantine machen?"

Verantwortung erkennen

Die Anwendung der Matrix

Der eben beschriebene Vorfall hatte zur Folge, daß Herr Wiesner den Schritt von der Unsicherheit zur Einsicht tat − um es in den Begriffen der Prüfmatrix für das Qualitätsmanagement auszudrücken. Es war ihm klar geworden, daß es einen besseren Weg gab, der ihm womöglich offenstand, und daß er selbst etwas dazu tun konnte. Er wußte zwar nicht über alles, was hier ablief, Bescheid, aber er wußte wohl, daß in seinem beruflichen Leben ein Wandel eingetreten war.

Seine Einstellung hatte sich verändert. Und gerade die Einstellung ist der Kern des Führungsverständnisses im Management.

Die Leute reden mit Vorliebe davon, daß sie in ihrer Kindheit arm waren, sich dieser Tatsache jedoch nie bewußt wurden. Das seien die glücklichsten Tage ihres Lebens gewesen, erzählen sie. Damals seien alle Leute, die sie kannten, in derselben Lage gewesen, und doch schien das, was man hatte, immer irgendwie zu reichen.

Mir ist jedoch aufgefallen, daß nicht einer von diesen Leuten es je in Betracht zieht, den einfachen Schritt zurück in diese goldenen Tage zu tun. Haben sie erst einmal ein Leben kennengelernt, in dem ihnen verschiedene Möglichkeiten offenstehen, dann wollen sie nie wieder eines ohne die Freiheit der Wahl. Sie wollen etwas, das sie selbst mehr in der Hand haben.

In gewisser Weise ist das die Essenz der Prüfmatrix für das Qualitätsmanagement. Bestimmt sind Sie daran interessiert zu erfahren, welche Möglichkeiten Ihnen offenstehen, welchen Nutzen Sie um den Preis welchen Arbeitsaufwands erzielen können und wie Sie die Entscheidungen selbst in der Hand haben können. Wenn Sie diese Erkenntnisse nicht erst im Lauf eines langen Lebens sammeln wollen, nicht allein aus der oft bitteren Erfahrung lernen wollen, dann sollten Sie sich der Matrix bedienen. Sie erlaubt Ihnen einen Blick in die Zukunft, ohne Sie vergessen zu lassen, daß es ebenso wie Fortschritte auch Rückschritte geben kann. Die durch harte Arbeit und Disziplin erreichten Annehmlichkeiten können auch wieder verlorengehen, ehe man sich's versieht. *Gewonnen* heißt nicht *bewahrt*.

Die Verbesserung an sich ist nie die eigentliche Schwierigkeit. Sobald Menschen ihre Lage klar erkennen und offen eingestehen, ist es nie schwierig, etwas zu verbessern. Das Bedauerliche ist nur, daß sehr wenige von uns sich zu offenen Eingeständnissen bequemen. Wir geben nicht zu, wieviel Zeit wir jeden Tag auf dem Weg zur Arbeitsstätte brauchen; wir können uns nicht erklären, woher die zusätzlichen Pfunde auf der Waage kommen; wir lassen unser genaues Alter gerne im Dunkeln. Wir Menschen sind allesamt schwach und eitel.

Ich habe mit Führungskräften aus Hunderten von Betrieben und Geschäftszweigen Fachgespräche geführt. Und ganz gleich, um welches Land, welches Produkt, welche Dienstleistung oder Unternehmenssparte es sich handelt, ich werde nie enttäuscht. Irgendwann fällt immer die Bemerkung: ,,Sie müssen einsehen, daß unser Betrieb ganz anders ist.'' Weil die Leute meist nur ihren eigenen Betrieb sehen, wird ihnen nie bewußt, wie sehr sich die meisten Betriebe gleichen. Natürlich können Produktionstechniken und Vertriebsmethoden sehr verschieden sein. Aber die Menschen, um die es geht – ihre Motivationen und Reaktionen – sind die gleichen. Was sich in einem Unternehmenszweig zur Qualitätsverbesserung tun läßt, läßt sich auch in anderen tun – vorausgesetzt, man nimmt sich die Zeit, Qualität und das, was sie beinhaltet, zu verstehen.

Wenn mir eine Gruppe von Führungskräften oder Fachleuten gegenübersitzt, die gespannt auf die wunderbare Enthüllung einer todsicheren Methode zur Qualitätsverbesserung warten, sage ich ihnen, daß ich nähere Informationen brauche. Ich bitte sie, mir ihr größtes spezielles Einzelproblem zu nennen. Sie sollen das Problem in lediglich ein oder zwei Sätzen darstellen. Keine Diskussionen, keine Analysen. Und sie dürfen mir nicht mit irgendwelchen vagen Antworten kommen, etwa ihr größtes Problem seien ,,die Leute'', ,,Kommunikation'' oder ,,der Weltfrieden''. Ich stelle ihnen die Frage: ,,Wenn die gute Fee käme und es Ihnen freistellte, eines Ihrer Probleme loszuwerden, welches würden Sie nennen?'' Die Liste der genannten Probleme ist immer wieder dieselbe:

- Wir bekommen nie die exakten Daten.
- Die Leute leisten einfach keine gute Arbeit.
- Die Konkurrenz kann billiger einkaufen als wir.
- Sie erfüllen die selbst gesteckten Ziele nicht.
- Aufgrund der gesetzlichen Bestimmungen müssen wir unqualifizierte Leute einstellen.
- Das oberste Management will einfach nicht einsehen, daß wir neue Wege gehen müssen.
- Die Umsatzquote ist so hoch angesetzt, daß man die Leute nicht schulen kann.
- Die Zinssätze fressen uns auf.
- Die Gewerkschaft stellt unzumutbare Forderungen.

Die Liste ließe sich beliebig fortsetzen. Sicher haben Sie noch Ihre eigenen Punkte beizutragen.

Nachdem ich alle aufgezählten Probleme an die Tafel geschrieben habe, erkläre ich der Gruppe, daß wir ganz offensichtlich die falschen Leute zu dieser Sitzung eingeladen hätten. Die Anwesenden hätten ja offenbar nichts zu verbessern. Alles, was ihnen widerfahre, werde von anderen verursacht. Wenn ich die übrigen 4 Milliarden Menschen auf der Welt in den Sitzungsraum holen könne, bestünde vielleicht die Möglichkeit, die Liste von Problemen zu lösen. Sonst sei die Sache hoffnungslos.

Ich habe diese Übung viele hundert Mal durchexerziert. Nicht ein einziges Mal hat mir jemand ein „größtes Problem" genannt, das von ihm selbst verursacht war. Keiner hat je gesagt:

- Ich kann nicht so billig einkaufen wie mein Kollege von der Konkurrenz.
- Ich habe den Chef nicht überzeugen können; ich muß mehr darüber lernen, wie man so etwas macht.
- Ich komme nicht an meine Leute heran; die Personalfluktuation ist zu hoch.
- Meine Planung war in diesem Punkt unzulänglich.

Wenn ich die Dinge drastisch genug darstelle, erreiche ich schließlich von allen das Eingeständnis, daß sie bei der Suche nach den Ursachen von Problemen am besten bei sich selbst anfangen. Sie geben mir immer recht. Nur dauert es einfach zu lang, bis sie diese Erkenntnis umsetzen können.

Wenn es um die Verantwortung für das Management eines Betriebs oder eines Arbeitsablaufs geht, muß man bereit sein zuzugeben, daß die Ursache für die Probleme auch bei den einzelnen liegen kann, die für dieses Management verantwortlich sind. Sonst kommt es nie zu entsprechenden Korrekturmaßnahmen. Aus diesem Grund sind die Bemerkungen über Erkenntnisse und Einstellung des Managements in der Prüfmatrix von großer Bedeutung.

Unsicherheit

Auf der Stufe der Unsicherheit wird Qualität nicht als Instrument des Managements begriffen. In dieser Phase neigen die Leute dazu, die Schuld an Qualitätsproblemen dem Qualitätswesen zuzuschieben. Dies geschieht meist aus mangelnder Kenntnis der Materie und aufgrund der irrigen Annahmen, die in Kapitel 2 besprochen wurden. Es ist wichtig, sich über die wirkliche Bedeutung von Begriffen und Funktionen klarzuwerden.

In der Unsicherheitsphase gibt es nur die Gegenwart. Die Welt beginnt jeden Tag neu und endet mit demselben Abend. Die Vorbeugung gehört nicht zum Alltag des Unternehmens, denn um vorzubeugen, muß man in die Zukunft sehen. Die Qualitätsfunktion auf der Stufe der Unsicherheit ist somit einfach zu beschreiben. Sie beschränkt sich auf Kontrolleure und Prüfingenieure, die in den meisten Fällen der Fertigung unterstellt sind und das Produkt beim Durchlauf sortieren. Das Management erwartet von ihnen, daß sie nichts „zu" Fehlerhaftes durchgehen lassen.

Bei der Unsicherheit herrscht der Grundsatz: alles Erforderliche tun, um das Problem von heute zu lösen − was morgen ist, wird sich schon finden. Da kein vernunftbegabter Mensch je zugeben wird, so etwas zu denken, muß man unter die Lupe nehmen, was in einem bestimmten Arbeitsablauf tatsächlich getan wird, wenn man ihn anhand der Prüfmatrix einstufen will.

Wenn es um ein Problem geht, dem sich mit einem Zugeständnis oder einer Veränderung auf dem Papier beikommen läßt, dann ist die Unsicherheit in ihrem Element. Man schafft sich die Probleme viel lieber so vom Hals, als sich die Zeit zu nehmen, ihre Ursache zu analysieren. Überdies müßte ein Arbeitsablauf, falls man die wirkliche Ursache eines Problems fände, zeitaufwendigen Maßnahmen wie Neukonzeption, Werkzeugumstellung, Schulung und ähnlichen Dingen unterworfen werden. Das wäre unbequem. Und wer darauf hinweist, daß solche Maßnahmen die Probleme in Zukunft verhindern könnten, macht sich höchst unbeliebt. Es gibt keine Zukunft. Es gibt nur das Heute.

Einsicht

Der Unterschied zwischen den Stufen Unsicherheit und Einsicht ist etwa so, wie Präsident Eisenhower den Unterschied zwischen einem Erzkonservativen und einem liberalen Konservativen definiert hat. Der Konservative sei dagegen, daß etwas getan werde. Der Liberal-Konservative sei eindeutig dafür, daß es getan werde, nur nicht zum gegenwärtigen Zeitpunkt.

Ich habe schon oft von Führungskräften zu hören bekommen, daß sie mit dem Qualitätsverbesserungs-Programm beginnen, aber noch abwarten wollten, bis bestimmte Probleme behoben seien. Sie wollen das Problemlösungs-Programm nicht in Angriff nehmen, ehe sie nicht irgendwelche Probleme gelöst haben. Finden Sie das nicht auch leicht paradox? Es ist der Teufelskreis, in dem sich die ,,Unerleuchteten'' bewegen.

Wovor die Leute auf der Stufe der Einsicht im Grunde zurückschrecken, ist die Ausrichtung auf die Zukunft. Die Unsicherheit weiß nichts über die Zukunft und macht sich folglich darüber keine Sorgen. Die Einsicht weiß davon und macht sich Sorgen. Keiner handelt, wenn auch aus verschiedenen Gründen. Was dabei herauskommt, ist bei beiden dasselbe. Im Stadium der Einsicht sind die Leute eher bereit, über langfristige Korrekturmaßnahmen zu reden, und hin und wieder auch dazu bereit, derartiges durchzuführen. Aber sie sind noch nicht soweit, daß sie für das Qualitätsprogramm Geld ausgeben wollen. Sie sehen noch keinen Zusammenhang zwischen Geld ausgeben und Geld einsparen. Ausgegebenes Geld ist real; Einsparungen in der Zukunft sind es nicht. Es genügt nicht, ihnen zu erklären, daß Qualität im Grunde ein Programm ist, das sich selbst finanziert. Erst wenn das Verständnis für die wirklichen Qualitätskosten da ist, wird in der Einsichts-Phase etwas in Gang gesetzt.

Um dem Management auf Ressortebene Gerechtigkeit widerfahren zu lassen, muß ich anmerken, daß die Qualitätsspezialisten in Betrieben auf der Einsichtsstufe normalerweise keine besondere Hilfe für diejenigen unter uns sind, die sich um die Durchsetzung von Qualitätsverbesserung bemühen. In einem der Betriebe, die ich besuchte, erlebte ich einen bemerkenswert paradoxen Fall. Die junge Geschäftsführerin war außerordentlich engagiert für Qualität und erkannte, daß sie Maßnahmen ergreifen mußte. Sie rief den Qualitätsleiter aus der Werkstatt und ließ mich von ihm herumführen. Der Qualitätsleiter erzählte mir endlose Geschichten von Problemen der Nichtübereinstimmung und von schauderhaften Zuständen, die einer sofortigen Korrektur bedürften. Er wies darauf hin, daß die Geschäftsleitung einfach nicht hören wolle, daß er soundso oft versucht habe, sie zu überzeugen, aber immer vergebens.

Bei meinem Abschlußgespräch mit der Geschäftsführerin unterrichtete ich sie behutsam über all die Probleme, gegen die ihr Qualitätsmanager zu kämpfen hatte. Sie ließ den Mann sofort in ihr Büro kommen, entschuldigte sich dafür, daß sie nicht auf ihn gehört hatte, nahm Papier und Bleistift und bat ihn um eine vollständige Auflistung der Probleme, gegen die man angehen müsse.

Mein Informant sah sie mit großen Augen an und erwiderte: ,,Kein Problem, mit dem ich nicht klarkomme, Chefin.''

Diese Lektion ist mir unvergeßlich. Seither habe ich nie wieder versucht, das Management zum Umdenken zu bewegen, ehe nicht die Qualitätsfachleute umgedacht haben. Ihre Vorstellungen und Vorurteile sind oft ausgeprägter und tiefer verwurzelt als die im obersten Management. Wie schon gesagt, die Dinge brauchen ein wenig Zeit.

Erleuchtung

Ich möchte nicht allzusehr auf den persönlichen Einstellungen herumreiten, aber in Wahrheit steht und fällt das Ganze mit der Einstellung. Der Unterschied zwischen der besten und der schlechtesten Kompanie bei der Armee liegt weder an der Ausrüstung noch am Standort. Er liegt an der Einstellung. Wie es zu negativen und positiven Einstellungen kommt, ist mir nach wie vor ein Rätsel, und nicht nur mir allein. Aber hin und wieder wirken alle Faktoren auf das schönste zusammen, und das ist ein erfreuliches Erlebnis. Einen Ansatz dazu gibt es auf der Stufe der Erleuchtung.

Das erste, was einem auffällt, wenn das Management eines Betriebs in die Erleuchtungs-Phase eintritt, ist ein Nachlassen der Spannungen. Da setzt plötzlich Kommunikation ein, und die Leute kommen aus der Defensive. Das ist hauptsächlich deshalb möglich, weil sie sich − verbal oder handelnd − eingestanden haben, daß sie etwas besser machen müssen. Das Phänomen ist so eine Art ,,Wiedergeburt'' auf betriebswirtschaftlicher Ebene.

Durch die Bildung eines offiziellen Teams zur Qualitätsverbesserung, in dem jede Abteilung vertreten ist, hat das Unternehmen in der Erleuchtungs-Phase klar zu erkennen gegeben, daß die Verbesserung alle angeht. Kein Betriebsbereich wird gesondert behandelt, auf keinen wird mit dem Finger gezeigt. ,,Wir ziehen alle an einem Strang.'' Welch magische Worte. Alle arbeiten zusammen, ohne durch Ränke und Intrigen die eigene Abteilung schützen zu müssen. Natürlich stellen sich unmittelbar rasche Fortschritte ein.

Ein Vorteil des Vierzehn-Schritte-Programms zur Qualitätsverbesserung (das in Kapitel 8 ausführlich beschrieben ist) besteht darin, daß es sofort zu Verbesserungen führt, weil die Probleme sofort angegangen werden. Dies erzeugt Begeisterung in den Reihen des Qualitätsteams, die sich auf andere überträgt. Natürlich werden die Mitglieder der Belegschaft sofort die Fühler ausstrecken, um festzustellen, ob das Vorhaben wirklich ernst gemeint ist oder ob es sich nur wieder um irgendeine kurzfristige ,,Motivierungsaktion'' handelt.

Teil der Erleuchtung sollte die Erkenntnis sein, daß man den Leuten nichts vormachen kann und es besser gar nicht erst versucht. Das hört sich vielleicht wie ein Gemeinplatz an, aber trotzdem wissen es nicht alle. Viele haben eine stereotype Vorstellung, wie ,,der Arbeiter'' aussieht, und glauben, sein Verhalten sei völlig berechenbar. Aber auch Arbeiter sind Einzelmenschen, und sie wissen genau, wann man ihnen etwas vormacht.

Auf dieser Stufe muß das Top-Management alles ihm zu Gebote Stehende tun, um das Qualitätsmanagement zu unterstützen. Das Team der Qualitätsspezialisten setzt all seine Kräfte darein, die übrigen Führungskräfte auf allen Unternehmensebenen aufzuklären und einzuweisen. Das ist kein leichter Prozeß. Die Tatsache, daß der Geschäftsführer und die Abteilungsleiter hohe Ideale haben, sagt noch lange nichts über den Rest der Belegschaft aus. Die Verhaltensmuster der Unsicherheits- und der Einsichts-Phase werfen die Entwicklung immer wieder mitten im Programm zurück. Diejenigen, die noch nicht über diese Stufen hinaus sind, werden ständig nachbohren, um zu ergründen, wie tiefgreifend die Verpflichtung der Geschäftsleitung auf das Qualitätsprogramm ist. Diese Leute gehören keinem Team an, sie haben keinen Anteil an der Planung der Kampagne, ihnen bringt sie nichts ein. Das ist zumindest, was sie zunächst meinen. Aber sobald sie ihre persönliche Erleuchtung erreicht haben, wird sich das ändern.

Weisheit

Die Weisheit, die die Früchte der schweißtreibenden Erleuchtung geerntet hat, konzentriert sich nun darauf, daß diese nicht wieder verlorengehen. In der Weisheits-Phase beteiligen sich die Leute aktiv am gesamten Programm. Sie wirken durch ihr persönliches Vorbild und nehmen sich die Zeit, tiefer in die Feinheiten der Philosophie des Qualitätsmanagements vorzudringen. Und die hat durchaus ihre Feinheiten. In der Tat muß die Weisheit ihrem Namen voll gerecht werden, um zu erkennen, daß es Jahre dauert, bis eine echte, dauerhafte und nicht mehr rückgängig zu machende Qualitätsverbesserung eintritt. Und selbst dann noch kann man ihrer nie sicher sein. Man muß fortwährend daran arbeiten, immer wieder neue Interessen wecken, immer wieder nach neuen Wegen suchen, um Fehlern vorzubeugen.

Viele Firmen, die dieses Stadium erreicht haben, wenden das Programm ,,Fünf Mark pro Tag'' an, um neue Anregungen zur Qualitätsverbesserung zu finden. Mit diesem auf fünf Wochen angelegten Programm können Sie die Leute auf eine unterhaltsame Weise dazu anhalten, für ihren Aufgabenbereich Ideen zu entwickeln, die durch die Eliminierung unnötiger Kosten pro Tag fünf Mark einsparen helfen. Das ergibt 750 DM pro Jahr für jeden Mitarbeiter. Wenn eine Firma 1000 Beschäftigte hat, sind das 750.000 DM pro Jahr. Das Programm hat immer Erfolg und hilft in der Regel 500 DM für fünf investierte Mark einsparen. Das sind reale Einsparungen, doch der hauptsächliche Vorteil liegt in der Verbesserung der Kommunikation und der Betriebsmoral.

Unternehmen, die Qualitätsverbesserungen als reines Motivationsprogramm ansehen, erreichen nie das Stadium der Weisheit. Sie suchen immer nach irgendwelchen „Maschen", die an die Stelle von echter Mitwirkung und Beteiligung treten. Das Stadium der Weisheit kennt dieses Problem nicht. Hier wird das Programm immer wieder in verschiedenen Spielarten durchgeführt, ohne daß man je das Ziel der Fehlerverhütung aus den Augen verliert. Und das heißt *kompromißloses* Vorbeugen, so daß der Begriff „Ausschuß" der Vergangenheit angehört und alle Nachbesserung eingestellt und vergessen ist.

Sicherheit

Auf der Stufe der Sicherheit ist das Ziel vollständiger Fehlervorbeugung erreicht. Wenn sich doch einmal ein Fehler einschleicht, wird er mit derselben peinlich genauen Aufmerksamkeit untersucht wie etwa die höchst selten gewordenen Pockenfälle in einer Großstadtklinik. Auf der Stufe der Sicherheit ist eine Erkenntnis hinzugekommen, die sich auf der der Erleuchtung nicht hätte erklären lassen. Die Sicherheit hat erkannt, daß, wenn man keine Fehler erwartet und bei ihrem Auftreten höchst befremdet ist, einfach keine Fehler vorkommen.

Sie werden das jetzt wahrscheinlich nicht glauben, aber eines Tages wohl. Sehen Sie sich die Prüfmatrix genau an, sehen Sie sich Ihre Ziele genau an, und rüsten Sie sich dann für einen langen, aber lohnenden Marsch auf die Sicherheit zu. Warum auch nicht? Denken Sie daran, wie weit Ihre Firma es bringen könnte, wenn Sie die Aufwendungen für Fehler vollständig eliminierten.

Die Einstellung des Managements verändern

Der effektivste Weg, um Führungskräfte des Unternehmens zur Einsicht zu bewegen, ist, sie mit jemandem in Kontakt zu bringen, dem sie Glauben schenken. Natürlich werden sie die unbestätigte Aussage des Qualitätsleiters nicht so ohne weiteres akzeptieren. Das wäre gerade so, als sollte man den Automobilverkäufer für unparteiisch halten.

Kein Machthaber, den es je gegeben hat, war mehr Überredungskünsten ausgesetzt als der Generaldirektor eines Unternehmens, der Geschäftsführer einer Firma oder irgendeine andere Einzelperson, die an der Spitze eines Industrie- oder Geschäftsbetriebs steht. Ihr Leben ist ein stetes Kommen und Gehen von Leuten, die behaupten, wenn der Chef nur diesen oder jenen Plan durchführen würde, wäre alles in Butter.

Ein Geschäftsführer erzählte mir, er habe ausgerechnet, daß ihm jedes Jahr die Gelegenheit geboten würde, 60 Millionen DM einzusparen – und das in einer Firma mit nur 50 Millionen DM Jahresumsatz! Jeden Tag kommen Vorschläge von wohlmeinenden, aufmerksamen, aufrichtigen Leuten, die wollen, daß getan wird, was sie für richtig halten. Das ist eine Hürde, die schrecklich schwer zu überwinden ist.

In der Überzeugung, daß Qualität nichts kostet, werden wir diese Hürde zu überwinden versuchen, indem wir einen unvoreingenommenen Blick auf die Realität werfen – das heißt, die Fakten genau prüfen. Aber Fakten, wie sie uns von Gleichgestellten vorgelegt werden, nicht von den verschlagenen Typen der höheren Ränge. In kommerziellen Wildparks fährt man im eigenen Wagen durch einen Zoo, in dem die Tiere sich frei bewegen. Beim Hineinfahren kommt man an zwei Schildern vorbei; auf dem einen steht der Eintrittspreis, auf dem anderen, man dürfe die Fenster nicht öffnen und den Wagen nicht verlassen, weil die Tiere nicht im mindesten zahm seien. Vergleicht man die Wildparks mit den Bereichen eines Unternehmens, dann könnte man sich noch ein drittes Schild vorstellen, das von Leuten wie etwa den Firmenleitern großer Konzerne dort angebracht wäre, mit dem Wortlaut: ,,Mitglieder des Zentralstabs auf dem Fahrrad zahlen keinen Eintritt.'' Diese Art von Einstellung, die nur allzu verbreitet ist, läuft darauf hinaus, daß der, der etwas verändern will, mit Leuten zusammenarbeiten muß, die einander vertrauen, und sei es auch nur aus dem Gefühl heraus, einen gemeinsamen Feind zu haben.

In jedem Betrieb gibt es einen Bereich, der für neue Ideen aufgeschlossener ist als alle anderen. Dieser Bereich sollte zur Durchführung eines Pilotprogramms für Ihr Projekt angeregt werden. Sie sollten kaum spürbar an der Planung und Durchführung des Programms mitwirken. Sobald ausreichende Erfolge erzielt wurden, gratulieren Sie allen Beteiligten und fordern sie auf, ihren Erfolg mit der Welt zu teilen. Planen Sie ein Managementseminar, und laden Sie alle Geschäftsführer und höheren Führungskräfte der Betriebe, die bisher nicht an dem Programm teilgenommen haben, dazu ein. Bereiten Sie das Seminar sorgfältig vor. Planen Sie es bis ins letzte Detail, und gewinnen Sie Mitglieder des obersten Managements für die Teilnahme. Aber lassen Sie die Qualitätsfachleute aus dem Spiel.

Der Grundgedanke ist, daß als Teilnehmer die Leute dabeisein sollten, die die eigentliche Arbeit zu leisten haben, und daß sie die Berichte von Leuten hören sollten, die sich den gleichen Problemen und dem gleichen Druck ausgesetzt sehen. Eine solche Veranstaltung gibt Anstöße zum Umdenken, sie wirkt wie eine Bekehrung, bei der Zeugen auftreten und berichten, wie sie einst fehlgingen, nun aber den rechten Weg kennen und echte Fortschritte machen.

Der leitende Qualitätsmanager sollte den Vorsitz der Veranstaltung übernehmen und das Wort führen. Aber das Hauptgewicht sollte auf den ,,Arbeitstieren'' liegen. Lassen Sie einen technischen Leiter von den Ergebnissen bei der Einführung effektiver Verfahren zur Sicherung der Produktqualität berichten. Lassen Sie einen Manager aus dem Marketingbereich darüber berichten, wie eine Verminderung der Qualitätsprobleme die Verkaufsziffern steigert. Lassen Sie die Leute vom Kundendienst von ihren Erfahrungen berichten, daß sie immer weniger Beschwerden erhalten und sogar Lob ernten.

Fordern Sie die Leute am Schluß der Sitzung zu persönlicher Verpflichtung auf. Lassen Sie die Teilnehmer beispielsweise aufstehen oder die Hand heben oder eine offizielle Verpflichtungserklärung unterschreiben. Schicken Sie sie dann in ihre Betriebe zurück, wo sie von ihrer Qualitätsabteilung mit offenen Armen empfangen werden, voll gerüstet, diese Verpflichtung zu erfüllen. Und Sie werden nicht lange warten müssen, bis das geschieht.

Zollen Sie allen Fortschritten Anerkennung, und regen Sie die oberen Management-ebenen dazu an, das gleiche zu tun. Aber vergessen Sie nie, daß damit nur ein Anfang gemacht ist. Sie werden den Vorgang viele Male wiederholen müssen. Führen Sie dieselbe Art von Erfolgsbericht-Seminar für die Mitglieder der Qualitätsausschüsse durch. Sie haben Ermutigung und Information nötiger als ihre Vorgesetzten. Solange ihre Einstellung positiv ist, sorgen sie dafür, daß das Management auf dem richtigen Weg bleibt.

Anmerkung zur Einstellung des Managements

Vor kurzem habe ich meinem alten Freund Dinsmore einen Besuch abgestattet. Er hatte mich angerufen, um mir mitzuteilen, daß er vor etwa sechs Monaten die Geschäftsführung des Flagship-Hotels übernommen hatte; er meinte, es würde mich sicher interessieren, in einem echten Hotel einmal einen Blick hinter die Kulissen zu werfen. Er deutete auch an, daß ich unter Umständen etwas über das Hotelfach lernen könnte.

Als ich bei dem Hoteleingang vorfuhr, regnete es so anhaltend, daß ich zehn oder fünfzehn Minuten im Auto sitzenbleiben mußte. Dabei beobachtete ich, wie der Empfangsportier aus dem Innern der Hotelhalle zu mir herausspähte. Als ich glaubte, daß der Regen nicht nachlassen würde, hastete ich zum Eingang und bahnte meinen Weg triefend vor Nässe durch die Drehtür. Der Portier teilte mir mit, daß ich den Wagen höchstens zehn Minuten dort stehenlassen könne, da es sich um eine Parkverbotszone handle; ich könne ihn aber gerne in der Hotelgarage eine Querstraße weiter abstellen. Er bot mir seinen Schirm an, damit ich mein Gepäck ausladen könne.

Sein Angebot annehmend, schleppte ich meinen Koffer und meinen Kleidersack eigenhändig an die Rezeption. Die Erwähnung, ich sei persönlicher Gast von Herrn Dinsmore, schien auf die Empfangschefin, die sich angeregt mit der Kassiererin unterhielt, keinen besonderen Eindruck zu machen. Sie schien eher irritiert über die Störung.

Es war keine Reservierung für mich getroffen, aber man sagte, man könne mich unterbringen, da ich offenbar auf Einladung des Geschäftsführers hier sei. Nach nur dreimaligem Läuten der Glocke am Empfangstisch kam der Hotelpage, um mich auf mein Zimmer zu bringen, das, wie sich herausstellte, noch nicht gemacht war. Er meinte lakonisch, es sei schließlich erst 15 Uhr, und das Zimmer wäre voraussichtlich bereit, wenn ich mit meinen Erledigungen fertig sei. Ich gab ihm ein Trinkgeld und stellte mein Gepäck ab – da fiel mir der Wagen wieder ein.

Ich brauchte mir nicht erst lange Sorgen zu machen, weil er eben von der Polizei abgeschleppt worden war. Der Portier meinte, er habe dem Abschleppwagen noch zugewinkt, aber der Fahrer habe ihn wegen des Regens nicht gesehen. Er versicherte mir, es sei kein großes Problem, den Wagen am nächsten Morgen auszulösen. Ich könnte mit dem Taxi zur Polizei fahren, die Strafgebühr betrage lediglich 25 Dollar zuzüglich Abschleppkosten. Die Garage verlange 6 Dollar. Er fand, es sei sehr interessant, daß die Polizei einen Wagen so einfach ohne die Zündschlüssel wegschaffen könne. Sie würden gute Diebe abgeben, meinte er.

Ich fand Dinsmores Büro im dritten Stock. Da einer der Aufzüge außer Betrieb war, nahm ich voll Energie den Weg über die Treppe. Seine Sekretärin nickte zur Begrüßung und empfahl mir, den Stapel Zeitschriften auf der Bank dort beiseitezuschieben, da „der Boss'' gerade noch ein Gespräch habe. Dann steckte sie die Nase wieder in ihr Buch.

Nach ein paar Minuten schien sie sich meiner Anwesenheit zu entsinnen und bot mir Kaffee aus der Kaffeemaschine an, die in einer Ecke des Vorzimmers stand. (Sie selbst mochte den Hotelkaffee nicht und ihr Boss offenbar ebensowenig.) Ich nahm dankend an und erzählte ihr, daß ich noch ziemlich durchnäßt sei, weil ich wegen des nicht hergerichteten Zimmers keine Gelegenheit gehabt hätte, zu duschen und mich umzuziehen. Sie meinte darauf, das sei nichts Ungewöhnliches, da sie die Gäste an Regentagen wie diesem nicht gerne zur vorgeschriebenen Zeit, punkt zwölf Uhr, aus ihren Zimmern vertrieben. Ich erwiderte, das fände ich ausgesprochen rücksichtsvoll.

Ich fragte sie noch einmal wegen meines Wagens, und sie gab mir dieselbe Auskunft: 25 Dollar Strafgebühr plus Abschleppkosten. Das sei an der Tagesordnung, gab sie mir zu verstehen. Die Polizei schrecke vor nichts zurück.

Dann kam Dinsmore aus seinem Büro und begrüßte mich mit überströmender Herzlichkeit. Jetzt würde ich einmal zu sehen bekommen, wie man ein Hotel führte, meinte er. Er schob mich in sein Büro, räumte ein paar Akten von einem Stuhl und bot mir eine Zigarre an. Er kam kurz auf meine Reise zu sprechen und darauf, welches Glück es sei, daß ich gerade Zeit für ihn erübrigen könne, und fragte mich dann, wie das Hotel mir bisher zusage.

Ich schilderte ihm meine Erlebnisse mit dem Wagen, dem Portier, der Empfangschefin, dem unaufgeräumten Zimmer, dem Liftboy und dem Aufzug. Er erklärte mir, wie ich den Wagen auslösen könne, und tat alle weiteren Vorfälle als Kinderkrankheiten ab.

Dann bat er mich mit bedeutungsvoll gesenkter Stimme, ob ich ihm den Gefallen tun wolle, das Restaurant für ihn zu testen. Er würde natürlich die Rechnung übernehmen. Er sei sich nämlich nicht sicher, ob die Geschäftsführerin des Restaurants ihre Sache gut mache. Sie scheine sich nicht besonders mit den anderen Abteilungsleitern zu verstehen und wechsle kaum ein Wort mit ihm. Irgend etwas könne da nicht stimmen, glaubte er. Außerdem gehe die Bettenbelegung im Hotel ziemlich stetig zurück. Er sei sich nicht sicher, aber er habe so einen Verdacht, daß das mit der Verpflegung zusammenhänge.

Dann rückte er seine Krawatte zurecht, rollte seine Hemdsärmel herunter und schlüpfte in seine heißgeliebte alte Lederjacke, um mich zu einem Besichtigungsrundgang durch das Hotel zu führen. Er betonte, daß ich auf meinen Reisen immer nur die Hotelfassade zu sehen bekäme — er wolle mir nun zeigen, wie es hinter den Kulissen zugehe.

Im Etagenraum für die Zimmermädchen waren neun oder zehn Frauen versammelt, die mit ihrer Chefin über die Arbeitseinteilung diskutierten. Das Zimmerpersonal in den unteren Stockwerken mußte nämlich immer warten, bis die Staubsauger aus den oberen Stockwerken frei wurden, und so wollten natürlich alle lieber oben arbeiten. Dinsmore machte den Vorschlag, die Zimmer nur jeden zweiten Tag zu saugen; dann könnten sie sich mit den Staubsaugern abwechseln. Die Zimmermädchen fanden die Idee großartig, obwohl die Wirtschaftsleiterin nicht sonderlich begeistert schien.

Im Weitergehen klagte mir mein Freund, daß manche Leute unfähig seien, Entscheidungen zu treffen. Seufzend meinte er, er müsse jeden Tag mehr Entscheidungen selbst treffen, da sein Mitarbeiterstab offensichtlich davor zurückscheue, selbst die Initiative zu ergreifen.

Im Aufenthaltsraum für das Personal trafen wir den Chefportier und drei der Liftboys, die gerade mit dem Empfangsportier darüber debattierten, wer für den Transport des Gepäcks vom Eingang zur Rezeption zuständig sei. Das Problem war, wie man die Trinkgelder aufteilen sollte, die mit jedem Tag spärlicher wurden. Mein Freund Dinsmore hörte verständnisvoll zu und schlug dann vor, alle Trinkgelder sollten an den Chefportier abgeführt werden, der sie nach eigenem Ermessen gerecht verteilen würde. Über diese Lösung schien keiner recht glücklich, abgesehen vom Chefportier, aber da die vier sich auch auf nichts anderes einigen konnten, wurde der Vorschlag auf der Stelle angenommen.

Wir kamen bei unserer Besichtigung in jede Etage, und ich machte eine Bemerkung über die vielen vollen Tabletts, die auf den Gängen herumstanden. Dinsmore sagte, das sei im Hotelbetrieb ganz normal. Die Gäste hätten auch nichts dagegen, weil sie daraus ersehen könnten, daß auf die Zimmer serviert werde.

Der hoteleigene Tabak- und Zeitschriftenstand sah aus, als gehöre er in die U-Bahn. Der alte Mann hinter dem Ladentisch offerierte mir einige vertrocknete Alternativen zu den Zigarrenmarken, die ich verlangt hatte. Er war sehr freundlich. Die einzigen Zeitschriften, die ich entdecken konnte, zeigten hübsche Mädchen in verschiedenen Stadien der Entkleidung auf den Titelblättern. „Die Gäste haben heutzutage nichts mehr für gute Bücher übrig", sagte mein Freund. Mit einem freundschaftlichen Rippenstoß bedeutete er mir erneut, daß ich eben nichts von der Hotelbranche verstehe.

Das Restaurant schien einer ganz anderen Welt anzugehören. Es war fast bis auf den letzten Platz besetzt. Der Oberkellner kam sofort auf uns zu und führte uns mit einer höflichen Verbeugung zu einem Fenstertisch, wo er unsere Getränkebestellung entgegennahm. Der ganze Speiseraum schien beherrscht von einer Atmosphäre ruhiger Effizienz. Zwei Cocktails erschienen vor uns auf dem Tisch, während zwei ansprechend aussehende Speisekarten vorschriftsmäßig zu unserer Linken plaziert wurden. Mein Freund machte keine recht glückliche Miene. Die Konzession für das Hotelrestaurant sei noch von den früheren Besitzern vergeben worden, erzählte er mir. Er habe vor, sich aus dem Pachtvertrag auszukaufen und das Lokal zu einem echten Profitunternehmen zu machen. Gegenwärtig werfe es nur rund 10 Prozent Reingewinn ab. Ich wandte ein, daß die meisten Hotels bei ihren Restaurantbetrieben draufzahlen. Er hielt mir entgegen, daß ein Lokal, das selbst an einem Regentag wie diesem so gut besetzt sei, viel mehr einbringen könne, wenn man die Preise erhöhe und das Personal reduziere.

Für einen Augenblick verging mir der Appetit, doch erwachte er gleich wieder beim Anblick einer wunderschön angerichteten Forelle, die eben am Nachbartisch aufgetragen wurde.

Am nächsten Morgen holte ich meinen Wagen zurück, stellte ihn sicher in der Hotelgarage unter und ging noch einmal ins Hotel, um mich von meinem Freund zu verabschieden. Er wollte wissen, welchen Eindruck ich von seiner „Regietätigkeit" gewonnen habe. Er ließ sich über den nachlassenden Leistungsstandard unter den heutigen Arbeitskräften aus, wies darauf hin, daß es immer schwieriger werde, Leute zu finden, die qualitativ hochwertige Arbeit leisten wollten, und beklagte die Tatsache, daß große Hotels wie das seine immer mehr Kunden an die Motels verloren.

Ich brachte es einfach nicht über mich, ihm die Wahrheit zu sagen. Er hätte mir ohnehin nicht geglaubt.

Letzte Woche rief er wieder an. Das Hotel sei verkauft worden und solle demnächst abgerissen werden, um einem Bürogebäude Platz zu machen. Es sei einfach überaltert gewesen und seine Lage zu schlecht, um Gewinn abzuwerfen, meinte er. Er wolle ein Angebot von einer Motelkette annehmen und deren Häuser an der Ostküste leiten. Er würde damit die Verantwortung für vierunddreißig Motels übernehmen, und er hoffe, mich bald in einem von ihnen als Gast begrüßen zu dürfen.

Ich kann es kaum erwarten.

5
Organisation des Qualitätswesens

Nehmen wir einmal an, Sie wären dafür zuständig, in Ihrem Sportverein für frische Handtücher zu sorgen. Nehmen wir weiter an, Sie würden entdecken, daß manche Vereinsmitglieder für jede Dusche drei oder vier Handtücher benutzen. Angenommen, Sie wollten, daß so etwas aufhört. Wie würden Sie vorgehen?

Würden Sie sich die Mitglieder getrennt vorknöpfen und sie dazu anhalten, nicht so verschwenderisch zu sein? Das würde ewig dauern; keiner der Angesprochenen würde sich zu der Verschwendung bekennen; und außerdem würden Sie sich absolut keine Freunde machen. Sie würden wahrscheinlich als der ,,Handtuchpolizist'' bekannt, und es würde eine beträchtliche Menge an Geisteskraft darauf verwandt werden, originelle Witze auf Ihre Kosten zu reißen. Es würde allgemein darüber spekuliert, wo Sie Ihr Handwerk so gut gelernt hätten. Ihr Leben würde bestimmt nicht angenehmer.

Sie würden vielleicht nicht versuchen, das Problem auf persönlicher Basis zu lösen. Wahrscheinlich würden Sie einen Aushang machen, auf dem Sie die Mitglieder aufforderten, weniger Verschwendung zu treiben, da andernfalls eine Benutzungsgebühr für Handtücher erhoben werden müßte. Unterzeichnen würden Sie mit ,,Die Badekommission''.

Die Badekommission. Was für eine herrliche Methode, sich Gehör zu verschaffen, ohne persönlich in eine Sache verwickelt zu werden. Nun können die Leute ruhig ihre Witze über die Badekommission reißen, wen sollte das stören? Da die Mitglieder der Kommission ständig wechseln, muß keiner die Anschuldigungen je persönlich nehmen.

Dieser Gedankengang liegt nahezu allen Anordnungen, die Ihnen im täglichen Leben erteilt werden, zugrunde. Niemals Personennamen, sondern immer bloß die Namen von Institutionen: das Komitee der Grünen; die Steuerbehörde; die Fluggesellschaft; der Finanzausschuß (wenn Sie Ihre Vereinsbeiträge schuldig sind); der Verwaltungsrat; und natürlich der größte Schwammbegriff von allen – *das Unternehmen*. Sie haben Ihre eigene Liste passender Namen, und Sie haben wahrscheinlich in Ihrer Managerfunktion selbst schon einmal eine Kommission vorgeschoben.

Wenn es darum geht, in einem Unternehmen, insbesondere in einem mit mehreren Sparten, ein funktionales Zusammenwirken zu sichern, ist es notwendig, Direktiven durchzusetzen. Es ist unerläßlich, daß jede Funktion in einer klaren systematischen Form festgelegt wird, die sich messen und kontrollieren läßt. Zu diesem Zweck haben die meisten Unternehmen ein Handbuch der Unternehmensgrundsätze und praktischen Richtlinien entwickelt.

Wohlgemerkt, ich habe von „Unternehmen haben entwickelt" gesprochen, und wohlgemerkt, Sie haben das akzeptiert. Sie wissen natürlich so gut wie ich, daß Unternehmen leblose Objekte sind ohne die Fähigkeit, etwas zu entwickeln. Wir wissen beide, daß es irgendeine *Einzelperson* war, die diesen Ansatz innerhalb einer Organisation zu entwickeln hatte. Diese Person dann durch „das Unternehmen" zu substituieren ist nichts weiter als eine Form der gesellschaftlichen Kommunikation, derzufolge Weisungen ohne die Einbeziehung von Personen erteilt werden.

Qualität ist etwas, was in den formalen Grundsätzen von Unternehmen nur selten definiert und verfügt wird. Aus irgendeinem Grund ist man der Ansicht, daß für Qualität eigentlich keine Dokumentation und Festlegung erforderlich sei. Aber sie ist durchaus erforderlich, vielleicht noch dringender als für andere Funktionen, weil die Leute sonst meinen, sie könnten ihre Richtlinien selbst bestimmen. Sie können sich eine Menge Probleme sparen, wenn Sie klare Unternehmensgrundsätze in bezug auf das gesamte Qualitätswesen vorgeben.

Ich empfehle Ihnen eine Grundsatzerklärung, die in etwa so aussieht wie das folgende Beispiel. Unter Umständen wollen Sie ihr noch etwas hinzufügen, aber widerstehen Sie bitte der Versuchung, einen Sermon daraus zu machen. Stellen Sie die Grundsätze einfach dar, dann haben Sie eine reelle Chance, daß sie gelesen werden. Aber achten Sie darauf, daß sie vollständig sind. Schließlich will man sich in Streitfällen auf die Grundsätze berufen können.

GRUNDSATZ

Funktion des Qualitätsmanagements

Es ist Grundsatz unseres Unternehmens, daß die Funktion des Qualitätsmanagements in jedem Herstellungs- und Dienstleistungsvorgang so deutlich ist, daß jederzeit:

1. die Abnahme- und Leistungsstandards unserer Produkte und Dienstleistungen gewährleistet sind,
2. die Zielvorgaben der Qualitätskosten für jeden Vorgang eingehalten werden.

Es obliegt dem Geschäftsführer des Unternehmens, im Konsens mit dem Direktor des Qualitätswesens, einen allen Aktivitäten angemessenen Begriff von Qualität festzulegen. Unter Berufung auf das vorliegende Schriftstück legt der Geschäftsführer die Qualitätsgrundsätze für jeden Unternehmensvorgang fest und unternimmt geeignete Schritte, um sicherzugehen, daß alle Mitarbeiter die Qualitätsgrundsätze des Unternehmens dahingehend verstehen, daß Aufgaben genau in Übereinstimmung mit den Anforderungen zu erfüllen oder aber die Anforderungen den tatsächlichen Bedürfnissen des Unternehmens und seiner Kunden offiziell anzupassen sind.

Um ihre Wirksamkeit zu gewährleisten, muß die Qualitätsfunktion auf objektive und unparteiische Weise ausgeübt werden. Demzufolge ist der Leiter der Qualitätsfunktion in jedem Unternehmenssektor unmittelbar dem Geschäftsführer unterstellt und gehört derselben Organisationsebene an wie die Funktionen, deren

Leistung gemessen wird. Der Leiter der Qualitätsfunktion soll das Unternehmen in den Qualitätsausschüssen vertreten.

Die Qualitätsfunktion soll mit einem Stab fachlich qualifizierter Mitarbeiter ausgestattet sein. Zu ihrem Verantwortungsbereich gehören:

- Produktabnahme auf allen Ebenen
- Qualität von Zulieferteilen
- Qualitätstechnik
  Datenanalyse und Statusbericht
  Korrekturmaßnahmen
  Planung
  Sicherung der Qualität von Produkten, Verfahren und Abläufen
  Audits
  Qualitätsschulung
- Qualitätsverbesserung
- Kundendienst
- Produktsicherheit

Das Unternehmen wird gemäß den geltenden Verfahren der Rechnungsprüfung Qualitätskostenberichte vorlegen und regelmäßige Statusberichte in bezug auf das Qualitätswesen erarbeiten, die allen Mitgliedern des Managements vorgelegt werden. Praktische Richtlinien, auf die sich die in der vorliegenden Grundsatzerklärung genannten Tätigkeiten im einzelnen stützen, liegen vor.

Ein paar Gedanken über Qualität

Viele Leute scheinen zu glauben, daß Gott der erste Qualitätsfachmann gewesen sei und daß die Menschen, die zu beurteilen haben, was gut ist und was nicht, dies kraft göttlichen Rechts täten. Sie meinen zu wissen, daß es zwei Sorten von Menschen gäbe, die Guten und die Schlechten, und daß es den Guten vorbehalten sei, die Entscheidung darüber zu treffen, was gut ist und was schlecht. Sinn und Zweck einer unabhängigen, objektiven Qualitätsabteilung ist es jedoch, sich von solchen Denkmustern zu lösen — das heißt, solche Entscheidungen den Leuten vorzubehalten, die aus dem jeweiligen Ergebnis keinen Nutzen ziehen.

Die Organisation des Qualitätswesens ist an sich nicht sehr kompliziert, doch kann die Bildung einer guten Qualitätsabteilung unter Umständen große Schwierigkeiten bereiten. Wenn eine Sache leicht zu verstehen und sinnvoll ist und doch nicht immer getan wird, dann muß es dafür einen Grund geben. Es gibt zwei Möglichkeiten: (1) Das Management traut nur sich selbst die Entscheidungen in Qualitätsfragen zu. (2) Das Management erkennt den Wert einer guten Qualitätsabteilung nicht.

Ich ziehe es vor, den zweiten Grund für den normalen zu halten. Jedenfalls kommen Unternehmen, die sich über die Sache schon ein paar Gedanken gemacht haben, gut mit ihren Qualitätsabteilungen zurecht.

Apropos ein paar Gedanken über Qualität: Ich glaube, es ist an der Zeit, eine Menge nutzloser Beifügungen loszuwerden, die das Qualitätsmanagement schwer verständlich gemacht haben. Das Wort „Qualität'' ist aussagekräftig genug, um für sich zu stehen. Wir sollten auf Beiwörter wie „Kontrolle'', „Sicherung'' und ähnliche Modifizierungen, die dem Begriff allzu oft beigesellt werden, verzichten. Sie kennzeichnen nur winzige, relativ geringfügige Unterschiede im Ansatz.

Der Ausdruck „Qualitätssicherung'' wurde in den ersten hektischen Jahren des Umbruchs geprägt, damit ein paar besonders Gewitzte in höhere Einkommensstufen aufrücken und zugleich ihre Arbeit aufwerten konnten. Sie verfielen jedoch bald darauf, nur mehr anderen über die Schulter zu sehen, anstatt selbst Qualität zu bewirken. Natürlich will ich nichts dagegen sagen, daß man sich sein Nest ein wenig auspolstert, aber in jedem Fall kann man auch bestens davon leben, wenn man sich aktiv für Qualität einsetzt und nicht nur überprüft, warum sie auf der Strecke geblieben ist.

Es gibt absolut keinen Grund, warum ein Produkt oder eine Dienstleistung Fehler oder Mängel aufweisen sollte. Die Konzepte des Qualitätsmanagements, die in diesem Buch aufgeführt sind, plus harte, engagierte Arbeit plus beharrliches Festhalten an persönlicher Integrität lassen die Fehlervorbeugung zu einer realistischen Möglichkeit werden. Und das wiederum macht es möglich, daß der „Fehlervorbeuger'' zu einer der wichtigsten Führungskräfte eines jeden Unternehmens wird. Er kann dabei reich werden. Mit bloßem „Sichern'' oder „Kontrollieren'' kann man nie viel erreichen. Polizisten versuchen, die Dinge unter Kontrolle zu halten. Juristen setzen sich oft für die Vorbeugung ein. Haben Sie schon einen reichen Polizisten gesehen? Reiche Juristen gibt es jede Menge.

Sie sollten einmal darüber nachdenken.

Organisation

Die Tätigkeiten im Qualitätsbereich sollten immer denselben Ebenen unterstellt sein wie die Abteilungen, die sie zu beurteilen haben.Dadurch können sie nicht von der Technik, dem Marketing, der Fertigung, der Verwaltung usw. gegängelt werden. Aber darüber hinaus muß der Qualitätsmanager auch routinemäßig Zugang zur Führungsspitze des Unternehmens haben. Er muß die Art von Persönlichkeit verkörpern, die sich in ihren Kreisen ungezwungen bewegen kann. Die wertvollsten Dienste, die ein Qualitätsmanager dem Unternehmen leisten kann, bestehen darin, Probleme vorauszusehen und abzuwenden und zum richtigen Zeitpunkt zu Zurückhaltung oder Kurskorrektur zu raten. So etwas läßt sich unmöglich auf einem Organisationsdiagramm darstellen, ja im Grunde läßt sich dafür auch keine Anweisung geben. Deshalb finden Sie am Ende von TEIL EINS ein Kapitel über Führungsstil. Noch jedes erfolgreiche Qualitätsprogramm, das ich erlebt habe, wurde von einer Persönlichkeit geleitet, die es verstand, zu Führungsgruppen Kontakt zu halten und diese sogar in ihre Schranken zu weisen, ohne sie gegen sich aufzubringen. Erfolgreiche Qualitätsmanager wissen, daß der beste Weg, Leute qualitätsbewußt zu machen, darin besteht, sie mit den Qualitätskonzepten zwanglos vertraut zu machen und ihnen zu zeigen, was ihnen das Festhalten an diesen

Konzepten einbringen kann. Diese Kunst muß in fast allen Funktionen zum Einsatz kommen. Doch was die Qualitätsfunktion von allen anderen unterscheidet, ist die Tatsache, daß alle Erfolge ebenso wie alle Mißerfolge von Leuten in anderen Aufgabenbereichen verursacht werden. Das Produkt oder die Dienstleistung verdankt seine Qualität den geschickten Fingern oder klugen Köpfen von anderen, und der Qualitätsmanager muß in der Lage sein, mit diesen Leuten umzugehen, um seiner Funktion gerecht zu werden.

Als schwierig werden für gewöhnlich diejenigen Aufgaben im Management angesehen, die mit finanziellem Gewinn oder Verlust zu tun haben und mit der entsprechenden Verantwortung. Personalberater sind allzuoft auf der Suche nach Führungskräften, die „Firmen umkrempeln" und ein Höchstmaß an Gewinn erwirtschaften. Und natürlich gibt es Leute, die so etwas tun. Aber es gibt auch Leute, die genau das Gegenteil davon tun.

Was die Agenturen und die Wirtschaftsjournalisten nicht erkennen, ist die Tatsache, daß es gerade die Aufgaben auf Funktionsebene sind, die solche Dinge bewirken können oder auch nicht. Management auf Funktionsebene ist weit schwieriger als das auf der operativen Ebene. Dort geht es lediglich darum, die Leute aus den Funktionsbereichen herumzukommandieren. Nach fünfundzwanzig Jahren im funktionalen Management kann ich die nützlichen Anordnungen, die ich von Führungsleuten auf Operationsebene erhalten habe, an einem einzigen Finger abzählen. Würden Sie das eine positive, gewinnende Einstellung nennen?

Funktionen des Qualitätswesens

Produktabnahme

Inspektion. Die Grundlage eines jeden Qualitätsprogramms bilden die Daten, die aufgrund visueller und mechanischer Kriterien gewonnen werden und die Beurteilung eines Produkts oder einer Dienstleistung ermöglichen. Solche Daten können aus einer Überprüfung der Raumpflege in Hotelzimmern hervorgehen, aus einer Prüfung von Schweißnähten, aus einer Inspektion maschinell hergestellter Teile oder aus tausenderlei anderen Arten der Überprüfung. Alle Arten visueller oder mechanischer Kriterien haben drei Dinge gemeinsam. Zum einen sind sie planmäßige Bewertungen, die auf planmäßige Art und Weise aus planmäßigen Gründen durchgeführt werden; zum zweiten werden sie von fachlich ausgebildetem Inspektionspersonal durchgeführt; und drittens ist das Inspektionspersonal organisatorisch von den zu überprüfenden Betriebsvorgängen getrennt. Auf den Stufen der Unsicherheit und der Einsicht wird man Ihnen weismachen, die Inspektoren sollten der Fertigung unterstellt sein, damit sie „das Werkzeug haben, um ihre Arbeit zu tun". In Wirklichkeit gibt ihnen das lediglich das Werkzeug an die Hand, um die *Abnahme* des Produkts zu kontrollieren, ob dieses nun etwas taugt oder nicht. Inspektoren, die den Werksleitern unterstellt sind, erhalten keine Fachausbildung. Sie erfüllen die Aufgabe von Sortierern, Zurechtfrisierern und Handlangern für alles. Demzufolge bilden fast alle Inspektionseinheiten eigene Qualitätskontrollgruppen für die Revision der Inspektionsergebnisse. Diese Gruppe findet jedesmal 10 Prozent

Mängelstücke, die der Inspektor übersehen hat, weil er nicht ausreichend geschult, informiert oder geführt war. Ein Inspektor wird seinem Namen nicht gerecht, wenn die Inspektion nicht unabhängig und endgültig ist.

Messungen. Ein Teil der Abnahmefunktion wird mittels elektronischer oder mechanischer Testgeräte durchgeführt, um die funktionale Fehlerfreiheit festzustellen, und zwar von der Eingangsprüfung der Bauteile bis hin zur Endprüfung der fertigen Anlagen. Diese Funktion mißt auf allen Fertigungsstufen, ob das Produkt mit den Fertigungsunterlagen übereinstimmt. Neben den Prüfern, die die eigentlichen Messungen durchführen, sind in dieser Funktion auch Prüfingenieure beschäftigt, die bei Entwurf und Entwicklung von Meßgeräten und der Erstellung von Meßverfahren mitwirken. Die Messungen haben den alleinigen Zweck, festzustellen, ob das Produkt mit der Produktspezifikation übereinstimmt.

Da die Meßtechnik komplizierter ist als zum Beispiel eine visuelle Inspektion, erscheint sie leichter beeinflußbar. Falls zum Beispiel dem Projektleiter mitgeteilt wird, daß eine Anlage die Tests bestanden hat, wird dieser sagen: ,,Prima. Geht zum Versand.'' Sollte der Prüfbericht jedoch negativ sein, wird er sagen : ,,Test wiederholen.'' Sowie ein Produkt die Prüftests besteht, ist es abnehmbar. Darum ist es notwendig, daß die Prüfingenieure Testprogramme erstellen, die genaue Testergebnisse liefern.

Das größte Problem bei der Fertigungskontrolle, insbesondere auf dem Gebiet der Elektronik, liegt gegenwärtig bei der Software. Für die computergesteuerten Tester sind natürlich auch entsprechende Meßprogramme nötig. Es gibt keinen Grund, warum diese Programme selbst nicht auch als Produkte angesehen werden und den Anforderungen von Qualitätstests genügen sollten. Tester und die zugehörige Software stellen heutzutage eine große finanzielle Investition dar, die die Entwicklungskosten für das Produkt selbst in manchen Fällen übersteigt. Da ist es ratsam, sich einer wirksamen Kontrolle dieser wichtigen Funktion zu versichern.

Die Fertigungskontrolle sollte, zumindest was die Abnahmeprüfung betrifft, nie von Ingenieuren durchgeführt werden. Für eine gewisse Zeit war ich für die Überprüfung eines Waffensystems verantwortlich, was entsprechende Tests von Geschoß, Bodengerät und kombinierter Hardware beinhaltete. Das einzige, was die drei Kontrollvorgänge miteinander gemein hatten, war die Tatsache, daß sie mit dem Zeitplan permanent in Verzug waren. Schließlich nahmen wir alle Ingenieure aus dem Prüfbereich und ersetzten sie durch gewerbliche Mitarbeiter, die wir anwiesen, das festgelegte Prüfverfahren genauestens einzuhalten, bis ein Warnsignal aufleuchtete. Dann sollten sie die Prüfingenieure rufen, um feststellen zu lassen, ob der Fehler am Produkt, am Testgerät oder im Verfahren lag. So arbeiteten wir uns langsam durch das ganze System, bis wir sämtliche Prüfgeräte und -verfahren so weit hatten, daß sie ein fehlerfreies Produkt abnahmen und fehlerhafte Produkte zurückwiesen. Von da an klappten die Prüfungen wie geschmiert, und ich hatte wieder einmal erfahren, daß Techniker mit ihren Tests nie fertig werden, wenn man sie nicht im Zaum hält.

Qualität beim Zulieferer

Beinahe jedes Unternehmen kauft Produkte, Material oder Dienstleistungen für einen Betrag ein, der etwa 50 Prozent vom Umsatz entspricht. Diese eingekauften Waren oder Dienstleistungen, die kontinuierlich in das Unternehmen eingeschleust werden, erfordern ein besonderes Augenmerk auf Fehlerverhütung durch die Wareneingangsprüfung, das in der Regel unterschätzt wird. Bemerkenswert wenig wird auf diesem Gebiet getan, außer in Unternehmen, die unter staatlicher Leitung oder Kontrolle stehen.

Ein Einkaufssachbearbeiter auf der untersten Ebene kann für die Firma die kostspieligsten Verträge abschließen, ohne daß auch nur der leiseste Protest aufkommt. Wenn es aber darum geht, Geld für das Allerelementarste auszugeben, muß man sich erst durch die Mühlen der Verwaltung kämpfen. Das Geld ist das gleiche. Nur das Konzept ist ein anderes.

Bei meinen Ausführungen über das Qualitätsmanagement beim Zulieferer werde ich hauptsächlich auf die Produkt- und Materialkontrolle eingehen. Es ist jedoch ratsam, sich zu vergegenwärtigen, daß der wichtigste Einzelzulieferer Ihrer Firma, das heißt also der Anbieter, dem Sie das meiste Geld bezahlen, wahrscheinlich eine Art Versicherungsgesellschaft ist. Wenn hier von Verfahrenskontrolle die Rede ist, geht es um langfristige Zulieferverträge für Dinge, die beim Annahmevorgang nicht kontrolliert werden.

Qualitätstechnik beim Zulieferer. Ich war seit jeher der Ansicht, daß der Funktionsbereich Einkauf zu eng gesehen wird. Im herkömmlichen Sinn bestand die Aufgabe des Einkaufs darin, einen von einer anderen Abteilung spezifizierten Auftrag entgegenzunehmen und zu vergeben. Es war dabei in der Regel nicht Sache des Einkaufs, sich darüber Gedanken zu machen, ob der jeweils spezifizierte Auftragsposten die günstigste Einkaufsmöglichkeit darstellt. Bei dieser herkömmlichen Funktion des Einkaufs sieht sich das Qualitätswesen nur allzu häufig mit dem Dilemma bereits vollendeter Tatsachen konfrontiert. Die kürzeste Zeitspanne im Arbeitsablauf wird für gewöhnlich darauf verwandt, den hinsichtlich Qualität, Kosten und Lieferfrist günstigsten Zulieferer ausfindig zumachen. Die meiste Zeit wird auf die Produktentwicklung und Entwurfsgestaltung verwandt. Den Leuten vom Einkauf ist nur sehr wenig Möglichkeit gegeben, eine sorgfältige Auswahl zu treffen, und die Qualitätsfachleute wissen auch nie so recht, wie sie ihnen dabei helfen sollen. Eine Besichtigungstour bei verschiedenen potentiellen Zulieferern, um „Qualitätskontrollen" durchzuführen, ist so gut wie sinnlos. Soweit bei einem Anbieter nicht ganz augenfällig katastrophale Zustände herrschen, läßt sich unmöglich feststellen, ob er qualitätsfähig ist oder nicht. Darüber kann nur derjenige eine Aussage machen, der die Firma des Anbieters als Insider kennt. Die Prüfmatrix für das Qualitätsmanagement kann nur von Leuten ausgefüllt werden, die über die Firma aufgrund eines längeren Aufenthalts innerhalb des Betriebs Bescheid wissen. Dasselbe gilt auch für Zulieferer.

Ebenso wie der Einkauf Zeit benötigt, um Zulieferer ausfindig zu machen, zu überprüfen und sich einen festen Stamm heranzuziehen, benötigt auch das Qualitätswesen

Zeit, in diesem Prozeß mit dem Einkauf zusammenzuwirken. Ich bin bei der Überprüfung von Zulieferern durch Hunderte von Betrieben gestiefelt, habe Kontrollmarken beäugt, nach der Durchführung von Fehleranalysen gefragt und alles getan, was bei einer solchen Überprüfung üblich ist. Dabei war mir die ganze Zeit klar, daß die wirkliche Antwort auf meine Fragen hinter der Stirn des Geschäftsführers stand und ich diese niemals in einem kurzen Besuch würde herausfinden können. Der Geschäftsführer würde jeden Eid ablegen oder auf jede Formalität eingehen, nur um von mir abgesegnet zu werden. Aber wenn es einmal soweit wäre, würde er dann auch zu seinem Wort stehen? Oder würde er überhaupt noch lange auf seinem Posten sein? Wer wüßte das zu sagen?

Die einzige Lösung für die Qualitätsmanager, die für die Qualität beim Zulieferer zuständig sind, liegt darin, ihren Kollegen vom Einkauf dabei zu helfen, sich schon zu einem früheren Zeitpunkt um die Bewertung der wichtigsten Produkte oder Dienstleistungen zu kümmern, die eingekauft werden sollen. Da der Qualitätssektor den Bereichen Herstellung und Technik näher steht als der Einkauf, können die Leute von der Qualitätsabteilung diesen Prozess als eine Art Kalaysator in Gang setzen. Ich wünschte, irgendwer vom Einkauf würde einmal eine Prüfmatrix für das Einkaufsmanagement ausarbeiten.

Annahme gelieferter Waren. Die Annahmeprüfung und Kontrolltests können an jedem beliebigen Ort durchgeführt werden. Es muß nicht unbedingt in einem Wareneingangsraum neben der Laderampe sein. Mit der richtigen Planung läßt sich die Annahmeprüfung im Betrieb des Zulieferers durchführen, sogar innerhalb der laufenden Produktion. Sie kann auch in Ihrer eigenen Firma bei der Endfertigung vorgenommen werden. Und sie kann ebensogut an irgendeinem Punkt dazwischen stattfinden. Das ist alles eine Sache der Planung und Ausführung.

In der Phase der Unsicherheit geschieht wenig mehr als die reine Annahmeprüfung; auch im Stadium der Einsicht wird wenig mehr getan; bei der Erleuchtung werden Stichprobenprüfungen eingeführt und ernsthafte Überlegungen angestellt, wie sich die Qualitätstechnik in diesem Bereich verbessern ließe; in der Weisheitsphase konzentriert man sich ganz auf die Annahme gemäß Prüfplan, hegt aber immer noch den Traum, den Zulieferer durch Qualitätsaudits auswählen zu können.

Natürlich werden alle Annahmeprüfungen nach demselben Organisationsprinzip durchgeführt wie die übrigen Entscheidungskriterien der Qualitätsabteilung. Jede Inspektion und jeder Test muß technisch ebenso perfekt geplant sein wie die Prüfvorgänge innerhalb der laufenden Produktion. Das wichtigste Kriterium, das bei der Annahme berücksichtigt werden muß, ist, daß ausschließlich die bei der Bestellung vereinbarten Qualitätsbedingungen zugrunde gelegt werden und nicht etwa die irgendeiner beliebigen Spezifikation. Das ist deswegen so wichtig, weil Sie feststellen werden, daß die Hälfte der vorkommenden Rückweisungen vom Käufer verschuldet wird — und das sind Sie. Entweder war die gewünschte Ware in der Bestellung nicht korrekt beschrieben, oder es wurden die falschen Anforderungen zugrunde gelegt, oder aber die Prüfkriterien waren nicht richtig abgesprochen.

Qualitätswesen

Als ich damals in der Qualitätsbranche anfing, waren die Qualitätstechniker leicht zu erkennen. Sie waren diejenigen, die immer mit Hemd und Krawatte herumliefen. Heute haben sich die Verhältnisse umgekehrt. Aber ich kann mich noch erinnern, wie ich im Werk zum erstenmal mit weißem Hemd und Krawatte erscheinen mußte. Eine Woche lang bin ich durch die Gegend geschlichen und habe meine Kollegen gemieden, bis meine Gehemmtheit sich gegeben hatte. Ich bin mir nicht ganz sicher, was das mit diesen Ausführungen über Qualitätswesen zu tun hat; ich habe nur bemerkt, daß es einen auffallenden Unterschied gegenüber der Produktabnahme darstellt.

Im weitesten Sinne hat das Qualitätswesen zur Aufgabe, die Arbeit der ganzen übrigen Abteilung zu bestimmen und zu planen. Die Qualitätstechniker sollten die Gesamtverantwortung für Qualität im Unternehmen wahrnehmen, indem sie hier dies und dort jenes veranlassen, damit im Ganzen das gewünschte Ergebnis erzielt wird. Das heißt, sie müssen bestimmen, wer was inspiziert und testet, wer welche Daten ermittelt und an welcher Stelle, und welche Informationen dem System zugeführt werden müssen, damit der Ablauf nicht ins Stocken gerät.

Die Qualitätstechniker sollten mit dem Sektor Konstruktion und Entwicklung zusammenarbeiten, wo es um die Entwurfsqualität eines neuen Produkts geht; und sie sollten sich mit den Herstellungstechnikern zusammensetzen, um die Fertigung des Produkts zu planen. Auf diese Weise können die Qualitätstechniker bestimmen, wie das Produkt inspiziert, getestet und kontrolliert werden sollte, und zwar auf allen Stationen, die es innerhalb wie außerhalb der Firma durchläuft. Diese Anforderungen genau zu umreißen, das Personal entsprechend zu schulen, damit sie eingehalten werden, und die Ergebnisse zu messen, das sind die zentralen Aufgaben des Qualitätswesens.

Datenanalyse und Statusbericht. Jede Inspektion und jede Messung erbringt zwei Ergebnisse. Erstens die Abnahme oder Rückweisung des Produkts; zweitens die Aufzeichnung des Meßvorgangs selbst. Indem der Qualitätstechniker diese Meßergebnisse sammelt und analysiert, kann er den Status genau und kontinuierlich feststellen. Der Qualitätstechniker stellt das Datenmaterial zusammen und erstattet in einer Form darüber Bericht, die für alle Beteiligten praktisch verwertbar ist.

Höchst anschaulich gestaltete grafische Darstellungen sollten an den Arbeitsstätten aufgehängt werden. Wenn Sie sich die Zeit nehmen, die Diagramme den jeweils davon Betroffenen zu erläutern, werden diese bald einen Bezug dazu finden und ihre Veröffentlichung zu schätzen wissen. Die Leute sind durchaus für Messungen, solange sie fair und offen durchgeführt werden.

Erfolgsdiagramme und Berichte vermitteln dem Management auf der operationellen Ebene ein Bild darüber, ob ihr Prozeß unter Kontrolle ist. Sie liefern ihnen Informationen darüber, welche Arbeiter Schwierigkeiten haben und welche gut zurechtkommen. Das leitende Management benötigt genaue Daten über die Entwicklungstendenzen, um zu erfahren, zu welchem Zeitpunkt Maßnahmen ergriffen werden müssen. Wenn das Qualitätswesen solche Daten nicht vorlegt, macht es sich selbst brotlos. Dann läßt das obere Management die Qualitätsleute nur so weit auf die Zukunft hinarbeiten, wie es für das Überleben in der Gegenwart erforderlich ist.

Korrekturmaßnahmen. Es geht nicht so sehr darum, was man feststellt, als darum, was man auf die Feststellung hin unternimmt. Jegliche Planung, Inspektion, Messung und andere Aktivitäten innerhalb der Qualitätsabteilung sind pure Zeitverschwendung, wenn sie nicht dazu führen, daß einer Wiederholung des Problems vorgebeugt wird. Die eigentliche Stärke und der Wert der Qualitätstechnik liegt darin, daß sie aus der Vergangenheit lernt, um die Zukunft reibungsloser zu gestalten. (Das gäbe einen prächtigen politischen Wahlspruch ab.) Leider lernen die meisten Leute nicht mehr aus der Vergangenheit, als diese zu wiederholen.

Angenommen, Sie hätten einen Herzinfarkt, den Sie überlebten. Der Arzt teilt Ihnen mit, daß Sie sehr leicht einen zweiten haben könnten, wenn Sie die Grundmuster Ihrer Lebensführung, die den ersten Infarkt verursacht haben, nicht veränderten. Sie werden insbesondere dazu angehalten, Ihr Gewicht auf den Stand zu senken, den Sie beim Schulabgang hatten; mit dem Rauchen aufzuhören; Ihre Ernährungsgewohnheiten zu ändern, um die Cholesterin- und Triglyzeridwerte zu senken; und in Ihrem persönlichen Leben für Veränderungen zu sorgen, um Stress abzubauen. Wenn Sie aus Erfahrung klug geworden sind, dann halten Sie sich an diese Vorbeugungsmaßnahmen. Wenn Sie nichts aus der Vergangenheit gelernt haben, dann machen Sie so weiter wie bisher. Dann haben Sie verdient, was Sie erwartet.

Heutzutage können die meisten medizinischen Probleme, vielleicht mit Ausnahme von Krebs, verhütet oder deutlich gemildert werden. Dazu ist nichts weiter erforderlich als ein wenig persönliche Disziplin und fachlich geschulte Anleitung.

Heutzutage können die meisten Probleme der Nichterfüllung von Anforderungen, mit Ausnahme von bislang unerforschten Phänomenen, vermieden werden. Dazu ist nichts weiter erforderlich als ein wenig organisatorische Disziplin und fachlich geschulte Anleitung.

Die genauesten Informationen darüber, welche Zustände eine Korrektur erfordern, erhält man dadurch, daß man die aktuellen Rückweisungen beobachtet und Trendanalysen betreibt. Die Beobachtung der Rückweisungen ist einfacher, weil die Begründung so eindeutig ist. Sie haben am Ende ein fehlerhaftes Teil in der Hand und Leute vor sich, die Sie ansprechen können. Entwicklungstrends sind weniger eindeutig; sie verlangen Detektivarbeit, die sich unter Umständen auf Laboruntersuchungen und andere detektivische Maßnahmen stützen muß.

Die Erfahrungen mit Korrekturmaßnahmen finden Sie in TEIL ZWEI auf das ausführlichste dargestellt. Ich sollte Sie jedoch warnen, daß Ihnen die Leute immer nur von den Schwierigkeiten, die ihnen andere machen, erzählen werden. Sie werden Ihnen niemals offenbaren, was auf ihr eigenes Konto geht. Außerdem bin ich der Ansicht, daß Ihnen kein Mensch mehr die Wahrheit sagt, sobald Sie im blauen Anzug erscheinen.

Planung. Ein modernes Qualitätswesen in einem Herstellungsbetrieb finanziert sich spielend selbst, doch nach außen sieht es teuer aus. Aus diesem Grund ist es nur einleuchtend, daß die Planung innerhalb der Qualitätstechnik eine Schlüsselstellung einnimmt. Alles, was innerhalb des Qualitätssystems geschieht, muß Resultat, nicht Reaktion sein. Viele von uns sitzen da und warten erst, bis das Telefon läutet oder die Post gebracht wird, ehe sie in Aktion treten. Selbst die allerhöchsten unter den hohen Tieren wissen mitunter nur zu reagieren und befinden sich an Feiertagen, an denen keine Post zugestellt wird, in einer absoluten Aktivitätsflaute.

Die meisten Qualitätsabteilungen richten ihre offenkundigen Planungstätigkeit auf das formelle Ziel, die Aktivitäten im Produktbereich, wie z.B. Abnahme, Datenanalyse, Produktqualifikation und ähnliches zu unterstützen. Oft ignorieren sie Qualitätsverbesserungsprogamme, obwohl sich solche ,,informellen'' Funktionen auf den Erfolg der Abteilung insgesamt weit stärker auswirken als jede Tätigkeit im Produktbereich. Man darf nichts dem Zufall überlassen. Zum Beispiel sollte es in jeder Firma fest zum Ablauf gehören, daß neue Mitarbeiter über Qualität aufgeklärt werden.

Jede einzelne Aufgabe muß schriftlich festgehalten und die Vorgehensweise in irgendeiner Form geplant werden, und sei es auch nur durch die Feststellung, daß in einer Angelegenheit nichts unternommen werden soll. Andernfalls führen all die Grundsätze, die praktischen Richtlinien und die ganze Philosophie zu rein gar nichts. Erwünschte Dinge treten nur ein, wenn sie geplant wurden; unerwünschte Dinge stellen sich von selbst ein.

Sicherung der Qualität von Produkten, Verfahren und Abläufen. Jede neue Sache muß getestet und erprobt werden, ehe sie angewandt werden kann. Das trifft auf den Ablauf zu, wie Marktforderungen in eine Form gebracht werden, daß sie in der Fertigung umgesetzt werden können; das gilt für die Fütterung der Computer mit Software; das trifft auf moderne Fertigungsverfahren für das Verchromen von Plastik zu; das trifft auf neue Produkte ebenso zu wie auf Produkte, deren Gestaltung verändert wurde. In jedem Bereich gibt es nur sehr wenige Probleme, die nicht die Folge einer noch unerprobten Neuerung sind. Die Erprobung und Korrektur erfolgt über kurz oder lang in jedem Fall, und sei es auch nur, um die unweigerlich auftauchenden Probleme zu beheben. Doch das ist teuer und restriktiv. Es ist besser, dafür zu sorgen, daß die Neuerung sich schon selbst bewährt hat, ehe man sie der Bewährungsprobe in der Praxis aussetzt.

Produkte müssen unter genau den Umweltbedingungen zur Anwendung gebracht werden, für die sie entworfen wurden; es müssen Verfahren entwickelt werden, welche belegen, daß die spezifizierten Anforderungen erfüllt werden; und für Abläufe sollte erwiesen sein, daß sie genau, verständlich und effektiv sind. In jedem Fall sollten diese Nachweise den Leuten des Qualitätswesens vorgeführt werden. Meines Erachtens sollten sie nicht die eigentlichen Erprobungstests durchführen, weil das wieder bedeuten würde, daß sie sich zu stark für die Ergebnisse engagierten. Ein Gefühl der Miturheberschaft ist der beste Nährboden für Befangenheit.

Zum Schluß sei noch einmal daran erinnert, daß die Realität das letztendlich entscheidende Kriterium ist. Zu erleben, wie ein Planungsleiter in einem Hotel ein neues Reservierungsverfahren einführt, ist eine Sache. Eine ganz andere dagegen ist es, das für die Reservierungen zuständige Personal bei der eigentlichen Anwendung des Verfahrens zu erleben.

Revision. Es gibt wenige Funktionen, über die so viel geredet wird und die so wenig verstanden werden wie die der Revision. Die Revision ist oft der letzte Ausweg für diejenigen, die nicht wirklich ein auf Vorbeugen ausgerichtetes Handeln verstehen. Die Revision ist so eine Art Gendarm des Geschäftslebens. Wenn man in Not gerät, braucht man nur den Ordnungshüter zu rufen. Er findet schon die Bösewichte und schleppt sie vor Gericht. Und selbst wenn er die wahren Anführer nicht ausfindig machen kann, steht man immer noch gut da. Schließlich hat man ja das *Gesetz* angerufen, nicht wahr?

Wenn man sie richtig durchführt, ist die Revision ein wertvolles Instrument. Sie beinhaltet die planmäßige Überprüfung einer Funktion; bei ihrer Durchführung wird entweder die Übereinstimmung mit dem vorgeschriebenen Ablauf eines Vorgangs festgestellt, oder aber das Produkt bzw. die Dienstleistung, die Ergebnis des Vorgangs sind, werden kritisch analysiert. Das ist schon das Wesentlichste der Revision. Sofern sie mit peinlichster Genauigkeit durchgeführt wird, ist dies die fruchtbarste Methode, um die Leichtfertigen, Unaufmerksamen oder Fehlgeleiteten aufzudecken. Die Schwindler sind für gewöhnlich zu ehrgeizig, um erwischt zu werden; sie können nur von sich selbst oder vom glücklichen Zufall aufgedeckt werden. Bei Revisionen werden lediglich die Gleichgültigen, Gelangweilten oder Achtlosen ertappt.

Um eine Revision erfolgreich durchzuführen, sollten diese wenigen grundsätzlichen Regeln eingehalten werden:

- Spezifizieren Sie genau, was der Revision unterzogen und mit welcher Zielsetzung sie durchgeführt werden soll.
- Wählen Sie für die Durchführung der Revision einen Personenkreis aus, der keinerlei Eigeninteresse an dem Ergebnis hat, wie auch immer es ausfällt.
- Geben Sie dem Revisionsteam genaue Instruktionen, und geben Sie ihnen Zeit, einen angemessenen Bericht zu schreiben.
- Teilen Sie ihnen auf gar keinen Fall mit, was für Ergebnisse Sie erwarten.
- Denken Sie daran, daß der Befund lediglich einen Hinweis auf die Leute in vorderster Reihe erbringen wird. Die wahren Ursachen der Probleme liegen jedoch dahinter.

Am besten bildet man ein paar Leute mit Schlüsselstellung im Qualitätswesen dazu aus, Revisionsteams zu leiten. Wählen Sie die Teammitglieder willkürlich unter einer Reihe von Sachverständigen aus anderen Bereichen aus. Bestehen Sie nicht darauf, daß dem Revisionsteam nur angehören soll, wer Spezialist auf dem Gebiet der zu überprüfenden Tätigkeit ist. Die Spezialisten haben nämlich garantiert Scheuklappen besonderer Art. Eine der besten Revisionsmethoden besteht darin, eine ,,Selbst-Revision'', Selbst-Audits, auszuarbeiten, die sich auf eine spezifische Funktion wie beispielsweise Umweltqualität bezieht. Lassen Sie die einzelnen Arbeitsbereiche in regelmäßigen Abständen selbst diese Audits durchführen, die Ergebnisse auflisten und entsprechende Maßnahmen ergreifen. Um sie dabei zu kontrollieren, brauchen Sie lediglich ein paar eigene Messungen durchzuführen, die Ihnen ein verläßliches Bild von ihrer Integrität und Kompetenz vermitteln. Indem Sie Selbst-Audits auf der richtigen Basis überwachen, können Sie einen weit größeren Bereich abdecken, als wenn Sie darauf bestehen, alle Revisionen persönlich zu leiten.

Qualitätsschulung. Es gibt eine Theorie über menschliches Verhalten, die besagt, daß die Menschen unbewußt selbst ihre intellektuelle Weiterentwicklung hemmen. Sie verlassen sich auf Klischeevorstellungen und Gewohnheiten. Sobald sie das Alter erreicht haben, wo sie sich in der Welt behaglich eingerichtet haben, hören sie auf zu lernen, und ihr Verstand bleibt bis an ihr Lebensende untätig. Sie mögen vielleicht organisatorische Fortschritte machen, sie mögen Ehrgeiz und Eifer zeigen, ja sie mögen sogar Tag und Nacht arbeiten. Dazulernen tun sie nichts mehr. Die Fanatischen, die Engstirnigen, die Halstarrigen und die ewigen Optimisten haben allesamt aufgehört zu lernen.

Ich komme hier nur deshalb auf diese Tatsache zu sprechen, um Ihnen zu veranschaulichen, was alle Lehrer längst wissen: es gibt Leute, die einfach kein Interesse daran haben, etwas zu lernen, das sie zwingt, sich zu verändern. Darum muß die Qualitätsschulung dem äußeren Anschein nach auf das Produkt, die Dienstleistung und den Kunden gerichtet sein. In Wirklichkeit richtet sie sich natürlich direkt auf die betroffenen Personen, aber man muß das Versteckspiel mitmachen.

Qualitätsschulung kommt in drei Hauptformen vor:

1. Aufklärung über Konzepte und Verfahren zur Qualitätsverbesserung; über die Probleme, die sich negativ auf das Produkt auswirken; und über die Erwartungen des Kunden.
2. Direkte Vervollkommnung von Fertigkeiten bei so spezifischen Tätigkeiten wie Schweißen, als Liftboy Arbeiten, Computerprogramme Schreiben, Telefondienst Verrichten, Verfahren Ausarbeiten usw.
3. Mitteilungen über Qualitätsvorstellungen, die kontinuierlich auf unterster Ebene, aber mit Nachdruck herausgegeben werden, als stete Erinnerung und Konditionierung, damit Qualität im Denken aller stets gegenwärtig ist. Nichts Spektakuläres, einfach positive Ideen, die ansprechend formuliert und zeitgerecht sind.

Wie unschwer zu ersehen ist, ist die Arbeit an sich selbst ein wesentliches Element dieser Art von Schulung. Und wenn Ihnen jemand über eigene Fortschritte berichtet, sollten Sie dies bestätigend unterstützen. Doch verfallen Sie nicht darauf, anderen die Selbstvervollkommnung aufzuschwatzen.

Qualitätsverbesserung

Es ist wichtig, daß Sie auch die Qualitätsverbesserung in die Unternehmensgrundsätze aufnehmen, denn Sie dürfen keinem Unternehmensbereich die Wahl lassen, ob er solch ein Programm durchführen will oder nicht. Sie müssen sich nicht sklavisch an das in Kapitel 8 dargestellte Vierzehn-Schritte-Programm halten, aber wahrscheinlich findet man in der Praxis ohnehin keine bessere Lösung und hält sich am Ende doch an dieses Programm. Ganz gleich, aus welchem Grund das Programm begonnen wird, die Erfahrung lehrt, daß die Leute der Sache treu bleiben, wenn sie erst einmal mit einem Qualitätsprogramm angefangen haben, weil sie die Ergebnisse und die neu entdeckte Form interner Kommunikation im Management schätzen lernen.

Kundendienst

Der Bereich Kundendienst zählt zu den professionellen Funktionen von Qualität. Die Ermittlung, Untersuchung, Lösung und künftige Verhütung von Kundenproblemen sind Tätigkeiten, die ein Höchstmaß an fachlicher Erfahrung und Ausbildung erfordern. Den Sektor Kundendienst lediglich als einen Teilbereich der Public Relations einzustufen hieße letztere abwerten, indem man ihnen Unehrlichkeit bescheinigt. Jemanden damit zu beauftragen, einen Konsumenten bei Laune zu halten, bis der Anlaß seiner Beschwerde vergessen ist, ist bestimmt nicht die richtige Art, mit der Situation zu verfahren.

Bei den Kunden lassen sich zwei Grundtypen unterscheiden: Amateure und Profis. Die Allgemeinheit als Käufergruppe ist nicht organisiert und trifft ihre Entscheidungen auf persönlicher Basis. Der Einkäufer einer Firma handelt für sein Unternehmen und hat dieses als Rückendeckung hinter sich. Beide Kundentypen brauchen gleichermaßen Schutz. Beide sollten einen Ansprechpartner finden können, der auf ihrer Seite steht.

Der Kunde verdient es, genau das zu bekommen, das zu beschaffen wir uns verpflichtet haben – ein sauberes Zimmer, eine Tasse heißen Kaffee, ein nicht poröses Gußstück, eine Reise zum Mond auf Engelsflügeln. Was immer es ist, ob real oder phantastisch, wir müssen es gut machen. Sonst ist unser Gesamtkonzept nicht hieb- und stichfest.

Das Vorgehen auf dem Gebiet des Kundendienstes läßt sich in drei Grundphasen gliedern:

1. *Verhütung*: Hier geht es darum, die Behauptungen der Werbung unter Kontrolle zu halten und geeignete Schritte zu unternehmen, dem Kunden Information und Aufklärung über die Benutzung eines Produkts oder einer Dienstleistung zu bieten; Frühwarnsysteme zur Ermittlung aller potentiellen Probleme einzuschalten; und natürlich auch darum, ein kompetentes und unabhängiges System des Qualitätsmanagements anzuwenden.

2. *Aufgeschlossenheit*: Bieten Sie den Kunden Kontaktadressen, unter denen sie Sie erreichen können, wenn sie ein Problem haben – per Brief, Telefon, Postkarte, ganz gleich wie. Bei einer Kundenanfrage sollten Sie innerhalb von vierundzwanzig Stunden Ihrerseits Kontakt aufnehmen. Fast alle Beschwerden lassen sich mit einer einzigen Kontaktaufnahme klären, wenn Sie gleich richtig hinhören. Halten Sie sich über die gesetzlichen Bestimmungen zum Schutz des Verbrauchers auf dem laufenden, um sicherzugehen, daß Ihre Firma diese nicht verletzt. Für eine geringe Gebühr können Sie ein Mitteilungsblatt abonnieren, das Sie über den neusten Stand informiert. Industrie- und Qualitätsverbände werden jedoch Ihre wertvollsten Informationsquellen sein. Gehen Sie zu den Versammlungen, bieten Sie Ihre Mitarbeit an. Dieser Zeitaufwand macht sich bezahlt. Wenn staatliche Bestimmungen zu wünschen übrig lassen, liegt das meist daran, daß die unmittelbar Betroffenen sich nicht die Zeit nahmen, beratend und anregend auf eine optimale Gesetzgebung für Anforderungen und Verfahren hinzuwirken.

3. *Abhilfe*: Stellen Sie den Beschwerde führenden Kunden voll zufrieden. Nur in den allerseltensten Fällen will der Kunde sich an Ihnen bereichern. Ich habe eine solche Absicht kaum je auch nur andeutungsweise erlebt. Es gibt viel einfachere Wege, sich an der Welt zu bereichern, als ein paar Mark aus einem großen Unternehmen herauszuschinden. Natürlich sollte Ihre Rechtsabteilung von Ihren beabsichtigten Aktivitäten in Einzelfällen Kenntnis haben. Das System, das das Problem verursacht hat, muß ebenfalls korrigiert werden; sonst stehen Sie bald wieder vor dem gleichen Problem. Dieser Punkt ist wesentlich.

Wenn Sie auf Beschwerden antworten, sollten Sie keine vorgedruckten Briefe verschicken; schreiben Sie den Kunden persönlich an. Wenn Sie das Problem überdenken, sollten Sie sich vorstellen, daß der Beschwerde führende Kunde Ihnen gegenübersitzt. Das erfordert einige Übung, wird aber sehr bald zur Selbstverständlichkeit. Sie beheben eine Mißstimmung sehr viel rascher, wenn der Kunde spürt, daß Ihre Äußerungen aufrichtig sind. Schließlich geht es beim Kundendienst im Grunde um professionelles Qualitätsmanagement plus gesunden Menschenverstand. Keiner der für den Kundendienst Zuständigen sollte es versäumen, sich diese goldene Regel gut sichtbar über seinen Schreibtisch zu hängen.

Produktsicherheit

Wie können Sie verhindern, daß Ihre Kunden oder Dritte durch Ihr Produkt Schaden erleiden? Beugen Sie dieser Art von Problemen durch gezielte Überprüfung der Produktgestaltung, durch Sicherung der Produktqualität und Qualitätssicherung vor. Lassen Sie sich nicht von den vielen Schauergeschichten über irrationale Gerichtsurteile und gesetzliche Fallstricke entnerven. Nur selten sind solche heiklen Situationen durch die Probleme selbst ausgelöst worden. In den meisten Fällen wurden sie erst dadurch heraufbeschworen, daß derjenige, der das Problem mitverursacht hatte, nicht genug Verstand oder Mut besaß, rechtzeitig für die Sache geradezustehen und einen vernünftigen Vergleich anzustreben.

Ich habe noch nie ein Problem mit der Produktsicherheit erlebt, weder real noch potentiell, das sich nicht mit einem absoluten Minimum an Kosten in den Griff bekommen ließ, wenn es nur mit reiflicher Überlegung angegangen wurde. Wenn Sie im Unrecht sind, dann geben Sie den Fehler zu und korrigieren Sie ihn, aber tun Sie es mit einem unerschütterlichen Lächeln. Lassen Sie sich nicht von den Juristen oder den Überängstlichen in Panik versetzen. Denken Sie immer daran: Tag für Tag werden Millionen von Produkten hergestellt, die nicht vor Gericht enden. Die Leute wollen nicht mehr, als daß ihre Rechte gewahrt werden, solange Sie diese Rechte nicht mit Füßen treten. Dann allerdings wollen sie sich rächen. Und möglicherweise gelingt ihnen das auch.

In gewisser Weise ist die Produktsicherheit Gegenstand dieses ganzen Buchs. Das Konzept der Gütesysteme ist dazu gedacht, eine Organisationsform zu liefern, bei der sich Investitionen gut bezahlt machen, ohne daß sie sich selbst oder anderen Probleme schafft.

Da wir gerade bei Gütesystemen sind, wäre noch eine exakte Feststellung ange-bracht. Ich habe noch nie ein Problem mit Produktsicherheit erlebt, das nicht im Grunde durch das fehlende Güteverständnis einer einzelnen Führungskraft verursacht war. In den meisten Fällen sollte durch Beschneidung der Qualität irgendein kurzfristiges Ziel erreicht werden. Die Folge waren dann langfristige und höchst unprofitable Sche-rereien.

Produktsicherheit ist kein rechtliches Problem, sondern ein ethisches.

6
Umgang mit Qualitätsproblemen

Die Stabssitzung am Montagmorgen begann etwas später als gewöhnlich, doch dann nahm sie gleich zu Beginn eine eindeutige Richtung. Herr Drews, der Ressortchef des technischen Bereichs, begann seine Sorgen vorzutragen, ohne erst die Eröffnung der Sitzung abzuwarten. Einige der Stabsmitglieder hatten kaum Zeit gehabt, Platz zu nehmen, als Herr Drews schon auf den Tisch klopfte und um Aufmerksamkeit bat.

„Ich weiß, daß Sie heute das Wort haben, Frau Feldmann", wandte er sich an die Geschäftsführerin, „aber ehe wir uns in die Zahlen stürzen, muß ich unbedingt noch etwas loswerden, was mir auf dem Magen liegt. Ich bin gestern abend erst aus dem Betrieb in Friedrichsdorf zurückgekommen, und ich kann Ihnen kaum sagen, wie entsetzt ich bin, was wir dort für Scherereien mit der Qualität haben. Der Betrieb dort hat alle Hände voll zu tun mit der Nachbesserung und Reparatur von den Aggregaten, die wir ihnen geliefert haben. Wurde bei uns im Werk vor der Auslieferung denn gar nichts geprüft? Wenn wir bei der Qualitätssicherung nicht sorgfältiger verfahren, sind wir bald aus dem Geschäft. Ich kann Ihnen nur sagen, eine Schande ist das."

Er wandte sich an den Qualitätsleiter.

„Herr Niss, ich weiß ja, daß Sie knapp mit Personal sind, aber wie konnte so etwas nur passieren? Es ist grauenvoll. Die Leute dort rennen nur noch mit Lötkolben und Konstruktionszeichnungen und Drähten durch die Gegend. Sie machen sich keinen Begriff."

Herr Niss sagte kein einziges Wort. Er schaute Herrn Drews nur schweigend an. Der stutzte plötzlich und hielt inne. Er warf einen Blick in die Runde, offensichtlich in Erwartung einer Reaktion. Nach einer kurzen Pause ergriff die Geschäftsführerin das Wort.

„Herr Drews, Sie erinnern sich doch noch, wie Herr Niss und die Leute von der Fertigung vor neun Monaten die Auslieferung der Geräte für Friedrichsdorf stoppen und die Anlagen erst auf den neuesten technischen Stand bringen wollten? Und können Sie sich noch entsinnen, daß Sie damals meinten, das sei nicht nötig, und auch mich davon überzeugten, daß die Änderungen keine große Sache seien und wir sie leicht an Ort und Stelle vornehmen könnten? Erinnern Sie sich, daß ich den Vorschlag von Herrn Niss damals ablehnte und wir die Auslieferung umgehend vornahmen?"

Herr Drews nickte.

„Ja, das weiß ich alles noch. Aber was hat das mit den Produktionsfehlern bei der Hardware in Friedrichsdorf zu tun?"

Die Geschäftsführerin beugte sich vor.

,,Es handelt sich hier nicht um Produktionsfehler bei der Hardware, Herr Drews. Es sieht ganz so aus, als läge es an der Konstruktion. Womit die da draußen sich abmühen, ist nichts anderes als die Anbringung eben der Konstruktionsänderungen, von denen Sie behaupteten, sie wären keine große Sache. Die alleinige Ursache dieser ganzen Misere ist, daß Sie und ich dem Werk nicht mehr Zeit einräumen wollten, die Sache richtig zu machen. Das große ,,Qualitätsproblem'', von dem Sie reden, ist ein reines Konstruktionsproblem. Und es sind unsere eigenen Entscheidungen, die da auf uns zurückfallen. Die meine und die Ihre, Herr Drews. Ich glaube kaum, daß Herr Niss sich in diesem Fall überhaupt betroffen fühlt.''

Darauf folgte ein langes Schweigen. Schließlich wandte sich die Geschäftsführerin an den Finanzleiter und sagte: ,,Kommen wir zu den Zahlen.''

* * *

In keiner Situation sind wir so exponiert, wie wenn wir ein Problem anzugehen haben. Mehr als bei allen anderen Gelegenheiten fällt in diesem Augenblick die Maske anerzogener Verhaltensweisen ab, und unser wahres Ich kommt zum Vorschein. Ich beobachte oft ähnliches bei Leuten, die trinken. Mit fortschreitender Alkoholisierung tritt die wahre Person zutage.

Viele Menschen erreichen absolute Höchstform, wenn sie vor Schwierigkeiten gestellt sind. Viele werden nur um so ruhiger, gelassener und klarer im Denken, je mehr die Probleme sich zuspitzen. Viele fühlen sich nur dann in ihrem Element, wenn Not am Mann ist; ja, sie sind sonst eher wie ein Fisch auf dem Trockenen. Viele aber fühlen sich nicht in ihrem Element.

Ich glaube, wir wären alle zu etwas imstande, auf das wir stolz sein könnten, wenn es allein an uns läge, Schaden von unseren Familien abzuwenden, oder wenn uns irgendein konkretes Opfer für unser Land abverlangt würde. Aber die Situation ist selten so eindeutig. Je weniger deutlich die Herausforderung an unser Handeln und seine Konsequenzen, desto komplizierter unsere Reaktion.

Nehmen wir beispielsweise an, Sie stünden in der Hauptstraße Ihrer Stadt und sähen einem Festumzug zu. Angenommen, Sie entdeckten in dem Zug irgendeine prominente Persönlichkeit des öffentlichen Lebens, die Sie persönlich hoch verehren und schätzen. Eine Person, sagen wir, die Sie für ein besonders wertvolles Mitglied unserer Gesellschaft halten. Nehmen wir nun weiter an, Sie hörten zufällig eine Unterhaltung zwischen zwei Leuten neben Ihnen, die auf Ihren Helden ein Attentat planten. Sie drehen sich um und entdecken mit Schrecken, daß die beiden Männer tatsächlich bewaffnet sind.

Würden Sie es dem Polizeibeamten dort drüben melden? Würden Sie es dem Überwachungsbeamten erzählen, der nur ein paar Schritt neben Ihnen nervös mit einem Funksprechgerät herumhantierte? Sicher täten Sie das. Sie würden sich vielleicht lieber aus der Sache heraushalten, aber Ihre Verpflichtung in diesem Fall wäre doch ziemlich eindeutig.

Nehmen wir nun einmal an, Sie hätten nichts von dem geplanten Anschlag gewußt und sähen plötzlich, wie einer der Männer die Waffe hochreißt und zielt. Angenommen, der Attentäter stünde direkt neben Ihnen. Würden Sie ihm in den Arm fallen, um ihn abzuhalten? Würden Sie laut schreien und Alarm schlagen? Sicher oder zumindest doch sehr wahrscheinlich. Es wäre fast eine instinktive Reaktion.

Nehmen wir weiter an, Sie könnten mit absoluter Sicherheit wissen, daß Sie beim Dazwischengehen verwundet würden? Würden Sie trotzdem eingreifen? Angenommen, Sie wüßten, daß Sie getötet würden, die Person, die Sie retten wollten, dafür mit dem Leben davonkäme. Angenommen, Sie wüßten, daß man Sie zum Nationalhelden machen würde, um den Millionen trauerten. Irgendwann müssen wir doch alle einmal von der Bühne abtreten. Wie würden Sie sich entscheiden?

Spielen wir das Spiel noch ein wenig weiter. Wenn Sie nun wüßten, daß Sie das Leben der hochstehenden Persönlichkeit mit absoluter Sicherheit retten könnten, aber dann beschuldigt würden, an dem Attentat beteiligt gewesen zu sein. Ihr Name würde in dieselbe Chronik eingehen wie der von Czolgosz, Booth und Oswald. Sie könnten also den Mord verhindern, aber um den Preis der Vernichtung Ihres eigenen Lebens.

Was würden Sie tun?

Die wenigsten Probleme in der Unternehmenswelt fordern einen so radikalen Einsatz auf Leben oder Tod. Jedenfalls nicht in physischem Sinne. Doch bei jedem menschlichen Konflikt gibt es Sieger, Verlierer und Zuschauer. Keiner geht ganz unverändert aus einem Konflikt hervor, in den er verwickelt wurde. All unser Tun, sei es geistig oder physisch, erweitert unser Wissen und verändert unsere Einstellung. Man sagt, im Alter von fünfzig sei jeder Mensch für sein Gesicht selbst verantwortlich. Wie Sie auf Probleme reagieren, hat etwas mit dem Gesicht zu tun, für das Sie verantwortlich sein werden.

Wenn Betriebe auf der Stufe der Unsicherheit sich vor ein Problem gestellt sehen, gehen sie zum Angriff über. Man erkennt in Problemen den Feind. Sie müssen von der Leiter geworfen werden, und die Leiter gleich noch hinter ihnen her. Geschwollene Zornesadern und erregtes Aufspringen bei Diskussionen sind bei dieser Form der Problembewältigung an der Tagesordnung. Wenn alles Handeln schon nichts bewirkt, muß es mindestens dazu dienen, Raum zu schaffen für das nächste Problem, das in diesem Augenblick wohl darin bestehen dürfte, draußen im Wald eine neue Leiter zu bauen.

Leute, die einige Zeit in dieser Art Betriebsklima zugebracht haben, glauben allmählich, daß Anschreien und Abkanzeln das sind, worauf es ankommt. Wenn ihre Position Stellung nicht hoch genug ist, daß sie ihrerseits jemanden anschreien können, lernen sie, Auseinandersetzungen zu meiden – und die Probleme. Sie erlernen die hohe Kunst der Ausrede.

Unternehmen, die Probleme wirklich angehen wollen mit der festen Absicht, sie zu lösen, müssen auf allen Etagen eine offene Gesellschaft entstehen lassen, die von den Grundsätzen der Integrität und Objektivität beherrscht wird. Mit Integrität meine ich in diesem Fall die allgemeine Einstellung: ,,Wir machen die Dinge hier richtig, weil das zu unserem Grundsatz gehört und weil es sinnvoll ist.'' Das schließt die Möglichkeit aus, daß Drückebergertum oder subversives Verhalten in irgendeiner Weise als Stärke angesehen werden. Der geradlinige und offene Weg ist der, der einen weiterbringt.

Objektivität wird dadurch erreicht, daß man die Schuld an Problemen nicht einzelnen Personen anlastet. Richten Sie Fragen und Nachforschungen allein auf die Ausführung der Arbeit. Die Ausführung der Arbeit war schlecht, nicht die Person. Vielleicht passen Aufgabe und Person nicht recht zusammen, dann müssen Sie eines von beiden ändern. In jedem Fall wird der Person damit erneut Gelegenheit gegeben, ihre Sache unter veränderten Voraussetzungen besser zu machen.

Mit der festen Prämisse, daß es allein um die Arbeit und nicht um die Person geht, können wir Probleme im System offen ansprechen und direkt angehen. Probleme werden beim Namen genannt und diskutiert, und ihre Ursachen werden klargestellt. Eine solche Klarstellung der Ursachen bringt die Verpflichtung mit sich, den Sachverhalt klar zu definieren, sich mit den jeweils Betroffenen zu besprechen und einen Katalog von Maßnahmen nach einem speziellen Zeitplan auszuarbeiten.

Über 85 Prozent aller Probleme können bereits auf der ersten Vorgesetztenebene über dem jeweils betroffenen Bereich gelöst werden. Von den verbleibenden 15 Prozent können 13 Prozent von zwei Vorgesetztenebenen oder zwei verschiedenen Abteilungen gelöst werden, die übereinstimmend eine Änderung beschließen oder in einer konzertierten Form zusammenarbeiten. Die restlichen 2 Prozent erfordern zu ihrer Lösung das Zusammenwirken von bis zu drei Funktionsbereichen oder Organisationsebenen. Aber sie sind lösbar.

Hin und wieder stößt man auf ein Problem, für das es keine Lösung gibt. Dann bildet man sich ein Urteil, akzeptiert die Situation − und das Leben geht weiter. Rechnen Sie mit ein oder zwei Fällen dieser Art im Lauf eines Berufslebens.

Als der Earl of Mountbatten sich vor die Aufgabe gestellt sah, Indien zu teilen, gab es absolut keine Möglichkeit, Kaschmir gerecht zwischen den beiden neuen Staaten Pakistan und Indien aufzuteilen. Mit der Einwilligung beider Seiten bestimmte die britische Regierung einen brillanten Juristen, Sir Cyril Radcliffe, die Grenzlinie festzulegen. Das Besondere an dieser Wahl war nicht allein die Tatsache, daß Sir Cyril noch nie in Indien gewesen war, sondern auch, daß er so gut wie nichts über das Land wußte. Ohne den Ballast vorgefaßter Meinungen zog er eine Grenzlinie, die, wie es Grenzlinien so an sich haben, eine tiefe Spaltung hervorrief und viele Wunden riß. Aber die Teilung mittlerweile vollzogen, die Wunden sind geheilt, und die Grenzlinie selbst wurde nie angefochten.

Ein paar Fallbeispiele

Spezifische Probleme bedürfen einer spezifischen Lösung. Ein Unternehmen hatte unter anderem Schwierigkeiten mit der Problemlösung und der Leistungsbewertung sowie mit ständigen Personalausfällen. Der wirkliche Sachverhalt war der, daß die Vorgesetzten sich einfach nicht am Null-Fehler-Programm beteiligten. Um diesem Unternehmen zu helfen, seine Probleme zu lösen, schrieb ich eine Reihe spezieller Fallbeispiele und Lektionen, und zwar mit der Auflage, daß sie von der jeweils nächsthöheren Vorgesetztenebene über der von dem Problem unmittelbar betroffenen geleitet bzw. durchgeführt würden. Zuerst wollte das Management die Schulungsabteilung damit beauftragen, und dadurch wurde die Wurzel einiger der Schwierigkeiten bereits offenbar. Mit etwas Überredung wurde mein Vorschlag schließlich angenommen. Die Ergebnisse waren ausgesprochen spektakulär. Eine Verbesserung auf der ganzen Linie wurde erreicht, und das Null-Fehler-Programm setzte sich endgültig durch.

Obwohl die Fallstudien deutlich auf den Herstellungsbereich zugeschnitten sind, läßt sich der jeweilige Gedankengang auf jeden Unternehmenstypus und alle Ebenen des Managements anwenden. Lektionen und Fallbeispiele liefern ein anschauliches Beispiel, wie Schüler und Lehrer aus ein- und derselben Lektion lernen können.

Lektion 1: Lösung der Probleme von Vorgesetzten

Eine der größten Schwierigkeiten, denen sich einzelne Vorgesetzte gegenübersehen, ist die Entscheidung, wie sie ihre Zeit aufteilen sollen. Sie müssen ihren Verpflichtungen gegenüber der Firma, gegenüber ihren Untergebenen und natürlich auch sich selbst gegenüber nachkommen. Einer nahezu endlos scheinenden Reihe von Vorgängen müssen sie ihre Aufmerksamkeit widmen: Zeitplankontrolle, Personalverwaltung, Schulungen, Stücklisten, Personalausfälle, Sitzungen, Qualitätsfragen, Kostenaufstellungen usw. Manchmal scheint es, als wäre der Tag vorbei, ehe sie sich auch nur der Hälfte der Probleme widmen konnten.

Viele von uns kennen dieses Problem aus eigener Erfahrung und haben schon alles mögliche unternommen, um damit fertigzuwerden. Leider nützen uns oft unsere besten Vorsätze nichts, weil ständig neue Probleme ,,aus dem Nichts'' auftauchen. Wenn Sie sich gerade hingesetzt haben, um die Materialbedarfsliste auf den neuesten Stand zu bringen, kommt jemand ins Zimmer gestürmt, um zu melden, daß in Halle XY ein Drucklufttheber ausgefallen ist. Da ist wieder eine halbe Stunde im Eimer. Gerade wenn Sie meinen, eine freie Minute zu haben, um einem neuen Mitarbeiter zusätzliche Einweisung zu geben, teilt man Ihnen mit, daß Sie zu einer Sitzung müssen, auf der beraten wird, wie Sie in Ihrem Verantwortungsbereich Verbesserungen erzielen, ja vielleicht gar, wie Sie Ihre Zeit besser einteilen könnten. Bis dahin ist das einzige, was geschehen ist, daß Sie Zeit verloren haben.

Als erfahrener Vorgesetzter kennen Sie die Gefahr, die darin liegt, sich an einen genau festgelegten Zeitplan halten zu wollen, in dem jeder Umstand berücksichtigt ist. Wir alle stoßen immer wieder auf Situationen, die sich ein wenig von den gewohnten unterscheiden, oder zumindest scheint es uns so. Die primäre Funktion des Vorgesetzten ist es, die Arbeit der Mitarbeiter zu lenken, die seinem jeweiligen Verantwortungsbereich zugewiesen sind. Doch diese primäre Funktion wird mitunter zu einer sekundären, weil wir dazu neigen, uns auf die jeweils ,,aktuellen Probleme'' zu konzentrieren. Nicht nur sind solche Probleme von entscheidender Bedeutung, sie sind zudem in aller Regel interessanter als der Ablauf des gesamten Systems.

Wir werden deshalb an dieser Stelle nicht noch einmal betonen, daß der Vorgesetzte bemüht sein sollte, mehr Zeit auf jeden einzelnen seiner Untergebenen zu verwenden. Wir haben das alle oft genug versucht. Bemühungen reichen nicht aus. Wir sollten vielmehr entscheiden, wie wir die Zeit, die uns zur Verfügung steht, am sinnvollsten nutzen können. Dazu müssen wir zunächst feststellen, was wir in der gegebenen Zeit erreichen wollen: ,,Welche Ziele sollten wir in der Zeit, die wir für unsere Leute und unsere Probleme zur Verfügung haben, zu erreichen suchen?''

Zur Diskussion in der Klasse:

Versuchen Sie, zu einer Einigung über mindestens acht Ziele zu kommen, und schreiben Sie diese untereinander an die Tafel. Regen Sie durch eine kurze Unterrichtspause die Klasse zur Diskussion an. Vielleicht stünden auf Ihrer Liste einige der folgenden, die Untergebenen betreffenden Ziele:

– Mehr Verständnis für ihre Aufgabe wecken
– Ihre Interessen verstehen lernen
– Ausbildung verbessern
– Ihre Probleme herausfinden
– Sie soweit möglich in ihrer Entwicklung fördern
– Sie anhalten, ihr Plansoll zu erfüllen

Die Aufzählung könnte durch Vorschläge der Vorgesetzten wesentlich erweitert werden. Listen Sie die Vorschläge unter den Stichworten ‚Qualitätsverbesserung‘, ‚Leistungsbewertung‘ und ‚Identifikation des Beschäftigten mit seiner Arbeit‘ auf.

Fortführung der Lektion:

Nun können wir die vorgeschlagenen Ziele der Reihe nach behandeln. Beginnen wir mit der Qualitätsverbesserung. Was ist darunter genauer zu verstehen? Qualität bedeutet Erfüllung von Anforderungen. Wenn wir von Qualität reden, meinen wir im Grunde die Erfüllung der an das Produkt gestellten Anforderungen. Entspricht es seinem Bild in der Werbung? Genügt es den Anforderungen, die an das Produkt gestellt werden? Erfüllt es die Erwartungen, die im Kunden geweckt wurden? Alle Bemühungen des Vorgesetzten um Terminplanung und Kostenkontrolle können leicht ad absurdum geführt werden, wenn das Produkt nicht wie spezifiziert hergestellt wird. Es ist entscheidend, daß wir uns in unserer Funktion als Vorgesetzte darüber klar werden, und noch entscheidender ist es, daß unsere Leute sich darüber klar werden.

Wir sind uns alle bewußt, daß wir, was die Qualität angeht, unserer Aufgabe besser gerecht werden müssen. Leider sind wir uns oft nicht über die Maßnahmen im klaren, durch die eine solche Verbesserung erzielt werden kann. Das ist der Zweck unserer heutigen Diskussion.

Qualitätsabweichungen im Montagebereich etwa lassen sich auf drei Ursachen zurückführen:

1. Die für die Montage gelieferten Fertigteile und Materialien stimmen nicht mit den an sie gestellten Anforderungen überein.
2. Die für die Ausführung der Arbeit erforderlichen Arbeitskräfte und/oder Werkzeuge sind nicht geeignet.
3. Der Vorgesetzte hat die Leistungsanforderung für die Mitarbeiter falsch angesetzt.

Es ist nicht erforderlich, festzustellen, in welcher Rangfolge die genannten Ursachen auf Ihren Verantwortungsbereich zutreffen. Einzig erforderlich ist es, die auftretenden Fehler näher zu untersuchen und dann zu entscheiden, welche Ursachen ausschlaggebend waren.

Wir wollen uns ein Beispiel ansehen.

Fallbeispiel 1

,,Montage ist doch eigentlich nichts weiter, als große Dinge aus kleinen zu machen'', dachte Herr Groll. ,,Warum in aller Welt haben wir dann solche Schwierigkeiten, unseren Montagebereich so weit zu bekommen, daß alles klappt?''

Herr Groll murmelte mißmutig vor sich hin, während er mit gezücktem Klammerbrett in der Werkstätte für die Nachbesserung nach der Endmontage stand. Er sah zu, wie fehlerhafte Produkte rasch durch den Reparaturplatz geschleust wurden. Er hatte den Eindruck, daß Tag für Tag mehr fertige Einheiten zur Nacharbeit anstanden. Der ganze Montagebereich geriet immer mehr in Verzug; wegen der erforderlichen Überstunden wurde das Budget weit überzogen, und der Meister des Nachbesserungsbereichs forderte ständig mehr Leute zur Unterstützung an. Die Leute von der Qualitätssicherung gingen nur noch kopfschüttelnd durch die Gegend.

Das Leben war nicht sonderlich angenehm für Herrn Groll. Gestern hatte ihn der Direktor zu einem kleinen Plausch zu sich bestellt. Wie Herr Groll bald feststellte, war es Zweck dieses kleinen Plauschs, ihm nahezulegen, daß das Problem mit der ewigen Nacharbeit gelöst werden müsse und zwar bald. Die Kosten stiegen ins Astronomische. Ob er dazu irgendwelche Vorschläge zu machen habe?

Nein, er hatte keine, aber er versprach, sich damit auseinanderzusetzen und nach einer Möglichkeit zu suchen. Da stand er jetzt also, eine langen Liste von Problemen und Unregelmäßigkeiten vor sich, und starrte Löcher in die Luft.

,,So kommen wir nicht weiter'', sagte er sich. ,,Am besten ist es, ich setze mich hin und denke ausgiebig über die Sache nach.'' Er ging in sein Büro zurück.

Die Zahlen waren glasklar: 100 Fertigungseinheiten verließen pro Stunde das Fließband; 14 von diesen Einheiten erforderten Nacharbeit in der Nachbesserungswerkstatt, und 6 weitere benötigten noch irgendeine Form der Bearbeitung am Montageband. Die Ausschußquote betrug 20 Prozent, und jeder Fall von Nachbesserung betraf in der Regel 2 bis 3 Mängel pro Einheit.

Herr Groll kam zu dem Schluß, daß man als erstes bei den Mängeln ansetzen müsse, und ging daraufhin seine Aufstellung noch einmal durch:

Art des Fehlers	Ursache	Anzahl je 100 Einheiten
Ausgelassener Arbeitsgang	Bearbeitung	13
Lackkratzer	Bearbeitung	9
Falsches Teil	Produktionskontrolle	12
Fehlerhaftes Teil	Zulieferer	2
Passungsfehler	Bearbeitung	11
Fluchtabweichung	Bearbeitung	6

In der Liste waren noch viele andere Mängel aufgeführt, aber ihr Vorkommen war nicht häufig genug, als daß sie für den Augenblick ins Gewicht fielen. Herr Groll beschloß, daß man als Hauptziel zunächst die Bearbeitungsfehler aufs Korn nehmen müsse. Doch bevor er loslegte, fand er es ratsam, sich noch einmal zu versichern, daß die angeführten Fehlerursachen stimmten.

Er ging hinüber zu Frau Eder, der Schichtleiterin am Band, um Näheres über die ausgelassenen Arbeitsgänge zu erfahren. ,,Wie ist es nur möglich, Frau Eder, daß so viele Arbeitsgänge einfach nicht ausgeführt werden? Sind die Leute mit ihren Gedanken nicht bei der Arbeit?''

Frau Eder gab zur Antwort: ,,,Mit den Gedanken nicht bei der Arbeit' ist sicher nicht die ganze Erklärung. Sehen Sie doch einmal nach, was alles unter ausgelassene Arbeitsgänge fällt. Nehmen Sie doch zum Beispiel einmal den Fall, daß beim Durchgang der Fertigungseinheit irgendein Lieferengpaß auftritt. Anstatt den Durchlauf zu stoppen, machen wir auf der Laufkarte einen Vermerk, dann geht die Einheit zur Nachbesserung, sobald das Teil fertiggestellt ist. Warum sie das als falsche Bearbeitung klassifizieren, verstehe ich selbst nicht. Es ist schon ein paar Mal vorgekommen, daß wirklich jemand einen Arbeitsgang übergangen hat, aber oft passiert so etwas nicht.''

Herr Groll hatte das Gefühl, allmählich weiterzukommen. Er begab sich auf dem schnellsten Weg zum Leiter der Produktionskontrolle.

,,Man hat Sie da auf eine falsche Fährte geführt, Herr Groll'', sagte Herr Preuß. ,,Es gibt zwar hin und wieder Lieferengpässe, aber bestimmt nicht bei 13 von hundert Einheiten. Die Rate liegt in Wirklichkeit unter einem Prozent, und das würde bestimmt keiner der Bearbeitung anlasten. Ich habe den Verdacht, die Leute am Band wollen sich ihre Schwierigkeiten einfach nicht eingestehen.''

Herr Groll wußte nun erst recht nicht mehr, woran er war; darum beschloß er, eine andere Fehlergruppe zu untersuchen. Vielleicht könnte er da mehr Einblick gewinnen. Die nächsthäufige Fehlerart auf der Liste waren ,,fehlerhafte Passungen'', aber die stellte er vorläufig noch zurück, weil da mehrere Abteilungen betroffen waren und er schon ahnte, was man ihm darüber für Geschichten erzählen würde. Besser hielt er sich an etwas weniger Kompliziertes wie etwa ,,Lackkratzer''.

Frau Eder hatte eine Antwort parat: ,,Lackkratzer haben eine einzige Ursache — die Formteile, die wir vom Zulieferer bekommen, sind nicht genügend entgratet. Beim Einbau dieser Teile verletzt Grat die Lackoberfläche und verursacht Kratzer. Wenn Sie dafür sorgen, daß diese Grate verschwinden, kommen ab sofort keine Kratzer mehr vor.''

Als Herr Groll sich an den Einkäufer und den Qualitätsprüfer für Materialeinkäufe wandte, waren die ganz anderer Meinung als Frau Eder.

,,Natürlich haben wir ab und an schon mal Grat an einem Formteil, aber die Hersteller, die uns beliefern, haben sich schon mächtig ins Zeug gelegt, den Fehler auszumerzen. Sehen Sie sich nur einmal die Partie an, die eben eingegangen ist. Ich spendiere Ihnen ein Mittagessen, wenn Sie da einen einzigen Grat auf irgendeinem der Teile finden. Warum sagen Sie den Leuten am Band nicht, sie sollten besser aufpassen und nicht immer mit den Formteilen und ihren Werkzeugen gegen den Lack schlagen. Das verursacht nämlich die Kratzer.''

Herr Groll ging wieder in die Nachbesserungswerkstatt zurück, nur um sich zu vergewissern, ob die überhaupt noch existierte. Das einzige, was er heute in Erfahrung gebracht hatte, war, daß kein Mensch irgendeinen Fehler verursachte. Wenn aber keiner einen Fehler verursachte, wieso war dann die Nachbesserungswerkstatt so voll und wurde mit jedem Tag voller?

Während Herr Groll sich den Kopf zerbricht, wollen wir uns die Situation, in der er sich befindet, einmal genauer ansehen. Es ist ganz offensichtlich, daß sich keiner für die auftretenden Fehler verantwortlich fühlt. Alle Beteiligten haben festgestellt, daß sie die Mängel nicht persönlich verursacht haben. In ihren Augen ist Herr Groll dafür zuständig, den anderen zu zeigen, was sie falsch machen, und sie zum Umdenken zu bewegen, damit sie die ihnen zugewiesenen Aufgaben künftig richtig ausführen.

Wenn aber hier keiner etwas falsch macht, wer soll dann zum Umdenken bewegt werden? Die Fertigungseinheiten werden von Einzelpersonen gemacht, und jede von ihnen trägt Verantwortung. Wie bringt man sie dazu, daß sie das einsehen? Zweifellos ist Qualitätsverbesserung völlig aussichtslos, wenn die einzelnen nicht zu der Einsicht bereit sind, daß Verbesserung nottut.

Herr Groll trommelte die Leiter aus allen Bereichen zusammen: Bandmontage, Produktionskontrolle, Qualität, Einkauf und Technik.

,,Das einzige, was mir durch meine Untersuchungen klar geworden ist'', erklärte er ihnen, ,,ist, daß ich nicht verstehe, wieso diese Fehler überhaupt passieren. Anscheinend hat jeder von uns das Gefühl, daß er nicht persönlich dafür verantwortlich ist. Deshalb möchte ich Ihnen sagen, daß ich die Verantwortung übernehme, da man mich beauftragt hat, die Fehler zu eliminieren. Ich brauche Ihre Hilfe dazu. Die Frage, die sich uns somit jetzt stellt, lautet: Wie kann künftig verhindert werden, daß ich all diese Nachbesserungsarbeiten verursache?''

Er reichte den Versammelten Kopien der Zahlenaufstellung und wartete auf eine Reaktion.

Frau Eder meldete sich als erste zu Wort. ,,Ich meine, wir haben bisher zu viele Fehler einfach als ‚Bearbeitungsfehler‘ klassifiziert. In diese Kategorie kann man im Grunde alles einordnen, was man will, denn der Begriff ist zu weit gefaßt. Wir sollten stärker spezifizieren und die Fehler auf Kategorien einkreisen wie ‚Werkzeugversagen‘, ‚Arbeitsfehler‘, ‚Lieferengpaß‘, ‚falsch zugestelltes Teil‘, ‚unzureichende Anleitung‘ usw. Dann würde jede Kategorie gesondert untersucht, um die wahre Ursache für jeden Fehler bestimmen zu können.''

Herr Rieder, der Qualitätssicherungsingenieur, pflichtete ihr bei. ,,Das wäre eine Möglichkeit, aber da müßte jeder mithelfen. Es ist sehr schwer, die Leute zur Anerkennung der Tatsache zu bewegen, daß ihr Bereich jetzt verantwortlich ist.''

Der Einkaufsleiter machte den Vorschlag, mit den Leuten von der Nachbesserung über die Sache zu reden. ,,Sie sollten eine genaue Vorstellung davon haben, was die Fehler verursacht.''

Sie verlegten die Besprechung in die Nachbesserungswerkstatt. Herr Groll erklärte, zu welchem Zweck sie die Versammlung einberufen hatten, und der Nachbesserungsmeister war hocherfreut, daß man ihn in das Vorhaben miteinbezog. Herr Groll forderte alle dazu auf, mit den Mängeln anzufangen, die unter die Kategorie „ausgelassener Arbeitsgang" fielen. Zu den unter dieser Kategorie festgestellten Fehlern gehörten unter anderen:

- Zwei Teile, die verkehrt montiert waren
- Ein Teil, das wegen Lieferengpaß fehlte
- Sechs Teile, an denen eine Schraube oder ein Verbindungsstück fehlte
- Vier Einheiten mit vollständig montierten, aber nicht angeschlossenen Kabeln

Frau Eder bemerkte, sie sehe den Sachverhalt nun nicht mehr ganz so klar wie vorher. Sie äußerte selbst die Vermutung, daß sie die eigentliche Bedeutung der Klassifizierung „ausgelassener Arbeitsgang" vorher vielleicht nie richtig verstanden hatte.

Sie sprachen noch verschiedene andere Fehler durch und stellten fest, daß die Gruppe in keinem der Fälle eine klare und übereinstimmende Vorstellung davon hatte, was die jeweilige Klassifizierung beinhaltete.

„Es ist offensichtlich, daß wir in diesem Bereich eine bessere Methode der Verständigung entwickeln müssen", sagte Herr Groll.

Das Team gab ihm recht. Thomas Rieder wurde mit der Zusammenstellung der Prüfliste beauftragt, und im Lauf der nächsten paar Tage legte ihm jedes einzelne Teammitglied seine Erkenntnisse vor. Auf diese Weise wurde ein neues Verfahren entwickelt.

Jeder Fehler, der mehr als ein einziges Mal auftrat, wurde von zwei Mitgliedern des Teams untersucht, um seine genaue Ursache festzustellen und die erforderlichen Maßnahmen zu bestimmen, damit ein erneutes Auftreten verhindert würde. Als die am Fließband Beschäftigten allmählich zu der Überzeugung kamen, daß es dem Team mit der angestrebten Eliminierung der Fehler ernst war, rückten sie mit sehr praktikablen Vorschlägen heraus. So wurde die Feststellung, Analyse und Behebung von Mängeln bald zur Routine. Die Nachbesserungsabteilung hatte immer weniger zu tun, und allmählich gelang es, sowohl den Zeitplan als auch den Kostenplan für den Bereich einzuhalten.

Keiner der Schritte, die unternommen wurden, war an und für sich besonders bemerkenswert; in der Regel beinhalteten sie nur, was der gesunde Menschenverstand nahelegt. Das Bemerkenswerte an der Sache war vielmehr, daß der Versuch, die Fehler zu eliminieren, so rasch in die Tat umgesetzt wurde, und zwar weil jeder sich an die Arbeit machte, ohne den Vorwurf fürchten zu müssen, den Fehler verschuldet zu haben.

Im folgenden sind einige der Maßnahmen beschrieben, die zur Ausmerzung der Fehler ergriffen wurden.

Verkehrt montiertes Teil. Man fand heraus, daß der Montagefehler passiert war, als eine Aushilfskraft am Montageband arbeitete. (An dem betreffenden Bauteil sind Vorder- und Rückseite nicht deutlich zu unterscheiden, so daß nur ein erfahrener Monteur den Unterschied feststellen kann.

Lösung: Die Leute von der Technik wurden angehalten, das Teil künftig mit einem Richtungspfeil zu kennzeichnen. In der Umstellungszeit veranlaßte der Einkaufsleiter den Lieferhersteller, die Vorderseite der Bauteile mit einem farbigen Punkt zu kennzeichnen.
Ergebnis: Der Fehler trat nicht mehr auf.

Fehlende Schraube oder anderes Verbindungsstück. Bei der Untersuchung wurde festgestellt, daß diese Fehler jedesmal kurz vor einem Schichtwechsel am Band aufgetreten waren. Die Produktionskontrolle hatte die erforderlichen Verbindungsstücke dem Bausatz immer genau abgezählt beigefügt. Aber manchmal kam es vor, daß einzelne Schrauben auf den Boden fielen oder von vornherein fehlerhaft waren. So konnte es geschehen, daß der Monteur zu wenig Schrauben hatte, ihm aber keine Zeit blieb, Ersatz zu besorgen.

Lösung: Eine Anzahl von Ersatzverbindungsstücken wurde in Reservepackungen an den Montageplätzen bereitgelegt. Wenn die Monteure zusätzliche Schrauben benötigten, konnten sie die Packung öffnen und weiterarbeiten. Der Durchlauf am Band wurde somit nicht aufgehalten, und die aufgerissene Packung gab der Produktionskontrolle und der Technik ein Signal, die Methoden erneut zu überprüfen.
Ergebnis: Der Fehler trat nicht mehr auf.

Lackkratzer. Wie sich herausstellte, lieferten die Herstellerfirmen die Formteile zwar mittlerweile ohne jeden Grat, doch waren die Monteure darüber nicht informiert. Sie hatten in dieser Hinsicht wenig Vertrauen zu den Formteilen und gingen deshalb von der Erwartung aus, daß einige Lackkratzer auftreten würden. Sie gaben bei der Montage nicht besonders acht.

Lösung: Die Fließbandfertigungsleiter richteten ihr Augenmerk darauf, den jeweiligen Montageplatz für jede Einheit zu ermitteln. Dadurch konnten auftretende Lackkratzer zu dem jeweils verantwortlichen Monteur zurückverfolgt werden, und dieser konnte über bessere Montagetechniken unterrichtet werden.
Ergebnis: Die Zahl der auftretenden Lackkratzer wurde drastisch gesenkt. Noch wesentlicher war jedoch, daß die Lieferfirmen, als sie von dem neuen Verfahren erfuhren, noch gewissenhafter darauf achteten, daß Grate vermieden wurden.

Nicht angeschlossene Leitungen. Es ist kaum zu glauben, aber in den Montageanweisungen wurde auf den Anschluß der Leitungen überhaupt nicht Bezug genommen. Es war nur in aller Ausführlichkeit beschrieben, wie die Teile zusammengebaut werden sollten. Die Monteure, die den Anschluß vornahmen, taten dies nur, weil sie wußten, daß es erforderlich war.

Lösung: Die Montageanweisungen wurden klarer abgefaßt.
Ergebnis: Der Fehler tritt seltener als einmal pro Tag auf.

Falsches Teil. Es stellte sich heraus, daß es sich bei den falschen Teilen um durch Abziehbilder gestaltete Typenschilder handelte. Spezielle Fertigungseinheiten benötigten Abziehbilder einer anderen Farbe als die gewöhnlich verwendeten. Der Monteur, dem der Fehler unterlaufen war, war überdies farbenblind und konnte die beiden Kennzeichnungen nicht voneinander unterscheiden.

Lösung: Der Monteur wurde einem anderen Arbeitsgang zugeteilt.
Ergebnis: Der Fehler tritt immer noch ein- bis zweimal pro Tag auf, da die Spezialeinheiten nicht häufig genug vorkommen, um eine gewisse Routine zu erlauben.

Passungsfehler und Fluchtabweichungen. Eine technische Untersuchung ergab, daß die Hälfte dieser Fehler durch ungünstiges Zusammenwirken von Werkzeugtoleranzen verursacht war. Die verbleibende Hälfte der Fehler konnte erst aufgeklärt werden, als einer der Werkstattmeister zufällig entdeckte, daß die Monteure sich beim Zusammenfügen von Paßteilen an eine Justiermethode hielten, die für das Modell des Vorjahres gegolten hatte, anstatt an die gegenwärtig empfohlene. Nachfragen ergaben, daß die Monteure nicht an den für diesen Arbeitsgang vorgesehenen Schulungskursen teilgenommen hatten.

Lösung: Die Monteure wurden neu geschult. Die Leute von der Technik wurden aufgefordert, ihr Handbuch über Passungen umzuschreiben.
Ergebnis: Fluchtungsfehler treten nur mehr ausgesprochen selten auf. Passungsfehler treten jedoch bei der Fertigung der Feinblechpaßteile nach wie vor auf. Korrekturmaßnahmen im Bereich der Paßteilprägung sind eingeleitet worden.

Fragen zu Fallbeispiel 1

1. Warum waren Ihrer Meinung nach die einzelnen Vorgesetzten so fest davon überzeugt, daß die Fehler nicht ihre Schuld waren?

2. Welche Veränderungen traten ein, sobald sich mehrere Vorgesetzte um ein gemeinsames Ziel bemühten?

3. Sind Sie der Ansicht, daß die Vorgesetzten ihren Leuten verständliche Leistungsstandards vorgegeben haben? (Diskussion)

4. Woran liegt es, daß ein Problem, dessen wahre Ursache festgestellt wurde, so leicht zu lösen ist?

_____

_____

5. Was sollte Herr Groll Ihrer Ansicht nach unternehmen, um sicherzugehen, daß die Fehler nicht mehr auftreten?

_____

_____

6. Welche Schritte sollten unternommen werden, um eine dauerhafte Qualitätsverbesserung zu gewährleisten?

_____

_____

Selbsteinschätzung im Hinblick auf Qualitätsverbesserung

Der Vorgesetzte, der sich fragt, wie sich Qualitätsverbesserung innerhalb seines Verantwortungsbereichs bewerkstelligen läßt, sollte sich folgende Fragen stellen:

Kenne ich die Ursache der auftretenden Fehler wirklich?

_____

_____

Welche Fehler treten in meinem Bereich am häufigsten auf?

_____

_____

Welche der in meinem Bereich auftretenden Fehler erfordern den größten Kostenaufwand für ihre Behebung?

_____

_____

Bin ich der Ansicht, daß darunter Fehler sind, an denen meine Leute oder ich selbst Schuld tragen?

_____

Wenn ja, welche?

_____

_____

Wenn nein, wer trägt meiner Ansicht nach Schuld?

_____

Habe ich mit den anderen Abteilungen gesprochen, die an den meinen Bereich betreffenden Fehlern beteiligt sind?

_____

Wie war ihre Reaktion?

_____

Wenn ich drei Probleme eliminieren könnte, welche würde ich wählen?

_____

_____

Halte ich mich für persönlich verantwortlich, irgendeines dieser drei Probleme verursacht zu haben?

_____

_____

Anregung:

Wählen Sie eines der drei obengenannten Probleme für eine gründliche Analyse aus.
Stellen Sie sich dabei folgende Fragen:

Woher habe ich Kenntnis von dem Problem?

_____

_____

Worin besteht die offensichtliche Ursache des Problems?

_____

_____

Was ist nach Aussage von anderen die offensichtliche Ursache des Problems? (Stimmt sie mit der Ihren überein?)

_____

_____

Habe ich eine nicht unmittelbar betroffene Person zur Untersuchung des Problems herangezogen? Was war ihre Meinung dazu?

_____

_____

Lektion 2: Leistungsmessung

Ähnlich wie Entdecker müssen Vorgesetzte wissen, wo sie gewesen sind, um feststellen zu können, an welchem Punkt sie sich gerade befinden, damit sie Kurs auf das Ziel nehmen können, das sie ansteuern wollen. In anderen Worten: Wenn Sie sich auf dem Weg zu einem Ziel nicht über jeden Schritt Ihres Weiterkommens im klaren sind, werden Sie nie wissen, wann Sie stehen oder ob Sie Ihr Ziel erreicht haben. Zu diesem Zweck muß jede einzelne der Kenngrößen, aus denen Ihr Projekt besteht, berücksichtigt werden.

Die übergeordneten Kenngrößen, die für den Vorgesetzten von Interesse sind, sind Zeitplan, Kosten und Qualität. Natürlich lassen sich diese Größen weiter in Teilgrößen aufschlüsseln, da sie nur Endergebnisse der gesamten erbrachten Leistung sind. Wir müssen in der Lage sein, diese Teilbereiche abzugrenzen und zu messen, ehe wir konkrete Aussagen machen können, wie es um unsere Kenngrößen Zeitplan, Kosten und Qualität bestellt ist.

So ist zum Beispiel die Einhaltung des Produktionsplans von Faktoren wie Lieferengpässen oder Arbeitsausfällen betroffen. Qualität hängt von der Schulung und der Einstellung ab. Die Kosten sind durch die Löhne und den Aufwand für die Nachbesserung bestimmt. Stellen wir einmal eine Reihe weiterer Faktoren zusammen, die jede dieser übergeordneten Kenngrößen beeinflussen.

Zur Diskussion in der Klasse:

Folgen Sie hier demselben Verfahren wie unter Lektion 1 beschrieben. Einigen Sie sich in der Gruppe über eine Reihe von Faktoren, und schreiben Sie sie unter den Oberbegriffen Zeitplan, Kosten und Qualität an die Tafel.

Wie viele der genannten Faktoren haben eine zwei- oder gar dreifache Wirkung? Personalausfälle beispielsweise wirken sich auf den Zeitplan aus, da sie die Produktivität verringern; sie wirken sich zugleich auf die Kosten aus, da sie Überstunden notwendig machen; überdies wird die Qualität durch sie in Gefahr gebracht, da möglicherweise Aushilfen für spezielle Arbeitsgänge eingesetzt werden müssen. Daneben gibt es noch weitere Einflüsse, die eine solche Mehrfachwirkung ausüben. Welchen Nutzen hat das Erkennen solcher Verknüpfungen? Wie Sie aus dem folgenden Fallbeispiel ersehen werden, kann der Vorgesetzte lernen, über die Entwicklung bestehender Kontrollvorgänge Voraussagen zu machen, wenn er die in den

Tendenzen aufgezeigten Verknüpfungen, sog. Korrelationen, kennt. Keine Einzelmessung würde ausreichen, ihm dieses Wissen zu vermitteln. Sich diese Information zunutze zu machen ist ein wesentlicher Teil der Methode, wie der Vorgesetzte seine Zeit an der richtigen Stelle einsetzen kann. Wenn Sie die potentiellen Schwachstellen Ihres Bereichs kennen, können Sie sich auf diese konzentrieren. Wenn Sie warten, bis das Wasser durchs Dach strömt, anstatt sofort Maßnahmen zu ergreifen, wenn Sie die erste undichte Stelle entdecken, ist es vielleicht schon zu spät. Die Entwicklungen gehen zu schnell vor sich. Die Leute bilden sich gerne ein, daß sie das Geschehen in der Hand haben, aber in Wirklichkeit ist es umgekehrt.

Ob wir als Vorgesetzte unsere Zeit richtig einsetzen, hängt davon ab, inwieweit wir die Tatbestände richtig zu deuten vermögen und sie unseren eigenen Zielvorstellungen anzupassen suchen.

Fallbeispiel 2

,,Mir scheint'', sagte sich Herr Schneider, ,,der Alte holt mich immer nur zu einer ,kleinen Unterhaltung' in sein Büro, wenn es irgendeine harte Nuß für mich zu knacken gibt. Aber dieses Mal hat er mir bei seiner kleinen Unterhaltung eindeutig zu viel zugemutet. Ich soll also ,bloß mal eben' Herrn Thomas zeigen, warum er mit seinem Fertigungssektor immer in Verzug ist. Herr Thomas war mein erster Vorgesetzter, als ich im Betrieb anfing, und er ist wahrscheinlich einer der dienstältesten Abteilungsleiter in der ganzen Firma. Er wird alles andere als begeistert sein darüber. Aber wir wollen einen Versuch machen. Ob ich wohl besser meine Rüstung anziehe?''

Sehr zu seiner Überraschung wurde Herr Schneider, als er das Büro von Herrn Thomas betrat, auf das wärmste begrüßt. ,,Ich bin froh, daß der Alte (der 10 Jahre jünger war als Herr Thomas) Sie zu mir geschickt hat, Herr Schneider. Vielleicht können Sie mir helfen, daß er die wahren Verhältnisse hier verstehen lernt.''

Herr Schneider setzte gerade zu seinem üblichen Verslein an, doch Herr Thomas ließ sich nicht aus dem Konzept bringen. Er winkte bloß ab und legte gleich mit einer eigenen Analyse der Situation los. ,,Mein Bereich ist acht Einheiten pro Stunde im Verzug – das ergibt achtzig Fertigungseinheiten pro Tag. Dadurch laufen mir die Kosten davon, weil ich an den Wochenenden den Verzug soweit wie möglich mit Überstunden hereinholen muß. Und zu allem Übel geht jetzt noch die Fehlerquote hoch, so daß ich meine Nachbesserungsabteilung vergrößern mußte. Das ist alles aus heiterem Himmel über uns hereingebrochen.

Nun gut, ich weiß schon, woran das alles liegt, aber ich habe den Alten nicht davon überzeugen können. Darum habe ich gebeten, daß er Sie zu mir schickt. Ich habe eine Liste von allem gemacht, was zu tun ist, um dem Problem beizukommen. Sehen Sie sich diese Liste von Maßnahmen einmal an, und dann wollen wir darüber reden, wie wir sie unserem Management am geschicktesten präsentieren. Wenn wir es hier auf null Fehler bringen wollen, müssen wir alle zusammenarbeiten.''

Herr Thomas lehnte sich zurück und zündete sich seine Pfeife an, während sich Herr Schneider die maschinengeschriebene Liste vornahm. Die empfohlenen Maßnahmen waren vier an der Zahl:

1. Die Sollvorgabe des Produktionsplans um 15 Prozent zurückschrauben. (Begründung: Die Arbeitskräfte, die wir heutzutage bekommen können, sind nicht daran interessiert, ein gutes Tagewerk zu leisten; sie kommen bei der gegenwärtigen Produktionsgeschwindigkeit einfach nicht mit.)

2. Die Prüfingenieure auf eine bessere Urteilsfähigkeit hin schulen. (Begründung: Die Inspektion ist übergenau bei der Beanstandung kleinerer Mängel an Einheiten, die im Grunde einwandfrei sind. Sie moniert ständig winzige Kratzer und Passungsfehler, die kaum zu sehen sind.)

3. Die Produktionskontrolle umorganisieren. (Begründung: Wir haben dauernd mit Lieferengpässen zu kämpfen. Wir haben die Teile gerne mindestens zwei Stunden im voraus parat, aber gegenwärtig ist bei der Teilelieferung eine Stunde Usus.)

4. Bei den externen Zulieferern schärfer durchgreifen. (Begründung: Wir hatten in den letzten Wochen mehrfach Lieferengpässe, die uns zwangen, halbfertige Einheiten auf Lager zu halten, bis die nötigen Teile eintrafen. Außerdem war auch die Qualität der gelieferten Fertigteile nicht sonderlich hoch.)

Herr Schneider starrte auf die Liste und legte sie schließlich seufzend zurück auf den Tisch. Herr Thomas nahm die Pfeife aus dem Mund.

,,Okay, Herr Schneider. Lassen Sie uns jetzt überlegen, wie wir den Alten von diesen Maßnahmen überzeugen können. Wenn er wirklich Dampf dahintersetzt, haben wir unseren Rückstand in kürzester Zeit wieder aufgeholt.''

,,Ich glaube, er wird nicht darauf eingehen, Herr Thomas'', sagte Herr Schneider. ,,Ich glaube, er ist der Ansicht, wir hätten die Situation kommen sehen und rechtzeitig verhindern müssen, und ich bin beinahe sicher, daß er uns die ersten drei Vorschläge nicht abkaufen wird. An der Durchführung der vierten Maßnahme ist er schon zugange, aber unseren Untersuchungen zufolge liegt da nicht das eigentliche Problem. Vielleicht sollten wir einmal einen Blick in die Diagramme werfen, um festzustellen, wie wir überhaupt in diese Situation gekommen sind. Vielleicht können wir einen Ausweg aus der Situation finden, wenn wir herausfinden, wie wir hineingeraten sind.''

Herr Thomas war von diesem Vorschlag allem Anschein nach nicht sonderlich begeistert. Er schlug mit der Faust auf den Tisch. ,,Diagramme, Diagramme! Was sagen die schon aus? Ich brauche keine Diagramme. Ich kann mich neben die Fertigungsstraße stellen und Ihnen vom bloßen Hinhören den Output sagen. Ich war früher bei der Produktionskontrolle, und ich weiß, wann Kontrollingenieure Haare spalten. Ich kenne ihre Tricks allesamt. Was sollen mir da die Diagramme beweisen?''

Herr Schneider wünschte sich plötzlich, er hätte die angebotene Versetzung nach Posemuckel angenommen.

,,Na ja, schaden kann es nie, wenn wir uns die Diagramme ansehen, finden Sie nicht, Herr Thomas?'' fragte er. ,,Wenn wir beim Chef vorsprechen, wird der sicher wissen wollen, was wir von den aktuellen Tendenzen halten ... Da können wir ja schlecht sagen, wir hätten sie uns gar nicht angesehen.''

Widerwillig gab Herr Thomas ihm recht, und nach einigem Herumwühlen fand seine Sekretärin auch die außer acht gelassenen Diagramme. Herr Schneider suchte diejenigen heraus, die ein Bild von der Sollerfüllung laut Produktionsplan, von den Fehlern pro Einheit sowie den Arbeitsausfällen und Lieferengpässen gaben.

,,Die Kostendiagramme können uns später von Nutzen sein, aber fangen wir zunächst einmal mit diesen hier an. Wenn wir die Diagramme so vor uns auslegen, daß Entsprechendes übereinanderliegt, können wir ablesen, was zu einem bestimmten Zeitpunkt vor sich ging.''

Die beiden Männer gingen um den Konferenztisch herum und vertieften sich in die Darstellungen.

,,Sehen wir uns als erstes die Planerfüllungsdaten an. Sie lagen in fünf verschiedenen Wochen um 100 Einheiten über dem Soll.''

,,Das stimmt'', meinte Herr Thomas. ,,Ich bin dem Produktionsplan immer gern ein wenig voraus.''

,,Okay, aber sehen Sie sich einmal an, was danach mit den Kurven der Lieferengpässe und Fehler pro Einheit passiert ist. Sie wissen, daß die Zulieferung der Bauteile genau auf eine Fertigungsrate von 100 Einheiten pro Stunde ausgerichtet ist. Wenn Sie die Fertigungsrate überschreiten, brauchen Sie Bauteile, die erst für den folgenden Tag eingeplant und für diesen Zweck angefordert wurden.''

,,Diese neuartigen Systeme sind nicht sehr sinnvoll. Aber was wollen Sie damit sagen?''

,,Nun, wie Sie sehen, folgen auf die Produktionsspitzen auch Spitzen in den Ausfallzeiten. Und Sie werden beobachten, daß die Fehler-pro-Einheit-Spitzen jeweils einem tiefsten Punkt in der Planerfüllungskurve vorausgehen.''

,,So?'' meinte Herr Thomas.

,,Weist das nicht darauf hin, daß der Hauptgrund für Ihr Ausscheren aus dem Produktionsplan bei der Fehlerquote liegt? Wenn Fehler auftauchen, ist Nacharbeit nötig. Wenn Nacharbeit nötig ist, haben Sie weniger Leute für die Fertigung zur Verfügung, was eine Mehrbelastung für die Leute am Band bedeutet. Sie werden müde oder der Sache überdrüssig und bleiben hin und wieder zu Hause, um sich auszuruhen. Ihre Personalausfälle sind in der Gesamttendenz zunehmend. Wenn man von dieser Kurve hier ausgeht, sind Sie und ich in zehn Wochen die einzigen auf dem Posten.''

,,Ich habe das Gefühl, Sie wollen mich durch diese Rückschau von etwas überzeugen. Hinterher kann jeder sagen, wie es zu etwas gekommen ist. Sehen Sie sich nur die Börsenmakler an. Ich hätte nie gedacht, daß Sie auch zu denen gehören, die immer im Nachhinein die Klugen sind, Herr Schneider.''

,,Ich will gar nicht behaupten, daß man die Zukunft voraussagen kann, indem man der Vergangenheit auf der Spur ist, Herr Thomas. Aber Sie müssen zugeben, daß sich einige der Tendenzen wiederholen. Sehen wir uns einmal an, wo wir heute stehen, und versuchen wir festzustellen, was in den nächsten Wochen geschehen wird. Wenn wir das vorhersagen können, dann werden Sie zugeben müssen, daß die grafische Trendanalyse sehr wohl von praktischem Wert für den Vorgesetzten sind, weil sie uns wissen lassen, wogegen wir mit Vorbeugungsmaßnahmen einschreiten müssen.''

,,Also das nenne ich einen fairen Vorschlag. Machen wir es doch so: Sie schreiben drei Dinge auf, die Ihrer Meinung nach in den nächsten sechs Arbeitstagen eintreten werden, und wir versiegeln Ihre Voraussage in einem Umschlag. Nach Ablauf von sechs Tagen machen wir eine Zusammenstellung von allem, was tatsächlich eingetreten ist, und dann öffnen wir Ihren Umschlag. Wenn Sie in zwei Punkten recht hatten, spendiere ich uns beiden ein Abendessen. Wenn Sie sich getäuscht haben, helfen Sie mir dafür, den Chef zu überzeugen, wie wir die Dinge etwas praktischer angehen können.''

Herr Schneider sah sich in Gedanken schon in der Schlange der Arbeitslosen vor dem Arbeitsamt stehen, doch er hatte sich schon zu sehr engagiert, um einen Rückzieher zu machen.

,,Die Wette gilt'', sagte er. ,,Sie erhalten jede Woche eine neue Ausfertigung dieser Diagramme. Ich werde mir die vorliegenden ansehen und anhand der Informationen darin eine Voraussage machen, was nächste Woche eintreten wird. Dann stecken wir die Diagramme in einen Umschlag.''

Die Abmachung wurde besiegelt, und Herr Schneider zeichnete die künftige Entwicklung in die Diagramme ein. Dann wurden sie mit entsprechendem Zeremoniell in den Aktenschrank geschlossen. Nach Ablauf der darauffolgenden Woche trafen sich Herr Schneider und Herr Thomas wieder in dessen Büro. Herr Thomas hielt die neuesten Diagramme vor die Brust gepreßt. ,,Schließen wir den Aktenschrank auf und vergleichen wir. Da bleibt uns immer noch Zeit, um heute vormittag beim Chef vorzusprechen.''

Nachdem sie die Diagramme in allen Einzelheiten verglichen hatten, lehnte Herr Thomas sich verblüfft in seinem Stuhl zurück. ,,Sie haben drei von vier richtig geraten. Und beim vierten lagen Sie auch nicht allzusehr daneben. Wie war das nur möglich? Haben Sie da ein neues Verfahren, das ich noch nicht kenne?''

,,Kein neues Verfahren, Herr Thomas. Beste alte Tradition. Sie sind dazu ebenso, wenn nicht gar besser in der Lage als ich. Ihr einziges Problem ist, daß Sie sich nie die Zeit genommen haben, die Kurven genau zu studieren und sich einen Überblick über die Gesamtentwicklung zu verschaffen. Ich glaube, Sie haben da so eine Art innerer Sperre gegen die Diagramme aufgebaut. Sie müssen lediglich einsehen, daß es heutzutage nicht mehr möglich ist, daß ein einzelner Mensch alle Daten im Kopf behalten kann. Ich bin sogar fast sicher, daß Sie neue Meßgrößen entwickeln und uns zeigen könnten, wie man sie anwendet. Darum geht es doch schließlich beim Null-Fehler-Programm — um Vorbeugungsmaßnahmen. Wenn wir in Erfahrung bringen können, wie es zu Problemen in der Vergangenheit gekommen ist, können wir auch erfahren, wie wir sie in Zukunft verhüten können. Ich habe mir Ihre Diagramme vorgenommen und in anderer Form zusammengestellt, um vergleichen zu können, was in dem Beobachtungszeitraum von 20 Wochen vor sich gegangen ist. Ich habe die ‚Signalpunkte zum Eingreifen‘ jeweils mit einem Sternchen gekennzeichnet.''

Herr Schneider und Herr Thomas sahen sich die Zahlenreihen gemeinsam an (siehe nachstehende Tabelle).

Kostenaufstellung zu Fallbeispiel 2

Woche	Ablieferung	Personal-Fehlzeiten in %	Engpässe	Fehler/Einheit
5	96	0,5	Keine	3
6	104	0,5	Keine	2
7	106	0,4	Keine	2
8	103	0,4	Keine	6*
9	97	1,5	0,2	5
10	97	2,0	0,8	4
11	93	0,4	Keine	4
12	104	0,4	0,4	10*
13	104	1,0	0,6	8
14	97	2,0	0,2	11*
15	93	1,4	0,6	15*
16	87	3,0	0,8	7
17	87	3,0	0,4	5
18	87	1,0	Keine	8*
19	92	1,4	Keine	12*
20	92	2,4	Keine	15*
Herrn Schneiders Voraussagen:				
	84	3,0	2	17
Tatsächliche Werte:				
21	84	2,8	2	17

„Was Sie vor allen Dingen berücksichtigen sollten", sagte Herr Schneider nun, „ist die Tatsache, daß innerhalb Ihrer Kontrollkoordinaten Ihre Produktionsrate das unmittelbare Ergebnis der drei anderen Größen ist. Der Verlauf der Personal-Fehlzeiten steigt und fällt manchmal unabhängig davon, doch läßt sie sich auf die Anzahl der Fehler pro Einheit in Ihrem Bereich zurückführen. Fehler halten den Arbeitsprozeß auf, wirken sich auf die Arbeitsmoral nachteilig aus und zwingen die Leute zu Nacharbeit und Überstunden. Wie Sie beobachten können, ziehen Arbeitsausfälle ebenso wie Lieferengpässe eine Zunahme der Fehler pro Einheit nach sich. Sobald die Fehlerquote in die Höhe geht, sollten Sie eingreifen. Und wenn Sie sich wirklich hinter das Null-Fehler-Programm klemmen, können Sie die Fehler vielleicht ganz eliminieren oder zumindest annähernd."

Herr Thomas beschloß, es auf einen Versuch ankommen zu lassen. Nach einigen Tagen konnte Herr Schneider seinem Chef freudestrahlend berichten, daß die Lage sich sehr gebessert hätte. Doch der Chef hatte schon wieder einen neuen Auftrag für ihn. Es sah so aus, als wüßten die Leute von der Fertigungsplanung nicht mehr, wo ihnen der Kopf stünde, weil sie mit Datenanforderungen seitens der Bereichsleiter nur so überhäuft würden, seit Herr Thomas diesen von seinen Erfahrungen berichtet hatte. Ob Herr Schneider einmal sehen könne, was da zu machen sei?

Fragen zur Diskussion

1. Wie wertvoll sind Ihrer Einschätzung nach Leistungsmeßwerte für die Ausübung Ihrer Tätigkeit?

2. Glauben Sie, daß Sie Tendenzen vorhersagen können?

3. Welche zusätzlichen Meßwerte wären Ihnen von Nutzen?
   Wer sollte Sie Ihnen liefern?

4. Was sind Ihre bevorzugten Indikatoren?

5. Welche spezifischen Maßnahmen ergreifen Sie, wenn Sie bei einem dieser Indikatoren eine ungünstige Tendenz feststellen?

Lektion 3: Identifizierung der Mitarbeiter mit ihrer Aufgabe

Ein altbekannter, aber wahrer Satz lautet: ,,Ein Vorgesetzter ist einer, der Ziele mit Hilfe anderer erreicht.'' Es gibt keinen anderen Weg. Wenn wir uns also über die beste Verwendung unserer Zeit Gedanken machen, leuchtet es unmittelbar ein, daß zu unseren vordringlichsten Anliegen unsere Beziehung zu jenen gehört, die von unserer Anleitung, Führung und Unterstützung abhängig sind. Im heutigen Zeitalter der Maschinentechnik ist das wechselseitige Verhältnis zwischen Vorgesetztem und Beschäftigten wichtiger denn je. Im Zuge der fortschreitenden Spezialisierung der Arbeitsvorgänge wird es zunehmend schwieriger, Arbeitskräfte zu ersetzen und einzuarbeiten. Die Zeiten, da man einem Arbeitnehmer ein Werkzeug in die Hand drückte und ihm seinen Arbeitsplatz zuwies, gehören der Vergangenheit an. Zu viel hängt heutzutage von der Wechselbeziehung zwischen spezialisierter Arbeit und spezialisierter Arbeitskraft ab.
Viele Vorgesetzte sind heutzutage der Meinung, ihre Leute sähen in ihrer Arbeit nur eine Form des Broterwerbs. Wenn sie wollen, können diese Vorgesetzten überall in ihrer Umgebung ,,Beweise'' für eine solche Behauptung finden. Derartige Beweise lassen sich leicht finden, wenn man auf der Suche danach ist und wegen seines Vorurteils der festen Meinung ist, daß man sie finden wird. Wenn Sie die Sache von einem objektiveren Standpunkt aus betrachten, werden Sie kaum Belege für die Behauptung finden, den Leuten käme es allein auf ihre Bezahlung an. Denken wir doch einen Augenblick darüber nach. Was ist denn Ihr persönliches Motiv bei der Arbeit?

Zur Diskussion in der Klasse:

Lassen Sie einige der Motive zusammentragen, aus denen die anwesenden Vorgesetzten arbeiten; weisen Sie jedoch ausdrücklich darauf hin, daß sie offenbar wesentlich mehr Mühe auf ihre Arbeit verwenden, und zwar in der Arbeit und außerhalb, als es für die spezielle Definition ihres Aufgabenbereichs erforderlich wäre. Wenn Sie einmal die vielstimmigen Falschmeldungen ,,Geld'' hinter sich haben, wird Ihre Liste unter anderem Motive enthalten wie Erfolgserlebnis, Anerkennung, Leistungsdrang, persönliche Befriedigung und Sicherheit.

Weisen Sie auf ein paar Dinge hin, die Menschen nicht für Geld täten, beispielsweise einem Freund ins Gesicht schlagen, zehn Meter hoch springen, ihre Familien verkaufen usw. Geld ist eine Art Gradmesser, der Ihnen anzeigt, wie gut Sie Ihren eigenen Zielvorstellungen gerecht werden. Als Antriebs- und Motivationskraft hat sich Geld jedoch in der Industrie nicht sonderlich bewährt. (Aristoteles hat gesagt, wir arbeiteten, um uns Gelegenheit zur Muße zu verschaffen.)

Wenn dies also die Gründe für unser persönliches Interesse an der Arbeit sind, warum sollten wir die unserer Mitarbeiter für wesentlich anders halten? Ich habe Vorgesetzte viele Stunden unbezahlter Arbeit leisten sehen, um einen Auftrag rechtzeitig zum Abschluß zu bringen. Ich habe erlebt, wie sie lange nach Dienstschluß noch einmal in den Betrieb zurückgegangen sind, nur um sich persönlich zu vergewissern, daß irgendeine Sache klappte. Warum tun sie so etwas?

Zur Diskussion in der Klasse:

Lassen Sie sich einige Gründe nennen, und schreiben Sie sie vielleicht an die Tafel. Die Antworten werden wahrscheinlich mit dem Engagement für die Arbeit zu tun haben, mit dem Bedürfnis, Aufgaben im eigenen Bereich zu Ende zu führen, mit Versprechen, die Vorgesetzten gegeben wurden, oder einfach mit der inneren Verbundenheit mit der Arbeit im allgemeinen.

Wenn alle Beschäftigten ihrer Arbeit den eben besprochenen Grad an Interesse und Engagement entgegenbrächten, wären wir viele Probleme los, wie zum Beispiel Krankmeldungen, mangelnde Sorgfalt im Detail und mangelndes Interesse an der Arbeit. Vielleicht sollten wir einmal einige Gründe untersuchen, warum Mitarbeiter ihrer Arbeit oft nicht dasselbe Interesse entgegenbringen wie ihre Vorgesetzten.

Zur Diskussion in der Klasse:

Lassen Sie sich Gründe nennen. Wenn die Gruppe mitmacht, sollten sie Antworten erhalten wie zum Beispiel: sie fühlen sich nicht so wichtig; ihre Arbeit ist Tag für Tag ziemlich festgelegt und eintönig; sie haben nicht dieselbe Möglichkeit, sich einen Überblick über die Vorgänge im Betrieb zu verschaffen, die wir haben; sie kommen nicht so sehr mit dem höheren Management in Berührung; sie haben nicht dasselbe Engagement für die Firma. Wenn Sie dagegen Antworten erhalten wie ,,Sie haben kein Interesse am Vorwärtskommen oder an guter Leistung'', dann fragen Sie nach, woher die Leute das wissen.

Zum Beispiel ist die Zahl der Krankmeldungen in der Regel ein guter Indikator für das Interesse an der Arbeit oder das Gegenteil davon. Es ist Teil unserer Verantwortung als Vorgesetzte, dazu beizutragen, daß unsere Untergebenen sich mit ihrer Arbeit identifizieren. Vielleicht wäre manches, was sich zur Verbesserung der Identifikation der Mitarbeiter mit ihrer Arbeit tun ließe, Sache des Managements auf allen Ebenen. Welche Dinge kommen in diesem Zusammenhang in Betracht?

Zur Diskussion in der Klasse:

Die Beiträge zu dieser Frage lassen sich unter dem Oberbegriff Kommunikation mit den Mitarbeitern einordnen. Wenn Sie alle vorgebrachten Antworten festgehalten haben, versuchen Sie, aus der Liste der Beiträge diejenigen auszuwählen, die zur unmittelbaren Verantwortung der Vorgesetzten gehören. Es werden wohl nicht allzu viele unter diese Kategorie fallen. Kommen Sie auf diese Tatsache zu sprechen, und weisen Sie möglichst noch auf andere spezifische Möglichkeiten hin, die dem Vorgesetzten offenstehen. So kann der Vorgesetzte beispielsweise Mittel und Wege finden, seinen Mitarbeitern zu veranschaulichen, wie gut ihre Leistung ist, und er kann ihnen einen Einblick vermitteln, in welchen Ablauf ihr Arbeitsgang eingebettet ist, was ihm vorausgeht bzw. nachfolgt. Vorgesetzte können ihre Untergebenen dazu ermutigen, sich mit ihren Problemen an den Vorgesetzten zu wenden, um gemeinsam mit ihm nach einer Lösung zu suchen.

Im Grunde läuft die Einstellung des Mitarbeiters darauf hinaus, daß dieser im Vorgesetzten „die Firma" personifiziert sieht. Leistungswille und Präsenz der Mitarbeiter lassen weitgehende Rückschlüsse auf ihre Beziehung zu ihren Vorgesetzten zu. Deshalb haben einzelne Bereiche hohe Personal-Fehlzeiten zu verzeichnen, andere dagegen geringe. Der Vorgesetzte benötigt und verdient Unterstützung, was die Beziehung zu seinen Mitarbeitern anbelangt, und die Unternehmensleitung muß sich über Mittel und Wege Gedanken machen, mit denen sie ihn dabei unterstützen kann. Doch letzten Endes ist es Sache des Vorgesetzten, den Mitarbeitern Hilfestellung zu leisten, daß sie sich mit ihrer Arbeit identifizieren können, ja unter Umständen liegt darin sogar seine wichtigste Aufgabe.

SELBSTBEWERTUNG DES VORGESETZTEN IN BEZUG AUF IDENTIFIKATION DER MITARBEITER MIT IHRER ARBEIT

1. Kennen Sie die Vor- und Nachnamen Ihrer Mitarbeiter?   Ja/Nein

2. Ist die Zahl Ihrer Fehlzeiten diesen Monat gegenüber dem Vormonat zurückgegangen?   Ja/Nein

3. Könnten Sie eine Rangliste all Ihrer Mitarbeiter in bezug auf ihre Tätigkeit aufstellen?   Ja/Nein

4. Könnten Sie eine Rangliste all Ihrer Mitarbeiter in bezug auf ihr Interesse an der Arbeit aufstellen?   Ja/Nein

5. Haben sich mehr als 10 Prozent Ihrer Mitarbeiter am innerbetrieblichen Vorschlagswesen beteiligt?   Ja/Nein

6. Stellen Ihre Mitarbeiter je spezifische Fragen über das Wachstum des Unternehmens oder seine Ziele?   Ja/Nein

7. Wenn ja, erhalten sie spezifische Antworten?   Ja/Nein

8. Sind Sie der Ansicht, daß Sie Ihren Mitarbeitern ein Leistungsziel vorgegeben haben, das sie verstehen?   Ja/Nein

9. Zeigen Sie neuen Mitarbeitern das Endergebnis ihrer Arbeit (zum Beispiel mittels einer Besichtigung des Bereichs, an den das Werkstück nach Vollendung ihres Arbeitsgangs weitergereicht wird)?   Ja/Nein

10. Haben Sie das Gefühl, daß Ihre Untergebenen zu Ihnen ein ebenso gutes Verhältnis haben wie Sie zu Ihrem Chef?   Ja/Nein

Bewertung (Zahl der Antworten mit Ja)

10 Sollte als Präsident kandidieren.
9   Hätte Eignung zum Minister.
8   Gäbe einen guten Botschafter ab.
7   Sollte als Vizepräsident kandidieren.

Fallbeispiel 3

Herr Kraus blickte über den Rand seiner Kaffeetasse zu seiner Tochter hinüber. Diese machte sich in größter Eile ein paar Notizen, während sie ihr Frühstück beendete.

,,Ich muß heute in Geschichte ein Referat halten, Vati'', erwiderte sie auf die unausgesprochene Frage ihres Vaters. ,,Hab' ganz vergessen, mir eine Gliederung zu machen, aber ich habe noch eine Freistunde vorher, da wird die Sache schon klappen.'' Sie stürzte ihre Milch hinunter, winkte ihrer Familie zum Abschied flüchtig zu und war schon durch die Tür.

,,Also ich weiß nicht recht'', meinte Herr Kraus zu seiner Frau. ,,Die Kinder scheinen heutzutage überhaupt kein Interesse mehr an ihrer Arbeit zu haben. Sie warten mit allem bis zur letzten Minute, und dann geben sie sich keine besondere Mühe. Das ist genau wie bei den meisten Leuten, die heute bei uns im Betrieb arbeiten. Sie tun einfach nur das, was sie müssen, und es scheint ihnen nicht viel daran zu liegen, ihre Arbeit wirklich gut zu machen. Ich habe das Gefühl, ich muß jeden Tag mehr hinter meiner Gruppe her sein, um von ihnen auch nur die Mindestleistung zu bekommen. Es ist eben alles nicht mehr, wie es einmal war.''

Seine Frau stellte die Frühstückseier vor ihn hin und erlaubte sich ein kleines Lächeln, das besagte: ,,Die Geschichte kenne ich doch.''

Während des Essens fuhr Herr Kraus in seinen Betrachtungen fort.

,,Als ich im Fertigungsbereich anfing, gab es so etwas wie Teamgeist. Wir wußten, daß wir, wenn wir unsere Arbeit nicht richtig taten, die anderen im Stich ließen. Alle mußten mitarbeiten, damit die Produktion lief. Wir bildeten ein Team. Heute arbeitet jeder für sich. Stell dir vor, als neulich jemandem ein Teil zu Boden fiel, machten zwei andere eine Stunde lang einen Bogen darum, ohne sich die Mühe zu machen, es aufzuheben. Als ich sie fragte, warum sie sich nicht danach bücken wollten, erklärten sie mir, sie hätten es ja auch nicht fallenlassen. So etwas wäre nicht vorgekommen, als ich noch am Band gestanden habe.

So wenig wie das Verhalten deiner Tochter. Wenn ich früher ein Geschichtsreferat zu halten hatte, habe ich nicht bis zur letzten Minute mit der Vorbereitung gewartet. Der Lehrer hätte mir schön den Kopf gewaschen. Wir mußten viel härter arbeiten und haben auch viel härter gearbeitet.''

Frau Kraus sah ihren Mann unverwandt an.

Dann sagte sie: ,,Elmar Kraus, ich bin acht Jahre mit dir zur Schule gegangen und ich weiß zufällig, was du für einen Notendurchschnitt hattest. Ich kenne auch den Notendurchschnitt deiner Tochter: Sie bekommt fast nur Einser und nie etwas Schlechteres als eine Zwei. Sie macht jeden Abend mindestens zwei Stunden lang Hausaufgaben und hat dazu noch Musikunterricht, übt in ihrer Band, ist bei einer Pfadfindergruppe und macht Jugendarbeit. Wie kannst du also behaupten, sie würde nicht hart arbeiten? Ich kann mich nicht erinnern, daß du je so viel gemacht hättest.''

,,Nun gut, vielleicht habe ich ein wenig scharf über sie geurteilt. Aber du mußt zugeben, daß die allgemeine Einstellung im Betrieb sich geändert hat. Ich kann mich noch an meinen ersten Chef erinnern – wir haben uns für ihn immer besonders ins Zeug gelegt, für ihn und für die Firma. Unser Bereich war stets an der Spitze. An so etwas ist heute keinem mehr gelegen. Du solltest unsere Abwesenheitslisten sehen. Meine Güte, früher hätte von uns keiner auch nur einen Tag krank gemacht, außer er hat sich einen Arm gebrochen oder so etwas. Ich kann mich noch entsinnen, wie Hermann Braun auf Krücken zur Arbeit gehumpelt kam, weil die Produktion gerade auf Hochtouren lief.''

,,Was, glaubst du, hat sich heute geändert, Elmar?'' fragte seine Frau.

,,Ich weiß nicht genau. Sie scheinen die Arbeit oder die Firma einfach nicht wichtig zu nehmen. Wie der Mann neulich bei der Management-Schulung bemerkt hat: ,Die Leute haben keinen Bezug zur Arbeit.' Ich schätze, das liegt an unserer Zeit, alles wird einem heute so leicht gemacht.''

Er schob seinen Stuhl zurück und griff sich seinen Mantel. Als er zur Tür strebte, fragte ihn seine Frau noch: ,,Wie hieß er denn, dein erster Chef?''

,,Paul Dorst. Warum fragst du?''

,,Wo ist er jetzt?''

,,Er ist pensioniert. Er ist irgendwo in den Norden gezogen, nachdem er vor etwa zwei Jahren die Firma verlassen hat. Er war Fertigungsleiter zum Schluß. Warum willst du das alles wissen?''

,,Ich habe mich nur gefragt, ob er wohl auch finden würde, daß heute alles ganz anders sei. Weißt du, ich frage mich, ob er auch der Meinung wäre, die Leute hätten heutzutage keinen Bezug mehr zu ihrer Arbeit.''

,,Diese Frage kann ich dir beantworten'', sagte Herr Kraus lächelnd. ,,Das Abschiedsessen, das vor seiner Pensionierung stattfand, war das größte, das es bei uns im Betrieb je gegeben hat. Die Gäste kamen aus allen Teilen des Landes angereist, es waren fast alles Leute in hoher Stellung, die irgendwann einmal für Dorst gearbeitet hatten. Als er an jenem Abend seine kleine Ansprache hielt, sagte er, die Leute würden sich nie ändern, immer bloß die äußeren Umstände. Er sagte, die Leute wollten im Grunde ihre Sache immer richtig machen, und die wichtigsten Instrumente des Managements hätten mit Beziehungen, nicht mit Verfahren zu tun.'' Er runzelte die Stirn. ,,Ich weiß noch, daß ich dir das alles damals nach jenem Festessen erzählt habe.''

,,Eben'', erwiderte seine Frau. ,,Ich war mir nur nicht mehr sicher, ob du es nicht vergessen hattest.''

Während der Fahrt in den Betrieb dachte Herr Kraus noch einmal über das Gespräch mit seiner Frau nach. ,,Ich schätze, mir ist heute eine Lektion erteilt worden'', sagte er sich. ,,Vielleicht habe ich wirklich vergessen, was Dorst damals gesagt hat. Aber trotzdem, was kann ich schon unternehmen?''

Als erste Amtshandlung mußte Herr Kraus an jenem Morgen den Überstundenplan für die kommende Woche ausfüllen. Zu diesem Zweck mußte er feststellen, wie viele Arbeitsstunden geplant waren, wie viele Arbeitsstunden tatsächlich gearbeitet wurden und um wie viele Produktionseinheiten sie gegenüber dem Soll im Rückstand waren. Die Diskussion mit seiner Frau ging ihm während dieser Routinearbeit immer noch im Kopf herum. Da stieß er in der Krankmeldungsliste auf den Namen Hanna Jonas und stutzte plötzlich. Frau Jonas, besann er sich, hatte letzte Woche zwei Tage gefehlt, und diese Woche bisher einen Tag. Was ihn daran störte, war, daß er Frau Jonas bislang immer zu den Mitarbeitern gerechnet hatte, die es aller Voraussicht nach noch weit bringen würden. Sie war eine gute Arbeitskraft, immer fleißig und dabei offenbar wirklich an ihrer Arbeit interessiert. Warum sollte gerade sie krank feiern?

Herr Kraus verließ seinen Schreibtisch und ging hinüber zu Frau Jonas' Arbeitsplatz. ,,Guten Morgen, Frau Jonas'', begrüßte er sie mit freundlichem Lächeln. ,,Wie kommen wir heute voran?''

,,Ganz gut soweit, läuft alles glatt heute morgen, Herr Kraus. Bei einigen Baugruppen haben uns ein paar Teile gefehlt, aber die Stücke wurden uns eben zugeliefert und wir haben uns die unvollständigen Baugruppen gerade noch rechtzeitig vornehmen können. Zumindest brauchen zwei davon nicht zur Nacharbeit in die Werkstatt.''

Frau Jonas ging wieder an ihre Arbeit zurück, während Herr Kraus noch gedankenverloren neben ihr stehenblieb. ,,Wie kann eine Person, die so an ihrer Arbeit Anteil nimmt, drei von acht Tagen wegbleiben?'' fragte er sich in Gedanken.

,,Frau Jonas, könnten Sie sich für einen Augenblick an Ihrem Platz vertreten lassen und kurz zu mir herüberschauen? Ich hätte etwas mit Ihnen zu besprechen.''

Als Frau Jonas bei ihm erschien, befragte Herr Kraus sie über ihr häufiges Fehlen, fügte aber gleich hinzu, daß er sich wundere, wie eine Person, die so offensichtlich für ihre Arbeit Interesse zeige, so viel fehlen könne.

Frau Jonas lächelte. ,,Ich hätte die Sache vermutlich längst mit Ihnen besprechen sollen, aber es hat sich einfach nie die rechte Gelegenheit dazu geboten. Wissen Sie, ich habe ein Abendstudium absolviert, um ein Diplom als Grundstücksmaklerin zu bekommen. Letzte Woche trat der staatliche Prüfungsausschuß zusammen, und da mußte ich die zwei Tage freinehmen, um meine Prüfungen ablegen zu können. Und diese Woche brauchte ich einen Tag für die mündliche Prüfung. Natürlich bekommen wir die Ergebnisse erst in einigen Tagen, aber ich glaube, ich habe bestanden.''

,,Soll das heißen, daß Sie uns verlassen wollen?''

,,Nicht sofort, aber ich habe schon vor, in die Maklerlaufbahn einzusteigen. Wenn sich eine günstige Gelegenheit bietet, werde ich wohl hier kündigen müssen. Ich will Ihnen sagen, daß es mir hier durchaus gefällt, aber ich muß an meine Zukunft denken.''

Als Frau Jonas wieder zu ihrem Platz zurückging, hatte Herr Kraus das Gefühl, daß ihm allmählich ein Licht aufging. Die Leute wollten weiterkommen, das war des Rätsels Lösung. Hier in der Firma gab es doch wirklich genug Gelegenheit dafür, man mußte nicht woanders hingehen. Er machte sich eine Notiz, daß der Personalchef einmal mit Frau Jonas reden sollte. ,,Die Firma beschäftigt wahrscheinlich auch Grundstücksmakler'', sagte er sich.

Mit diesen neuen Erkenntnissen ausgerüstet, wiederholte er die Befragung bei Peter Thorn, der als nächster auf seiner Liste stand. Als er ihn fragte, warum er innerhalb von vier Wochen sechs Tage gefehlt hatte, gab Herr Thorn zur Antwort: „Ich brauchte dringend Erholung, deshalb bin ich zum Angeln gefahren. Ich bin nur sehr ungern von der Arbeit weggeblieben, aber wir müssen die Angelzeit ausnützen."

Die nächste Mitarbeiterin, die Herr Kraus nach dem Grund ihres Fehlens fragte, erwiderte:

„Mein Freund war gerade ein paar Tage von seinem Studienort auf Besuch, und wir sind zu meinen Eltern gefahren. Wir wollen heiraten."

Mittlerweile wußte Herr Kraus nicht mehr genau, was er von der ganzen Sache halten sollte, aber er machte unermüdlich weiter. Als nächstes bekam er zu hören:

„Ich hatte Grippe."

„Ich mußte die Kinder zum Arzt bringen. Meine Frau ist berufstätig und kann nicht weg."

„Diese ganzen Überstunden, die zur Zeit hier anfallen, haben mich vollkommen fertig gemacht. Ich mußte einmal ausspannen."

„Ich mußte zu einem Gewerkschaftstreffen gestern. Hat man Sie nicht verständigt?"

„Meine Großmutter war schwer krank."

„Ich mußte zu einem Gespräch in die Universität. Ich möchte nächstes Jahr mein Studium wieder aufnehmen."

Schließlich stellte Herr Kraus die Interviews ein und kehrte wieder zu seinen Unterlagen zurück. Er rechnete kurz nach und stellte fest, daß die meisten Krankmeldungen auf einen Freitag oder einen Montag fielen. Er schloß daraus, daß es dabei um ein verlängertes Wochenende ging. Gleichzeitig fiel ihm auf, daß nur sehr wenige Leute zwei aufeinanderfolgende Samstagsschichten versäumten. „Das muß wohl an der Überstundenzulage liegen", sagte er sich.

Immer noch auf der Suche nach tieferen Gründen, machte Herr Kraus in seinem Bereich die Runde und sprach mit seinen Leuten. Er traf auf ein paar neue Belegschaftsmitglieder, deren Namen ihm entfallen waren, und stellte sich ihnen ein zweites Mal vor. Aber sein Hauptanliegen war das Sammeln von Informationen. Er stellte ihnen Fragen, um herauszufinden, ob sie über die Produktionsplanung Bescheid wüßten, um ihre Einstellung zu Qualität in Erfahrung zu bringen und um festzustellen, wie weit sie sich mit der Firma identifizierten.

Da die Antworten ihm zeigten, daß solche Fragen die Leute nicht sonderlich beschäftigten, zog er die Planungsabteilung und die Qualitätsabteilung hinzu und bat sie, in seinem Bereich Statusdiagramme aufzuhängen. Er mußte einige Überredungskünste aufbieten, bis er die Einwilligung erhielt, doch noch am selben Tag wurden die grafischen Darstellungen aufgehängt, und Herr Kraus überzeugte sich davon, daß sie von jedermann verstanden wurden:

„Ein Anfang ist zumindest gemacht", dachte er, „aber ich wüßte zu gern, wie man wirklich zu den Leuten vordringen kann."

Obwohl ihn der Mangel an Reaktion unter den Mitarbeitern eher entmutigte, setzte Herr Kraus seine Gespräche im Lauf der nächsten zehn Tage fort. Es ließen sich keine wesentlichen Änderungen der Situation feststellen, wenngleich die Krankmeldungen tatsächlich zurückgingen. Der Ressortchef kam eines Tages sogar persönlich zu ihm und meldete, die Zahl der Fehltage sei in Herrn Kraus' Bereich in einer einzigen Woche von 10 auf 5 zurückgegangen. Er wollte den Grund für diese Verbesserung wissen. Herr Kraus konnte ihn nicht nennen. Der Chef bat ihn, ihm die Information nicht vorzuenthalten, falls er den Grund doch noch herausbekommen sollte.

Ein wenig ermutigt, doch immer noch ohne klar zu sehen, entschloß sich Herr Kraus zu einem weiteren Schritt. Er setzte sich mit dem Leiter desjenigen Produktionssektors in Verbindung, der seinem am nächsten stand, und schlug ihm vor, für ein paar Tage einige Mitarbeiter zwischen ihren Bereichen auszutauschen.

,,Ich schicke Ihnen drei meiner Leute für eine Woche, und Sie schicken mir dafür drei von Ihren. Dann schicken wir sie wieder an ihren alten Arbeitsplatz zurück. Vielleicht trägt das dazu bei, daß sie eine genauere Vorstellung vom gesamten Arbeitsablauf bekommen.''

Sein Kollege war nicht besonders begeistert über den Vorschlag, gab jedoch seine Einwilligung unter der Voraussetzung, daß der Abteilungsleiter die Sache gutheiße. Der wollte Herrn Kraus eben zur Rede stellen, änderte dann jedoch seinen Sinn und stimmte dem Vorhaben zu.

Die Operation verlief reibungslos. Das Personal schien zum einen mehr Einsicht in die Ergebnisse ihrer Arbeit zu gewinnen, zum anderen mehr Verständnis für die Schwierigkeiten im gesamten Fertigungsbereich zu entwickeln. Es gab sogar Leute, die sich freiwillig für den Austausch meldeten.

Die Personalausfälle im Bereich von Herr Kraus gingen weiter zurück, und, was noch viel bemerkenswerter war, der Fertigungsausschuß nahm drastisch ab. Die gravierenden Abweichungen vom Soll des Produktionsplans verschwanden allmählich.

Herr Kraus stellte außerdem fest, daß die Leute sehr viel häufiger zu ihm kamen, um ihre Probleme und Berufspläne mit ihm zu besprechen. Einige Leute, die er für lustlose Arbeiter gehalten hatte, äußerten den Wunsch, an Führungslehrgängen teilzunehmen; einige andere konnte er zu Berufsberatungsgesprächen in die Personalabteilung schicken.

Als Herr Kraus von seinem Vorgesetzten in dessen Büro bestellt wurde, um anderen Bereichsleitern zu erzählen, wie er die Verbesserungen in seinem Bereich zuwege gebracht hatte, fand Kraus es schwer zu erklären, was die Veränderungen letzten Endes bewirkt hatte. Er führte alle Aktivitäten an, die er in die Wege geleitet hatte, und gab einen genauen Überblick über die Ergebnisse. Aber er war nicht imstande, genau zu sagen, welche der Maßnahmen den Erfolg gezeitigt hatte.

,,Es war wohl das Zusammenwirken aller Maßnahmen, Herr Kraus'', sagte der Chef. ,,Ich glaube, die Leute reagieren positiv auf die Aufmerksamkeit und das echte Interesse, die Sie ihnen entgegenbrachten. Wir werden dafür sorgen, daß wir Sie in dieser Hinsicht unterstützen. Ich glaube, wir waren bisher immer so damit beschäftigt, mit unseren Tagesproblemen fertig zu werden, daß wir darüber vergessen haben, zu unseren Leuten die rechte Beziehung herzustellen.''

Fragen zu Fallbeispiel 3:

1. Halten Sie die Beurteilung von Herrn Kraus' Erfolgen für zutreffend?
2. Welche unterstützenden Maßnahmen könnten getroffen werden?
3. Halten Sie solche Beziehungen zu den Beschäftigten für wesentlich?
4. Wieso hatte der Austausch von Arbeitskräften eine Verbesserung zur Folge?
5. Warum gab Herr Kraus mit seinem Vorgehen den Leuten in verstärktem Maß das Gefühl, gebraucht zu werden?
6. Welche weiteren Maßnahmen stehen dem Vorgesetzten Ihrer Meinung nach zur Verfügung?

7
Qualitätskosten

Wir wollen einmal kurz beim monatlichen Lagebericht für das Management in unserer Lieblingsfirma hereinhören. Der Leiter des Finanz- und Rechnungswesens gibt eben seine übliche Zusammenfassung:

„In diesem Monat wurde ein Lageraufbau in Höhe von 540.716 DM vorgenommen, wodurch sich ein Gesamtlagerbestand in Höhe von 43.956.750,36 DM ergibt. Damit liegen wir noch immer 19.962 DM unter der Zielvorgabe, doch ich glaube, man sollte dieser Entwicklung Beachtung schenken, da die Lageraufüllungsrate steil ansteigt."

„Ein gutes Argument", bemerkt der Betriebschef und fordert dann den Einkaufsleiter auf, nachzuprüfen, ob die Materialbeschaffung dem Bedarf voraus ist; dann bittet er den Leiter der Lagerbestandskontrolle um einen ausführlichen Bericht über die Entwicklung des Halbzeugbestands gegenüber dem Fertigwarenbestand.

„Das gegenwärtige Umsatzvolumen entspricht genau dem Finanzplan, mit Ausnahme des Hotelunternehmens, das rückläufige Belegungsziffern aufweist. An Wochentagen beträgt die Bettenauslastung 98 Prozent, doch der Durchschnittswert liegt aufgrund einer Auslastungsquote von nur 35 Prozent an den Wochenenden wesentlich niedriger."

„Hmmm", meint der Chef. „Die Marketingleute sollten schleunigst spuren und sich ein paar Sonderaktionen zum Wochenende einfallen lassen. Irgendwas in der Richtung ‚Lassen Sie den Alltag zu Hause' oder ähnliches. Sie sollen einen Sonderrabatt in Aussicht stellen und eine Flasche Schampus als Dreingabe. Damit dürfte der Fall wohl erledigt sein."

„Die Personalabrechnung hat ihren Etat überzogen. Wir hatten zu viele Überstunden in der Gießerei und beim Testen im Elektronikbereich. Die Ursache liegt in den Fertigungsrückständen. Im Montagebereich ist man vergangenen Monat zwei Tage gegenüber dem Produktionsplan in Verzug geraten, und der Rückstand konnte bis jetzt nicht aufgeholt werden." „Die Fertigung hat die Terminpläne in letzter Zeit überhaupt nicht sehr genau eingehalten", meint der Chef stirnrunzelnd. „Ich glaube, daran ist allein diese teure neue EDV-Anlage schuld. Setzen Sie ein Sonderteam darauf an; sie sollen herausfinden, was da los ist, und mir täglich Bericht erstatten."

„Unsere Qualität läßt nach — wir hatten verschiedene Reklamationen."

„Für schlechte Qualität gibt es keinerlei Entschuldigung. Die Qualitätsabteilung muß besser auf Draht sein", knurrt der Chef. „Vielleicht brauchen wir einen neuen Qualitätsleiter. Ich will hier Qualität sehen. Die Sitzung ist geschlossen."

Wie Sie vielleicht bemerkt haben, geht es bei dem geschilderten Geschäftsbericht sehr genau zu: bei den Werten für den Lagerbestand wurden selbst die Stellen hinter dem Komma nicht vergessen. Alles wird exakt gemessen, ruhig und sachlich beurteilt, und daraufhin werden entsprechende Vorkehrungen getroffen. Besser gesagt, alles mit Ausnahme der Qualität, von der lediglich zu hören ist, daß sie „nachläßt." Wieso wird über diesen Bereich des Unternehmens nicht zahlenmäßig berichtet? Und wieso läßt man die Probleme auf diesem Gebiet einfach im Raum stehen? Warum bezichtigt man den Qualitätsmanager plötzlich der Unfähigkeit, während die anderen Ressortchefs, in deren Bereich es Schwierigkeiten gibt, ungeschoren davonkommen? Und warum war der Qualitätsleiter bei der Sitzung nicht anwesend?

Wie kommt es, daß gerade über den Stand der *Qualität* kein Bericht vorgelegt wurde? Etwa von der Art wie dieser:

> „Unsere Rückweisungsquote bei der Annahmeprüfung ist im vergangenen Monat von 2,5 auf 4 Prozent gestiegen. Die Ursache liegt darin, daß beim Einkauf der Leiterplatten für gedruckte Schaltungen die Anforderungen in bezug auf die Kaschierung nicht richtig spezifiziert wurden. Die Rückweisungsquote bei den gedruckten Schaltungen stieg von 4 auf 6 Prozent, weil ungeschulte Monteure zur Arbeit am Band eingeteilt waren. Die Fertigungsleitung hat sie zur Schulung vom Band zurückgezogen. Die Quote der Kundenretouren ist von 3 auf 1,2 Prozent zurückgegangen, doch verursachten uns diese Fälle Mehrkosten in Höhe von 70.982 DM für Überstunden, weil sie eine Reihe zusätzlicher Tests erforderlich machten. Die Störung ging auf einen technischen Fehler zurück. Es sind technische Änderungsanweisungen ergangen, und die Behebung des Konstruktionsfehlers soll bis zum 18. des kommenden Monats erfolgt sein. Die Qualitätskosten betragen gegenwärtig 6,1 Prozent vom Umsatz, und wir glauben, die Jahresendvorgabe von 5,9 Prozent plangemäß erreichen zu können."
>
> „Ausgezeichnet", sagt der Chef anerkennend. „Solange wir diese Störungsherde rechtzeitig ausfindig machen und Gegenmaßnahmen ergreifen, können wir darauf bauen, daß bei uns die Erfüllung der Spezifikationen gewährleistet ist. Die Qualitätsabteilung leistet gute Arbeit."

Qualität kostet nichts, doch diese Tatsache wird keinem je bewußt werden, solange nicht irgendein allgemein anerkanntes Meßverfahren dafür existiert. Es hat sich für den Qualitätsbereich immer schon nachteilig ausgewirkt, daß man kein deutliches Meßverfahren kannte, wenngleich ein solches Verfahren von General Electric bereits in den 50er Jahren entwickelt wurde; es war als Instrument zur Bestimmung der erforderlichen Korrekturmaßnahmen in einer bestimmten Produktgruppe gedacht. Ich erinnere mich an ein Fallbeispiel in einem Schulungskurs, bei dem es um den Vergleich zweier Produktgruppen auf der Grundlage der Qualitätskosten ging.

Der Clan der Qualitätsleute hält jedoch tunlichst an Management-Konzepten fest, die ihm seine Unfähigkeiten kaschieren helfen, und so kommt es, daß die Messung der Qualitätskosten nur hie und da von Radikalen durchgesetzt worden ist. Das erste Mal, daß regelmäßig auf allen Unternehmensebenen Qualitätsmessungen durchgeführt wurden, deren Ergebnisse zahlenmäßig umgesetzt und vom Leiter des Finanz- und

Rechnungswesens vorgelegt wurden, geschah vermutlich im Rahmen des ITT-Programms, das wir Mitte der 60er Jahre ins Leben riefen.

Indem wir die leicht zu ermittelnden Kosten für Dinge wie Nacharbeit, Ausschuß, Garantieleistungen, Abnahmeprüfungen und Tests zusammenrechneten, konnten wir den Nachweis für eine Kostenakkumulation erbringen, welche die Abteilungsleiter und Ressortchefs aufhorchen ließ. Daraufhin waren wir in der Lage, noch differenziertere Qualitätsmanagement-Programme einzuführen, durch die sich versteckte Kosten wie etwa für Änderungsanweisungen, Einbauten oder auch für betriebsinterne Prozesse beim Zulieferer aufdecken ließen. Gegenwärtig sind wir im Begriff zu lernen, wie sich die „Dienstleistungskomponente" der Qualitätskosten messen läßt. Damit sind nicht nur die Dienstleistungskosten im Versicherungs- und Hotelsektor gemeint, wo es keine Fräsmaschinen oder Montagestraßen gibt, sondern auch die in den Produktionsbetrieben selbst. Es hat sehr lange gedauert, bis man erkannt hat, daß rund die Hälfte der Belegschaft selbst in den ausgesprochenen Herstellungsbetrieben das Produkt nie in die Hand nimmt. Und wir als einzelne sind natürlich allesamt „Dienstleistende". Außer wenn wir als Blutspender auftreten – dann sind wir Herstellungsbetriebe.

Ausführliche Hinweise, wie Sie die Qualitätskosten nutzen können, um die Teamarbeit zur Qualitätsverbesserung anzukurbeln, finden Sie in den Kapiteln 10 und 11. An dieser Stelle möchte ich in allgemeiner Form auf die Anteile eingehen, aus denen sich die Qualitätskosten zusammensetzen.

Sie brauchen im Grunde nur ausreichend Informationen, um Ihrem Management zu zeigen, daß das Unternehmen durch eine Senkung der Qualitätskosten höhere Gewinne erzielen kann, und zwar ohne daß die Verkaufsziffern erhöht, neue Betriebsanlagen angeschafft oder neue Leute eingestellt werden müßten.

Als ersten Schritt errechnen Sie die voll durchschlagende Kostenbelastung für (1.) sämtliche Vorgänge im Zusammenhang mit der Nacharbeit einschließlich aller Schreibarbeiten; (2.) den gesamten Ausschuß; (3.) Garantieleistungen (einschließlich innerbetrieblicher Verwaltungsvorgänge im Zusammenhang mit Retouren); (4.) Wartungsgarantieleistungen; (5.) die Bearbeitung von Reklamationen; (6.) Abnahmeprüfung und Tests; und schließlich (7.) alle weiteren Fehlerkosten wie technische Änderungsanweisungen, Änderungsanweisungen für den Einkauf usw. Es ist ganz normal, wenn Sie beim ersten Anlauf nur rund ein Drittel der wirklichen Kosten zusammenbekommen.

Viele Qualitätsfachleute gehen von der Vorstellung aus, es käme ihnen persönlich zugute, wenn sie für das Unternehmen einen sehr niedrigen Qualitätskostenwert errechneten. Die Ergebnisse, die sie vorlegen, bewegen sich zum Beispiel in der Größenordnung von 1,3 Prozent des Umsatzes. Damit laufen sie dann zum Chef, um Lob einzuheimsen. Ein paar Jahre später stellt schließlich ihr Nachfolger fest, daß die Qualitätskosten in Wirklichkeit bei 12,6 Prozent der Umsätze liegen, und er beginnt mit einer segensreichen Kampagne zur Eindämmung dieser unnötigen Aufwendungen. Sein Vorgänger wollte einfach nicht verstehen, daß die Qualitätskosten mit den unmittelbaren Vorgängen in der Qualitätsabteilung nur wenig zu tun haben.

Um die gesamte Qualitätskosten-Berechnung dem Management anderer Bereiche anschaulich machen zu können, ist es ratsam, eine aussagekräftige Bezugsgröße zum

Vergleich heranzuziehen. Vielfach bezieht man sich auf einen Prozentsatz des Umsatzvolumens. Doch wenn Sie in einem Unternehmensbereich tätig sind, in dem die Vertriebskosten außerordentlich hoch sind, wie z.B. auf dem Nahrungsmittelsektor, dann ist es für Sie vielleicht günstiger, die Qualitätskosten als Prozentsatz der Vertriebskosten oder schlicht und einfach der Herstellkosten auszuweisen. Im Versicherungs-, Bank- oder Hotelwesen und ähnlichen Unternehmensbereichen findet man eine günstige Bezugsgröße in den Betriebskosten. Wichtig ist allein, daß der ausgewiesene Betrag vom Qualitätsmanagement wirkungsvoll eingesetzt werden kann, um die Vordringlichkeit des Qualitätskonzepts zu vermitteln. Allein darum geht es letzten Endes bei der Berechnung der Qualitätskosten.

Viele Qualitätsleiter verlieren unnötig viel Zeit durch Unentschlossenheit und umständliche Vorarbeiten, um am Ende doch nie zu einem praktikablen System der Qualitätskosten-Berechnung zu gelangen. Sie sind endlos mit dem Auflisten und Klassifizieren aller möglichen Faktoren beschäftigt, die ihrer Meinung nach zu berücksichtigen sind. Sie richten alle Anstrengung auf ein möglichst genaues Berechnungsergebnis, weil sie den eigentlichen Grund für diese Kostenermittlung von vornherein nicht richtig verstanden haben.

Dadurch wird das übrige Qualitätsprogramm nur aufgehalten. Wie schon gesagt, die Berechnung der Qualitätskosten dient im Grunde nur dazu, daß Sie sich bei der Unternehmensführung Gehör verschaffen und eine Bemessungsgrundlage haben, um festzustellen, wie es mit der Qualitätsverbesserung vorangeht. Wenn Qualitätsmanager ihre ganze Zeit mit Vorbereitungen vertun und auf endlosen Sitzungen das Geheimnis zu ergründen suchen, können sie nur enttäuscht werden.

Sobald die Höhe der Qualitätskosten, oder zumindest ein guter Annäherungswert, für einen Betriebsbereich feststeht, kann man darangehen, sich Ziele für die Senkung dieser Kosten zu stecken. Zehn Prozent im Jahr ist ein vernünftiges, erreichbares Ziel, auf das sich die Leute beziehen können. Im Lauf der Zeit werden Sie die Anteile der Qualitätskosten umfassender bestimmen lernen, was einen Anstieg der Qualitätskosten-Gesamtsumme zur Folge haben wird. Das heißt nichts anderes, als daß Sie diese Erkenntnisse rückwirkend auch auf die früher errechneten Werte übertragen müssen, wenn Sie nicht Äpfel mit Birnen vergleichen wollen.

Alle einzelnen Berechnungen sollten Sie von dem Finanzbereich durchführen lassen; das gewährleistet Ihnen die Unanfechtbarkeit des Ergebnisses. Natürlich wird man Sie dort um eine Aufstellung sämtlicher Kostenarten bitten, die in die Kalkulation mit aufgenommen werden sollen. Hier dürfte Ihnen die nachstehende Liste einen wertvollen Anhalt liefern, wenngleich Sie noch all jene Kostenpunkte hinzufügen müssen, die speziell für Ihren Betrieb gelten. Die aufgeführten drei Kategorien sollten für den Anfang genügen; suchen Sie nicht nach weiteren Einzelposten, bis Sie diese unbedingt brauchen. So etwas bläht die Bürokratie nur unnötig auf.

Vorbeugungskosten

Unter diesen Begriff fallen sämtliche in einem Betrieb durchgeführten Maßnahmen zur Verhütung von Fehlern im Bereich von Entwurf und Entwicklung, Einkauf, Arbeit und anderen Aspekten, die bei der Herstellung eines Produkts oder der Erbringung einer Dienstleistung eine Rolle spielen. Dazu zählen auch jene vorbeugenden Maßnahmen oder Messungen, die im Verlauf des Konjunkturzyklus zum Einsatz kommen. Im einzelnen zählen dazu:

Entwurfsanalyse
Produktqualifikation
Überprüfung der Konstruktionspläne
Bewertung der Prozeßqualität
„Auf Nummer Sicher gehen"-Programm
Bewertung der Zulieferer
Qualitätslehrgänge für Zulieferer
Überprüfung der Materialvorschriften
Verfahrensanalysen
Werkzeugkontrolle
Fachliche Einarbeitung
Qualitätsschulung
Abnahmeplanung
Null-Fehler-Programm
Qualitätsaudits
Vorbeugende Instandhaltung

Kontrollkosten

Dazu zählen Kosten, die bei der Durchführung von Kontrollen, Abnahmeprüfungen, Tests und anderen planmäßigen Überprüfungen anfallen, mit deren Hilfe festgestellt werden soll, ob die Hardware- oder Softwareprodukte bzw. die Dienstleistungen den an sie gestellten Anforderungen entsprechen. Zu diesen Anforderungen gehören genaue Angaben von seiten des Marketings und des Kunden ebenso wie Konstruktionspläne oder Informationen hinsichtlich der vorgesehenen Verfahren und Prozesse. Jegliche Unterlagen, in denen die Übereinstimmung des Produkts oder der Dienstleistung mit den Anforderungen näher beschrieben ist, sind hier von Bedeutung. Zu den Kontrollkosten zählen im einzelnen:

Erprobung von Prototypen inklusive Meßprogramm
Produktspezifikation und Prüfung der Konformität
Überwachung der Zulieferer
Wareneingangsprüfungen
Prozeßkontrolle
Verpackungskontrolle
Statusermittlung und Berichterstattung

Fehlerkosten

Fehlerkosten entstehen überall da, wo festgestellt wurde, daß Produkte oder Dienstleistungen die Anforderungen in bezug auf Beschaffenheit oder Leistung nicht erfüllen; zu dieser Kostenart zählen auch die Aufwendungen für die Beurteilung und die Behebung der Fehler sowie für den Kundendienst, der mit den Fehlern in Zusammenhang gebracht wird. Die Fehlerkosten umfassen auch die gesamten Material- und Arbeitsaufwendungen, die dabei erforderlich sind. Gelegentlich muß in dieser Sparte auch noch ein Betrag für den Imageverlust beim Kunden ausgewiesen werden. Im einzelnen wäre hier zu nennen:

Kundendienst
Entwurfsänderung
Technische Änderungsanweisungen
Umbestellungen beim Materialeinkauf
Korrekturmaßnahmen
Nacharbeit
Ausschuß
Garantieleistungen
Wiederholte Kundendienstleistungen
Produkthaftung

Wenn Sie in Zusammenarbeit mit Ihrer Rechnungsabteilung die Qualitätskosten für Ihren Betrieb berechnet haben, dann folgt als nächster Schritt die Überlegung, was Sie mit dieser Kostenkalkulation anstellen wollen, um aus ihr den größten Nutzen zu ziehen. Die Qualitätskosten-Kalkulation ist für Sie der einzige Schlüssel, mit dem Sie Ihrem Betrieb je den Weg zu einem adäquaten Qualitätsmanagement erschließen können. Nutzen Sie also die nächstbeste Gelegenheit zu einer kleinen Ansprache, die etwa folgenden Wortlaut haben könnte:

> Eine kluge Unternehmensleitung wird sich vergewissern, daß die Produkte und Dienstleistungen des Unternehmens über ein Managementsystem an den Kunden gelangen, das vor Problemen mit Nacharbeit, Ausbesserung, Abfall oder irgendeiner anderen Form von Qualitätsabweichung nicht einfach die Augen verschließt. Schwierigkeiten mit der Nichterfüllung sind kostspielige Probleme. Sie müssen nicht nur zum frühestmöglichen Zeitpunkt entdeckt und behoben werden, sondern ihre Entstehung muß von vornherein durch vorbeugende Maßnahmen verhindert werden. Um Ihnen einen Begriff davon zu geben, wie teuer dies alles den Betrieb zu stehen kommt, will ich Ihnen einmal einige der nachkalkulierten Kosten zeigen, die wir zum gegenwärtigen Zeitpunkt aufwenden müssen. (Hier wäre der Punkt, die Qualitätskosten vorzulegen.)
> Um diese Kosten aus der Welt zu schaffen und zu beweisen, daß Qualität kostenlos zu haben ist, müssen wir unser Qualitätsmanagement-System in vollem Umfang ausschöpfen und zum Einsatz bringen. Dadurch können wir einen Bereich, der manchmal als notwendiges Übel angesehen wird, zu einer wahren Goldgrube

machen. Unsere Qualitätskosten belaufen sich gegenwärtig auf X Prozent vom Umsatz. Sie bräuchten nur Y Prozent vom Umsatz zu betragen. Die Differenz ist reiner Gewinn.
Ich danke Ihnen.

Wo die Berechnung der Qualitätskosten als ein Instrument des Managements eingesetzt wird, um den Qualitätsbereich ins Blickfeld zu rücken, erweist sie sich als ein wahrer Segen und als sehr dienlich für einen besonderen Zweck. Wo sie jedoch als eine buchmäßige Messung angesehen wird wie etwa die Überrechnung der Lagerbestände an Schrauben und Muttern, da wird sie zu einer unsinnigen Pein. Wenn es nur mehr darum geht, welcher Betriebsbereich die exaktesten Zahlenwerte ermittelt hat, geht der Sinn der Berechnung von Zahlenwerten überhaupt verloren. Das ist wie jemand, der unbedingt sparen muß und darum peinlich genau über seine maßlosen Ausgaben Buch führt. Verlieren Sie den wahren Grund für die Berechnung nie aus den Augen. Verlieren Sie sich nicht im sumpfigen Gelände der Statistik.

8
Qualitätsverbesserungs-Programm

Was für den Reformer vom Sturm-und-Drang-Typ am schwersten zu begreifen ist, ist die Tatsache, daß jede wirkliche Verbesserung schlicht und einfach ihre Zeit braucht. Da mag die Notwendigkeit einer Verbesserung noch so dringlich, ihr Ziel noch so naheliegend und ihr Lösungskonzept noch so einleuchtend sein – ob und wie sie sich durchsetzen läßt, steht auf einem anderen Blatt.

Aus diesem Grund sind Regierungsprogramme fast immer zum Scheitern verurteilt und werden regelmäßig über Bord geworfen, wenn eine neue Regierungsmannschaft das Ruder übernimmt. Die Enttäuschung und Ernüchterung des früheren Amtsinhabers sind nur zu verständlich. Er schiebt die Schuld an dem Mißerfolg auf fehlende Mittel oder fehlende Kooperationsbereitschaft, mangelhafte Koordinierung oder was auch immer. In jedem Fall aber stehen und fallen die Erfolgschancen eines Programms, unabhängig von seinem Inhalt oder der Kompetenz seiner Leitung, mit Ereignissen, die dem Einfluß des Verantwortlichen entzogen sind.

Qualitätsverbesserungs-Programme stoßen auf ähnliche Schwierigkeiten. Weil Qualitätsverbesserung an sich so vielversprechend klingt und weil sie in aller Regel auch so dringend notwendig ist, meinen viele Manager, schon die bloße Bekanntgabe des Programmkonzepts rücke dessen triumphalen Erfolg in greifbare Nähe.

Ich habe bis heute noch nicht eine einzige Versammlung von Qualitätsfachleuten erlebt, auf der nicht irgendwer sein Leid geklagt hätte, es sei einfach nicht möglich gewesen, ,,mit der Unternehmungsführung wirklich ins Gespräch zu kommen'' oder ,,die Leute zu motivieren'', um der Qualitätsverbesserung zum Durchbruch zu verhelfen. Dabei geben sie an, genau die Maßnahmen getroffen zu haben, die jeder wohlinformierte Qualitätsfachmann erwarten würde, und trotzdem sind sie enttäuscht. Und die Kollegen, die das Vierzehn-Schritte-Programm zur Qualitätsverbesserung getreulich durchgeführt haben, verbringen schlaflose Nächte wegen des unvermeidlichen Nachlassens der ,,Begeisterung'' und suchen nach neuen Wegen, um das Programm unter vollem Einsatz aller Kräfte weiterführen zu können.

Es erschüttert mich immer wieder, so etwas zu hören. Ich wundere mich jedesmal, daß sie sich wundern. Warum sollten im Qualitätsbereich andere Gesetze gelten als in der übrigen Welt? Schließlich war der Pockenimpfschutz beispielsweise schon jahrelang entdeckt und erprobt, ehe man die verheerenden Folgen der Seuche in den Griff bekam. Warum wollten die Menschen nicht die notwendigen Schritte unternehmen, um sich vor einer so schmerzhaften und grausamen Krankheit zu schützen? Warum scheuten sie vor der simplen und billigen Schutzmaßnahme einer Impfung zurück, obwohl deren

Wirksamkeit einwandfrei nachgewiesen war? Warum rauchen die Leute weiterhin Ziga-
retten und Pfeife, wo doch selbst die Tabakfirmen heute einräumen, daß Rauchen eine
eindeutige Gefahr für die Gesundheit bedeutet? Ich habe dreißig Jahre lang geraucht
und bedenkenlos jeden Zug genossen, bevor ich gezwungen wurde, damit aufzuhören.
Jetzt, wo ich mein Laster los bin, erkenne ich, was das Rauchen für eine schädliche
und üble Angewohnheit ist, und ich bin nicht im mindesten versucht, wieder damit anzufangen. Aber im nachhinein ist man eben immer klüger. Im Grunde sind wir sehr
schwerfällig, was Veränderungen anbelangt, weil wir das Neue zunächst abwehren. Die
Welt, in der wir leben, ist von verwirrender Vielfalt und bleibt niemals stehen. Jeder
Mensch klammert sich also an die wenigen Dinge, deren er sicher sein kann. ,,Lieber
lasse ich es darauf ankommen, daß ich von den Pocken erwischt werde, als daß ich
mir von diesen fremden Leuten die Haut aufritzen lasse.'' Wenn Ihnen eine solche Einstellung altmodisch vorkommt, dann bedenken Sie nur, wieviel Anstrengung es die Regierung gekostet hat, die Bevölkerung zur Grippeimpfung zu bewegen. Warum wohl?
Nun, zum einen wissen wir mit Bestimmtheit, daß wir uns nach einer solchen Impfung
eine Zeitlang unwohl fühlen werden. Und außerdem könnten wir ja auch ohne Impfung
von der Grippe verschont bleiben (vor allem, wenn alle anderen sich impfen lassen).

Oder nehmen Sie ein anderes Beispiel: die Stadtsanierung. Sie hat mehr Geld verschlungen als irgendein anderes Programm der öffentlichen Hand in der Geschichte der
Vereinigten Staaten, mit Ausnahme der Rüstung. Man könnte jedoch so weit gehen,
zu sagen, beide Unterfangen seien in ihren Auswirkungen gar nicht so unähnlich: ge-
waltsame Eingriffe in Städte und das Leben ihrer Bewohner. Der Unterschied liegt vorwiegend in der geographischen Lage der betroffenen Städte.

Zweifelsohne sind die Ziele der Stadtsanierung über jeden Vorwurf erhaben. Abrei-
ßen, was alt und funktionsuntüchtig geworden ist, und durch Neues, Funktionelles ersetzen. Dabei zugleich Arbeitsplätze schaffen und unsere Lebensqualität verbessern.
Doch geschehen ist meist etwas ganz anderes. Die armen Bevölkerungsschichten wurden entwurzelt, der Mittelstand hat die Flucht aus den Innenstädten angetreten und städ-
tische Strukturen, die über Jahrhunderte in einem langsamen Entwicklungsprozeß orga-
nisch gewachsen waren, wurden binnen weniger Jahre zerstört. Wen trifft die Schuld?
Nicht die Politiker — die hatten im Grunde nicht die Zeit, ihre Sache gut zu machen,
weil sie sich entweder um ihre Wiederwahl kümmern mußten oder aber Haushaltsgelder
immer nur im Jahr der Bewilligung ausgeben durften.

Um Gründe ist man beim Scheitern von Reformen nie verlegen, doch nur selten sind
es die wahren Gründe, die man zu hören bekommt. In Wirklichkeit geht es darum, die
Menschen behutsam an etwas heranzuführen, was sie längst als richtig erkannt haben.
Sonst spielen sie einfach nicht mit. Wenn Sie daran zweifeln, sollten Sie sich einmal
mit Lokalpolitikern unterhalten, die versucht haben, die ,,Amüsierviertel'' aus Stadt-
zentren wegzusanieren, weil sie davon ausgingen, die Bevölkerung sei gegen solche
Vergnügungsviertel. Aber ihre Grundannahme war falsch. Die Bevölkerung in den
Städten ist nicht gegen Vergnügungsbetriebe für Erwachsene. Sie will sie nur nicht in
unmittelbarer Nachbarschaft haben. Letzten Endes kann sich nichts halten, was nicht
von den Leuten unterstützt wird. Und solche Vergnügungsbetriebe leben nicht von

irgendwelchen „komischen Vögeln", sondern von normalen Bürgern mit normalem, barem Geld.

Wenn Sie sich für ein Verbesserungsprogramm entschließen und einen Bezugsrahmen dafür ausarbeiten wollen, tun Sie dies am besten in einer ganz persönlichen Form. Stellen Sie sich einfach vor, Sie seien ein Unternehmen. Sie werden sich vermutlich gut genug kennen, um zu wissen, wie Sie unter bestimmten Umständen reagieren. Dann eröffnen Sie sich selbst, daß Sie zu Ihrem eigenen Wohl eine neue Sportart anfangen müssen. Nehmen wir einmal an, Sie hätten Tennis gewählt. Dieser Sport wird von Millionen von Menschen praktiziert, es gibt überall auf der Welt Tennisplätze und möglicherweise gibt es über diese Sportart mehr Informationen als über irgendeine andere. Vielleicht hat sogar schon jemand ein Buch geschrieben über die vierzehn Schritte zum besseren Tennisspielen durch Fehlerverhütung. In diesem Fall brauchen Sie nichts weiter zu tun, als Ihr Engagement für dieses Ziel zu erklären, die Bewertungskriterien anzuerkennen und sich ohne Umschweife an seine Verwirklichung zu machen. Vielleicht können Sie sich auf dem Weg sogar ein paar Fähnchen setzen, um sich selbst zu „motivieren".

Sie könnten sich Zwischenziele für Ihre Verbesserung setzen und sich für deren Erreichen belohnen. Aber das Ganze wird nicht im Handumdrehen geschehen. Um ein guter Tennisspieler zu werden, ist mehr nötig als der richtige Schläger und die besten Vorsätze. Sie müssen hart daran arbeiten, und Sie müssen lange Zeit am Ball bleiben, wenn Sie je ein Tennisspieler mit einem wirklich sicheren Schlag werden wollen.

Eine Qualitätsverbesserungs-Kampagne in einem Unternehmen ist dem geschilderten Beispiel in vielen Punkten vergleichbar. Sie muß wohldurchdacht sein und planmäßig durchgeführt werden, und zwar über einen langen Zeitraum. Sie erfordert so etwas wie einen „kulturellen" Umschwung; sie muß Teil der gesamten Unternehmenseinstellung werden. Und sie erfordert Ihre nie erlahmende Aufmerksamkeit. Sie müssen auch hier immer am Ball bleiben.

In Ihrer Funktion als Manager haben Sie die Pflicht, in Ihrem Verantwortungsbereich kontinuierliche Qualitätsverbesserung zu fordern, ganz gleich, ob Sie nun im kaufmännischen Rechnungswesen oder in einer Maschinenwerkstätte tätig sind. In Ihrer Funktion als Manager haben Sie die Pflicht, an Ihre Führungsaufgaben mit Überlegung und Einfallsreichtum heranzugehen. Ihr Gewinn entspricht Ihrem Einsatz.

Es gibt auf diesem Gebiet nicht die Möglichkeit, irgendwelche Hintertürchen zu benutzen, um sich vor persönlichem Einsatz und Engagement zu drücken. Jeder wird Ihnen aufs Gesicht zu sagen können, ob Sie es wirklich ernst meinen. Das haben Versuche in Richtung „Arbeitsaufwertung" eindeutig bewiesen. Die Methode, eine Gruppe von Arbeitskräften einen ganzen Wagen zusammenbauen zu lassen, um ihr Selbstwertgefühl bei der Arbeit zu erhöhen, brachte keine wesentliche Steigerung der Qualität, der inneren Beteiligung oder der Produktivität. Die Leute wußten, daß sie nur benutzt wurden.

Wer in seinem Betrieb ein Verbesserungsprogramm, gleich welcher Art, durchzusetzen hat, wird immer das Gefühl haben, die anderen seien gegen sein Programm. Das ist völlig normal und zeigt lediglich unsere natürliche Schüchternheit. Wir stellen uns nicht gerne mit einem eigenen Beitrag ins Blickfeld, wenn wir nicht ganz sicher sein können, daß er die richtige Aufnahme findet. Aber meiner Erfahrung nach haben

Verbesserungsprogramme, soweit sie angemessen erklärt wurden, noch immer die richtige Aufnahme gefunden. Nur die „angemessene Erklärung" kostet etwas Mühe. So kam ich damals, als ich nach Mitteln und Wegen suchte, den Qualitätsmanager bei ITT zu überzeugen, auf die Prüfmatrix für das Qualitätsmanagement. Die Matrix hat, wie in den vorigen Kapiteln beschrieben, verschiedene eigene Anwendungsbereiche. Aber wo es um das eigentliche Qualitätsverbesserungs-Programm geht, steht sie am sinnvollsten für sich selbst. Die Frage, die Sie sich hier stellen müssen, lautet: Was müßten der Firmenchef und sein engerer Führungskreis tun, um Sie davon zu überzeugen, daß sie wirklich an einem Qualitätsverbesserungs-Programm interessiert sind? Die Antwort wäre natürlich: Sie müßten Sie davon überzeugen, daß sie selbst die Notwendigkeit einer Verbesserung in ihrem Bereich erkennen. Und da kommt Ihnen die Verwendung der Matrix zustatten. Schicken Sie jedem Mitglied der Unternehmensleitung eine Kopie davon mit der Bitte, sie durchzulesen, und setzen Sie sich anschließend mit ihnen zusammen um darüber zu diskutieren. Lassen Sie jeden von ihnen die Firma anhand der Matrix aus seiner Sicht bewerten. Seien Sie nicht zu kleinlich bei der Auswertung. Wenn jemand etwas unter Weisheit einordnet, wo Sie glauben, es handle sich erst um das Stadium der Einsicht, dann sollten Sie nicht zuviel dagegen anreden. Achten Sie nur darauf, daß genug Raum für Verbesserung bleibt.

Wenn Sie die Einzelurteile im persönlichen Gespräch und auf individueller Basis ausdiskutiert haben, können Sie alle Führungskräfte an einen Tisch bringen, um das Gesamtprogramm durchzusprechen (siehe dazu die in Kapitel 10 und 11 geschilderte Fallstudie, die auf die Einführung eines Qualitätsverbesserungs-Programms in allen Einzelheiten eingeht). Und sollten einige von ihnen Widerstreben zeigen, können Sie darauf hinweisen, daß ihre eigene Bewertung doch die Notwendigkeit einer Verbesserung gezeigt habe.

An diesem Punkt ist es ratsam, unmittelbar zur Sache zu kommen und die Grundlagen des Qualitätswesens ins Gespräch zu bringen. Sorgen Sie dafür, daß sie die wahre Bedeutung von Qualität verstehen lernen, und weisen Sie ausdrücklich auf die absoluten Grundsätze des Qualitätsmanagements hin:

– Qualität bedeutet Erfüllung von Anforderungen und nicht Hochwertigkeit oder Formschönheit.
– Ein Qualitätsproblem an und für sich gibt es nicht.
– Einen Gesichtspunkt wie Wirtschaftlichkeit von Qualität gibt es nicht; es ist in jedem Fall billiger, etwas gleich richtig zu machen.
– Es gibt nur ein einziges Leistungsmaß: die Qualitätskosten.
– Es gibt nur einen einzigen Leistungsstandard: Null Fehler.

Erklären Sie ihnen das Konzept des Null-Fehler-Programms (siehe Kapitel 10). Lassen Sie sie den Test machen, und lassen Sie dabei nichts aus. Beantworten Sie alle ihre Fragen, aber lassen Sie es bei einfachen, dem Laien verständlichen Erklärungen bewenden. Weisen Sie sie noch einmal darauf hin, daß Qualität nichts kostet.

Die Führungskräfte vor Ihnen würden dies alles nur zu gerne glauben, und sie hätten nur zu gerne, daß alles so eintritt, wie Sie sagen. Aber sie alle werden in ihrem beruflichen

Leben fortwährend mit Vorschlägen und Schlachtplänen bombardiert, wie sie zum Erfolg kommen, ihre Kosten senken oder auf einem Teppich zum Mond fliegen können. Und sie wissen ebensogut wie Sie selbst, daß die meisten Dinge nicht so funktionieren, wie sie sollten.

Ihre wichtigste Aufgabe in diesem entscheidenden Augenblick ist es, ihnen darzulegen, daß das Programm in anderen Firmen funktioniert hat und auch in der ihren funktionieren wird, wenn sie gewillt sind mitzumachen. Sie müssen ihnen jedoch auch deutlich zu verstehen geben, daß sich zwar gleich zu Beginn des Programms eine sofortige Verbesserung einstellen wird, daß es aber noch lange dauern wird, bis diese Verbesserung bleibend erreicht ist. Es ist eine schwere und eine lohnende Aufgabe. Sie wird jedem von ihnen Anerkennung einbringen.

Und was Sie selbst anbelangt, so sollten Sie immer daran denken, daß das Produkt, das Sie verkaufen und die anderen kaufen, Qualitätsverbesserung heißt. Das Ergebnis der Qualitätsverbesserung ist eine Verbesserung auf der ganzen Linie, angefangen vom Umsatz bis hin zum Engagement der Leute. Aber noch ist es nur ein fernes Ziel. Verbinden Sie die Kampagne also nicht mit dieser oder jener Absatzförderungsmaßnahme, einem Aufruf zum Blutspenden oder zum Wertpapiersparen oder gar der Einladung zum jährlichen Grillfest. Bei allen Entscheidungen, die Sie zu treffen haben, sollte Ihr oberster Gedanke die Qualitätsverbesserung sein.

DIE VIERZEHN SCHRITTE

Schritt 1: Verpflichtung des Managements

Vorgehen. Diskutieren Sie mit Führungskräften über die Notwendigkeit einer Qualitätsverbesserung und legen Sie besonderen Nachdruck auf die Notwendigkeit der Fehlerverhütung. Zur Unterstützung dieser Kommunikation stehen Filme, Folien und weiteres Lehrmaterial in großer Auswahl zur Verfügung.
(Übrigens, verwechseln Sie ,,Kommunikation'' nicht mit ,,Motivation'': Die Ergebnisse von Kommunikation sind tiefgreifend und dauerhaft, die von Motivation dagegen oberflächlich und kurzlebig.) Arbeiten Sie Qualitätsgrundsätze für das Unternehmen aus, denen zufolge für *jeden einzelnen Beschäftigten gilt, daß ,,Leistungen genau in Übereinstimmung mit den Anforderungen zu erbringen oder aber die Anforderungen gemäß den tatsächlichen Bedürfnissen des Unternehmens oder des Kundens offiziell abzuwandeln sind''.* Fördern Sie das Verständnis, daß Qualitätsverbesserung ein praktikabler Weg zur Verbesserung der Gewinnsituation ist.

Erfolg. Indem das Management zu der Einsicht gebracht wird, daß seine persönliche Verpflichtung und Mitwirkung an dem Programm unbedingt notwendig ist, wird das Qualitätswesen ins Blickfeld gerückt, und man kann mit jedermanns Mitwirkung rechnen, solange erkennbare Fortschritte erzielt werden.

Schritt 2: Lenkungsgruppe Qualität

Vorgehen. Veranlassen Sie die Bildung einer Lenkungsgruppe Qualität, in der Mitglieder aller Abteilungen vertreten sind. Die einzelnen Teammitglieder sollten für ihre Abteilung sprechen können und in der Position sein, ihren Bereich auf die Mitwirkung am Programm zu verpflichten. (Es sollten bevorzugt Abteilungsleiter diesem Team beitreten – zumindest in der ersten Runde.) Informieren Sie das Team über Inhalt und Ziel des Programms. Erläutern Sie die Funktion des Teams – sie sollen die Durchführung der erforderlichen Maßnahmen in den jeweiligen Abteilungen und im gesamten Unternehmen veranlassen.

Erfolg. Nun sind alle erforderlichen Instrumente für die Durchführung des Programms in *einem* Team vereinigt. Es hat sich bewährt, wenn in dieser Phase eines der Mitglieder zum Teamleiter bestimmt wird.

Schritt 3: Qualitätsmessung

Vorgehen. Innerhalb des gesamten Unternehmens muß festgestellt werden, wie es zum gegenwärtigen Zeitpunkt um die Qualität bestellt ist. Dazu müssen in allen betrieblichen Tätigkeitsbereichen Qualitätsmessungen eingeführt werden; in Bereichen, wo diese Messungen bereits üblich waren, müssen sie überprüft werden. Durch die Aufzeichnung des jeweiligen Qualitätsstands wird gezeigt, wo Verbesserungen möglich bzw. Korrekturmaßnahmen nötig sind und – zu einem späteren Zeitpunkt – welche Fortschritte bereits gemacht wurden.
Qualitätsmessungen außerhalb des Fertigungsbereichs machen mitunter Schwierigkeiten; hier könnten u.a. folgende Kriterien berücksichtigt werden:

Rechnungswesen:
Prozentsatz verspäteter Berichte
Falsche Dateneingabe in EDV-Anlage
Fehlbuchungen in speziellen Berichten laut Revision

Datenverarbeitung:
Durch Fehler zurückgewiesene Eingaben
Durch Fehler verursachte Verzögerung im EDV-System
Zeitaufwand für wiederholte Durchgänge

Technik:
Durch Fehler verursachte Änderungsanweisungen
Fehler im Entwurf
Verzögerte Freigabe zur Produktion

Finanzen:
Fehler in der Rechnungsstellung (überfällige Außenstände prüfen)
Fehler in der Lohnabrechnung
Übersehene Kreditorenabzüge

Hotelrezeption:
Ungemachte Zimmer
Nicht berücksichtigte Reservierungen

Produktionstechnik:

Durch Fehler verschuldete Verfahrensänderungen
Konstruktionsänderungen am Werkzeug
Verfahrensoptimierung

Vertrieb:

Fehler im Liefervertrag
Fehler in der Auftragsannahme

Allgemeine Dienste:

Zeitverlust durch Maschinenausfall
Sondereinsätze für Reparaturen

Einkauf:

Durch Fehler verschuldete Materialumbestellungen
Verspäteter Materialeingang
Rückweisungen aufgrund unzureichender Produktspezifikation

Es gibt zahllose Möglichkeiten, jedes beliebige Verfahren zu messen. Die für die jeweilige Tätigkeit Verantwortlichen sind meist gerne bereit, spezifische Meßgrößen für ihre Arbeit zu erstellen. Wo man von einem Vorgesetzten die Antwort erhält, die Tätigkeit in seinem Bereich sei absolut nicht meßbar, kann man meist weiterhelfen, indem man ihn fragt, wie er dann beurteilen könne, wer gute oder schlechte Arbeit leiste, wer an einem Arbeitsplatz bleiben solle und wer zu ersetzen sei.

Erfolg. Durch die Formalisierung des gesamten Meßsystems innerhalb des Unternehmens werden die Kontroll- und Testfunktionen gestärkt und korrekte Messungen gewährleistet. Indem man auch die Verwaltungs- und Dienstleistungsbereiche mit in die Maßnahme einbezieht, bereitet man den Boden für wirksame Fehlervorbeugung an Stellen, wo Fehler entstehen. Mit der Aushängung der Meßergebnisse in Form von grafisch anschaulich gestalteten Diagrammen hat man für das gesamte Qualitätsverbesserungs-Programm ein festes Fundament gelegt.

Schritt 4: Qualitätskosten

Vorgehen. Die anfänglichen Schätzwerte stehen meist auf wackligen Beinen (und sind in der Regel zu niedrig angesetzt); deshalb müssen nun präzisere Zahlenwerte ermittelt werden. Die Berechnung ist Sache der Finanz- und Rechnungsabteilung; sie sollte in allen Einzelheiten informiert werden, woraus sich die Qualitätskosten zusammensetzen. Die Qualitätskosten stellen keinen absoluten Meßwert für Leistung dar; sie dienen lediglich als Indikator, in welchen Bereichen Korrekturmaßnahmen für das Unternehmen gewinnbringend sein können. Je höher die Qualitätskosten in einem Unternehmensbereich, desto dringender die erforderlichen Korrekturmaßnahmen.

Erfolg. Indem man die Berechnung der Qualitätskosten vom Rechnungswesen durchführen läßt, räumt man alle Zweifel an der Objektivität des Ergebnisses aus. Noch wichtiger ist die Tatsache, daß damit die innerbetriebliche Berichterstattung um die Messung der Leistung des Qualitätsmanagements erweitert worden ist.

Schritt 5: Qualitätsbewußtsein

Vorgehen. Es ist nun an der Zeit, jedem einzelnen Mitarbeiter eine Vorstellung zu vermitteln, wie teuer Fehler zu stehen kommen. Dies geschieht über eine entsprechende Schulung der Vorgesetzten, die diese Orientierung leisten sollen, sowie über verschiedene Kommunikationsmittel wie Broschüren, Filme oder Plakate, in denen das allgemeine Bemühen um Qualitätsverbesserung sichtbar zum Ausdruck kommt. Doch verwechseln Sie dies nicht mit einem Motivationsprogramm im ,,Hauruckverfahren''. Hier geht es darum, andere an einem Prozeß wirklich teilhaben zu lassen, ohne sie zu manipulieren. Dies ist ein sehr wichtiger Schritt. Möglicherweise der allerwichtigste des Programms. Die Beschäftigten im Dienstleistungs- und Verwaltungssektor müssen bei dieser Schärfung des Qualitätsbewußtseins ebenso einbezogen werden wie alle anderen.

Erfolg. Der eigentliche Vorteil dieser Form der Kommunikation ist die Tatsache, daß Qualität nun regelmäßig als ein positiver Wert zwischen Vorgesetzten und Beschäftigten im Gespräch ist. Dies trägt dazu bei, daß überkommene Einstellungen zu Qualität allmählich verändert bzw. geklärt werden. Und es schafft die Grundlage für die in späteren Schritten erfolgenden Maßnahmen zur Korrektur und Behebung von Fehlerursachen.

Schritt 6: Korrekturmaßnahmen

Vorgehen. Wo die Betriebsangehörigen ermutigt werden, über ihre Probleme offen zu sprechen, treten vielerlei Möglichkeiten für deren Korrektur zutage, und zwar nicht nur in bezug auf die bei der Inspektion, Revision oder Selbstkontrolle festgestellten Fehler, sondern auch auf weniger augenfällige Probleme − aus der Sicht der Mitarbeiter selbst −, die gleichfalls berücksichtigt werden sollten. Diese Probleme müssen bei den Zusammenkünften der Vorgesetzten auf der unmittelbar zuständigen Ebene zur Sprache gebracht werden. Wenn sie dort nicht gelöst werden können, werden sie offiziell an die nächsthöhere Vorgesetztenstufe zur Besprechung bei deren regulären Zusammenkünften weitergegeben. Falls in einem bestimmten Funktionsbereich keine derartigen Zusammenkünfte abgehalten werden, sollte die Lenkungsgruppe Qualität Sorge tragen, daß diese in dem betreffenden Bereich eingeführt werden.

Erfolg. Alle Mitarbeiter erkennen bald, daß die zutage geförderten Probleme auf routinemäßiger Basis in Angriff genommen und gelöst werden. So bildet sich allmählich die feste Gewohnheit aus, Probleme klar zu benennen und auf ihre Korrektur hinzuwirken.

Schritt 7: Null-Fehler-Planung

Vorgehen. Drei oder vier Mitglieder der Lenkungsgruppe Qualität werden dazu bestimmt, sich gründlich mit dem Null-Fehler-Konzept und den Möglichkeiten zu seiner Durchführung zu befassen. Dabei sollte der Leiter des Qualitätswesens von Anfang an klarstellen, daß das Null-Fehler-Programm *kein* Motivationsprogramm darstellt. Ziel dieses Programms ist es vielmehr, allen Beschäftigten die wörtliche Bedeutung von ,,Null Fehler'' klarzumachen und ihnen die Einstellung zu vermitteln, daß jeder seine Aufgabe gleich richtig machen sollte. Jedes einzelne Teammitglied sollte über diese Bedeutung des Null-Fehler-Programms aufgeklärt werden. Die Arbeitsgruppe sollte insbesondere damit beauftragt werden, nach Mitteln und Wegen zu suchen, wie das Programm am besten dem speziellen Profil des Unternehmens angepaßt werden kann.

Erfolg. Mit jedem Schritt des gesamten Programms haben sich Verbesserungen eingestellt. Bis der Tag für das Null-Fehler-Programm gekommen ist, dürfte etwa ein Jahr vergangen sein, und wahrscheinlich beginnen die guten Anfangserfolge allmählich nachzulassen. Genau zu diesem Zeitpunkt setzt die engagierte Verpflichtung auf ein neues konkretes Ziel ein, und die Erfolgskurve kann wieder ansteigen. Durch die Einberufung eines Sonderausschusses, der sich mit Inhalt und Durchführung des Null-Fehler-Programms näher befaßt, hat man die Gewähr, daß die Ziele des Programms von den ,,führenden Köpfen'' des Unternehmens tatkräftig unterstützt werden.

Schritt 8: Mitarbeiterschulung

Vorgehen. Eine offizielle Einführungsschulung sollte vor der Durchführung des Null-Fehler-Programms auf allen Führungsebenen abgehalten werden. Alle Führungskräfte des Betriebs müssen jeden einzelnen Schritt des Programms so weit verstehen, daß sie ihn ihren Untergebenen erklären können. Sie beweisen ihr Verständnis durch die Fähigkeit, das Programm zu erklären.

Erfolg. Über kurz oder lang werden sich alle Vorgesetzten auf das Programm einstimmen und seinen Wert für ihren eigenen Bereich erkennen. Dann ist der Zeitpunkt gekommen, daß sie ihr Handeln ganz auf das Programm ausrichten.

Schritt 9: Tag der Qualität

Vorgehen. Die offizielle Einführung von Null Fehler als Grundeinstellung des gesamten Unternehmens sollte in allen Bereichen am selben Tag geschehen. Dadurch hat man die Gewähr, daß die Null-Fehler-Einstellung von allen gleichermaßen verstanden wird. Die Vorgesetzten sollten ihren Untergebenen das Programm erläutern und durch irgendeine Veränderung im normalen Ablauf jedermann deutlich machen, daß es sich um einen ,,Tag des Umdenkens'' handelt.

Erfolg. Die Verpflichtung auf das Null-Fehler-Konzept an einem besonderen Tag zu begehen, verleiht dem Programm Nachdruck und läßt es nachhaltig in Erinnerung bleiben.

Schritt 10: Zielsetzung

Vorgehen. Auf Belegschaftsversammlungen werden die Mitarbeiter von ihren Vorgesetzten aufgefordert, sich selbst Ziele zu setzen, die sie erreichen möchten. Normalerweise sollten dabei Ziele für Zeiträume von 30, 60 und 90 Tagen abgesteckt werden. Es sollte sich dabei nur um ganz konkrete und meßbare Ziele handeln.

Erfolg. In dieser Phase werden die Mitarbeiter dazu angehalten, sich über die Erreichung von Zielen und die Lösung von spezifischen Aufgaben innerhalb der Gruppe Gedanken zu machen.

Schritt 11: Beseitigung von Fehlerursachen

Vorgehen. Der einzelne Mitarbeiter wird aufgefordert, jedes Problem, das seiner Erfüllung der Null-Fehler-Norm im Wege steht, auf einem einfachen, einseitigen Formular darzustellen. Es handelt sich hier nicht darum, daß Vorschläge zur Problemlösung gemacht werden. Der einzelne soll lediglich sein Problem beschreiben; der jeweils zuständige Funktionsbereich (z.B. die Fertigungsplanung) beschäftigt sich dann mit der Entwicklung einer Lösung. Wichtig ist, daß sämtliche gemeldeten Probleme rasch zur Bearbeitung gelangen − binnen vierundzwanzig Stunden. Denkbar wären etwa folgende Meldungen:

− Dieses Werkzeug ist für verschiedene Arbeitsgänge nicht optimal.
− Der Verkaufsabteilung unterlaufen immer wieder Fehler in den Bestelleingangsformularen.
− Wir werden immer wieder angerufen, daß dies oder jenes zu ändern sei, und so müssen wir im Endeffekt oft Dinge zweimal tun.
− Ich weiß nie, wo ich meine Handtasche unterbringen soll.

Erfolg. Die Belegschaft weiß nun, daß ihre Probleme gehört werden und eine Lösung für sie gesucht wird. Sobald den Mitarbeitern klar ist, daß sie sich auf dieses Kommunikationssystem verlassen können, kann das Null-Fehler-Programm zur Dauereinrichtung werden.

Schritt 12: Anerkennung

Vorgehen. Ein System von Auszeichnungen wird ins Leben gerufen, um diejenigen, die ihre Ziele erfüllen oder außergewöhnliche Leistungen erbringen, besonders zu würdigen. Es ist ratsam, die jeweils festgestellten Probleme nicht nach ihrem relativen Wert zu bemessen. Alle Probleme, die von Mitarbeitern zum Zweck der Behebung von Fehlerursachen vorgetragen werden, sollten gleichrangig behandelt werden, da es sich in keinem Fall um Lösungsvorschläge handelt. Die Auszeichnungen sollten nicht mit Geldpreisen verbunden sein. Allein auf die Anerkennung kommt es an.

Erfolg. Echte Anerkennung für Leistung ist etwas, das jeder Beschäftigte zu würdigen weiß. Sie liefert den Ansporn zur kontinuierlichen Mitarbeit im Programm, und zwar auch dann, wenn der einzelne nicht von der Auszeichnung betroffen ist.

Schritt 13: Expertengruppen

Vorgehen. Die Qualitätsfachleute sollten regelmäßig mit den Vorsitzenden der Lenkungsgruppen Qualität an einen Tisch gebracht werden, damit sie sich untereinander absprechen und die erforderlichen Maßnahmen zur Aufwertung und Verbesserung des immer festere Formen annehmenden Qualitätsprogramms festlegen können.

Erfolg. Diese Expertengruppen sind die beste Informationsquelle über den jeweiligen Verwirklichungsstand des Programms und über neue Ideen für das weitere Vorgehen. Sie bieten zudem die Basis für eine regelmäßige Verständigung unter den Qualitätsfachleuten.

Schritt 14: Wieder von vorn anfangen

Vorgehen. Im typischen Fall erfordert das Programm zwölf bis achtzehn Monate. Nach Ablauf dieser Zeitspanne dürfte wahrscheinlich aufgrund von Personalwechsel und veränderten Grundvoraussetzungen der erzieherische Ehrgeiz zum großen Teil verlorengegangen sein. Es ist deshalb notwendig, die Zusammensetzung der Lenkungsgruppen Qualität zu überdenken und noch einmal von vorn zu beginnen. Beispielsweise sollte die Wiederkehr des Tags der Qualität als ein Jubiläum begangen werden. Vielleicht ist es schon mit einem besonderen Hinweis getan. Oder aber man begeht die Gelegenheit mit einem Festessen für die ganze Belegschaft. Der Sinn dahinter ist, daß das Programm nie zu Ende ist.

Erfolg. Durch die stete Wiederholung wird das Programm zur Dauereinrichtung und somit Teil des ,,tragenden Gerüsts.'' Wo Qualität nicht fest im Unternehmen verankert ist, kommt sie nie zustande.

9
Führungsstil

Vielleicht ist „Führungsstil" gar nicht die richtige Überschrift für das, was ich in diesem Kapitel ansprechen möchte. Aber wir wollen es unter diesen Titel stellen, weil das Wort „Stil" im gängigen Sprachgebrauch oft eine subjektive Leistungsbewertung beinhaltet.

Die Vorstellung, daß leitende Angestellte so eine Art „Flair" besitzen müßten, ist ebenso verbreitet wie althergebracht. Schon in einem Hollywood-Film von anno dazumal gab der Held Clark Gable seine letzte Barschaft für eine „richtige" Krawatte aus, um einen begehrten Posten zu bekommen. Und er bekam seinen Posten. Da die Realität selten weit hinter der Kunst zurücksteht, fand Clark Gables Vorgehen seine Nachahmer, und wir sind zu der Vorstellung gelangt, daß ein Manager einen gewissen Stil haben muß.

Ich möchte diese Vorstellung auch gar nicht entkräften. Es hat zweifellos seine Vorteile, wenn man weiß, was man tun will, und es mit Elan in die Tat umsetzt. Und es ist definitiv von Vorteil, wenn man beispielsweise persönliche Angriffe mit Gelassenheit hinzunehmen weiß, wenn man immer die passende schlagfertige Bemerkung parat hat oder auch dann noch einen kühlen Kopf bewahrt, wenn alle Welt um einen herum ihn verliert und einem daran auch noch die Schuld gibt. All das ist von Vorteil, und es läßt sich weitgehend erlernen. Dazu ist nichts weiter notwendig, als daß Sie die Situation verstehen, in der wir Manager uns alle gleichermaßen befinden – und daß Sie sich selbst verstehen. Die Checkliste, die ich Ihnen in diesem Kapitel vorstellen will, kann Ihnen eine gewisse Hilfe bieten, sich selbst zu verstehen. Um Situationen verstehen zu können, muß man sowohl die Zeichen der Zeit als auch die Aufgaben des Managements erkennen.

Bis vor kurzem war die Laufbahn erfolgreicher Führungskräfte ziemlich genau vorhersehbar. Die ersten zwanzig Jahre lernten sie ihr Handwerk von der Pike an. In den darauffolgenden fünf oder zehn Jahren wurden sie sukzessive befördert, und ihr Einblick in den jeweiligen Unternehmensbereich wurde immer umfassender und differenzierter. Die letzten fünfzehn Jahre führten sie schließlich selbst Regie und wußten mit der Zeit immer sicherer, wo der Hase läuft. Dann wurden sie in den Ruhestand versetzt und saßen oft ihren Nachfolgern unangenehm im Nacken.

Diese Art von Laufbahn war deshalb möglich, weil damals über die Jahre kaum grundlegende Veränderungen der Märkte, Produkte, Verfahren oder Konzepte eintraten. Freilich vollzog sich schon damals die technische Entwicklung in einem beängstigenden Tempo, und die Gewerkschaften bereiteten dem Management auch damals

schon mancherlei Schwierigkeiten, und freilich verursachte eine im Zickzack verlaufen-
de Wirtschaftsentwicklung abwechselnd Verknappung und Überschwemmung des Geld-
markts. Es gab damals durchaus diese und andere Probleme, aber sie waren alle schon
irgendwo schriftlich abgehandelt. Sie waren alle in dieser oder jener Form schon vorgekommen, man hatte Erfahrungen mit ihnen gesammelt. Und die Patentrezepte, wie man
mit ihnen fertig wurde, waren bereits zu den Akten genommen. So konnte man zumindest sicher sagen, was schiefgehen würde oder früher schiefgegangen war.

Jede Generation stellt beim Blick zurück auf die Generation vor ihr fest, daß die Situation sich eben doch grundlegend gewandelt habe. Aber unsere Generation braucht
nicht auf andere Generationen zurückzublicken, um das sagen zu können. Vor zwanzig
Jahren waren die Absatzgebiete amerikanischer Firmen auf die Vereinigten Staaten, Europa und einen kleinen Teil Lateinamerikas beschränkt. An den Mittleren Osten oder
Afrika dachte keiner. Wirtschaftswissenschaftler hatten drei verschiedene Tabellen:
eine für die Vereinigten Staaten, eine für das westliche Europa und eine für alle übrigen
Wirtschaftsregionen der Welt.

Heute verlagert sich der Wohlstand der Welt allmählich in einen Teil dieser ,,übri-
gen'' Regionen: in die reichen Ölstaaten des Mittleren Ostens. Um auch nur einen Teil
davon wieder hereinzubekommen, müssen die Unternehmen in den Vereinigten Staaten,
und nicht nur da, wie wild verkaufen. Diejenigen, die Grundbesitz zu verkaufen haben,
finden sich erstaunlich schnell in der schwer zugänglichen Kultur der neuen Investoren
zurecht. Die stattlichsten Villen in Beverly Hills, die großen neu errichteten Hotelkom-
plexe mit internationalem Publikum, die Minderheitsanteile am Grundkapital in den Unternehmen der Grundstoffindustrie — alles wird mit diesem neuen Geld aufgekauft. Was
kann das Management von heute dagegen unternehmen?

Wer hatte vor zwanzig Jahren schon einen Begriff von Devisenausgleichsrechnung?
Viele Leute wissen bis heute nicht, was das ist. Aber wenn man bei einem international
operierenden Unternehmen tätig ist, weiß man es bestimmt. Bei dieser Bewertungs-
methode müssen einige der Vermögenswerte (Schulden, Außenstände usw.) periodisch
dem jeweiligen Devisenkurs angeglichen werden.

Man muß die Vermögenswerte nicht etwa flüssig machen oder sonst irgendwelche
finanziellen Transaktionen vornehmen. Man muß lediglich, ausgehend vom jeweiligen
Tageskurs am Devisenmarkt, die ausländischen Währungsbeträge in die heimische
Währung umrechnen. Dann vergleicht man das Ergebnis mit dem Betrag des vorhergehenden Quartals: liegt es darüber, dann ist die Differenz als Einkommen auszuweisen;
liegt es darunter, dann hat man einen Verlust gemacht. Wenn die heimische Währung
also im Lauf zum Beispiel eines Quartals weniger stabil war als die jeweilige Auslands-
währung, dann hat man eine Gewinneinbuße zu verzeichnen. Und darauf läßt sich absolut kein Einfluß nehmen. Sie können sich nicht anders dagegen schützen, als daß Sie
Rücklagen schaffen oder Devisentermingeschäfte abschließen. Wie auch immer die Entwicklung am Devisenmarkt, in jedem Fall haben Sie einen gewissen Einfluß auf die Fi-
nanzkontrolle des Unternehmens eingebüßt.

Dramatische Veränderungen hat es in der Situation der Beschäftigten oder ganz allgemein auf dem Arbeitsmarkt gegeben, und es gibt sie noch immer. Ende der 40er und Anfang der 50er Jahre galt die große Sorge der Gewerkschaften in den USA der fortschreitenden Automatisierung im Arbeitsprozeß: man fürchtete, die Arbeiterschaft würde von ferngesteuerten Greifarmen und Automaten brotlos gemacht. Das ist nicht eingetreten. Die Mechanisierung in den Montagestraßen bewirkte lediglich, daß die Kosten gesenkt und die Umsätze gesteigert wurden. Die Beschäftigung nahm mit den steigenden Umsätzen zu.

Mittlerweile werden bei der Herstellung vieler Produkte jedoch immer weniger Arbeitskräfte benötigt. Für die Verwendung in Ferngesprechämtern waren einst Tausende von Facharbeitern damit beschäftigt, mechanische Relais zusammenzubauen. Heute hat sich die Technik von Grund auf geändert: Es werden elektronische Bauelemente eingesetzt. Für die Herstellung dieser Produkte ist also weniger Handarbeit erforderlich. Steigende Lohnkosten versucht man durch Automatisierung auszugleichen.

Aufgrund gestiegener Personalnebenkosten (Zusatzleistungen für Beschäftigte, Regelungen für vorgezogenen Ruhestand usw.) können einst billig produzierende Industrieländer, wie etwa bestimmte europäische Länder und Japan, heute nur mehr teure Arbeitskraft einsetzen. Viele amerikanische Unternehmen, die in der ganzen Welt Zweigwerke unterhalten, entdecken zu ihrem großen Erstaunen, daß die Herstellung in den Vereinigten Staaten sie am billigsten zu stehen kommt.

Viele Länder in Afrika und dem Mittleren Osten heuern westliche Industrieunternehmen an, die ihnen ganze Wirtschaftszweige sozusagen aus dem Boden stampfen sollen. Da wird dann beispielsweise eine Firma unter Vertrag genommen, einen Betrieb, eine Stadt oder eine ganze Industrie für ein Land der Dritten Welt aufzubauen. Die Einheimischen werden aus den Acker-, Berg- oder Wüstengebieten in die Städte gezogen und zur Arbeit in den Fabriken geschult, um in die moderne Zeit hineinzuwachsen.(Vermutlich bringen sie es in einer fernen Zukunft zu genug Wohlstand, daß sie in ihre Stammesgebiete zurückkehren und wieder das machen können, was sie heute tun.)

Das sind faszinierende neue Experimente. Sie bieten ausgiebig Gelegenheit, Kulturen und Lebensformen, die über Jahrhunderte unverändert geblieben sind, zum „Fortschritt" zu verhelfen. Ich bin mir nicht sicher, ob dieser Fortschritt zugleich auch einen Fortschritt im Lebensglück beinhaltet. Schließlich haben schon viele Kulturen den Schritt von der Agrarwirtschaft zur Industrialisierung vollzogen, und nirgendwo sind die Leute zufriedener geworden. Ich selbst bin in West Virginia aufgewachsen, wo es für viele kein anderes Leben gab als das in einer „Fabriksiedlung". Mir wäre solch ein Leben mittlerweile unmöglich.

Daß es der Führungskraft an sich schon schwerfällt, die Mitarbeiter zu verstehen und richtig mit ihnen umzugehen, wird nicht gerade erleichtert durch die Tatsache, daß die Leute ihre Arbeit nicht allein deshalb tun, weil sie von ihnen verlangt wird. Aus diesem Grund muß Kommunikation hergestellt und immer aufs neue angekurbelt werden, damit die Belegschaft immer genau informiert und innerlich beteiligt ist. Einige große Konzerne mußten zu ihrer Überraschung feststellen, daß sie mit rigorosen Führungsmethoden und Befehlston bei jungen geschulten Fachkräften überhaupt nichts erreichten. Es genügt einfach nicht, eine Maschinenstraße mit allen Schikanen einzurichten; man muß auch dafür Sorge tragen, daß die Leute diese Maschinen wirklich gerne bedienen.

Wenn es um das Verständnis für die Zielsetzung und Arbeit des Unternehmens geht, darf man zwischen den verschiedenen Ebenen der Unternehmenshierarchie keine Unterschiede machen. Hier darf keiner übergangen werden. Aufträge, die den Mitarbeitern zur Durchführung erteilt werden, lösen möglicherweise Rückfragen aus, die beantwortet werden müssen. Und es gehört zur Aufgabe der Führungskraft, diese Antworten zu erteilen. Die Leute vom Personalwesen geben in den seltensten Fällen schlüssige Antworten, wenn sich Mitarbeiter nach dem Qualitätsprogramm erkundigen. Personalleiter hinken in ihrer Einstellung für gewöhnlich eine Generation hinterher. Damit sind sie einem Großteil der dienstältesten Mitarbeiter im Betrieb aber immer noch eine Generation voraus.

Ein weiterer tiefgreifender Wandel, dem das Management Rechnung tragen muß, betrifft die Energiefrage. Die Grundlage der modernen Industriegesellschaft, wie wir sie heute kennen, ist Energie, und zwar vornehmlich die Energie aus fossilen Brennstoffen. Ölembargos, drastische Preiserhöhungen und Transportprobleme haben uns endlich zu der Einsicht gebracht, daß die Vorräte an dieser Energie erschöpfbar sind. Eines Tages werden wir sie unwiderruflich aufgebraucht haben. Aber unsere totale Abhängigkeit von diesen Energiequellen hat mittlerweile die Weltwirtschaft umwälzender verändert als irgendein anderes Ereignis seit den Tagen der Sintflut. Meiner Ansicht nach sollten wir den Preis für ihr Öl weiter bezahlen und unser eigenes im Boden lassen, bis wir es brauchen. Damit hätten wir nicht nur das letzte Wort, sondern das letzte Licht.

Aber es stehen noch andere Energiequellen zur Verfügung. Tag für Tag liefert uns die Sonne mehr Energie, als wir je verwenden können, und noch dazu umsonst. Auch Erdwärme und Biogas bieten sich zur Nutzung als Energiequellen an. Ich kann mir vorstellen, daß dem einzelnen eines Tages eigene Kraftstoffquellen zur Verfügung stehen. Das wäre ebenso einschneidend wie der Beginn des Computerzeitalters.

In den Anfangszeiten, als Computer zum ersten Mal auf den Markt kamen, mußte jede Firma, jede Universität und jede Regierung sich einen anschaffen. Je größer, desto besser. Man ging von der Vorstellung aus, daß jede Organisation eine dieser Riesenanlagen besitzen sollte, mit der sich alles machen ließ. So konnte man sie zeitweise an andere Benutzer vermieten und die Anlage dadurch finanzieren. Das hat eine wahre Revolution im Informationswesen ausgelöst, die wir noch immer nicht ganz im Griff haben.

Dank des technologischen Fortschritts können heutzutage Minicomputer schon ebensoviel wie die riesigen Anlagen von einst. Das Lohnbüro kann heute seinen eigenen Computer haben, nicht anders als die Ingenieure von der Entwicklungsabteilung. Wenn in jeder Abteilung eine eigene EDV-Anlage steht, geht es ohne lange Wartezeit und Terminplanung − und auch ohne Blockbildung − der Spezialisten ab, die in die für andere unverständliche Programmiersprache eingeweiht sind. Zudem gehen die Preise für Computer ständig zurück. Bald können in jedem Haushalt Computer an Telefonleitung und Fernsehschirm angeschlossen werden. Information und Kommunikation auf Knopfdruck. Zahlen Sie Ihre Rechnungen per Telefon. Lassen Sie Ihre Augen die Besorgungsgänge übernehmen.

Nach diesem Muster könnte auch der Energiesektor revolutioniert werden. Jeder Haushalt oder jede Gemeinde könnte in einer eigenen Solaranlage die Sonnenenergie anzapfen und den gesamten Strombedarf damit decken. Dann könnten Autos zumindest für kurze Strecken von Akkumulatoren angetrieben werden, und benötigten nur für lange Fahrten Benzin. Wir können in einer Welt wie dieser durchaus überleben, ja selbst Wachstum ist möglich, aber nur, sofern wir neue Führungskonzepte entwickeln.

Wenn Sie sich all diese umwälzenden Veränderungen vergegenwärtigen, stehen Sie vor komplexen Führungsproblemen, für die Sie bei Ihrem Wirtschaftsstudium vielleicht nie ausgebildet wurden. Sie stoßen auf nie da gewesene Situationen. Diese können durchaus gemeistert werden, doch nur von Leuten mit souveränem Führungsstil. Wir brauchen Führungskräfte, die sich selbst vollkommen in der Hand haben, die zu kreativem Denken befähigt und zugleich in der Lage sind, ihre Ideen auch praktisch zu verwirklichen, und dabei immer noch locker genug bleiben, die Gefahr, die hinter der nächsten Wegbiegung lauert, vorherzusehen und zu umschiffen.

Zu einem gewissen Teil ist die Befähigung zu einem solchen Führungsstil sicherlich von der Beschaffenheit der grauen Zellen abhängig und somit unserem Einfluß entzogen. Aber ein großer Teil davon ist erlernbar. Sie können sich anhand der nachstehenden Zehn-Punkte-Checkliste für Führungsstil selbst einschätzen und feststellen, ob Ihr eigener Stil als durchschnittlich, außerordentlich oder gar als spektakulär zu bezeichnen ist. Was Sie mit dem Ergebnis anstellen, ist Ihre Sache.

Zuhören	Durchführen
Kooperieren	Lernen
Helfen	Führen
Übermitteln	Unterordnen
Ideen entwickeln	Bluffen

Es gibt noch andere wichtige Führungsmerkmale, wie zum Beispiel persönliche Integrität und Mitgefühl. Das sind grundlegende und entscheidende Charakteranlagen, die nicht zu erlernen oder durch äußere Einwirkung wesentlich zu verbessern sind, wenngleich man es ohne sie auf dem Gebiet des Managements nie zum Erfolg bringt. Ja, im Grunde können wir uns gar nicht vorstellen, daß wir einer beruflichen Tätigkeit nachgehen wollten, die diese Eigenschaften nicht von uns verlangt. Doch sind Integrität und Mitgefühl keine Fragen des Stils.

Es ist sinnvoll, daß Sie sich mit jedem Aspekt Ihres eigenen Führungsstils auseinandersetzen, weil es Ihnen Klarheit verschafft, wie Sie ihn am besten für sich nutzbar machen können. Wenn Sie in dieser komplexen Welt das erreichen wollen, was Sie anstreben, dann müssen Sie gewiefter sein als Ihr Nachbar. Das heißt nicht, daß Sie unfair handeln oder sonst eine Untugend beweisen sollen. Aber Sie sollten die Talente, die Ihnen gegeben sind, voll nutzen.

Zuhören

Im Rahmen einer Werbekampagne für mein Buch *The Art of Getting Your Own Sweet Way* (McGraw-Hill, 1972) galten die meisten Fragen, die mir bei Interviews gestellt wurden, den zehn Regeln des Situations-Managements. Die für das Interview vorgesehene Zeit reichte immer genau aus, um diese Gesetze durchzugehen. Es klappte sehr gut. Ich bin nicht sonderlich erpicht darauf, die ganze Erfahrung noch einmal zu machen, aber sie war interessant und aufschlußreich. Die Regel, die allgemein den größten Anklang fand, war Nummer Zehn: Keiner hört richtig zu. Wir haben alle etwas zu sagen und sind immer auf der Suche nach einem Zuhörer. Schließlich haben unsere goldenen Worte, sofern sie ungehört verhallen, ja auch keinen Wert.

Man kann seinen Mitmenschen keine größere Ehre erweisen, als Inhalt und Intention ihrer Rede wirklich wahrzunehmen. Nicht nur die bloße Aneinanderreihung von Worten. Das können wir zur Not alle noch. Nein, man muß sich auf das konzentrieren, was hinter ihren Worten steht. Wirklich hinhören, in welchem Ton sie vorgebracht werden. Ist unser Gegenüber in Schwierigkeiten? Braucht der Mensch Hilfe? Meint er in Wirklichkeit etwas ganz anderes, als er sagt? Worum geht es hier wirklich?

Die meisten von uns warten geduldig, bis unser Gegenüber ausgeredet hat, damit wir selbst zum Zug kommen können. Wenn Sie mir nicht glauben, dann erzählen Sie doch einmal Ihrem Tennispartner: ,,Letzte Woche habe ich mir bei einem Schmetterball das Handgelenk verstaucht.'' Darauf wird er sagen: ,,Ich hab mir schon einmal den Arm ausgekugelt.'' Und er wird Sie erst viel später fragen, ob Ihr Handgelenk wieder in Ordnung sei, wenn überhaupt. Erzählen Sie am Stammtisch oder gar auf dem Parkplatz irgendeine Schauergeschichte, die Ihnen passiert ist. Ihr Zuhörer erzählt Ihnen garantiert eine ebenbürtige, wenn nicht noch dicker aufgetragene Geschichte.

Trotz allem müssen Sie zuhören und Rückfragen stellen, bis Sie ganz sicher sind, daß Sie verstanden haben, was Ihr Gegenüber Ihnen sagen will. Offen gesagt muß ich Sie warnend darauf hinweisen, daß Sie eine ganz neue und interessante Welt entdecken werden. Wenn Ihre Mitmenschen erst einmal gemerkt haben, daß Sie sich beim Zuhören die Zeit nehmen, sie zu verstehen, werden sie selbst sich die Zeit nehmen, ein Konzept in ihre Gedanken zu bringen, so daß sie leichter zu verstehen sind. Es könnte auch sein, daß Ihr Beispiel Schule macht, und Sie auch ein paar gute Zuhörer bekommen. Dann können Sie an den Punkt gelangen, wo echte Kommunikation stattfindet: die Weitergabe bzw. Aufnahme von wirklichen Inhalten.

Wenn Sie erst einmal den Boden dafür bereitet haben, daß Mißverständnisse ausgeschaltet oder verhindert werden, dann ist der Erfolg nicht mehr weit. Es gibt nichts Wichtigeres als echtes Zuhören und Verstehen — und nichts Rareres.

Kooperieren

Einem Team anzugehören, ist dem Menschen nicht von Natur aus gegeben; aber es läßt sich lernen. Bei Mannschaftssportarten, wo, wie etwa beim Fußball, die Teammitglieder einander zuspielen müssen, lernt man schnell, daß von den Mannschaftsmitgliedern Kooperation als eine der vorrangigsten Qualitäten gewürdigt wird. Der Spieler muß nicht nur ein gutes Spiel vorantreiben, sondern auch andere Spieler decken.

Kein Orchester wird Beifall finden, bei dem drei die erste Geige spielen wollen. Und wer beim Doppel im Tennis des öfteren in die Luft schaut, wird nicht so oft als vierter Spieler dazugeholt werden. Der Jäger, der das Wild verscheucht, wird nicht mehr zur Jagd eingeladen werden.

Mit anderen zusammenzuarbeiten, um gemeinsam ein Ziel zu erreichen, zählt zu unseren ehrenwertesten Leistungen. Es ist auch eine der produktivsten Qualitäten, die den Manager mit Führungsstil auszeichnen. Das Ganze ist tatsächlich mehr als die Summe seiner Teile. Die Lehre vom heilsamen Zusammenspiel der Kräfte gilt auch hier, wenn Sie sie gelten lassen. Und je mehr Sie mittragen, desto mehr wird man Sie zu würdigen wissen.

Kooperation bedeutet jedoch nicht, daß Sie Ihren Prinzipien untreu werden sollen. Sie können zum Beispiel einem Team die Mitgliedschaft aufkündigen und sich einem anderen anschließen, wenn ersteres einen Steuercoup anzettelt. Versichern Sie sich, daß das Team Ihrer würdig ist, ebenso wie Sie sich des Teams würdig erweisen müssen. Erwarten Sie nur Bestleistungen. Lassen Sie sich auf anderes gar nicht ein. Ein todsicherer Weg zu fruchtbarer Kooperation ist es, aus einem eher vor sich hinkümmernden Team ein Erfolgsteam aufzubauen. Bringen Sie die richtigen Leute zusammen; kommen Sie auf die elementaren Funktionen des Managements zurück; managen Sie; führen Sie. Diese Grundsätze gelten auch für Beziehungen zu Einzelpersonen. Mitarbeiter, von denen es heißt, daß sie mit anderen auf ein gemeinsames Ziel hinarbeiten, genießen ganz allgemein den Ruf der Vertrauenswürdigkeit. Und vertrauenswürdige Leute machen sich bei ihrer täglichen Arbeit keine nennenswerten Feinde. Das ist außerordentlich von Vorteil.

Aber seien Sie vor allen Dingen nicht unkooperativ. Dann werden Sie nämlich garantiert ignoriert. Und Manager, die ignoriert werden, können mit niemandem mehr kooperieren.

Helfen

Helfen und Kooperieren ist nicht dasselbe. Helfen hat etwas mit Geben zu tun, ohne direkte Erwartung einer sofortigen Gegenleistung. Es bedeutet, daß Sie jemandem die Möglichkeit geben, sich auf Sie zu stützen, ohne sich Ihrerseits auf ihn zu stützen. Bei der Kooperation dagegen stützen Sie sich gemeinsam auf eine Sache, die Ihnen beiden Halt gibt.

Innerhalb des Betriebslebens hat Helfen damit zu tun, anderen den Weg zu ebnen, gleichgültig, ob dies von den anderen wahrgenommen wird oder nicht. Helfen heißt, für jemanden da zu sein, wenn dieser einen braucht; es heißt, für jemanden ein gutes Wort einzulegen, der es verdient hat; es heißt nicht, ein schlechtes Wort einzulegen für jemanden, der es verdient hätte. Es heißt, anderen auch eine unangenehme Wahrheit beizubringen, zum Beispiel, daß sie Mundgeruch haben. Es heißt, jemandem diskret mit einer kleinen Anleihe aus der eigenen Tasche auszuhelfen, ohne die Sache an die große Glocke zu hängen.

Um in konstruktiver Weise helfen zu können, müssen Sie wirklich aufrichtig an Menschen und Ergebnissen interessiert sein. Hier können Sie keinem ein X für ein U vormachen, denn wahre Hilfe ist wirklich uneigennützig. Und natürlich müssen Sie die Geduld aufbringen, erst einmal abzuwarten, bis der andere sich darüber klar wird, daß er Hilfe braucht. Sonst können Sie mehr Schaden anrichten als Gutes tun. Hilfe will gut durchdacht sein, wenn sie Segen bringen soll, nicht anders als ein Stipendium von irgendeiner Stiftung. Ein anschauliches Beispiel von fehlgeleiteter Hilfe ist die Art und Weise, wie Alkoholikern manchmal über viele Jahre von ihren Familien ,,geholfen'' wird. Indem sie sie unterstützten, ihnen halfen, die wahre Lage zu vertuschen, indem sie ihnen immer wieder eine ,,letzte Chance'' gaben, haben Familien den Opfern dazu verholfen, daß sie nur noch tiefer in die Abhängigkeit von der Droge gerieten. Sie haben tatsächlich zu ihrem Ruin beigetragen. Im Fall von Alkoholismus oder anderen Formen des Drogenmißbrauchs besteht wahre Hilfe darin, die betroffene Person dazu zu zwingen, der Realität ins Gesicht zu sehen.

Im Geschäftsleben erweist es sich als schwierig, seinen Freunden zu zeigen, daß die Verfahren, die sie anwenden, das Gegenteil von dem hervorrufen, was sie zu erreichen suchen. Es fällt schwer, ihnen zu verstehen zu geben, daß sie auf dem Holzweg sind. Wenn Sie bereit sind, solche Hilfestellung zu leisten, wo es nötig ist, können Sie auch leicht in den Verdacht der Einmischung geraten. Doch wenn Sie sicher sind, daß Ihre Bestrebungen, Hilfe zu leisten, auf wirklicher Anteilnahme an der Person beruhen und nicht Ihnen selbst zum Vorteil gereichen, dann wird man Ihre Hilfe bereitwillig annehmen.

Übermitteln

Auf dem Gebiet der persönlichen Ideenübermittlung wird mehr zur Verbesserung getan als auf irgendeinem anderen Sektor und weniger erreicht. Sprachtherapie, Kurse über Persönlichkeitsentfaltung, Transzendentale Meditation, Körpersprache − das sind nur ein paar der Aktivitäten, die von Menschen in der Hoffnung, ihre Form der Inhaltsvermittlung zu verbessern, unternommen werden. In den meisten Fällen kommen sie zwar zu einem besseren Selbstverständnis − darum geht es bei den meisten der genannten Aktivitäten −, aber nicht zu dem eigentlich angestrebten Ziel. Sie können oder wollen eine fundamentale Wahrheit nicht einsehen: man muß etwas zu sagen haben.

Ich habe bewußt den Ausdruck ,,übermitteln'' für diese Funktion gewählt, denn die Übermittlung Ihrer Gedanken ist viel wichtiger als das bloße Sprechen. Ihre Kleidung, Ihr physisches Auftreten, Ihre Figur, Ihre Gepflegtheit und viele andere Ihrer Eigenheiten sagen sehr viel über Sie aus, und zwar oft so vordringlich, daß Ihre Worte vielleicht gar nicht mehr gehört werden.

Es gibt drei Grundfunktionen des Übermittelns: Schreiben, Vortragen nach einem Konzept und Reden im Gespräch.

Schreiben ist wie Bällewerfen. Die größte Zielsicherheit erreicht man mit kurzen, geradlinigen Würfen; unerwünscht sind dagegen lange, gebogene Wurflinien. Schreiben hilft Ihnen, Ihre Gedanken so zusammenzufassen, daß sie von anderen verstanden werden. Vielleicht gehören Sie zu den Leuten, die mit wohlklingender Rede und schlüssigem Ausdruck Berge versetzen können. Vielleicht werden Ihre Worte ob ihrer Denkwürdigkeit in Stein geritzt überdauern. Doch wahrscheinlich ist es nicht. Wahrscheinlich müssen Sie, wie wir alle, ständig darum ringen, verstanden zu werden. Wenn Sie selbst dieser Ansicht sind, sind Sie schon auf dem richtigen Weg. Schreiben ist unter den Künsten der Kommunikation die schwierigste. Wenn Sie vor einem Publikum stehen, bekommen Sie beim Reden immer noch ein wenig Rückmeldung. Sie können Ihren Zuhörern ansehen, ob sie verwirrt, gelangweilt oder schläfrig sind. Lesen dagegen ist ein privater Akt, und Sie können erst wissen, ob jemand verstanden hat, was Sie geschrieben haben, wenn er Ihnen durch seine Reaktionen beweist, daß er es verstanden oder auch mißverstanden hat. Sich verständlich zu machen ist harte Arbeit. Aber wenn Sie diese Kunst beherrschen gelernt haben, können Sie damit mehr erreichen, als Sie sich je erträumen würden.

Das Sprechen nach einem ausgearbeiteten Konzept ist eine sehr lohnende, aber zugleich sehr ermüdende Kommunikationsform. Ich stelle immer wieder amüsiert fest, daß eine wirklich gelungene Rede wie aus dem Stegreif gehalten wirkt und doch so schrecklich langwierige Vorbereitung erfordert. Sich auf eine öffentlich gehaltene Rede überhaupt nicht vorzubereiten ist eine der schlimmsten Auswüchse von Selbstgefälligkeit. Es ist eine Zumutung für Ihre Zuhörer – und es entgeht ihnen auch nie. Ihr Publikum ist nach einer solchen Rede eher bereit, das Podium zu stürmen, als den Inhalt Ihrer Rede zu befolgen.

In den letzten fünfzehn Jahren ist die Zuhörerschaft in einzelnen Bereichen hinsichtlich der Form, in der sie angesprochen sein will, eher anspruchsvoller geworden. Durch die Übertragung von politischen Debatten, Podiumsdiskussionen und Talk-Shows im Fernsehen und durch den vermehrten Besuch von Vorträgen und Diskussionskreisen sind vielen Leuten die Augen geöffnet worden. Allein schon aus diesem Grund ist es ratsam, daß Sie, falls Ihre Position viel öffentliches Reden erfordert, sich zu einem möglichst frühen Zeitpunkt in Rhetorik unterweisen lassen. Es geht dabei nicht nur um stilistische Fragen; auch gegliedertes Reden und sicheres Auftreten lassen sich üben. Für Rhetorik und Ausdrucksschulung gibt es eine Reihe von Seminaren und Schulungskursen, auch bei den Einrichtungen der Erwachsenenbildung.

Was die Gesprächsführung anbelangt, sind wir uns alle einigermaßen sicher, daß wir damit zurechtkommen. Viele sind jedoch in diesem Fach keine großen Meister, vielleicht weil sie meinen, es erfordere wenig Vorbereitung und keine besondere Beachtung. Der kluge Manager jedoch hört sich selbstkritisch zu und lernt, sich in Schwachpunkten zu verbessern. Er lernt, wie wichtig zum Beispiel Augenkontakt ist; wann Körperkontakt angebracht ist und wann nicht; wann Scherze oder Bonmots deplaziert sind; und schließlich auch, wann es besser ist zu schweigen.

Jede dieser Übermittlungsfunktionen – Schreiben, Vortragen und Gesprächsführung – lassen in Ihrem Gegenüber oder in Ihrem Publikum ein festes Bild von Ihnen entstehen. Das Bild, das sie in ihrer Vorstellung von Ihnen haben, halten sie für die Wirklichkeit. Vielleicht sind Sie der Meinung, daß dieses Bild nicht auf Sie zutrifft, und womöglich haben Sie recht. Aber der Anschein bestimmt meist die Realität. Denken

Sie nur an die Personen, an denen Sie aus irgendwelchen Gründen etwas auszusetzen haben. Sie meinen wahrscheinlich, sie seien bewußt so, wie sie sind. Aber es steckt bestimmt keine Absicht dahinter.

Ideen finden

Es gibt viele, die der Ansicht sind, Kreativität sei reine Veranlagungssache. Man sei eben kreativ, oder man sei es nicht. Ich vermute, daß dieses Urteil im künstlerischen Bereich und selbst auf dem Gebiet von Sport und Spiel zutreffend ist. Aber in der Welt des Managements ist Kreativität durchaus erlernbar.

Sie können es lernen, für ein kompliziertes Problem auf kreativem Weg eine Lösung zu finden, indem Sie der einzige sind, der dieses komplexe Problem auf seine Haupturachen reduziert. Hat man erst die Ursachen eines Problems herausgeschält, ergibt sich in der Regel auch eine kreative Lösung – sofern Sie in der Lage sind, diese zu erkennen. Leider geben die meisten Leute schon vorher auf.

Die Fähigkeit, Probleme zu lösen, ist erlernbar: eine Reihe verschiedener Techniken und Konzepte steht für das Erlernen zur Wahl. Die praktikabelste Technik besteht jedoch immer noch darin, sich an die Leute zu wenden, die von dem Problem zuvorderst betroffen sind. Und zwar nicht die Leute in leitenden Funktionen, sondern die Ausführenden. Ich bin viele Jahre gut damit gefahren, daß ich immer direkt zu dem zuständigen Kontroll- oder Testpersonal selbst gehe und mich an Ort und Stelle erkundige, was das eigentliche Problem ist. Die Leute an den Prüfstellen sind höchst beglückt, daß jemand etwas darauf gibt, ihre Meinung zu hören. Sie teilen mir dann etwa mit, daß die Fehler sich häufen, weil zu viele ungelernte Arbeitskräfte in den Fertigungsbereichen eingesetzt werden; oder daß die neuen Testgeräte noch nicht richtig eingestellt sind; oder daß die Leute eine Mordswut auf den Schichtleiter haben. Sie schildern meist ganz unverblümt, wie die Dinge wirklich stehen, und tragen so dazu bei, daß sich die Lösung fast wie von selbst ergibt. Natürlich sollten Sie dafür sorgen, daß ihr Mitwirken an der Lösung auch entsprechend anerkannt wird, und Sie müssen ihnen Gelegenheit geben, ihrem Ärger Luft zu machen.

Eine weitere Quelle für kreative Problemlösung sind schließlich auch die Ideen anderer Mitarbeiter oder längst existierende Ideen, die Sie entsprechend ausbauen, umformulieren oder auf den neuesten Stand bringen. Aber versäumen Sie nicht, das Verdienst auch den anderen zuzusprechen; es ist sicher so bemessen, daß es für alle reicht.

Was für den Führungsstil in puncto Kreativität am allerwichtigsten ist: Sie sollten sich nicht zur Gewohnheit machen, Ihre Einfallslosigkeit immer wieder laut zu betonen. Sonst glauben die Leute am Ende wirklich, Ihnen fiele nichts ein. Wahrscheinlich ist nicht einmal der zehnte Teil der Menschheit wirklich kreativ in dem Sinn, daß die Leute in der Lage sind, aus einem völlig eigenständigen, neuartigen Gedanken ein eigenständiges, neuartiges Konzept zu entwickeln. Sie brauchen sich nicht von der Natur benachteiligt zu fühlen, wenn Sie nicht zu diesem Zehntel gehören. Die wirklich Kreativen werden oft genug mißverstanden oder unterschätzt, und in jedem Fall sind sie ziemlich allein auf weiter Flur.

Durchführen

Die besten Dienste leistet ein Manager, der in der Lage ist, selbst schöpferische Ideen zu entwickeln und diese auch zur Ausführung zu bringen. Dieser Managertyp ist allerdings so rar, daß Sie, sollten Sie einem von ihnen begegnen, Ihr Wissen besser für sich behalten. Schon etwas leichter zu finden sind Führungskräfte, die die Konzepte anderer in die Tat umsetzen oder bereits existierende Methoden durch eigene Ideen verbessern können. Sie sind ihr Gewicht in arabischen Ölanteilen wert. Die meisten Manager können nur Anweisungen befolgen (was an und für sich auch nicht ohne Wert ist, nur eben phantasielos), und die wirklichen Ausführer sind hochgeachtet und gut bezahlt.

Jeder Betriebschef träumt von Stabsleuten, die einen Auftrag entgegennehmen, selbst herausfinden, wie er durchzuführen ist, und ihm schließlich das gewünschte Ergebnis melden. Sie wünschen sich jemanden, der keine Probleme hat mit Anweisungen wie ,,Bringen Sie den Lagerbestand auf den Wert vom letzten Jahr herunter'' oder ,,Wir müssen einen Marktvorstoß mit Kondensatoren machen'' oder ,,Die Ober sind einfach zu langsam, machen Sie ihnen Beine''.

Er soll die Dinge entschlossen angehen, grundlegenden Schwierigkeiten auf die Spur kommen, eine praktizierbare Lösung entwickeln, jedermann dafür begeistern und sie daraufhin durchführen lassen. Das Ganze ohne viel Aufhebens, ohne Sondervollmachten, ohne viel Fragen. Einfach ein Ausbund der Verläßlichkeit, der kommt und alles richtig macht.

Qualitätsverbesserungs-Programme erfüllen solche Ansprüche. Viele Qualitätsleiter versteigen sich zu dem Wunsch nach absoluter Handlungsvollmacht − plus einer eidesstattlichen Verpflichtung, daß alle kooperieren werden. Wenn man diese schon an der vordersten Linie hätte, brauchte man wahrhaftig nicht mehr viel zu managen. Dann wären Sie wahrscheinlich auch fehl am Platze. Wenn man sich diese Verpflichtung sichern könnte, wären Sie vollkommen überflüssig.

Lernen

Es stimmt mich jedesmal nachdenklich, wenn die Leute mich fragen: ,,Welches Fach haben Sie denn studiert?'' Ist das wirklich ausschlaggebend? Die wenigsten Leute verdienen sich ihren Lebensunterhalt mit dem, was sie auf der Schule oder der Universität gelernt haben. Beim Management kommt es, sofern Sie nicht unmittelbar für ein Fachgebiet wie Chemie, Medizin, Metallurgie o.ä. zuständig sind, weitgehend auf allgemeine Kenntnisse an. Je besser Sie über alles mögliche, insbesondere über Leute und Geld, informiert sind, desto mehr können Sie in diesem Beruf erreichen.

Es ist deshalb außerordentlich wichtig, daß man in unserem Beruf nie aufhört zu lernen. An offiziellen Fortbildungskursen teilzunehmen ist ein sicherer Weg weiterzulernen. Aber noch wichtiger ist es, selbst zu lesen und zuzuhören. Lesen Sie alles, was Ihnen in die Finger kommt. Lesen Sie mindestens eine Zeitschrift pro Tag, und drei oder vier Bücher im Monat (thematisch ruhig querbeet, von Geschichte bis Kindererziehung). Lassen Sie sich jede Woche auf mehrere wirklich anregende Gespräche ein. Und legen Sie sich in der Freizeit nicht allzusehr auf eine Routine fest. Versuchen Sie, wach und lebendig und allem Neuen aufgeschlossen zu bleiben.

Man kann nie im voraus wissen, was man noch lernen muß. Setzen Sie sich deshalb fortwährend neuen Erfahrungen und Anregungen aus. Vielleicht gehen Ihnen einige der neuen Zeitschriften, Filme oder auch Modewellen gegen den Strich; doch sie sind Teil unserer Realität und sollten zumindest ansatzweise verstanden werden, und sei es auch nur, damit Sie wissen, wie Sie mit ihnen oder ihren Auswirkungen umgehen können. Man kann nicht einfach ganze Bereiche der Welt ausschließen, weil sie einem nicht gefallen. Es hilft einem viel, wenn man zwischen den Vorgängen in der Gegenwart und denen der Vergangenheit einen Bezug herstellen kann. Im Grunde ist so gut wie nichts neu, und fast alles war früher schlechter.

Es ist außerdem sinnvoll, alle fünf Jahre irgendeine ganz neue Fertigkeit zu erlernen. Lernen Sie meinetwegen Orgelspielen; fangen Sie mit Tennis an oder mit dem Langlauf; malen Sie in Ihrer Freizeit. Alle diese Tätigkeiten stellen eine Anregung und eine Herausforderung dar und trainieren die ,,Lernmuskeln". Sie hindern Sie daran, so zu werden, wie diese oder jene Person aus Ihrem Bekanntenkreis, die auf jede neue Idee von vornherein negativ reagiert und jegliche Begeisterung im Leben verloren hat. Diese Person hat aufgehört zu lernen, wahrscheinlich ungefähr in Ihrem Alter. Aber die Dinge, die es wert sind, gelernt zu werden, nehmen nie ein Ende.

Führen

In manchen Fällen erfordert das Führen nichts weiter, als die Richtung herauszufinden, in die die Leute ohnehin streben, und sich dann an ihre Spitze zu setzen und zu rufen: ,,Alles mir nach!" In vielen Fällen erfordert es mehr. Führungskräfte üben Kommunikation aus, indem sie klar verständliche Anweisungen erteilen und selbst ein leuchtendes Beispiel geben. Führen heißt Ziele festsetzen und auf unmißverständliche Weise formulieren, diese Ziele für jeden einzelnen verbindlich machen, die Verfahren zur Messung des Ergebnisses definieren und schließlich den Anstoß geben, daß die Dinge getan werden. Es ist harte Arbeit, und sie ist nie zu Ende. Sie müssen dafür sorgen, daß jeder beschäftigt ist. Ein Führender, dem die Aufgaben für die Geführten ausgehen, wird bald jemanden auf seinem Posten finden, der mehr Interesse dafür zeigt, sich energisch einzusetzen.

Sie kennen natürlich all die herkömmlichen Vorstellungen über die Schwierigkeiten der Führungsposition: die lange Arbeitszeit; die peinigende Frage, ob Unternehmungen glücken und die eingegangenen Risiken sich auszahlen werden; die ewige Qual der Wahl zwischen den Aufsteigern und denen auf dem Weg nach unten. Aber irgendwie werden Sie diese Art von Problemen schon meistern.

Aber es gibt noch eine andere Gefahr, der Sie vielleicht nicht gewachsen sind und der die meisten Führungskräfte erliegen. Das ist die fortschreitende Überzeugung, sie seien persönlich unersetzlich, nur sie lebten im Stand der Erkenntnis, der allen anderen verschlossen sei. ,,Aber ich bin doch der einzige, der hier Bescheid weiß!"

Wenn das zutrifft, dann kommt das daher, daß die geltenden Regeln von der Führungskraft ständig abgeändert werden. Wenn der Spielleiter als einziger die Spielregeln kennt, dann ist offensichtlich, daß bei diesem Spiel nur er gewinnen kann. Die wenigsten Leute in leitenden Positionen stellen mit voller Absicht willkürliche Regeln auf. Es ist das natürliche Ergebnis eines Denkprozesses, der sie in eine Richtung führt, die ihre Untergebenen nicht kennen. Da die Untergebenen keinen Einblick in die Navigationskarte haben, denken sie vielleicht nicht minder angestrengt in die entgegengesetzte Richtung. Der Richtungsunterschied macht sich unweigerlich eines Tages bemerkbar und bewirkt meist einen Vertrauensverlust auf seiten des Führenden. Der wiederum erzeugt massive Vorbehalte seitens der Untergebenen mit all den bekannten Auswirkungen solcher Vorbehalte. Das Ergebnis ist eine Krankheit, die den gesamten Betrieb lahmlegt.

Das einzige Heilmittel heißt Aufgeschlossenheit − eine grundsätzliche Haltung der Offenheit gegenüber den Mitarbeitern, die erlaubt, daß Ideen frei in Umlauf kommen und Handlungsrichtlinien allen einsehbar festgelegt werden. Ein Führungsstil, bei dem der Führende sich isoliert, erstarrt und hemmt jede Entwicklung. Wie in totalitären politischen Systemen blockiert ein totaler Machtanspruch des Führenden jede Eigeninitiative seitens der Geführten und setzt die heilsamen Kräfte von Kritik, Diskussion und Engagement außer Kraft.

Unterordnen

Es ist nicht leicht, ein guter Untergebener zu sein. Ein unterwürfiger wohl. Ein gehorsamer auch. Aber ein guter? Das ist schwierig. Eine Person in untergeordneter Stellung muß dieselben Ergebnisse anstreben wie ihr Vorgesetzter. Der Untergebene muß nicht notwendigerweise auch identische Ziele verfolgen, aber das Streben nach denselben Endergebnissen muß gegeben sein.

Ein Mitarbeiter, der sich gut unterordnen kann, vergewissert sich, daß er die Anweisungen seines Chefs nicht nur im Wortlaut, sondern auch dem Inhalt nach begreift. Und er ,,interpretiert'' die Worte des Chefs auch nicht für andere und hält sich streng an seinen eigenen Aufgabenbereich. Mit solchen ungeschriebenen Verhaltensregeln soll weder die Effektivität noch die Erfindungsgabe der Mitarbeiter beschnitten werden; sie sind nur deshalb nötig, um möglichst wenig Verwirrung aufkommen zu lassen.

Gute Untergebene, die ihre Einflußsphäre erweitern wollen, werden befördert und rücken zu verantwortlicheren Tätigkeiten auf. Sie sehen keine Notwendigkeit, sich in den Tätigkeitsbereich des Vorgesetzten zu drängen. Sie profilieren sich in einem Teilbereich, der bisher eher vernachlässigt wurde, und sie tun es mit vollem Einverständnis ihres Chefs. Revierkämpfe zwischen Vorgesetztem und Untergebenem führen für gewöhnlich zu gar nichts, außer daß es nur um so länger dauert, bis der Futtertrog für beide ausreichend gefüllt ist.

Man sollte die schwierige Kunst der Unterordnung nicht nur als eine vorübergehende Pflichtübung ansehen, die es zu erlernen gilt, ehe man selbst die staubfreien Höhen des

Führungswesens erklimmt. Man ist nie, absolut nie von der Pflicht befreit, sich irgendwem unterzuordnen. Sie können bis auf eine Ebene vordringen, wo Sie nur mehr den Aufsichtsrat zum Vorgesetzten haben, oder Sie können sogar so hoch aufsteigen, daß Sie sich nur noch um „das Volk" zu kümmern haben. Aber wie Sie selbst wissen, werden unsere Politiker gerade von diesem des öfteren belehrt, wer die Zügel in der Hand hat.

Üben Sie sich im Unterordnen. Das Führen kommt ganz von allein.

Bluffen

Hier handelt es sich um eine spezielle Fähigkeit, die Sie möglichst nicht weiter ausbilden sollten. Wenn Sie anderen immer nur etwas vormachen wollen, wissen Sie vielleicht einmal nicht mehr, was wirklich ist. Wenn Sie eine aufgesetzte Rolle spielen wollen, schlagen Sie die Schauspielerlaufbahn ein. Aber wer als Manager immer nur mit Bluff arbeitet, hat zweifellos einen schrecklichen Führungsstil.

Zusammenfassung

Zuhören. Sie können einem anderen keine größere Ehre antun, als wirklich hinzuhören, was er zu sagen hat.

Kooperieren. Sie spielen nicht nur gut zu und treiben ein gutes Spiel voran, Sie schützen auch Ihre Mitspieler.

Helfen. Bieten Sie anderen Unterstützung, ohne selbst Unterstützung von ihnen zu erwarten.

Übermitteln. Wie Sie bei anderen ankommen, sollten Sie nicht dem Zufall überlassen.

Ideen finden. Neuartige Lösungen sind das Ergebnis mühevollen Aufspürens altbekannter Probleme.

Durchführen. An einem bestimmten Punkt muß einer dafür sorgen, daß die Dinge getan werden.

Lernen. Wenn Sie auf alles eine Antwort wissen, dann können Sie sicher sein, daß Sie aufgehört haben zu lernen.

Führen. Das Verhängnis aller Führenden beginnt da, wo sie nur mehr an sich selbst glauben.

Unterordnen. Man kommt nie an den Punkt, wo man niemanden über sich hat, also üben Sie sich besser im Unterordnen.

Bluffen. Wenn Sie Theater spielen wollen, machen Sie eine Karriere daraus, aber lassen Sie die Finger vom Management.

Führungsstil: Ballett oder Hockey?

Ihr Führungsstil sollte sowohl natürlich als auch wohlüberlegt sein. Der natürliche Führungsstil ist sicherlich der erstrebenswerteste und wirksamste, der sich denken läßt. Doch unter Umständen haben Sie einige individuelle Eigenarten, die weder besonders liebenswert noch der Sache förderlich sind. Versuchen Sie, diese herauszufinden und loszuwerden. Aber bereiten Sie sich vor allen Dingen vor. Seien Sie gerüstet, wenn der Augenblick Ihrer großen Chance kommt. Seien Sie so gerüstet, daß Sie eine Antwort parat hätten, wenn ein Reporter für die Abendschau auf Sie zukäme und Sie fragte: ,,Was würden Sie hier vorschlagen?''

Denken Sie einmal an den Unterschied zwischen Ballett und Hockey.

Hockey ist ein Spiel, das die unmittelbare Anwendung von antrainierten und natürlichen Fähigkeiten auf eine ständig wechselnde Situation erfordert. Mit dem Abschlag des Balls beginnt jedesmal ein noch nie dagewesenes Spiel. Der Kampf dauert an, bis ein Tor geschossen wird, die Spielzeit zu Ende ist oder ein Pfiff des Schiedrichters ertönt. Der Hockeyspieler muß wissen, wann er in die Offensive gehen und wann er auf Rückzug spielen muß. Es gibt keinen vorgeschriebenen Ablauf; es gibt keine Atempause. Nur Kampf, Krafteinsatz und Mannschaft gegen Mannschaft. Hockey ist ein spannendes Spiel, und der Stil, in dem es gespielt wird, ist ungeheuer aufregend. Aber der Stil eignet sich nicht zum Führungsstil.

Beim Ballett dagegen wird jede Einzelheit bewußt gestaltet, geplant, diskutiert, ausprobiert, kritisch überprüft und in der Abfolge festgelegt, ehe es zur Aufführung gelangt. Die Anordnung der Requisiten, die zeitliche Abfolge der Bewegungen, die Darstellung der Handlung, der Rhythmus der Musik — alles wird sorgfältig durchdacht und bis ins kleinste Detail geplant. Und doch ist jede Vorstellung durch die schöpferische Eigenleistung der Künstler und das Mitgehen des Publikums immer wieder ein Original. Ballett ist ein Kommunikationsmedium. Es ist überdies ein praktikabler und wirkungsvoller Führungsstil.

Angenommen, ein Unternehmen entdeckt, daß ein Großteil seiner gegenwärtigen Probleme darauf zurückzuführen ist, daß neue Mitarbeiter vor ihrem Einsatz am Arbeitsplatz nicht ordentlich angelernt wurden. Zweifellos wird das Unternehmen Anweisungen ergehen lassen, daß die betroffenen Bereiche künftig mehr Sorgfalt auf das Anlernen von Mitarbeitern verwenden müssen. Gewappnet mit seiner Anweisung, Abhilfe zu schaffen, schreibt der Hockey-Manager eine Notiz zur Unterzeichnung durch den Geschäftsführer, in der unmißverständlich festgehalten ist, daß ,,in Zukunft Beschäftigte erst dann zur Arbeit eingesetzt werden, wenn ihnen von der Qualitätsabteilung tatsächliche Befähigung bescheinigt wurde''. Das Resultat sind gekränkte Mienen, Konflikte und ultimative Forderungen, vielleicht auch die Einstellung einiger neuer Mitarbeiter für das ,,Bescheinigen von Befähigung''.

Der Ballett-Manager dagegen beruft eine Versammlung der betroffenen Abteilungen ein, um über die Angelegenheit zu diskutieren. Er legt den Sachverhalt klar und emotionsfrei dar und bewirkt damit, daß die Gruppe selbst zu dem Schluß kommt: ,,Wir haben die neuen Mitarbeiter nicht sorgfältig genug angelernt, bevor wir sie den jeweiligen Arbeitsgängen zuwiesen.'' Nach einer längeren Diskussion einigen sich die betroffenen Bereiche auf eine strengere Kontrolle der Mitarbeiterschulung. Die Qualitätsabteilung wird gebeten, die Fortschritte in regelmäßigen Abständen zu überprüfen, und ein auf das Problem angesetztes Team tritt ebenso regelmäßig zusammen, bis das Problem beseitigt ist. Das Ballett-Management hat den betroffenen Abteilungen klar zu verstehen gegeben, daß die Dinge nicht so weitergehen können wie bisher; sie müßten nun das tun, was sie schon von vornherein hätten tun müssen. Kein Gezeter, keiner läßt Federn. Einfach nur wirkungsvolle und konstruktive Ergebnisse.

Wenn Sie in der Lage sind, die Situation zu beurteilen und ein spezielles Vorgehen zur Behebung eines speziellen Problems auszuarbeiten, werden Sie respektiert. Wenn Sie eine große Szene machen und mit aller Gewalt gegen das Problem vorgehen, während um Sie herum die Fetzen fliegen, wird man Sie als gefährlich einstufen. Auf den Hockey-Manager prasseln verzweifelte Telefonanrufe, Gesprächsnotizen, Besuche, Anfragen, Angriffe und fortwährende dringende Verpflichtungen herein. Kurze Urlaube, abgebrochene Reisen und Überstunden bis in die Nacht sind beim Manager vom Hockey-Typus an der Tagesordnung. Er hat wohl die Befriedigung, viele Probleme angegangen und gelöst zu haben, doch fast alle dieser Probleme müssen immer wieder aufs neue ,,gelöst'' werden, wenn sie wiederkehren. Das Management der Ballett-Schule wird nur selten unplanmäßig aus der Arbeit gerissen. Ziele werden regelmäßig erreicht, Urlaube dürfen wie geplant stattfinden, und Überstunden kommen im Vokabular nicht vor. Wenn Probleme auftauchen, werden sie rasch behoben – mit der unauffälligen Tüchtigkeit eines guten Hausgeists.

Hockey ist Fehlerentdeckung; Ballett ist Fehlervorbeugung. Beide Stilrichtungen sind innerhalb des herkömmlichen Rahmens für das Qualitätsmanagement möglich. Doch nur Fehlervorbeugung trägt Ihnen die Erfolge und Befriedigung ein, die Sie verdienen. Die Geschäftsleitung verlangt von ihrem Qualitätsstab, daß er Probleme vollkommen verhindert. Sie verlangt weiter, daß Probleme, wo sie doch einmal auftauchen, unverzüglich angegangen werden, und zwar ohne Erregung, allgemeine Aufruhr oder große Kosten. Die Unternehmensleitung ist nicht daran interessiert, alle Augenblick irgendwelche Schreiben auf die hochheiligen Schreibtische gelegt zu bekommen, die als Bestätigung ihrer ,,Unterstützung der Maßnahmen'' zu unterzeichnen sind. Sie wollen, daß Qualität eine sichere Sache ist. Und Sie müssen dasselbe wollen.

Qualität kostet nichts. Aber sie wird einem nicht geschenkt.

TEIL ZWEI

Wie wird Qualität umgesetzt?
Das Qualitätsverbesserungs-Programm
des HPA-Konzerns

Das schwierigste Problem kommt auf Manager immer dann zu, wenn von ihnen tatsächlich erwartet wird, daß sie all die Dinge machen, von den sie immer behauptet haben, sie seien machbar, wenn nur alle anderen auf sie hören würden. Dann müssen sie Taten vorweisen, wo sie nur Ideen hatten. Aber es kann eigentlich gar nichts schiefgehen, wenn sie sich die Zeit nehmen, aus der Erfahrung anderer zu lernen. Unter den vielen Hunderten von Qualitätsverbesserungs-Programmen, die ich im Lauf der Jahre miterlebt habe, ist kein einziges erfolglos geblieben, sofern das Programm das Vierzehn-Schritte-Konzept – auch nur annähernd – befolgte. Das Fallbeispiel des HPA-Konzerns zeigt Ihnen an einem aus dem Leben gegriffenen Beispiel, wie man ein Qualitätsverbesserungs-Programm aufstellt und durchführt. Vielleicht erkennen Sie einige der Management-Typen aus dem Fallbeispiel wieder. Ganz bestimmt erkennen Sie die Einstellungen wieder. Es wird Sie sicher freuen, zu erfahren, daß am Ende alles gut geht.

Das Fallbeispiel wurde bereits für die verschiedensten Managementgruppen und Qualitätsspezialisten aller Glaubensrichtungen als Unterrichtshilfe eingesetzt. Mittels Rollenspiel und Durchdiskutieren der verschiedenen Schritte lernten sie bereits im voraus, wie in der jeweiligen Situation vorzugehen ist. Mit dem Erfolg, daß sie anschließend in ihre Firmen zurückkehrten, das Programm durchführten und die Helden des Tages wurden.

Alle Einstellungstests, alle Diskussionen und erforderlichen Sitzungen sind in diesem Fallbeispiel beschrieben. TEIL DREI enthält praktische Richtlinien für den Schulungsleiter. Ich würde vorschlagen, daß Sie zunächst die Falldarstellung lesen, sich dann die Richtlinien in TEIL DREI genauer ansehen und schließlich den Fall ein zweites Mal durcharbeiten und dabei die Fragen aus den Schulungsrichtlinien beantworten.

Es soll Spaß machen, die Fallgeschichte zu lesen und die Aufgaben darin zu machen. Denken Sie an Ihre eigene Firma, wenn Sie sie gelesen haben. Gehen Sie dann hinaus in die Praxis. Die Qualitätsverbesserung erwartet Sie.

Und nun zu unserer Geschichte …

10
Vorgeschichte des Projekts

Die Mitwirkenden

Hermann Breuer   - Geschäftsführer, HPA, Sektor Haushaltsgeräte
Sonja Breuer   - Seine Frau (nicht bei HPA angestellt)
Willi Eber   - Fertigungsleiter
Otto Meyer   - Einkaufsleiter
Harry Wilms   - Technischer Leiter
Rolf Löwe   - Außendienstleiter
Käthe Nordend   - Marketingleiterin
Albert Feldner   - Qualitätsleiter
Dr. Martin Nelson- Personalleiter, auch zuständig für Beziehungen
                  zum Betriebsrat
Alice Wagner   - Leiterin des Rechnungs- und Finanzwesens
Bob Runge   - Programmleiter
Eva Runge   - Seine Frau (nicht bei HPA angestellt)
Jan Holms   - Qualitätstechniker, HPA-Hauptgeschäftsstelle
Thomas Wirth   - Betriebsratsvorsitzender
(Verschiedene Angestellte und Familienangehörige)

    Hermann Breuer, seit drei Jahren Geschäftsführer des Haushaltsgerätesektors von HPA, hatte schon seit längerem mit allen Mitteln versucht, den alten Herstellungs- und Vertriebszweig für Haushaltskleingeräte aus dessen notorisch schlechten Ertragslage herauszuhebeln. Er hatte moderne Managementtechniken eingeführt und erwartete, daß dieser Sektor bald soweit sein würde, Gewinn abzuwerfen. Aber irgendwie schien dies Ereignis nie einzutreten. Immer wieder tauchte irgendein noch nie dagewesenes Problem in dem einst so perfekt scheinenden Betriebssystem auf.

    Vor zwei Jahren war es die plötzliche Entdeckung gewesen, daß die Bauteile, die in der Produktgruppe Fernsehen verwendet wurden, aus unerfindlichen Gründen „in der Qualität nachgelassen hatten", was eine beschleunigte Ausfallquote der Geräte im Außendienst zur Folge hatte. Daraufhin kam der Außendienstleiter Rolf Löwe aufs höchste erregt in Herrn Breuers Büro gestürmt. Herr Löwe war kaum mit seinem Plädoyer für die Bereitstellung von fünfunddreißig Leuten, die auf das Problem angesetzt werden sollten, zu Ende gekommen, als die Marketingleiterin hereingeplatzt kam. Käthe Nordend bewegte sich für gewöhnlich energisch, doch nicht undamenhaft, aber bekanntlich tut Ärger der Grazie Abbruch. „Jetzt, wo das Mißtrauen der Händler einmal geweckt ist'', stellte sie fest, ,,müssen wir mit unserer Qualität auf Zack kommen, sonst sind wir in Schwierigkeiten, und was für welchen!''

Der Qualitätsleiter Albert Feldner hatte als Reaktion auf die Schwierigkeiten sofort die nicht einwandfreien Teile aus dem Lager ziehen lassen und beim Einkauf entsprechende Korrekturmaßnahmen eingeleitet. Er war sicher, daß so etwas nicht noch einmal vorkommen würde. Darüber hinaus hatte der Qualitätstechniker seiner Abteilung ein neues Reparaturhandbuch für Außendienstmitarbeiter geschrieben, durch das Reparaturarbeiten vereinfacht wurden. Die Sache hätte schlimmer ausgehen können, fanden sie übereinstimmend.

Sechs oder sieben Monate danach erlebten sie die nächste unangenehme Überraschung: Diesmal handelte es sich um einen plötzlich aufgetretenen Lagerüberhang an Fertigwaren im Sektor Toaster und Tischgrillgeräte. Eingehende Untersuchungen des Herstellungsleiters Willi Eber ergaben, daß zwei voneinander unabhängig aufgetretene Fehler im EDV-Programm der Produktionssteuerung an der unplanmäßigen Produktion dieser Geräte schuld waren. Die Marketingabteilung mußte den Überhang irgendwie abstoßen – was sie unter beträchtlichen Verlusten auch tat.

Immer wieder war Feuer unterm Dach, kleine Herde zwar nur, aber stets neue in allen möglichen Betriebsbereichen, kaum daß die vorherigen gelöscht waren. Stabssitzungen wurden zu Beschuldigungs- und Gegenbeschuldigungsrunden. Jeder war gleichermaßen schuld, aber keiner wollte zuständig sein.

Die Erträge gingen allmählich zurück, und die Rückweisungsquote war in allen Bereichen im Ansteigen. Die Verkaufsleute hatten eine schlechte Meinung vom Produkt. Da sie ihrer Natur nach ohnehin gefühlsmäßig urteilten, reagierten sie übertrieben auf die speziellen Probleme, die sie erlebt hatten, und sahen sie vielleicht noch schlimmer als sie waren. Es gab keinen Zweifel, daß die Leute vom Verkauf wirklich unzufrieden waren über die jüngsten Entwicklungen, und das schlug sich allmählich in den Verkaufsergebnissen nieder. ,,Aber ich bin wohl am meisten zu bedauern hier'', sagte sich Hermann Breuer.

Auch die Vertragshändler reagierten negativ. HPA verkaufte über privat geführte Haushalts- und Eisenwarengeschäfte und war somit von der Gunst dieser Einzelhändler abhängig. Und diese Gunst wiederum war allein von der Glaubwürdigkeit und Leistung des Produkts abhängig. Obwohl HPA in den wichtigsten Absatzgebieten eigene Reparaturwerkstätten und einen eigenen Stab von Außendienstmitarbeitern unterhielt, hatten die jüngst aufgetauchten Störungen sie trotz all ihrer Bemühungen überfordert. So gerieten sie – mit mathematischer Präzision – mit den Reparaturen fortlaufend mehr in Verzug.

Bei Breuers jüngster Stabssitzung hatte der Qualitätsleiter Albert Feldner einen Bericht über den gegenwärtigen Stand der laufenden Korrekturmaßnahmen sowie über die Qualitätslage im gesamten Betrieb vorgelegt. In mehreren Bereichen hatte sich eine Verbesserung erzielen lassen, doch in anderen hatte der Stand sich eher verschlechtert. Insgesamt betrachtet verschlimmerte sich die Situation zwar nicht mehr, machte aber auch keine erkennbaren Fortschritte. Herr Feldner äußerte die Überzeugung, sie würden die Sache allmählich in den Griff bekommen und möglicherweise im Laufe der nächsten paar Monate die Wende erleben. Die Leute von der Herstellung bekräftigten seine

Aussage, und allmählich verbreitete sich auf der Stabssitzung allgemeiner Optimismus. Breuer bohrte hartnäckig nach, was für Korrekturmaßnahmen im einzelnen durchgeführt wurden. Er zeigte sich damit zufrieden, daß die Teams, die Herr Feldner zur Lösung der speziellen Probleme aufgestelt hatte, allmählich die richtigen Ansatzpunkte fanden. Er bekam vom gesamten Stab den Eindruck vermittelt, daß man auf dem richtigen Weg sei.

Als Ergebnis dieser Analyse faßte Herr Breuer den Entschluß, selbst einige konkrete Schritte zu unternehmen. Für die kommende Woche war die alljährliche Verkäuferversammlung geplant. Herr Breuer hatte eigentlich vorgehabt, seine übliche philosophisch angehauchte kleine Ansprache über die Zukunft des Kleingerätesektors im allgemeinen und HPA im besonderen zu halten. Doch dieses Mal, so erzählte er Käthe Nordend, der Marketingleiterin, würde er über Qualität sprechen und über die konkreten Schritte, die unternommen wurden, um die jetzt noch akuten Probleme zu eliminieren.

Der Gedanke wurde von allen begeistert aufgenommen. Herr Feldner stellte ein paar Diagramme zusammen, die sich für den Anlaß gut verwenden ließen; die Rechnungs- und Finanzleiterin Alice Wagner wollte ein paar spezielle grafische Darstellungen zu den Wachstumsraten liefern; und so schrieb Herr Breuer seine geplante Rede.

Die Verkaufsleute waren von dieser Rede wirklich angetan. Es war genau die Art Bestärkung, die sie im Moment brauchten. Frau Nordend war zufrieden, Herr Feldner war hochentzückt, und Herr Breuer war seiner Sache wieder sicher. Bloß Herr Löwe schien nicht vollkommen überzeugt.

Der Außendienstleiter zog Herrn Breuer in eine ruhige Ecke — eine für seine Verhältnisse maßvolle Geste — und fragte ihn, was er gegen die anstehenden Probleme zu tun gedenke. Er wies darauf hin, daß die geplanten Maßnahmen samt und sonders auf die Behebung bereits bestehender Probleme abzielten. Er betonte nachdrücklich, daß es möglich gewesen wäre, diesen vorzubeugen. Der Außendienstleiter gab zwar selbst zu, daß er auch nicht wußte, was zu tun sei; er sei jedoch sicher, daß einige der Probleme sich schon im Ansatz verhüten lassen müßten und daß man die Lawine schon abfangen müßte, ehe sie sich richtig löste.

Damit war Herrn Breuer die ganze schöne Versammlung verdorben.

Was ihn besonders störte, war die Tatsache, daß Herr Löwe so offensichtlich recht hatte. Wenn man die Probleme schon im Keim aufspürt, kann man sie fast ohne jede Anstrengung und mit einem Kostenaufwand nahe Null aus der Welt schaffen. Noch besser ist es freilich, festzustellen, warum sie überhaupt entstehen, und sich dann durch vorbeugende Maßnahmen die ganze Schererei zu sparen.

Plötzlich fiel es Herrn Breuer wie Schuppen von den Augen, daß sein ganzes „Ausbügel"-Programm absolut unzureichend war. Er würde den Rest seiner Tage damit verbringen, von einer Krise in die nächste zu steuern. Es mußte doch noch einen besseren Weg geben. Er beschloß, noch einmal gründlich über alles nachzudenken.

Ein paar Tage später bestellte Herr Breuer den Qualitätsleiter in sein Büro. Nachdem er sich versichert hatte, daß sie nicht gestört würden, legte Herr Breuer los.

„Herr Feldner, ich glaube, wir haben hier eine Situation, mit der wir bisher nicht richtig umgegangen sind. Sie können sicher sein, daß ich nicht Sie dafür zur Verantwortung ziehe. Sie haben alles getan, was ich Ihnen anwies, und Sie haben es gut getan.

Die Teams, die Sie aufstellten, haben unsere Herstellungs- und Serviceprobleme laufend geklärt. Und Ihre Statusberichte sind meiner Ansicht nach zutreffend, genau und nutzbringend.

Wir stehen jedoch hier vor einem Problem, dessen Lösung meiner Überzeugung nach allein von uns beiden abhängt. Es handelt sich dabei im wesentlichen um zwei Dinge. Erstens ist der ganze Betrieb auf nachträgliches Kitten und Zusammenflicken ausgerichtet, anstatt auf vorbeugendes Verhüten. Zweitens habe ich das Gefühl, daß wir vom obersten Führungsstab überhaupt die falsche Einstellung zu Qualität haben. Wir tun immer gerade so viel, daß wir über die Runden kommen. Habe ich nicht recht?''

Herr Feldner wußte nicht, wie er reagieren sollte. Er stimmte Herrn Breuer insgeheim voll zu, aber er war sich nicht sicher, ob es ratsam sei, das laut zu sagen. Herr Feldner fühlte sich nicht zum Märtyrer berufen. Er nickte also bloß unverbindlich. Herr Breuer war so in seine Gedanken vertieft, daß er es nicht zu bemerken schien. Er redete weiter auf den Qualitätsleiter ein, der immer unbehaglicher auf seinem Stuhl herumrutschte.

,,Wir müssen uns darüber klar werden, daß wir eine Veränderung der Einstellung im Betrieb brauchen, und zwar eine von der positiven Sorte. Wir müssen jeden für die Fehlervorbeugung interessieren. Nun gut, meiner Ansicht nach ist es Sache des Qualitätsleiters, die Dinge zur Ausführung zu bringen, und die meine, den Anstoß zu geben. Wie stehen Sie dazu?''

Herr Feldner antwortete nach einigem Nachdenken.

,,Wenn Sie damit ein Qualitätsverbesserungs-Programm meinen, Herr Breuer, und ich bin ziemlich sicher, daß es das ist, wovon Sie reden, dann kann ich nur sagen, daß es für die Firma und insbesondere für meine Arbeit hier ein wahrer Segen wäre. Habe ich Sie da richtig verstanden?''

Herr Breuer nickte zustimmend. ,,Ja, genau. Ich möchte die Leute dazu anregen, ihre Arbeit viel besser zu machen, als es bisher der Fall war, und ich möchte das so rasch wie möglich erreichen. Ist das machbar?''

,,Natürlich ist es machbar, Herr Breuer, gar keine Frage. Ich habe in letzter Zeit sehr viel über ein Vierzehn-Schritte-Programm zur Einführung eines Konzepts zur Fehlervorbeugung gelesen. Es funktioniert offenbar ganz gut, wenn es richtig angewandt wird, und nach allem, was ich gelesen habe, scheint es hervorragende Ergebnisse erzielt zu haben.''

Herr Breuer stand auf. ,,Großartig, das bringen wir hier in Gang. Wir sollten jetzt den übrigen Stab zusammentrommeln und ihnen mitteilen, was wir vorhaben. Wir können schon morgen mit dem Programm anfangen. Sie sind dafür zuständig. Wir werden sie alle motivieren.''

Herr Feldner stand gleichfalls auf, hob jedoch abwehrend die Hand.

,,Halt, halt, warten Sie einen Moment. Das ist ein ganz falscher Einstieg in die Sache. Ich glaube, wir beide müssen zuerst einmal ganz sicher sein, daß wir die Situation, das Programm und alles, was damit zusammenhängt, richtig verstehen, ehe wir die anderen da mit hineinziehen. Haben Sie noch ein paar Minuten Zeit für mich?''

Herr Breuer setzte sich wieder. Er sah den Qualitätsleiter auf einmal mit ganz neuen Augen. Er legte den Kopf schief, dachte einen Moment nach und lächelte schließlich.

,,Ich habe allmählich den Eindruck, Sie wollen mir durch die Blume zu verstehen geben, daß ich Teil des Problems bin und daß ich, wenn ich jetzt eine Motivationskampagne vom Stapel lasse, die ganze Sache nur noch verschlimmere. Stimmt's?''

Mit Mißbehagen stellte Herr Feldner fest, daß er rot wurde, merkte aber dann, daß auf diese Frage keine Antwort mehr erforderlich war. Herr Breuer setzte sich hinter seinem Schreibtisch gerade hin und nahm sich seinen Notizblock vor.

,,Okay, was müssen wir tun? Fangen wir mit dem an, was Sie von mir brauchen. Geben Sie mir erst mal einen Überblick über das Ganze und dann eine Zusammenfassung dieser vierzehn Schritte, die Sie erwähnten, damit ich die Sache heute abend noch einmal genauer durchgehen kann. Offenbar habe ich eine ganz verkehrte Vorstellung von Qualitätsverbesserung und Motivation. Klären Sie mich also auf, mein Teuerster.''

Herr Feldner überlegte kurz und kam dann zu dem Schluß, daß es am besten sei, reinen Wein einzuschenken. Er lehnte sich vor und blickte seinem Boss gerade in die Augen.

,,Also gut. Wie gesagt, ich habe mich mit der ganzen Sache der Qualitätsverbesserung schon eingehend beschäftigt. Ich muß aber vorher noch etwas klarstellen. Bis vor kurzem hatte ich selbst ganz falsche Vorstellungen davon, was das überhaupt ist. Nehmen Sie zum Beispiel das Null-Fehler-Konzept. Ich war früher immer der Meinung, das sei so eine Art Motivationskonzept, bei dem man den Leuten ein paar Poster zeigt, ihnen die eine oder andere Rede hält und sie dann so eine Art Gelöbnis unterschreiben läßt. Dann könnte man sich ruhigen Gewissens zurücksetzen, dachte ich, und warten, daß die Verbesserungen sich einstellten. Weil ich das alles glaubte, hielt ich das Null-Fehler-Konzept für fachlich vollkommen unsinnig. Fast alle Fachliteratur auf dem Gebiet des Qualitätswesens untermauert diese Ansicht.

Aber ich konnte nicht übersehen, daß ein paar Firmen mit diesem Null-Fehler-Konzept außerordentliche Erfolge erzielten und daß diese Erfolge sich noch dazu als sehr dauerhaft erwiesen. Ich konnte mir also ausrechnen, daß an der Sache wirklich etwas dran sein müßte. Und ob da etwas dran ist, das dürfen Sie mir glauben. Null Fehler ist der Schlüssel zur ganzen Qualitätsverbesserung, und das fängt hier in diesem Büro schon an.''

Herr Breuer lehnte sich vor. Er war brennend interessiert.

,,Wollen Sie damit sagen, daß Sie jetzt mich mit Plakaten und Ansprachen motivieren wollen?''

,,Wohl kaum'', erwiderte Herr Feldner lächelnd. ,,Nein, im Ernst, ganz und gar nicht. Was ich damit sagen will, ist, daß wir unseren Leuten eindeutige Leistungsstandards vorgeben müssen, und es muß uns wirklich ernst sein. Das fängt schon damit an, daß wir uns selbst auf diese Standards verpflichten müssen. Motivation hat damit nicht das geringste zu tun. Diejenigen, die schon eine ganze Weile Erfahrung mit dem Null-Fehler-Programm gesammelt haben, sagen, sie könnten sich gar nicht erklären, wie es überhaupt zu der Vorstellung gekommen sei, es handle sich um ein Motivationsprogramm. Es geht um nichts anderes als darum, Leistungsnormen aufzustellen, die von keinem mißverstanden werden können, und dann die Kommunikation in beiden Richtungen einzuüben, damit auch wirklich jeder im Bilde ist. Wie Sie vorhin schon sagten, sind wir alle mit größtem Eifer bei der falschen Sache. Aber wir können uns mit derselben Anstrengung auch der richtigen widmen." Herr Breuer runzelte die Stirn.

„Wir können es uns nicht leisten, alles in Gold zu fassen oder das ganze Lager zu verschenken. Wenn Sie Ihr Null-Fehler-Konzept auf alles anwenden wollen, dann müssen wir 300 neue Prüfer einstellen. Die Leute würden schon beim kleinsten Fehler frustriert. Die ganze Sache klingt mir ziemlich unrealisierbar."

Herr Feldner klopfte ungeduldig auf den Tisch.

„Aber darum geht es ja gar nicht, Herr Breuer. Was das Null-Fehler-Konzept beinhaltet, ist die *Einstellung* zur Fehlervorbeugung. Es bedeutet ‚die Sache gleich richtig machen'. Nicht mehr und nicht weniger. Es heißt für jeden: ‚Tun Sie das, was Sie Ihrer Aussage nach tun wollten, als Sie zur Arbeit kamen.' Wenn sich jeder daran hält, sind wir schon einen Riesenschritt weiter. Die meisten Probleme, die bei uns vorkommen, entstehen durch Nachlässigkeit. Wir vom obersten Management haben nicht genug darauf bestanden, daß alles richtig gemacht wird. Sehen Sie, hier habe ich eine kurze Tonbandaufzeichnung, aus der klar hervorgeht, wie das Null-Fehler-Konzept ursprünglich gedacht war. Wenn Sie sich das angehört haben, gebe ich Ihnen eine Liste der Schritte, die getan werden müssen, bis wir so weit sind, daß das Null-Fehler-Programm im ganzen Betrieb praktiziert wird. Und dann erzähle ich Ihnen noch etwas über die Maßnahmen zur Nachsorge, wenn es einmal soweit ist. Einverstanden?"

Herr Breuer nickte.

„Das scheint mir ein guter Einstieg zu sein. Aber ehe Sie mir das Tonband vorspielen, möchte ich Sie noch eines fragen. Angenommen, die ganze Geschichte kommt mir sinnvoll vor, wie bald könnten wir dann mit dem offiziellen Qualitätsverbesserungs-Programm anfangen?"

Herr Feldner grinste. „Wir haben schon angefangen, Chef." Er eilte in sein Büro hinüber, kam mit dem Tonbandgerät zurück und legte das Band ein:

> Die Produkte der herstellenden Industrie sind qualitativ nicht gut genug. Die Kundenreklamationen beginnen sich zu häufen, es entstehen unnötige Mehrkosten. Wenn es bei einzelnen Produkten keine Störungen gibt, so nur deshalb, weil unangemessene Summen in Tests, Kontrolle und Wartung investiert werden. Viele Unternehmen müssen 10, 15, ja sogar bis zu 20 Prozent ihrer Umsätze für Ausschuß, Nacharbeit, Garantieleistungen, Wartung, Zwischenkontrollen und Abnahmeprüfung aufwenden. Die Fehler, die diese unnötigen Mehrkosten erforderlich machen, werden unmittelbar von der Belegschaft der Firma verursacht, und zwar gleichermaßen vom Management wie von den ausführenden Arbeitskräften.
> Um diese Mehrkosten zu eliminieren, um das Funktionieren des Betriebs störungsfreier zu machen und selbst effizienter zu arbeiten, müssen wir uns darauf konzentrieren, die Mängel und Fehler, die uns all diese Schwierigkeiten machen, von vornherein zu verhindern. Der Fehler, den man verhütet, erfordert keine Ausbesserung, Überprüfung oder Erklärung. Der erste Schritt besteht darin, sich mit der Einstellung der Fehlervorbeugung vertraut zu machen und sie zu übernehmen. Diese Einstellung wird symbolisch Null-Fehler-Konzept genannt. Null Fehler ist ein Leistungsstandard für das Management, ein Standard, den das Management auch den

Mitarbeitern vermitteln kann, um sie dazu anzuregen, aus eigener Überzeugung ,die Sache gleich richtig zu machen'.

Die Leute sind gewohnheitsmäßig davon überzeugt, daß Fehler unvermeidbar seien. Wir akzeptieren Fehler nicht nur, wir erwarten sie geradezu. Ganz gleich, ob wir Schaltungen entwerfen, einen Computer programmieren, ein Projekt planen, Verbindungsstücke schweißen, Briefe tippen, ein Kontenbuch abschließen oder Fertigteile zusammenbauen, wir nehmen ein paar Fehler ohne weiteres in Kauf, und das Management hat diese Fehler schon eingeplant. Wir haben das Gefühl, es sei dem Menschen sozusagen von Natur aus vorgegeben, Fehler zu machen.

Doch im persönlichen Bereich setzen wir ganz andere Maßstäbe. Wenn wir hier denselben Standard zugrunde legen würden, dann dürfte es uns nichts ausmachen, wenn wir hin und wieder ein bißchen zu wenig auf dem Gehaltskonto vorfänden. Wir würden erwarten, daß Krankenschwestern einen festen Prozentsatz an Säuglingen fallen ließen. Wir würden erwarten, beim Nachhausegehen in regelmäßigen Abständen im falschen Haus zu landen. In unserem persönlichen Leben dulden wir solche Fehler nicht.

Das bedeutet also, daß wir mit zweierlei Maß messen – mit einem in der Firma und mit einem anderen in unserem privaten Bereich.

Das kommt daher, daß uns die Familie einen höheren Leistungsstandard vorgibt als die Firma.

Mit anderen Worten, wir vom Management müssen einmal nachprüfen, ob wir denen, die auf unsere Führung und Anleitung angewiesen sind, unsere Wünsche wirklich klargemacht haben. Wir müssen einen unmißverständlichen und gleichbleibenden Leistungsstandard für Qualität vorgeben.

Bedenken Sie, was die drei Grundfaktoren für Leistung in jeder Organisation sind: Kosten, Terminplan und Qualität. Alle drei sind für den Erfolg unabdingbar. Alle drei erfordern die Formulierung einer unzweideutigen Leistungsnorm.

Nehmen Sie einmal die Kosten. Jeder weiß, wieviel ein Fünfmarkstück wert ist. Man kann sich vielleicht noch darüber streiten, was man mit dem Geld anstellen sollte, aber jeder versteht, wieviel es wert ist. Ein Etat wird festgesetzt, und dann besteht die Leistungsnorm darin, daß die Sache und die vorgesehenen Mittel übereinstimmen.

Auch jede Art von Terminplan basiert auf einer einleuchtenden Grundlage: Zeit. Wir bedienen uns alle der gleichen geeichten Uhren und Kalender. Liefer- und Fertigstellungstermin sind in Verträgen und Lieferbedingungen genau angegeben. Wir halten diese Termine entweder ein oder nicht.

Was ist demzufolge die geltende Leistungsnorm für Qualität?

Die meisten Leute sprechen von einem annehmbaren Qualitätslevel, abgekürzt AQL. AQL bedeutet im Grunde nichts anderes, als daß wir, noch ehe wir an die Arbeit herangehen, uns bereits vornehmen, unvollkommene Ergebnisse zu erzielen. Lassen Sie mich das noch einmal anders sagen: *Ein annehmbarer Qualitätslevel bedeutet eine schon vor Arbeitsbeginn eingegangene Verpflichtung, unvollkommene Ergebnisse zu liefern.* Somit kann der AQL nie als ein Management-Standard angesehen werden. Er ist lediglich eine Festschreibung des Status quo. Statt daß die Führungskräfte die Normen festlegen, werden diese vom Betrieb selbst vorgegeben. Denken Sie einmal daran, welchen Qualitätslevel Sie als annehmbar betrachten würden, wenn Sie ein Produkt kauften. Würden Sie ein Auto kaufen, von dem Sie von vornherein wüßten, daß es zu 15 Prozent Mängel aufweist? Oder 5 Prozent? Oder nur 1 Prozent? Ein halbes Prozent vielleicht? Und wie ist es mit den Krankenschwestern, die Neugeborene zu versorgen haben? Wäre da ein AQL von 3 Prozent Fehlbehandlung zu streng?

Das Null-Fehler-Konzept basiert auf der Tatsache, daß Fehler zweierlei Ursachen haben: Mangel an Kenntnissen und Mangel an Aufmerksamkeit.

Ein Mangel an Kenntnissen läßt sich messen und mit wirksamen und bewährten Methoden bekämpfen. Aber der Mangel an Aufmerksamkeit ist eine Sache der inneren Einstellung. Es handelt sich also um ein Einstellungsproblem, das bei jedem einzelnen verändert werden muß. Wenn dem einzelnen Mitarbeiter diese Einstellungsveränderung als eine Herausforderung dargestellt wird und er dazu ermutigt wird, sich ihr zu stellen, dann wird er mit Sicherheit begeistert reagieren. Vergessen Sie nicht, daß Null Fehler kein Motivationsprogramm ist, sondern ein Leistungsstandard. Und es betrifft nicht nur die Leute von der Herstellung, sondern jeden einzelnen Beschäftigten. Einige der größten Gewinne lassen sich damit in Bereichen erzielen, die nicht zur Herstellung gehören.

Das Null-Fehler-Programm muß von den Mitgliedern des Top-Managements persönlich geleitet werden. Die Geführten nehmen ihre Leistungsnormen prinzipiell von den Führenden entgegen. Sie erfüllen die Anforderungen, die ihnen vorgegeben werden. Sie müssen wissen, daß auch der Leistungsstandard des Chefs derselbe ist wie der ihre: Null Fehler.

Um echten Nutzen aus dem Null-Fehler-Programm zu ziehen, müssen Sie sich zu einer persönlichen Verpflichtung auf Qualitätsverbesserung in Ihrem Verantwortungsbereich entschließen. Sie müssen diese Verbesserung wirklich wollen. Und der erste Schritt auf diesem Weg ist: Machen Sie das Null-Fehler-Konzept zu Ihrem persönlichen Leistungsstandard.

Als das Tonbandgerät abgestellt war, blieb Herr Breuer einen Augenblick reglos sitzen. Dann wandte er sich zu Herrn Feldner und sah ihn eindringlich an. Seine Stimme klang leise und gedämpft. Es war beinahe ein Murmeln. ,,Na so was. Wenn es stimmt, daß ,das Produkt dem Management gleicht', und wir damit solche Schwierigkeiten haben, dann liegt das Problem zumindest zu einem gewissen Teil an mir und meinem Stab. Also gut, Herr Feldner, ich glaube, ich habe verstanden, worum es geht. Lassen Sie mir das Material da, und kommen Sie morgen früh um 8.15 Uhr wieder zu mir ins Büro. Wir sollten uns künftig jeden Morgen um diese Zeit treffen und das Programm Schritt für Schritt durchsprechen, solange wir in der Planungsphase sind.''

,,Also dann, bis morgen früh.''

(Das Material, das Herr Breuer mit nach Hause nahm, trug den Titel ,,Qualitätsverbesserung durch Fehlervorbeugung''. Es handelte sich dabei um das Vierzehn-Schritte-Programm, das Ihnen mittlerweile von Kapitel 8 vertraut sein sollte.)

Im Gespräch mit seiner Frau äußerte sich Herr Breuer zu dem Programm und der ganzen Problemstellung.

,,Die Vorgehensweise dieses Programms hört sich ja gewiß logisch an, und die Erfahrungsberichte dieser anderen Firmen scheinen mir realistisch und sauber dokumentiert. Aber irgend etwas an der ganzen Sache stört mich immer noch. Irgendwie habe ich das Gefühl, das Programm ist nicht, na ja, ich weiß selbst nicht so recht, was es nicht ist.''

,,Ich kann dir sagen, was es nicht ist'', bemerkte seine Frau. Herr Breuer blickte sie erstaunt und amüsiert an.

,,Woher willst du denn das wissen? Du kennst das Programm doch überhaupt nicht?''

,,Aber ich kenne dich. Dein Problem bei der Sache ist, daß dir das Programm nicht kompliziert genug vorkommt, um all diese Ergebnisse erzielen zu können. Du hast im Grunde das Gefühl, darauf hättest du selbst kommen müssen. Habe ich nicht recht, teuerster Großindustrieller?''

Herr Breuer mußte seiner Frau Sonja und sich selbst schließlich eingestehen, daß ihn die Einfachheit und Direktheit des Programms störte. Sich zu einem Leistungsstandard verpflichten, ihn anderen vermitteln, die erbrachte Leistung anerkennen, und dann das ganze wieder von vorn. Und sich dabei nichts vormachen.

Die Sache mit der Verpflichtung war es, die ihn eigentlich störte. Er hatte das Gefühl, daß ihn das in seiner Ehre kränkte. Als dynamischer und engagierter Manager war er der Meinung, daß er seine Leute immer schon dazu angespornt hatte, ihre Sache gleich richtig zu machen. Er war der Überzeugung, er hätte nie etwas anderes als Bestleistungen verlangt. Aber wenn er rückblickend sich selbst gegenüber ehrlich war, mußte er sich eingestehen, daß er es mit dem Bestreben, Termine genau einzuhalten, Kostenvorgaben nicht zu überschreiten und den Betrieb reibungslos am Laufen zu halten, nicht immer so genau genommen hatte.

Vor sechs Wochen erst hatte er den Leuten von der Endabnahme einen Riesenkrach gemacht, weil sie die Abnahmeprüfung für einige Bratgeräte zurückgestellt hatten, während ihre Meßgeräte neu kalibriert wurden. Er war damals der Meinung, er habe sie dafür bestraft, daß sie nicht genug Vorausblick bewiesen hätten. Nun wurde ihm mit einem Mal klar, daß er ihnen zu verstehen gegeben hatte, daß die Tests im Grunde ohne Bedeutung seien.

Jetzt mußte er allerdings Farbe bekennen und sich der Sache stellen: er mußte seinen Leuten klarmachen, daß es ihm mit Qualität nun ernst war. Er nahm sich vor, damit zu beginnen, sobald das Programm offiziell angelaufen war. Mit einem leisen Seufzer wandte er sich wieder der Broschüre zu, fest entschlossen, in den sauren Apfel zu beißen und die Sache Schritt für Schritt anzugehen, wenn er dadurch den ganzen Betrieb wieder in Hochform bringen konnte.

11
Das Programm

SCHRITT EINS: VERPFLICHTUNG DES MANAGEMENTS

Ziel:
Den Standpunkt des Managements in bezug auf Qualität klarstellen.

Wir müssen dafür sorgen, daß wir konsequent zu optimalen Kostenbedingungen Produkte herstellen bzw. Dienstleistungen erbringen, die den Anforderungen entsprechen. Dieses Ziel kann durch die Anwendung verschiedener Methoden der Fehlervorbeugung auf operativer Ebene erreicht werden: etwa in den Bereichen Technik, Fertigung, Qualitätskontrolle, Einkauf, Vertrieb und anderen. Kein Bereich ist ausgenommen.

Es ist viel weniger kostenaufwendig, Fehlern vorzubeugen, als fehlerhafte Produkte nachzubessern, auszusondern oder im Kundendienst instandzusetzen. Derartige vermeidbare Aufwendungen können sich auf 15 bis 25 Prozent der Umsätze belaufen; in manchen Firmen ist dies tatsächlich der Fall.

Der erste Schritt, der für die Verbesserung getan werden muß, besteht darin, daß das Management eines Unternehmens sich einen Augenblick Zeit nimmt, um voll zu erfassen, was hierfür erforderlich ist, und selbst zu dem Entschluß zu kommen, daß man tatsächlich etwas verbessern will. Dieser Entschluß setzt voraus, daß die Mitglieder des Managements das Konzept der Fehlervorbeugung zu ihrem persönlichen Leistungsstandard machen. Die Bedeutung dieses Schritts ist zwar ungeheuer einleuchtend, doch kann sie nicht oft genug hervorgehoben werden. Das wiederum ist Sache einer konsequenten Qualitätspolitik.

Die Qualitätspolitik eines Unternehmens ist von zu großer Wichtigkeit, um allein denen überlassen zu werden, die für die Produktabnahme verantwortlich sind. Wird es immer nur dem Qualitätsleiter oder Prüfingenieur zur Beurteilung überlassen, ob ein Produkt gut genug ist oder nicht, so wird das Produkt bzw. die Dienstleistung von seiner persönlichen Einstellung und Erfahrung in einer bestimmten Richtung beeinflußt.

Worin aber besteht eine solche Qualitätspolitik?

Es ist die innere Einstellung der Belegschaft dazu, wie gut jeder seine Arbeit zu tun hat. Es ist diese ausgesprochene oder unausgesprochene Einstellung, die von vornherein bestimmt, wie gut die nächste Arbeit ausgeführt werden wird.

Wenn das Management des Unternehmens keine offizielle Qualitätspolitik festlegt, dann wählt sich die Belegschaft ihre eigene – und zwar jeder eine andere. Die Grundsätze der Qualitätspolitik müssen von den Mitgliedern der Geschäftsleitung eines Unternehmens in ähnlicher Weise festgesetzt und formuliert werden wie die Grundsätze der betrieblichen Finanzpolitik. Es ist gefährlich, diese Aufgabe an den Qualitätsmanager oder an andere leitende Angestellte in reinen Linienstellen zu delegieren.

Um zu bestimmen, wie die Grundsätze dieser Qualitätspolitik aussehen sollten, wollen wir zunächst einmal untersuchen, wie sie nicht aussehen sollten:

1. Sie sollten keine Abhandlung über die „Wirtschaftlichkeit von Qualität" beinhalten. Qualität heißt Erfüllung von Anforderungen. Die Frage nach der Wirtschaftlichkeit dieser Erfüllung stellt sich gar nicht; es ist immer billiger, die Sache richtig zu machen. Es gibt ein bestimmtes Wirtschaftlichkeitsprinzip, das für Inspektion, Versuchstests, Laborgeräte, Sekretärinnen, Essensportionen und andere Funktionen gilt, aber es gibt keine Wirtschaftlichkeit von Qualität.

2. In den Qualitätsgrundsätzen sollte kein Zahlenwert genannt sein. Mit der Festlegung einer zulässigen Fehlerquote erreichen Sie nie, was Sie anstreben, da niemand eine solche Zahl als höchsten Grenzwert ansehen wird. Alle werden lediglich wissen, daß es einen Zahlenwert gibt, und sich auf diesen einstellen.

3. Die Grundsätze sollten einer möglichen Abweichung von der Qualitätspolitik keinerlei Raum bieten. Jede Form der Abweichung von den Qualitätsgrundsätzen würde unweigerlich Verfahrensvorschriften dazu nach sich ziehen, und Konferenzen würden einberufen zur entsprechenden Schulung – mit dem Erfolg, daß die ursprüngliche Absicht verwässert würde.

4. Die Verantwortung für die Leistungsbewertung sollte nicht delegiert werden. Sie ist das Vorrecht des Unternehmensleiters; er wird andere lediglich die nötigen Informationen hierfür zusammentragen lassen.

5. Die Grundsätze der Qualitätspolitik sollten nicht in einem Handbuch versteckt sein, das allein den Führungskräften des Unternehmens vorbehalten ist. Sie sollten so oft ausgesprochen, dargelegt und immer wieder aufs neue dargelegt und und veröffentlicht werden, bis jedermann im Betrieb die Grundsätze kennt, versteht und an sie glaubt.

Für die Grundsatzerklärung empfiehlt sich folgender Wortlaut: *Leistungen sind genau entsprechend den Anforderungen zu erbringen, ... oder aber die Anforderungen sind gemäß den tatsächlichen Bedürfnissen des Unternehmens oder seiner Kunden offiziell abzuwandeln.*
Erst die Formulierung dieser Qualitätsgrundsätze und ihre Erläuterung gegenüber dem Top-Management bereiten den Boden für eine Qualitätsverbesserung.

Anmerkung: Es ist von entscheidender Bedeutung, daß jeder leitenden Angestellte die Qualitätsgrundsätze der Firma versteht und sie akzeptiert; noch wichtiger ist allerdings, daß er diese Grundsätze selbst befolgt.

Herr Breuer ging an seinen Schreibtisch und schrieb den Grundsatz der Qualitätspolitik in der empfohlenen Formulierung auf ein Blatt Papier. Für einen Augenblick spielte er mit dem Gedanken, noch eine Anmerkung hinzuzufügen wie zum Beispiel: „Bei eventuellen Fragen ist der Vorgesetzte zu konsultieren." Doch dann kam er zu dem Schluß, daß damit nur wieder den alten Ermessensfragen Tür und Tor geöffnet würde. Wenn die veröffentlichten Anforderungen bindend sein sollten, dann sollten sie bindend sein und nichts anderes. Es würde interessant sein, festzustellen, ob man damit tatsächlich erreichen könnte, daß die Produkte so ausfielen, wie er und andere fanden, daß sie aussehen sollten.

Was er schließlich doch hinzufügte, war die Anmerkung, daß die Qualitätsgrundsätze für alle Beschäftigten des Betriebs gelten und daß sie nicht nur innerhalb des Fertigungsbetriebs, sondern auch in allen übrigen Unternehmensbereichen mit Nachdruck durchgesetzt werden sollten. Damit, so meinte er, dürften sich auch die Marketingleute betroffen fühlen.

Pünktlich um 8.15 Uhr betrat Herr Feldner das Büro des Geschäftsführers. Herr Breuer reichte ihm das Papier mit seinem Vorschlag für die Grundsatzerklärung. Herr Feldner las sie mehrmals durch und reichte sie ihm lächelnd zurück.

„Das ist kurz und bündig, und jedes Wort sitzt. ‚Jeder tue, was er zu tun hat‘, genau so soll es sein."

„Gut, ich werde es heute rausgehen lassen, dann haben wir schon einmal Schritt 1 hinter uns. Aber ich glaube, es wäre ganz gut, wenn wir dem Stab mitteilten, warum wir das tun. Was halten Sie davon, wenn wir heute um 15 Uhr eine Sitzung einberufen und die ganze Angelegenheit besprechen?"

„Kein Problem", sagte Herr Feldner.

„Nun, mein hochverehrter Qualitätsleiter, dann müssen wir jetzt nur noch die übrigen dreizehn Schritte des Programms in den Griff bekommen. Punkt 13, die Sache mit den Expertengruppen, haben Sie ja bereits in Angriff genommen; darüber brauchen wir uns also im Moment keine Sorgen zu machen. Wie kommen Sie übrigens damit zurecht?"

„Ausgezeichnet. Mein größtes Problem besteht gegenwärtig darin, daß die Qualitätsleute noch immer nicht ganz sicher sind, daß wir es mit der ganzen Sache wirklich ernst meinen. Ich vermute, die Grundsatzerklärung kann uns da weiterhelfen."

„Herrje, hat unsere Glaubwürdigkeit derart gelitten? Vielleicht sollte ich selbst einmal mit den Qualitätsmanagern reden. Ließe sich so ctwas in die Wege leiten?"

„Wir wollen uns nächsten Mittwoch nach der Arbeit treffen. Ich könnte ja statt dessen ein gemeinsames Abendessen arrangieren. Sie könnten dazukommen und ein paar Worte sagen; und dann könnten wir − wenn es Ihnen recht ist − einfach die Diskussion eröffnen und alle Fragen entgegennehmen."

Herr Breuer war von dem Vorschlag sichtlich angetan.

„Falls die Sache klappt, sollten wir so etwas Ähnliches am besten auch mit den übrigen Abteilungen arrangieren. Also gut, dann steht uns als nächstes Schritt 2 bevor: er lautet ‚Lenkungsgruppe Qualität‘. Sie sollten den Vorsitz darin führen, nicht wahr?"

„Ich glaube, besser nicht, Herr Breuer", erwiderte Herr Feldner. „Sehen Sie einmal in der Anleitung nach − da ist nicht ausdrücklich der Leiter der Qualitätsabteilung empfohlen. Wenn es so eindeutig wäre, daß er den Vorsitz übernimmt, hätten sie das meines Erachtens erwähnt. Mein Gefühl sagt mir: Wenn der Qualitätsmanager in oberster Instanz für das Programm verantwortlich ist, stellt es für die Leute vom Betrieb nur wieder so eine Qualitätskampagne dar.''

,,Okay. Dann wollen wir uns einmal die Anweisungen für diesen Schritt Wort für Wort durchlesen und sehen, ob wir damit klarkommen. Offenbar liegt die Wahl bei uns, denn hier heißt es, wir sollen diejenige Person in unserer Firma bestimmen, die ausschließlich unter dem Gesichtspunkt der Qualitätsverbesserung die effektivste Arbeit leisten kann.''

SCHRITT ZWEI: LENKUNGSGRUPPE QUALITÄT

Ziel:
Das Qualitätsverbesserungs-Programm durchführen.

Da jeder Betriebsbereich mit jedem einzelnen Arbeitsgang zur Fehlerquote beitragen kann, muß jeder einzelne Bereich an der gemeinsamen Aufgabe der Qualitätsverbesserung beteiligt sein. Der Grad der Beteiligung läßt sich am besten nach Maßgabe der jeweiligen Umstände bestimmen. Doch soll jedem Gelegenheit zur Verbesserung geboten werden.

Die Mitarbeit in der Lenkungsgruppe Qualität ist als reine Nebentätigkeit anzusehen; dies gilt für alle Mitglieder mit Ausnahme des Vorsitzenden, der sich ziemlich weitgehend darauf einlassen sollte. Die Ernennung des Vorsitzenden ist daher ein wichtiger Schritt. An die Person des Vorsitzenden werden nur zwei grundsätzliche Anforderungen gestellt:

1. Der Vorsitzende sollte ein erfahrenes Mitglied des Managements sein, das die Notwendigkeit der Qualitätsverbesserung erkennt und mit dem Null-Fehler-Konzept und dem Prinzip der Fehlervorbeugung übereinstimmt.

2. Der Geschäftsführer und die übrigen Mitglieder der Geschäftsleitung sollten zu der ausgewählten Person Vertrauen haben.

Die Aufgabe erfordert keine speziellen Fähigkeiten. Manche Firmen haben ihren Qualitätsmanager dazu bestimmt, andere wiederum leitende Angestellte aus dem Personalwesen oder aus den Bereichen Fertigung, Technik oder Finanzwesen.

Der Vorsitzende sollte eine Lenkungsgruppe Qualität zusammenstellen, in der jede Abteilung vertreten ist; gemeinsam sollte man darangehen, sich mit den Zielen und Konzepten des Programms vertraut zu machen. Von diesem Punkt an leitet das Team die Durchführung des Programms.

Die Mitglieder des Teams haben folgende Aufgaben:

1. Die Durchführung des gesamten Qualitätsverbesserungs-Programms zu planen.

2. Ihre Abteilung in der Gruppe zu vertreten.

3. Die Gruppe in ihrer Abteilung zu vertreten.

4. Die Beschlüsse der Gruppe in ihrer Abteilung zur Ausführung zu bringen.

5. Einen kreativen Beitrag zur Verwirklichung der Verbesserung zu leisten.

Das Team ist zwar zuständig für die Erstellung und Durchführung des Programms, doch muß mit besonderem Nachdruck festgestellt werden, daß die einzelnen Abteilungen für die Entwicklungen ihrer eigenen Programme und deren Verwirklichung zuständig sind.

Die Lenkungsgruppe sollte einen Plan ausarbeiten und ihn dann dem Unternehmensleiter sowie dessen Stab zur Begutachtung und weiterer Unterstützung vorlegen. Für die Verwirklichung eines jeden Einzelschritts sollte ein fester Termin vorgegeben und bei jeder Stabssitzung über die jeweiligen Fortschritte berichtet werden. Dadurch wird dem Programm der Nachdruck verliehen, der allein seinen Erfolg gewährleistet.

Anmerkung: Die Aufstellung dieser Lenkungsgruppe und die Organisation des Verbesserungsprogramms stellt keinen zusätzlichen Kostenfaktor für den Betrieb dar. Letzten Endes handelt es sich darum, Vorgänge, die gegenwärtig in dieser oder jener Form bereits stattfinden, zu straffen und einheitlich zu organisieren. Indem man die Projekte formalisiert und zentralisiert, kann man verhindern, daß Dinge zweimal getan werden.

„Das hilft uns ja nicht sonderlich weiter, was die Wahl der Person anbelangt", brummte der Geschäftsführer.

Herr Feldner kratzte sich nachdenklich am Kinn. „Vielleicht haben wir etwas überlesen, aber ich hätte erwartet, daß in den Anweisungen großes Gewicht darauf gelegt wird, welcher Funktionsbereich für die Organisation des Projekts zuständig sein sollte. Da ist nicht einmal ein Organisationsdiagramm oder ein Zeitplan aufgeführt; man erfährt lediglich, daß das Ausgangsprogramm etwa ein Jahr dauern sollte und die Schritte jeweils zu einem Zeitpunkt anzusetzen sind, wenn das Unternehmen für sie reif ist. Meines Erachtens soll unsere Entscheidung darauf beruhen, wem die Sache am meisten am Herzen liegen würde."

„Ich glaube, Sie haben den Nagel auf den Kopf getroffen", sagte Herr Breuer.

„Wie meinen Sie das?"

„Wem bereitet das ganze Problem mit der Qualität denn am meisten Kopfschmerzen? Mir natürlich, weil ich nämlich meinen Hut nehmen kann, wenn wir keine Qualität produzieren, und Ihnen, weil Sie laut Organisationsplan für Qualität zuständig sind. Das stimmt zwar alles. Aber wem die Sache wirklich an die Nieren geht, ist unserer wackeren Marketingabteilung. Die Leute dort sind tatsächlich beschämt über den Schund, den wir teilweise auf den Markt bringen. Frau Nordend verliert immer mehr an Boden, und sie weiß es. Wollen wir sie zur Vorsitzenden ernennen?

Je länger ich darüber nachdenke, die Ernennung von Frau Nordend scheint mir ausgesprochen folgerichtig. Sie hat auf dem Gebiet Erfahrung, sie ist zäh, und sie setzt sich auch selbst immer hohe Leistungsziele. Überdies ist sie bei jedermann persönlich und fachlich hoch angesehen."

,,Ich glaube nicht, daß sie das Amt annehmen wird", sagte Herr Feldner. ,,Soweit ich das beurteilen kann, sieht sie die alleinige Ursache des Problems im Fertigungsbereich. Sie wird nicht bereit sein, auch im Marketingsektor ein Verbesserungs-Programm durchzuführen. Geschweige denn, die Leitung des gesamten Programms zu übernehmen."

,,Warum denn nicht? Sie verstehen einfach die Leute vom Marketing nicht. Sie ist der Meinung, ihre Abteilung sei die effizienteste im gesamten Betrieb; sie wird die Ernennung zur Leiterin der Lenkungsgruppe allein schon deshalb annehmen, um den Rest der Firma auf dasselbe Leistungsniveau zu bringen."

,,Wahrscheinlich haben Sie recht. Jedenfalls bin ich auch dafür, daß wir den Versuch machen. Wie wäre es mit Herrn Runge als koordinierendem Programmleiter? Er ist jung, gescheit, versteht sich auf den Umgang mit Menschen und kann gut reden. Meines Erachtens gäbe ihm das die höchst willkommene Gelegenheit, Ihnen und den übrigen Stabsmitgliedern zu beweisen, was er kann."

,,Einverstanden. Bitten wir ihn, zur heutigen Sitzung dazuzukommen. Er sollte wohl am besten gleich von A bis Z dabeisein."

Herr Breuer ging an seine Arbeit zurück, und Herr Feldner machte sich an die Vorbereitung der Stabssitzung.

Der Qualitätsleiter stellte Bob Runge der Reihe nach jedem Stabsmitglied bei dessen Eintreffen auf der Sitzung vor und erklärte den Anwesenden, daß Herr Runge die Koordination des neuen Qualitätsverbesserungs-Programms übernehmen solle. Alle reagierten freundlich, aber es war offensichtlich, daß der Groschen noch nicht gefallen war, daß man selbst etwas für dieses neue Programm tun sollte. Herr Löwe und Frau Nordend bemerkten nämlich noch ausdrücklich zu Herrn Runge, er könne sich jederzeit an sie wenden, falls er nähere Informationen über die Probleme im Fertigungsbetrieb brauche.

Herr Breuer eröffnete die Sitzung gegen 15.15 Uhr.

,,Ich freue mich, daß Sie zu unserer so kurzfristig anberaumten Sitzung kommen konnten. Was ich Ihnen mitzuteilen habe, ist von höchster Wichtigkeit für uns alle: es handelt sich um die Einführung eines offiziellen Qualitätsverbesserungs-Programms bei HPA. Lassen Sie mich die gegenwärtige Situation kurz zusammenfassen.

Wir stehen einem Unternehmen vor, das Kleingeräte produziert und für Einzelhändler auf dem Haushaltswarensektor wie auch für Kaufhäuser den Kundendienst durchführt. Wir befinden uns auf einem expandierenden Markt, doch unser eigener Marktanteil geht zurück. Vor zwei Jahren beliefen sich unsere Umsätze auf 110 Millionen DM; letztes Jahr betrugen sie 112 Millionen DM; dieses Jahr dürften sie nur eine Höhe von 108.720.000 DM erreichen. Das ist der tiefste Stand bis jetzt. Unsere Gewinne werden sich dieses Jahr auf 1.630.800 DM belaufen, das entspricht einer Umsatzrendite von 1,5 Prozent. Die Verzinsung der Aktiva beträgt 1,7 Prozent. Wenn man bedenkt, wie vielfältig die heutzutage gebotenen Investitionsmöglichkeiten sind, wird deutlich, daß man sein Geld woanders wesentlich günstiger anlegen kann als bei HPA.

Wir sehen uns also eindeutig mit der Notwendigkeit konfrontiert, unsere Ertragssituation zu verbessern, und zwar ohne die Preise zu erhöhen. Außerdem müssen wir unsere Umsätze steigern, um unseren Marktanteil zu erhöhen.

Sehen wir uns nun einmal an, wo das Geld hingeht – die 108.720.000 DM, die dem Betrieb aus dem gesamten Verkauf zufließen:

Personalkosten	52.185.600 DM
Materialkosten und Fremdleistungen	51.943.600 DM
Steuern	2.960.000 DM
Ertrag	1.630.800 DM
Gesamtbetrag	108.720.000 DM

Ich weiß, daß dies eine ungewöhnliche Art ist, die Kostenaufschlüsselung eines Unternehmens zu betrachten, aber meines Erachtens wird dadurch deutlich, daß wir entweder den Betrieb so umstrukturieren müssen, daß wir 8 Prozent Einkommen nach Abzug der Steuern aus einem geringeren Produktionsvolumen erwirtschaften oder aber daß wir die innerbetrieblichen Kosten senken und unsere Qualität verbessern müssen, um auf dem Markt einen besseren Bruttogewinn zu erzielen.

In unserem Betrieb sind insgesamt 2.718 Personen beschäftigt. Ich habe unseren Personalleiter Dr. Nelson gebeten, Ihnen die Aufschlüsselung der Personalverteilung auf die einzelnen Bereiche vorzulegen.''

Dr. Nelson erhob sich und reichte jedem Anwesenden eine Aufstellung der Mitarbeiterzahl in jedem Unternehmensbereich:

Vertrieb	136
Außendienst	281
Führungsstab	65
Qualitätswesen	187
Planung und Entwicklung	92
Einkauf	16
Fertigung	1825
Personal- und Sozialwesen	52
Rechnungs- und Finanzwesen	64
Insgesamt	2718

Herr Breuer wartete, bis jeder die Information aufgenommen hatte, und fuhr dann fort: ,,Sicher haben wir vielerlei Probleme mit der Produktion und den Produkten selbst, aber es besteht bei uns auch in erschreckendem Ausmaß die Tendenz, daß Verwaltungs- und Schreibarbeiten zwei- und dreimal getan werden müssen. Herr Feldner hat einige spezielle Untersuchungen für mich angestellt, und die Ergebnisse, auf die er dabei stieß, sprechen Bände. Es sieht so aus, als wären nicht weniger als 25 Prozent unserer Belegschaft damit beschäftigt, Arbeiten ein zweites oder sogar ein drittes Mal auszuführen. Das ist, nebenbei bemerkt, in unserem Unternehmenssektor gar keine Seltenheit.''

Ein erschrecktes Raunen wurde unter den Anwesenden laut.

Frau Nordend meinte kopfschüttelnd: ,,Das kann ich kaum glauben, Herr Feldner. Wollen Sie damit andeuten, daß mein Verkaufsstab den Kunden falsche Auskünfte gibt oder falsche Bestellungen aufnimmt oder sich an die falschen Stellen wendet, oder wie habe ich das zu verstehen? Das ist eine schwerwiegende Unterstellung.''

Herr Breuer schien ein wenig verdutzt.

,,Verstehen Sie mich richtig, Frau Nordend'', erwiderte er ruhig, ,,es handelt sich hier nicht um eine ‚Unterstellung‘, gleich welcher Art. Es geht hier lediglich um eine Feststellung, die aus Daten resultiert, die ich in großer Eile ermitteln ließ. Aber ich kann Ihnen ein Beispiel geben. Unsere Auftragsannahme besteht aus zwei Mitarbeitern, die zu Ihrer Abteilung gehören.''

,,Stimmt'', sagte Frau Nordend. ,,Sie nehmen die eingehenden Bestellungen auf und schreiben dafür Aufträge für unsere Fertigung aus, damit Lagerbestand, Herstellungszeit und so weiter entsprechend geplant werden können. Das spart den Leuten aus dem Fertigungsbereich Zeit und Mühe.'' Sie sah Zustimmung heischend zum Herstellungsleiter hinüber. Dieser nickte.

,,Das System ist mir klar'', stellte Herr Breuer fest. ,,Aber wir haben einen der Qualitätstechniker einen ganzen Tag in der Fertigungsüberwachung postiert, um festzustellen, was mit diesen Aufträgen geschieht. Seinem Bericht zufolge gingen von den achtundsiebzig Aufträgen, die vergangenen Donnerstag ausgeschrieben wurden, sechzehn wegen falscher Teilenummern und anderer irrtümlicher Angaben wieder zurück. Im Zuge der Untersuchung, wie häufig solche Fälle auftreten, mußten wir feststellen, daß ein Mitarbeiter bei der Fertigungsüberwachung hauptamtlich für die Koordination mit der Auftragsabteilung zuständig ist, weil bisher in diesem Bereich eine so hohe Fehlerquote registriert wurde.''

,,Warum wurde ich nicht darüber verständigt?'' fragte Frau Nordend irritiert.

,,Weil unsere interne Kommunikation und unser Korrektursystem sehr schlecht funktionieren, deshalb. Das ist auch einer der Punkte in unserem Betrieb, die der Verbesserung bedürfen. Und das betrifft nicht allein Sie − das Phänomen ist allgegenwärtig. Beim Außendienst stellten wir fest, daß die Reparaturfachleute die Ergebnisse ihrer Reparaturanalysen nicht zurückmelden, weil sie die Erfahrung machen mußten, daß ihre Vorschläge nicht im Sinne einer Entwurfsänderung oder einer Veränderung des Herstellungsverfahrens berücksichtigt wurden. Es gibt bei ihnen sogar inoffizielle Handbücher, wie sich all die bekannten Störungen beheben lassen.''

Rolf Löwe wurde rot. ,,Wir haben versucht, Leute für diese Berichte zu interessieren, aber es hat sich als sehr schwierig erwiesen.''

Harry Wilms, der technische Leiter, wandte sich dem Außendienstleiter zu. ,,Wir haben uns die Berichte früher regelmäßig angesehen, aber es ist fast immer der vierte Durchschlag, oder man wird aus sonst einem Grund kaum schlau daraus. Ganz abgesehen davon, daß wir wirklich nicht genug Personal haben, die Berichte gründlich durchzusehen.''

Willi Eber, der Fertigungsleiter, räusperte sich vernehmlich. Als Ruhe eintrat, bemerkte er: ,,Meine Rückweisungsquoten nehmen seit drei Jahren stetig zu. Ich sehe die Ursache dafür großenteils im häufigen Personalwechsel, den wir zu verzeichnen hatten, und in der unzulänglichen Schulung und Einarbeitung. Aber die Behauptung, 25 Prozent der Belegschaft seien ausschließlich damit beschäftigt, Dinge ein zweites oder drittes Mal auszuführen, ist meines Erachtens doch ein wenig übertrieben.''

,,Schon möglich, Herr Eber, wirklich durchaus möglich'', pflichtete ihm Herr Breuer bei. ,,Aber wir werden es genauer herausfinden und dagegen angehen. Bevor wir das Verbesserungsprogramm im Detail besprechen, wollen wir einen Augenblick von der Annahme ausgehen, unsere Schätzung sei korrekt − daß also tatsächlich ein Viertel unserer Belegschaft nicht im eigentlichen Sinne produktiv tätig ist. Das wären 13 Millionen DM, die wir im eigenen Haus für Wiederholungsarbeiten aufwenden. Das ist doch eine Größenordnung, bei der es sich lohnt, daß man sich den Mißstand einmal vorknöpft.‘‘

,,Wissen Sie‘‘, wandte sich der Einkaufsleiter, Otto Meyer, an Herrn Breuer, ,,wenn man diese Vorstellung auch auf unsere Zulieferer überträgt und bedenkt, daß etwa die Hälfte von dem, was wir ihnen bezahlen, der Deckung ihrer Lohnkosten gilt, dann kommt man auf weitere 13 Millionen DM. Es geht hier also um eine Gesamtsumme von 26 Millionen DM, die man einsparen könnte, wenn man die Dinge von vornherein richtig machte.‘‘

,,Sie haben’s genau erfaßt, Herr Meyer.‘‘

,,Das klingt für meine Ohren alles ziemlich unwirklich‘‘, bemerkte Frau Nordend. ,,Wie soll mir das alles bei meinem Problem mit der Produktqualität weiterhelfen?‘‘

,,Ich glaube, wir sollten uns jetzt besser einen Augenblick mit dem vorgeschlagenen Qualitätsverbesserungs-Programm selbst beschäftigen. Herr Feldner und Herr Runge werden uns ein halbstündiges Referat über Qualität halten. Wenn wir erst einmal alle begreifen, was darunter zu verstehen ist und was nicht, sind wir viel eher in der Lage, über unsere Maßnahmen in den kommenden Wochen einen Beschluß zu fassen. Wir können anfangen, Herr Feldner. Ich bin sicher, Frau Nordend, daß sich Ihre Frage damit von selbst beantwortet.‘‘

Frau Nordend wirkte nicht sonderlich überzeugt.

Herr Feldner ging nach vorn und begann seine Ausführungen. ,,Die Diskussion über Qualität erweist sich als schwierig, weil jeder seine bzw. ihre eigene Vorstellung davon hat, was unter Qualität zu verstehen ist (Frau Nordend schmunzelte). Ich werde Ihnen also einen Selbsteinschätzungstest vorlegen, den wir dann gleich diskutieren können. Danach wollen wir uns gemeinsam die absoluten Grundsätze für Qualität ansehen.

Diese Vorarbeit ist notwendig, wenn die Diskussion uns wirklich weiterbringen soll. Würden Sie jetzt bitte die Fragebögen austeilen, Herr Runge? Sie brauchen überall nur mit Ja oder Nein zu antworten. Unterstreichen Sie das Ihrer Meinung nach Zutreffende, und behalten Sie das Blatt.‘‘

Herr Runge teilte den aus zehn Fragen bestehenden Test aus.

1. Qualität ist ein Gütemaß für das Produkt, das sich in Kategorien wie ausreichend, gut, sehr gut unterteilen läßt.   Ja/Nein

2. Aus Gründen der Wirtschaftlichkeit von Qualität sollte das Management annehmbare Qualitätslevel als Leistungsnormen festlegen.   Ja/Nein

3. Die Qualitätskosten sind der Preis für die Fehler, die gemacht werden.   Ja/Nein

4. Kontroll- und Testvorgänge sollten dem Fertigungsbereich unterstellt sein, weil dort bereits das erforderliche Werkzeug zur Verfügung steht.   Ja/Nein

5. Für Qualität ist die Qualitätsabteilung zuständig.   Ja/Nein

6. Die wichtigste Fehlerursache liegt in der Einstellung der Beschäftigten zu ihrer Arbeit.   Ja/Nein

7. Ich lasse mir Kurvenmaterial vorlegen, aus dem ich die Rückweisungsquoten für alle Hauptarbeitsgänge ersehen kann.   Ja/Nein

8. Ich habe meine zehn vordringlichsten Qualitätsprobleme auf einer Liste zusammengestellt.   Ja/Nein

9. Das Null-Fehler-Programm ist ein Motivationsprogramm für die Beschäftigten.   Ja/Nein

10. Unser Hauptproblem ist heutzutage, daß der Kunde kein Verständnis für unsere Schwierigkeiten hat.   Ja/Nein

(Die Antworten finden Sie ab Seite 228)

Nach und nach wurden alle anwesenden Stabsmitglieder mit dem Ausfüllen des Fragebogens fertig, legten das Schreibzeug weg und sahen Herrn Runge erwartungsvoll an. (Eine Beobachtung am Rande: Es ist interessant zu sehen, wie aktive, erfolgreiche Führungskräfte auf Tests reagieren. Sie gehen das Pensum mit unbewußtem Eifer an. Da sie seit jeher gewohnt sind, überdurchschnittlich gut abzuschneiden und gute Endnoten zu erhalten, zeigen sie in der Regel keine Scheu vor Tests. Doch hin und wieder stoßen sie auf einen Test, der ein wenig ,,tendenziös'' gefärbt ist, um ihre besondere Beachtung zu finden. Der Fragebogen, den Herr Runge verteilt hatte, gehörte zu dieser Art.)

Als alle fertig schienen, ging Herr Feldner zur Tafel und schrieb die Ziffern 1 bis 10 untereinander an.

Herr Löwe machte seinem Unmut vernehmlich Luft, indem er fragte: ,,Müssen wir wirklich die ganze Sache durchkauen? Wir sind doch schließlich alle schon einige Jahre im Geschäft. Wir kennen uns doch mit solchen Dingen aus. Kommen wir lieber gleich auf unsere konkreten Probleme zu sprechen.''

Herr Feldner dachte einen Augenblick nach.

,,Einverstanden, Herr Löwe. Wir wollen eine kleine Abmachung treffen: Falls wir alle die erste Frage richtig beantwortet haben, schenken wir uns den Rest der Übung. Wie viele haben als Antwort Ja angekreuzt?''

Vier Hände gingen in die Höhe. Dr. Nelson, der sich ebenfalls gemeldet hatte, schaute einen Moment lang überlegen lächelnd um sich, bis ihm bewußt wurde, daß sein Ja vielleicht doch nicht die richtige Antwort war.

,,Soll das eine Fangfrage sein?'' wollte er wissen. ,,Ich habe den Begriff Qualität seit jeher als eine Bezeichnung für Hochwertigkeit oder, wie Sie es hier nennen, für ,Güte' angesehen. Was soll daran falsch sein?''

,,Daran ist im wörtlichen Sinn nichts falsch – überhaupt nichts. Schwierig wird es erst dann, wenn Sie die Sache messen wollen oder wenn es Ihr Beruf ist, sie zu kontrollieren. Wir verwechseln Qualität gerne mit Formschönheit, äußerem Glanz, Stabilität und anderen subjektiven Werten. Dann dienen uns solche Werte zum Maßstab, wenn wir von guter und schlechter Qualität, qualitativer Hoch- und Minderwertigkeit und so etwas sprechen. Wir haben allein in dieser Sitzung den Begriff Qualität an die fünfzehn oder zwanzig Mal gebraucht und jedes Mal in einer anderen Bedeutung. Wenn wir ein Programm zur Qualitätsverbesserung durchführen wollen, müssen wir uns auf eine Bedeutung einigen. Ein Programm zur Verbesserung der Formschönheit streben wir doch nicht an, oder?''

Während Herr Feldner sprach, begann Herr Breuer Kopien von der Grundsatzerklärung auszuteilen, die er verfaßt hatte.

,,Sehen Sie sich die Grundsatzerklärung an, die Herr Breuer gerade an Sie verteilt. Darin steht, daß Leistungen genau durch Erfüllung von Anforderungen zu erbringen sind. Das heißt also, daß jeder von uns die Anforderungen erfüllen muß. Qualität muß für uns die Bedeutung von ,Erfüllung von Anforderungen' haben. Wir lassen also nur Erfüllung oder Nichterfüllung gelten. Wenn wir etwas mehr oder weniger Formschönes, etwas Stabileres oder Leistungsstärkeres haben wollen, müssen wir unmißverständliche Angaben darüber machen. Wir haben sehr gut ausgebildetes Personal in unserem Betrieb. Es dürfte uns also möglich sein, einige der Anforderungen klarer zu definieren als mit der bloßen Aussage, wir wollten ,gute' Qualität.''

Frau Nordend deutete mit dem Bleistift auf den Qualitätsmanager.

,,Und was ist mit den Kunden? Wollen Sie etwa, daß wir mit den Kunden nur mehr unter der Voraussetzung über Qualität reden, daß sie die Sache ebenfalls als Erfüllung von Anforderungen definieren lernen? Unsere Kunden reden die ganze Zeit von Qualität, und sie verstehen darunter Güte.''

,,Wir müssen nicht darauf bestehen, daß sie sich an unsere Regeln halten, aber ich bin sicher, daß sie erfreut reagieren werden, wenn sie erfahren, daß wir uns dem Ziel verschrieben haben, das Produkt genau so herzustellen, wie sie es gemäß den Unterlagen, die wir ihnen geben, erwarten dürfen. Darauf könnten sie sich dann wirklich verlassen.

Wir können sie außerdem auffordern, uns genauer anzugeben, was ihnen an unseren Produkten gefällt bzw. mißfällt. Mit diesen Angaben können unsere Leute von der Entwicklung entsprechende Änderungen vornehmen und das Produkt verbessern.''

Frau Nordend lächelte. ,,Das wäre wirklich eine willkommene Veränderung, wenn man sich darauf verlassen könnte, daß unsere Produkte tatsächlich immer den Spezifikationen entsprächen.''

,,Sie können doch unmöglich vor aller Welt derartige Garantien abgeben'', warf Herr Eber ein. ,,Da müßten wir ja Millionen von Mark allein für Überwachung und Tests ausgeben. Das wäre doch genauso, als ob wir zu jedem Toaster, den wir ausliefern, einen 50-DM-Schein als Dreingabe packten.''

Herr Breuer sah ihn verständnislos an.

„Wie meinen Sie das, Herr Eber? Ich dachte, wir wären daran interessiert, Fehlern vorzubeugen, anstatt sie nur aufzuspüren und zu beheben."

„Natürlich kann man Fehlern vorbeugen, aber eine gewisse Anzahl schleicht sich eben doch immer ein. Wie sollen wir verhindern, daß der Kunde diese fehlerhaften Stücke bekommt?"

„Da muß ich Herrn Eber beipflichten", schaltete sich Herr Löwe ein. „Wir erleben tagtäglich viele Male die gleichen Probleme. So ist es seit jeher gewesen, und so wird es wahrscheinlich weiterhin bleiben, bis man mir meine goldene Uhr für treue Dienste überreicht."

„Eine Qualitätsuhr, versteht sich", witzelte Otto Meyer.

Herr Feldner nickte geduldig. „Ich glaube, damit sind wir bei Punkt 2 auf unserem Fragebogen angelangt. ‚Aus Gründen der Wirtschaftlichkeit von Qualität sollte das Management annehmbare Qualitätslevel als Leistungsnormen festlegen.' Das ist natürlich falsch."

Alice Wagner, die Leiterin des Rechnungs- und Finanzwesens, meldete sich zum ersten Mal auf dieser Sitzung zu Wort.

„Ich habe bei dieser Frage überhaupt keine Antwort ankreuzen können, Herr Feldner, weil mir nicht genau klar war, was mit ‚annehmbarem Qualitätslevel' gemeint ist. Ist hier die Rede von irgendeinem vereinbarten Wert, wie gut − ach nein, pardon − wie *das Maß der Erfüllung von Anforderungen* eines Produkts zu sein hat?"

„Genau darum geht es hier, Frau Wagner. Darum muß die Antwort ‚Nein' lauten. Angenommen, Sie legen als Standard fest, daß eine Fehlerquote von 1,5 Prozent zulässig ist. Dann haben Sie sich, noch ehe Sie mit der Produktion beginnen, damit einverstanden erklärt, daß mindestens dieser Prozentsatz der Produkte fehlerhaft hergestellt wird."

„Aber Sie wissen doch selbst, Herr Feldner, daß die wenigsten Dinge im Leben immer richtig gemacht werden", warf Herr Löwe ein. „Warum dann nicht praktisch denken? Außerdem kostet es bestimmt weit mehr, die Dinge bis auf die letzten Prozentstellen richtig zu machen, als, sagen wir einmal, die ersten 98 Prozent einwandfrei hinzubekommen."

„Dieses Argument habe ich schon sehr oft zu hören bekommen, Herr Feldner", sagte Herr Breuer. „Stimmt es, daß die letzten Verbesserungsschritte, ehe man das höchste Leistungsziel erreicht, genausoviel kosten wie alle vorhergehenden zusammen?"

„Ich schätze, das trifft in gewissen Fällen wohl zu, Herr Breuer, aber man hat mir in einem Fertigungsbetrieb noch nie einen solchen Fall nennen können. Die Streitfrage, die wir da eben abhandeln, ist tatsächlich der Kernpunkt der ganzen Übung. Wir sind mit der Klischeevorstellung aufgewachsen, daß ‚nie etwas ganz so wird, wie es werden soll', und darum planen wir die Abweichung von vornherein fest ein. Wenn wir auf das Null-Fehler-Konzept zu sprechen kommen, werden Sie, glaube ich, die Logik dahinter besser verstehen, mit deren Hilfe wir uns von dieser Denkweise lösen können. Aber gehen wir noch einen Augenblick auf den Gesichtspunkt der Wirtschaftlichkeit von Qualität und die annehmbaren Qualitätslevel ein.

Der Ausdruck ‚Wirtschaftlichkeit von Qualität' geht von der Vorstellung aus, daß es zu teuer kommt, die Dinge allzu gut zu machen. Man kann schließlich nicht alles ‚in Gold fassen'. Wir wollen hier nicht von einer genauen Spezifizierung der Anforderungen reden. Das ist für unsere Zwecke hier ein rein technisches oder ein Marketingproblem. Uns geht es hier allein um die Erfüllung von Anforderungen, und aus diesem Grund müssen wir uns fragen: ‚Gibt es so etwas wie eine Wirtschaftlichkeit der Erfüllung von Anforderungen?'

Ist es optimal, einen Arbeitsgang mehrmals zu wiederholen, oder ist es praktischer, dafür zu sorgen, daß er gleich beim ersten Mal richtig ausgeführt wird?''

Herr Meyer fiel ihm ins Wort. ,,Zweifellos ist es weniger kostspielig, dafür zu sorgen, daß alles gleich richtig gemacht wird, aber es ist nicht notwendigerweise auch praktischer. Da kommen dann die berühmten AQLs zu ihrem Recht. Es gibt sie schon seit Jahren.''

,,Stimmt'', sagte Herr Feldner, ,,aber die Leute vom Management haben sie mißverstanden und falsch angewendet. Der Ausdruck ‚annehmbarer Qualitätslevel' (AQL) ist eigentlich ein Begriff aus der Statistik und geht auf die Verfahren der Qualitätsüberwachung mittels Stichprobenkontrolle zurück. Ursprünglich kam diesem Begriff eine ganz andere Bedeutung zu, als sich im Lauf der Jahre zur gängigen Meinung entwickelt hat. So, wie der Begriff AQL heute verwendet wird, haben sich die Führungskräfte faktisch schon auf ein bestimmtes Qualitätsniveau für die Produktion einer neuen Fabrik eingeschworen, ehe der erste Arbeiter das Gelände betreten hat.''

,,Das kommt mir alles ziemlich unwahrscheinlich vor'', sagte Frau Nordend.

,,Bedauerlicherweise ist es nur allzu wahr'', murmelte Herstellungsleiter Eber. ,,Ich begreife allmählich, worauf Herr Feldner hinauswill. Es könnte durchaus sein, daß die Produktion unseres Betriebs längst in diesem Sinne festgeschrieben wurde, ohne daß wir je etwas davon wußten.''

,,Wie kann man denn das Qualitätsniveau eines Werks festlegen, ohne etwas davon zu wissen?'' fragte Dr. Nelson. ,,Meiner Meinung nach handelt es sich dabei doch um eine bewußte Handlung, die auf einer Analyse der Maschinentoleranzen, der Entwurfskriterien, der verwendeten Materialien und ähnlicher Faktoren beruht.''

Herr Breuer lächelte. ,,Das wollen die Lehrbücher uns glauben machen, Dr. Nelson, aber die Wirklichkeit sieht ganz anders aus. Ich glaube, eine derartige Analyse kam immer erst zustande, wenn das Werk bereits eine Generation lang in Betrieb war. Solche Untersuchungen kommen in der Realität einfach nicht vor.''

,,Wo kommen dann diese Leistungsstandards und AQLs her?'' wollte der Personalchef wissen. ,,Zaubert man die wie das berühmte Kaninchen aus dem Hut?''

,,Ganz so simpel geht es meines Erachtens auch wieder nicht zu'', bemerkte Herr Eber. ,,Die Standards ergeben sich aus dem Betriebsvorgang selbst. Eines Tages klappt eben alles in einer Montagestraße oder in einem Arbeitsablauf soweit, daß der Manager das Ganze als ein akzeptables Leistungsniveau ansieht. Man versucht dann nicht mehr, die Sache weiter zu verbessern, weil man der Meinung ist, daß in diesem Stadium schon ein kleiner Schritt so kostspielig ist wie die ersten großen Fortschritte. Man konzentriert sich von da an lediglich darauf, daß die Qualität nicht nachläßt. Meine Güte, wir verleihen dafür alle möglichen Auszeichnungen.''

Nun meldete sich der technische Leiter zu Wort.

„Herr Feldner, würde es Ihre Pläne für unsere Einweihung in das Programm sehr durcheinanderbringen, wenn wir auf dieses Null-Fehler-Konzept jetzt schon eingehen würden? Ich gestehe, daß mich das Ganze ziemlich verwirrt."

Herr Feldner nickte Herrn Runge zu.

„Gut, dann schieben wir jetzt das Tonband über das Null-Fehler-Konzept ein und diskutieren anschließend über die Frage, ob Null Fehler ein Motivationsprogramm für Arbeitnehmer ist. Die Antwort lautet, Null Fehler ist definitiv kein Motivationsprogramm."

„So wurde mir das bisher nicht dargestellt", widersprach Herr Löwe. „Bei allem, was ich bislang darüber gelesen habe, kam das Wort ‚Motivation' mindestens in jedem Absatz vor."

„Nun, dann hören Sie sich das hier einmal an, und passen Sie auf, ob das Wort auch in dieser Aufnahme fällt."

Herr Runge ließ das Tonband über das Null-Fehler-Programm ablaufen, das Herr Feldner dem Geschäftsführer bei ihrer ersten Unterredung vorgespielt hatte (Seite 142).

Als das Band abgelaufen war, herrschte völliges Schweigen im Raum; jeder schien seinen eigenen Gedanken nachzuhängen. Herr Runge trat vor die Anwesenden hin.

„Ich weiß, was die meisten von Ihnen jetzt denken", bemerkte er. „Ich weiß das nur deshalb, weil ich gerade erst in den letzten Tagen genau denselben Denkprozeß durchgemacht habe. Mir fiel es auch sehr schwer, die Vorstellung zu akzeptieren, ich könnte möglicherweise selbst Teil des Problems sein, und meine Einstellung zur ganzen Leistungsfrage der Sache vielleicht nicht eben förderlich sein. Ich bin freilich noch nicht so lange auf meinem Posten wie die meisten von Ihnen" − (Herr Feldner seufzte) − „aber ich glaube, ich beginne zu begreifen, warum mir etwas so Einleuchtendes früher nie klar war."

Rolf Löwe fiel ihm ins Wort. „Ich glaube, ich weiß, was Sie jetzt sagen werden, Herr Runge. Sie werden wohl sagen, daß wir alle hier das Problem aufgeworfen haben, daß es in unserer Hand liegt und wir die einzigen sind, die es aus der Welt schaffen können. Habe ich recht?"

„Ja, genau", erwiderte Herr Runge. „Sie haben in den Grundzügen recht. Es liegt auf jeden Fall an uns, herauszubekommen, wie das Problem genau gelagert ist, und dann für Abhilfe zu sorgen. Der einzige zusätzliche Aspekt, den ich noch anfügen möchte, ist, daß es hier um ein echtes Gemeinschaftsprojekt geht, für das wir uns alle gleichermaßen einsetzen müssen. Wenn einige von uns nicht aufrichtig der Ansicht sind, daß das Vorhaben durchführbar ist und auch durchgeführt werden sollte, dann wird es nicht zustande kommen."

Herr Eber nickte. „Ich stimme vollkommen mit allem, was Sie sagen, überein und habe auch keine Schwierigkeiten mit dem Null-Fehler-Konzept, das Sie und Herr Feldner uns eben geschildert haben. Mich würde nur noch eines interessieren: Warum wird das Null-Fehler-Programm in fast allen Fachzeitungen, die ich gelesen habe, negativ beurteilt, während andererseits die Leute, die es durchführen, davon immer so begeistert sind?"

Herr Feldner trat wieder vor die Gruppe hin. ,,Die Frage kann ich Ihnen beantworten. Sie hat mich nämlich auch lange beschäftigt. Nach vielen Diskussionen bin ich zu dem Schluß gekommen, daß die Leute vom Qualitätswesen und der Fertigungsabteilung das Konzept zunächst mißverstanden hatten. Sie hatten den Eindruck, es handle sich dabei um eine Art Zauberformel, wie man die Leute mit Prämien, Spaß und Spiel ködert, damit sie gute Arbeit leisten. Offenbar wurde dabei ganz übersehen, daß diejenigen, die ‚Motivation‘ brauchen, die Führungskräfte und nicht die Arbeiter sind. Außerdem war ich immer der Meinung, das Programm sei nur für den Herstellungsbereich gedacht; mir war nie so recht bewußt geworden, daß die Hälfte der an den Problemen Beteiligten das Produkt nie in die Hand bekommt.‘‘

Die Marketingleiterin, Frau Nordend, räusperte sich vernehmlich. ,,Okay, ich glaube, wir können die Stunde der Beichten abschließen. Es dürfte mittlerweile allen klar sein, daß wir dieses Vorhaben schnellstens in die Wege leiten sollten. Wie lange wird es Ihrer Meinung nach dauern, das Programm auf die Beine zu stellen, Herr Feldner?‘‘

,,Wenn Sie gleich damit anfangen, Frau Nordend, dürfte es schon innerhalb weniger Tage zu schaffen sein. Der Tag der Qualität dürfte aller Voraussicht nach in sechs Monaten stattfinden.‘‘

,,Wie meinen Sie das, wenn ich gleich damit anfange?‘‘ Frau Nordend wandte sich bei der Frage an Herrn Breuer.

Der Unternehmensleiter lächelte verlegen. ,,Wir hatten gehofft, Sie würden den Vorsitz der Lenkungsgruppe Qualität übernehmen — mit der hauptamtlichen Assistenz von Herrn Runge natürlich.‘‘

,,Aber ich habe doch keine Ahnung von der ganzen Sache‘‘, erwiderte sie.

,,Ich glaube, wir haben eben festgestellt, daß keiner von uns viel Ahnung hat‘‘, sagte Herr Eber. ,,Meiner Ansicht nach sind Sie für die Aufgabe hervorragend geeignet. Wir stehen voll hinter Ihnen.‘‘

,,Was hätte ich zu tun? Aber bevor Sie mir antworten, möchte ich gleich noch eine Frage stellen. Dürfte ich die Mitglieder meines Teams selbst bestimmen?‘‘

Herr Breuer nickte. ,,Auf jeden Fall‘‘, sagte er. ,,Ich hatte es mir nie anders vorgestellt.‘‘

Frau Nordend schlug begeistert mit der Hand auf den Tisch. ,,Einverstanden, ich nehme das Amt an und berufe gleich alle, die hier sitzen, in mein Team. Alle außer Herrn Breuer. Den ziehen wir nur bei Bedarf hinzu.‘‘ Nun wurde deutlich, daß sich die Anwesenden nicht alle dem Ansinnen gewachsen fühlten. Aber nach kurzer Zeit hellten sich die Mienen auf, und alles lächelte und nickte zustimmend.

Frau Nordend deutete scherzhaft mit ausgestrecktem Zeigefinger auf Herrn Runge. ,,Herr Runge, ich gebe Ihnen den Rest des Tages Zeit, mich vollends über das Programm aufzuklären. Sie führen bei allem Protokoll und halten uns auf dem laufenden. Setzen Sie morgen abend um 17.30 Uhr eine Versammlung der Lenkungsgruppe an. Ich werde Sie nicht länger als eine halbe Stunde aufhalten, aber wir werden die Sache in Gang bringen.‘‘

Sie wandte sich an den Personalleiter. ,,Herr Dr. Nelson, wie wäre es, wenn Sie Verbindung mit dem Betriebsratsvorsitzenden aufnähmen und ihn aufforderten, an unserer Sitzung morgen abend teilzunehmen?‘‘

Dr. Nelson schien von dem Vorschlag absolut nicht angetan. „Da würden wir uns wahrscheinlich nur Schwierigkeiten einhandeln, Frau Nordend. Ich bin mir nicht ganz sicher, ob der Betriebsrat das Programm nicht so auffaßt, als sollte der Akkord gedrückt werden. Vielleicht sollten wir noch abwarten, bis unsere Pläne etwas vollständiger sind?"

Frau Nordend sah bedeutungsvoll zuerst zu Herrn Feldner hinüber, der ihr ermutigend zunickte, und dann zu Herrn Breuer, der ihr zulächelte.

Dann richtete sie das Wort wieder an Dr. Nelson. „Was halten Sie davon, wenn wir beide uns morgen mit dem Betriebsrat treffen und die ganze Sache einmal an ihnen erproben?"

Dr. Nelson grinste. „Ihr Redekünstler vom Verkauf seid doch alle gleich. Ist Ihnen neun Uhr recht?"

Das Arbeitsessen

Als Hermann Breuer und Albert Feldner gemeinsam zum Arbeitsessen der Expertengruppe gingen, sagte der Geschäftsführer, daß dieses Programm zur Qualitätsverbesserung, auch wenn es am Ende nichts fruchten würde, ihm zumindest die Bekanntschaft mit mehr Leuten einbringe, als er je zuvor kennengelernt habe. Er stellte außerdem fest, daß von dem Programm insgesamt eine positive Wirkung ausgehe.

Die Mitglieder der Expertengruppe waren bereits vollzählig versammelt, als Breuer und Feldner den Versammlungsraum betraten. Dafür hatte Herr Feldner unauffällig gesorgt, damit seine Leute im Gespräch schon miteinander warm werden konnten, ehe der allmächtige Chef dazukam. Es war dem Erfolg dieses Treffens sehr förderlich, daß der Qualitätsleiter sich noch an seine Vergangenheit erinnerte. Man konnte viel Zeit in einem Betrieb zubringen, ohne die hohen Tiere zu treffen. Die meisten Leute würden also ein wenig scheu sein und froh über die Gelegenheit, sich vor Beginn der Versammlung eine Weile ungezwungen unterhalten zu können. Doch Herr Breuer handhabe die Einführungsgespräche sehr geschickt. Er unterhielt sich mit jedem der dreiundzwanzig Mitglieder persönlich, bis er sich ein klares Bild davon gemacht hatte, was jeder einzelne tat und wie er zu seiner Arbeit eingestellt war. Der Geschäftsführer stellte zu seiner besonderen Zufriedenheit fest, daß ein Abteilungsleiter und vier der Qualitätsingenieure Frauen waren.

Was Herrn Breuer noch mehr erstaunte, war die Tatsache, daß jeder seine Drinks selbst bezahlte. Herr Feldner hatte vorgeschlagen, daß die Zusammenkunft in demselben Stil wie immer abgehalten werden sollte, obwohl Herr Breuer dafür plädiert hatte, die Firma für die Rechnung aufkommen zu lassen.

„Wir haben es von Anfang an so gehalten", bemerkte Herr Feldner. „Wir sind es gewöhnt, für uns selbst einzustehen."

Als es Zeit war für das gemeinsame Abendessen, war Herr Breuer etwas verwundert, daß es keinen eigenen Tisch für die Geschäftsleitung gab und daß Norbert Tietze, der Leiter der Wareneingangsprüfung, die Sitzung eröffnete. Herr Tietze nahm in seiner Einführung darauf Bezug, daß der Geschäftsführer an jenem Abend anwesend sei, was für die Expertengruppe eine große Ehre bedeute. Nach dem Abendessen würde Herr Breuer zunächst ein paar Worte an die Expertengruppe richten, und dann sollte den Mitgliedern Gelegenheit gegeben werden, Fragen zu stellen. „Was immer Sie an Fragen haben", betonte er nachdrücklich.

Während des Abendessens führte der Geschäftsführer eine angeregte Unterhaltung mit der Gruppe an seinem Tisch; Herr Feldner saß an einem anderen Tisch. Herr Breuer gab seiner Neugierde nach und fragte, warum nicht der Qualitätsleiter, Herr Feldner, die Sitzung eröffnet habe.

„Er ist nicht der Vorsitzende unserer Expertengruppe", erhielt er zur Antwort.

„Herr Feldner hat darauf bestanden, daß die Expertengruppen es sich zur Regel machen, daß die Mitglieder selbst bestimmen, was sie tun wollen. Er selbst hat auch nur eine Stimme wie jeder von uns. Darum haben wir auch das Vorrecht, unsere Getränke selbst zu bezahlen. Das ist eines der Rechte, auf die wir ungern verzichten würden."

Als der Nachtisch serviert wurde, hatten sich alle Beteiligten an die Anwesenheit des Geschäftsführers gewöhnt, und es herrschte eine entspannte Atmosphäre. Herr Tietze sorgte für Ruhe und stellte Herrn Breuer als Gastredner des Abends vor. Er bemerkte noch, daß die Expertengruppe bereits verschiedene Hauptabteilungsleiter bei sich zu Gast gehabt habe und daß der Austausch jeweils sehr fruchtbar gewesen sei. Dann übernahm Herr Breuer das Wort.

„Ich freue mich, daß ich heute abend hier bei Ihnen zu Gast sein darf, und ich sage das nicht, weil es zu den Einführungsfloskeln gehört, die von jedem Redner erwartet werden, sondern weil ich mich immer aufrichtig freue, mit Fachleuten zusammenzutreffen.

Wie Sie wissen, ist unsere Branche nicht unproblematisch. Bei uns gibt es niedere Gewinnspannen, schwierige Kunden und komplexe Qualitätsprobleme. Ich kann mir jedoch vorstellen, daß jeder Geschäftsführer im ganzen Land in einer Rede vor einer Gruppe von Leuten in enscheidenden Positionen genau dasselbe sagen würde. Meiden wir also Platitüden, und gehen wir die Sache gleich im Kern an.

Was die Qualität anbelangt, macht unser Betrieb schwierige Zeiten durch. Unsere Fehlerquoten sind zu hoch, unsere Kundendienstkosten steigen ins Astronomische, die Kunden verlieren das Vertrauen zu uns, und es ist nirgends ein Silberstreif an unserem Horizont zu erkennen.

Den meisten von Ihnen sage ich damit nichts Neues, und viele von Ihnen haben eine eigene Meinung, wie man die Dinge angehen oder verändern sollte, damit alles besser wird. Aber Sie wissen auch, daß wir lernen müssen, dieses ‚Besserwerden' systematisch und in organisierter Form anzugehen. Darum sind wir dabei, eine Lenkungsgruppe Qualität aufzustellen. Mitglieder dieses Teams, in dem jede Abteilung vertreten ist, sind die Abteilungsleiter. Den Vorsitz des Teams führt Frau Nordend, die Marketingleiterin unseres Betriebs; der Qualitätsleiter, Herr Feldner, gehört dem Team natürlich ebenfalls an. Im Grunde ist er der führende Kopf der Mannschaft, wenngleich wir das nicht laut sagen. Herr Runge wird als koordinierender Programmleiter mit der Abwicklung des Ganzen betraut sein, in anderen Worten: er wird die ‚Knochenarbeit' leisten.

Nun bin ich mir freilich bewußt, daß Sie sagen könnten: ‚Das sind doch genau die Leute, die uns die Misere eingebrockt haben.' Und damit hätten Sie nicht einmal ganz unrecht. Aber sie sind auch die Leute, die den Auftrag haben, uns aus der Misere herauszuhelfen – und sie können das nur mit Ihrer Unterstützung. Sie müssen uns zeigen, wie wir vorgehen können, Sie müssen mithelfen, die Maßnahmen durchzuführen, die die Lenkungsgruppe beschließt, und, was am allerwichtigsten ist, Sie müssen die Ergebnisse messen und darüber berichten.

Und während dies alles geschieht, müssen Sie die Produktion unvermindert in Gang halten, dafür sorgen, daß die Anforderungen buchstabengetreu erfüllt werden und darauf beharren, daß die Leistungsnormen immer erfüllt werden.

Es ist nicht zu leugnen, daß wir – und ich betrachte mich als den Hauptschuldigen – bisher den Eindruck vermittelt haben, daß wir auch schon mit weniger Gutem als null Fehlern zufrieden sind. Lassen Sie mich meine Position zu dieser Frage gleich eindeutig klarstellen. Für mich heißt es: Null Fehler, koste es, was es wolle.''

Herr Breuer hielt einen Augenblick inne, überlegte kurz und sah dann lächelnd zu Herrn Feldner hinüber.

,,Seltsam: Wenn es erst einmal ausgesprochen ist, hört es sich gar nicht mehr so schlimm an.''

Die Gruppe spendete spontan Applaus.

Im weiteren verlief das Arbeitsessen ohne besondere Vorkommnisse. Herr Breuer stand eine halbe Stunde Rede und Antwort auf alle Fragen; dann löste sich die Versammlung auf.

Herr Feldner war sehr angetan, und Herr Tietze lud den Geschäftsführer ein, so oft er wolle zu den Sitzungen der Expertengruppe zu kommen.

Der Betriebsrat

Im Büro des Personalleiters warteten Frau Nordend und ein nervöser Dr. Nelson auf das Erscheinen des Betriebsrats. Frau Nordend hatte noch nie mit ihm zu tun gehabt und war im Grunde nicht so kühl und gelassen, wie sie sich den Anschein gab. Aber sie hatte so ein Gefühl, daß das Treffen interessant sein würde. Pünktlich um neun Uhr trafen der Betriebsratsvorsitzende Thomas Wirth und Markus Eib, sein Kollege, ein und wurden Frau Nordend vorgestellt. Herr Wirth arbeitete in der Maschinenwerkstatt an der einzigen Fassondrehbank des Betriebs. Herr Eib verbrachte die meiste Zeit damit, verschiedene Betriebe im ganzen Umkreis zu besuchen, und erschien deshalb im Anzug. In liebenswürdigem Ton bat er Herrn Wirth, ein wenig Abstand zu halten, damit sein neuer Anzug keine Schmierflecken abbekomme.

Nach der gegenseitigen Vorstellung begann Frau Nordend, das geplante Qualitätsverbesserungs-Programm zu erläutern, wobei sie nachdrücklich auf die Bedeutung seines Erfolgs für das künftige Wachstum von HPA hinwies.

Nach etwa einer Viertelstunde hob Herr Wirth die Hand.

,,Frau Nordend, wenn es Ihnen um die Genehmigung für die Durchführung eines Null-Fehler-Programms geht, kann ich nur sagen, daß es dem Management durchaus zusteht, so etwas zu beschließen. Wenn es Ihnen darum geht, unsere Meinung darüber zu hören, muß ich sagen, es wird höchste Zeit.''

„Nun, Herr Wirth, wollen Sie dann der Lenkungsgruppe Qualität mit Rat und Tat zur Seite stehen?" fragte Frau Nordend lächelnd.

Herr Wirth blickte hilfesuchend zu Herrn Eib. Einen solchen Vorschlag hatte er offenbar nicht erwartet. Herr Eib gab sich die größte Mühe, unverbindlich dreinzusehen. Die Mitwirkung des Betriebsrats in Komitees der Geschäftsleitung wurde denn doch als ungewöhnlich empfunden.

Frau Nordend, die Herrn Wirths Unbehagen bemerkte, versuchte es noch einmal anders. „Mir geht es hier nicht darum, allen Maßnahmen der Lenkungsgruppe von vornherein die automatische Zustimmung des Betriebsrats zu sichern. Ich hätte gerne, daß Sie als Einzelperson mitwirken. Vielleicht möchten Sie uns auch noch ein oder zwei andere Kollegen empfehlen, die Ihres Erachtens an dem Programm aktiv teilnehmen sollten. Mit ziemlicher Sicherheit ist das nämlich das Wichtigste, was wir im Augenblick für die Firma tun können."

Herr Wirth nickte. „Na gut, ich werde das mit den Kollegen im Betriebsrat klären, daß ich in der Lenkungsgruppe mitarbeite. Dem dürfte nichts im Wege stehen; der Betriebsrat macht sich schon lange Sorgen über die Qualität in unserem Betrieb. Sie könnten vielleicht noch die Werksicherung bitten, einen Vertreter für Ihr Team zu bestimmen, obwohl die Leute nicht organisiert sind. Außerdem ist in meinem Vertrag festgesetzt, daß ich für alles, was über die normalen acht Stunden hinausgeht, Überstunden bezahlt bekomme − obwohl ich persönlich wirklich gerne bereit wäre, es unbezahlt zu tun. Falls das Schwierigkeiten macht, bin ich auch gewillt, eine Zeitlang bei der Spätschicht mitzuarbeiten. Wir werden schon eine Lösung finden."

Als die beiden Mitglieder des Betriebsrats gegangen waren, blieben Frau Nordend und Dr. Nelson noch einen Moment schweigend sitzen. Schließlich bemerkte Frau Nordend: „Ich glaube, ich werde bei dieser Sache einiges lernen."

Bob Runges Problem: Eine neue Philosophie

Bob Runge schlenderte auf die Terrasse hinter seinem Haus hinaus und starrte geistesabwesend auf den Rasen, der schon letztes Wochenende hätte gemäht werden müssen. Die Nachbarn würden ihn sicher bald deswegen necken. Sein Garten war so gut gepflegt wie jeder andere Garten eines berufstätigen Mannes. Wie hätte er auch ahnen können, daß er einmal zwei pensionierte Landwirte zu seinen nächsten Nachbarn haben würde? Außerdem belegte der ungemähte Rasen nur etwa Platz 14 auf der Liste seiner gegenwärtigen Probleme.

Dieser neue Auftrag, die praktische Leitung des Programms für die Lenkungsgruppe Qualität zu übernehmen, bot eine vorzügliche Gelegenheit, mit den hohen Tieren des Betriebs in Kontakt zu kommen. Der Geschäftsführer, Herr Breuer, hatte Bob an jenem Tag seine Riesenpranke auf die Schulter gelegt und darauf hingewiesen, daß es nun von ihm, Bob Runge, abhänge, ob das Vorhaben glücken oder scheitern werde. Er hatte Bob eigens darauf angesprochen, er solle sich ohne Zögern an ihn wenden, falls er einmal das Gefühl habe, daß etwas schiefgehen werde. Bob war sich bewußt, daß sehr leicht etwas schiefgehen könnte, doch hatte er sich nach der Versammlung keine Sorgen darüber gemacht. Er hatte damals den Eindruck, daß alle Beteiligten die Situation auf offene und praktische Weise angingen.

Was bedrückte ihn also?

Seine Frau Eva kam mit zwei Glas Bier auf die Terrasse und meinte, sie sollten sich zusammensetzen und einmal in Ruhe über „die Sache" reden.

„Was meinst du mit ‚die Sache'?" fragte Bob irritiert.

„Wenn du mitten in unserem Lieblingsprogramm im Fernsehen plötzlich aufstehst und nicht in dein Büro gehst, um etwas aufzuschreiben, dann ist es meine Pflicht als Mitglied des Vereins Treusorgender Gattinnen nachzuforschen, was mit dir los ist. Schließlich war ich selber mal im Ingenieurberuf tätig, bis sich die Zwillinge einstellten."

Bob mußte gegen seinen Willen schmunzeln. Ihre Offenheit und Direktheit war der Garant, daß ihre Ehe klappte. Er hatte kaum Zeit, über ein Problem ins Grübeln zu kommen, da brachte sie die Sache schon wieder offen zur Sprache.

Er weihte sie also in die jüngsten Entwicklungen ein und ging dabei besonders auf seine Ernennung zum Programmleiter der Lenkungsgruppe ein.

„Das klingt so, als sei es die Chance, die du dir schon so lange gewünscht hast. Eine Gelegenheit, bei der es auf deinen persönlichen Beitrag wirklich ankommt. Ist es das, was dich bedrückt, die Tatsache, daß du so im Blickfeld stehst?"

Bob dachte einen Augenblick nach. „Nein, ich glaube nicht, daß mein Problem darin liegt. Ich habe wohl die Courage, in den Vordergrund zu treten, das weißt du ja. Ich glaube, mein Problem, falls ich überhaupt eines habe, liegt darin, daß mir alles einfach zu glatt zu gehen scheint. Niemand opponiert, keiner legt einem Steine in den Weg. Irgendwie ist das nicht normal. Vielleicht sind meine Gedanken auch nur zynisch."

„Nein", sagte Eva nachdenklich. „Ich glaube, was du da vermißt, wird sich schon noch einstellen, wenn der Reiz des Neuen sich allmählich verliert. Die Leute sind so, wie sie immer waren. Aber immerhin scheint die ganze Idee so positiv zu sein, und ihr deichselt das alles mit so wenig Schuldzuweisungen, daß ich mir nicht recht vorstellen kann, ihr könntet in echte Konflikte geraten."

Bob richtete sich auf. „Weißt du, Eva, ich glaube, du kommst da gerade der Sache auf die Spur, die mich schon eine Weile belastet, ohne daß ich mir darüber klar war. Alle haben sie das Gefühl, wir hätten uns auf eine Technik und nicht auf ein Konzept eingelassen. Das ist der Grund, warum es fast ohne die üblichen Redereien abgeht."

„Was ist denn der Unterschied zwischen einer ‚Technik' und einem ‚Konzept'? Ich dachte immer, solche Diskussionen würde man bloß im Philosophieunterricht führen."

Bob rückte mit seinem Stuhl näher. „Philosophie trifft genau das, was ich meine. Das ganze Programm ist Philosophie, eine Philosophie, die mit Verbesserung zu tun hat. Es geht darum, die Leute dazu zu bringen, daß sie das tun, was sie ohnehin tun müßten, und das soll auf systematische Weise erreicht werden. So ist Essen zum Beispiel ein Konzept, Kochen eine Technik. Liebe ist ein Konzept, Sex eine Technik. Verbesserung ist ein Konzept, Team-Management ist eine Technik."

Eva legte den Kopf schräg. „Du willst damit also sagen, daß du eben dabei bist, in deiner Firma ein neues Verhaltenskonzept einzuführen, daß du aber gleichzeitig so tun mußt, als ginge es nur um eine Technik des Programm-Managements."

„Ja, so ungefähr. Der wesentliche negative Aspekt an der Sache ist, daß die Leute meinen könnten, das System würde auch ohne ihr persönliches Zutun funktionieren, also ganz gleich, ob sie sich selber anstrengen oder nicht; wenn es soweit kommt, dann stecke ich in der Klemme. Deshalb muß ich alles so persönlich wie möglich aufziehen. Nimm nur einmal die Schritte des Programms. Die ersten beiden, Verpflichtung des Managements und Lenkungsgruppe Qualität, haben wir schon hinter uns. Jetzt müssen wir möglichst schnell zur Qualitätsmessung kommen. Für das Produkt selbst stehen uns ja schon eine ganze Reihe von Meßverfahren zur Verfügung, und zwar inner- wie außerbetriebliche. Aber ich werde ganz schöne Schwierigkeiten bekommen, wenn es um Qualitätsmessungen in Bereichen wie Vertrieb oder Finanzen geht. Und wie wird das in der Personalabteilung? Das wird die erste harte Bewährungsprobe. Was soll ich antworten, wenn mich die Leute von der Entwicklungsabteilung fragen, wie in aller Welt ich ihre unbezahlbaren Konstrukteure jemals messen will?"

„Warum sollte das nicht gehen?" fragte seine Frau. „Frag sie doch, woher sie wissen, welche ihre besten Leute sind, und woher sie wissen, daß jemand eine Gehaltsaufbesserung verdient hat. Wenn sie dir darauf keine Antwort geben können, dann ist deine Firma ein noch größerer Problemfall, als du glaubst."

SCHRITT DREI: QUALITÄTSMESSUNG

Ziel:
Aktuelle und potentielle Qualitätsabweichungen in einer Form darstellen, die eine objektive Bewertung und Korrekturmaßnahmen erlaubt.

Messung im Fertigungsbereich

Grundsätzliche Durchführung. Die Eckdaten der Qualitätsmessung gehen aus den Prüfberichten hervor, die von den Fertigungsbereichen des Betriebs ausgewertet werden. Durch Vergleich der Rückweisungszahlen mit den Eingabezahlen wird die Rückweisungsquote ermittelt. Da die meisten Betriebe über solche Systeme der Fertigungsmessung verfügen, ist es hier nicht notwendig, näher auf sie einzugehen. Es ist jedoch anzumerken, daß die genannten Werte, sofern sie nicht zweckentsprechend dargestellt werden, ohne jeden praktischen Nutzen sind. Schließlich dienen sie dem alleinigen Zweck, das Management vor Krisensituationen zu warnen. Die Meßdaten sollten zur Darstellung spezifischer Probleme verwendet werden, die Korrekturmaßnahmen erfordern; die Berichterstattung sollte Sache der Qualitätsabteilung sein.

Qualitätsmessung kann nur effektiv sein, wenn sie zu Meßwerten führt, die von den Leuten verstanden werden. Deshalb sollten die Verfahren der Messung und Rückmeldung direkt verständlich sein und in Begriffen wie „Fehler pro Einheit",

„Prozent fehlerhaft" usw. ausgedrückt werden. Darüber hinaus sollten Fehler, die aufgrund häufigen Vorkommens oder potentieller Auswirkungen besonders hervorzuheben sind, nach Ausmaß, Ursache und Verantwortlichkeit klassifiziert werden. Dadurch kann vermieden werden, daß Zeit auf unbedeutendere Mängel vergeudet wird, während eigentlich wichtigere Terrains zu erobern wären. Am empfehlenswertesten für eine angemessene Auswertung der Meßdaten ist es, sich auf zwei Berichtsformen für jeden Bereich zu konzentrieren:

1. *Meßdiagramme*. Diese Diagramme, die wöchentlich oder monatlich ausgehängt werden, stellen den gegenwärtigen Stand des jeweiligen Fertigungsbereichs dar. Anhand dieser Diagramme kann das Management feststellen, ob Verbesserungen erzielt wurden. Der spezifische Nutzen der Diagramme besteht darin, daß für einzelne Bereiche Verbesserungsziele gesteckt und die Schaubilder mit den Zielen der Belegschaft vor Augen geführt werden können. Anschauliche Diagramme lassen sich ohne großen Kostenaufwand auf Holz oder Papier unter Verwendung farbiger Klebstreifen herstellen. Sie sollten groß genug sein, um von jedem Arbeitsplatz innerhalb eines Bereichs einsehbar zu sein. Den Führungskräften können diese Diagramme in verkleinerter Form auf Papier vorgelegt werden.

2. *Fehlerermittlung*. Der Qualitätsingenieur des jeweiligen Bereichs sollte täglich eine Liste der Arbeitsgänge zusammenstellen, bei denen die schwerwiegendsten oder häufigsten Fehler vorkommen. Durch die Klassifikation dieser Fehler hinsichtlich Ausmaß, Ursache und Verantwortlichkeit schafft der Qualitätsingenieur die Voraussetzung für die Korrekturmaßnahmen, die von den jeweils betroffenen Funktionsgruppen durchzuführen sind. Probleme, die sich nicht umgehend lösen lassen, können auf den jeweils nächsthöheren Ebenen weiterbehandelt werden (siehe Schritt 6).

Datenerfassung. Das Prüfpersonal sollte übersichtliche Formulare bekommen, um die Ergebnissse seiner Messungen aufzuzeichnen. Folgende grundlegende Daten sollten festgehalten werden:

1. Bezeichnung und Nummer des Fertigungsteils; Name des Prüfers und des jeweiligen Mitarbeiters in der Fertigung

2. Geprüfte Stückzahl

3. Fehlerhafte Stückzahl

4. Beschreibung des speziellen Fehlers

5. Arbeitsgang und Bereich, in denen der Fehler festgestellt wurde

Der Prüfingenieur des jeweiligen Bereichs sollte jeden festgestellten Fehler überprüfen und bei der Klassifizierung behilflich sein. Die ermittelten Meßwerte werden zusammengestellt und in Form grafischer Darstellungen ausgehängt. Die festgestellten Probleme werden je nach Häufigkeit ihres Vorkommens der Reihe nach aufgeführt; diese Information wird den Bereichsleitern sowie anderen Mitgliedern des Managements zugänglich gemacht. Die nachgewiesenen Tendenzen oder Problemsituationen sollten umgehend der Korrektur zugeführt werden.

Anmerkung: Es gibt keine Entschuldigung dafür, daß man über die Vorgänge nicht Bescheid weiß.

Messung von Dienstleistungen

Systematisch durchgeführte Programme zur Verbesserung von Qualität, Produktivität, Gewinnspanne usw. konzentrieren sich gewöhnlich auf die Fertigungsbereiche. In diesen Bereichen arbeitet das Personal nach einem organisierten Ablaufplan, die Ergebnisse seiner Arbeit werden gemessen und analysiert, und das Management hat sich mit der Notwendigkeit kontinuierlicher Verbesserung abgefunden. Gut durchdachte und durchgeführte Programme zeitigen immer Ergebnisse. Über mögliche Verbesserungen im Fertigungsbereich sind wir bestens im Bilde. Aber selbst in Herstellungsbetrieben besteht mindestens die Hälfte der Belegschaft aus Angestellten, die mit dem Produkt überhaupt nie in Berührung kommen. In reinen Dienstleistungsbetrieben, etwa im Versicherungs-, Finanz-, Erziehungs- oder Hotelbereich, trifft diese Definition auf nahezu alle Beschäftigten zu. In der Regel werden in diesen Betriebszweigen keine formalisierten Verbesserungsprogramme durchgeführt; der Grund dafür liegt darin, daß in diesen Sektoren Messungen des aktuellen Stands schwieriger und auch die erzielten Fortschritte schwerer feststellbar sind. Dabei handelt es sich hier um Arbeitsvorgänge, auf die die höchsten Personalkosten entfallen, die Betriebsaufwendungen verursachen, Bestellungen aufgeben, die eingehenden Rechnungen bezahlen, den Kontakt zum Kunden halten – und alle diese Vorgänge finden auf dem Papier statt. Mit dieser „Software" steht und fällt das Funktionieren des gesamten Wirtschaftsunternehmens.

Untersuchungen haben ergeben, daß über 85 Prozent dieser auf Papier festgehaltenen Vorgänge einen Fehler enthalten – mindestens einen Fehler. Diese Fehler müssen nicht notwendigerweise besonders schwerwiegend oder für sich genommen schon katastrophal sein, aber sie müssen aufgespürt und behoben werden. Dieses Beheben von Fehlern verändert den vorgesehenen Betriebsablauf und löst eine Kette von vermeidbaren Kosten aus. Die Kosten für die Fehlerbehebung betragen mindestens 25 Prozent der Betriebskosten in jedem Funktionsbereich. Das heißt mit anderen Worten, daß in einem Vorgang jede vierte Mark für das Wiederholen von Arbeiten bzw. Nachholen von versäumten Arbeitsgängen ausgegeben wird. Um diesen „Kostenfaktor Zeit" zu berechnen, multipliziert man die vom jeweils betroffenen Beschäftigten aufgewendete Arbeitszeit mit 3. Man zählt also die Zeit dreifach: einmal die Zeit, die für den Arbeitsgang ursprünglich erforderlich ist, dann die Zeit für die Behebung des Fehlers und drittens die Zeit, die auf einen neuen Arbeitsgang hätte verwendet werden können. Dabei hat man dann noch nicht die Kosten für das Aufspüren des Fehlers mitberechnet, die unter Umständen die Kosten für die Behebung noch übertreffen können. Durch die Eliminierung solcher vermeidbarer Aufwendungen mittels gezielter Maßnahmen des Managements lassen sich für ein Unternehmen erhebliche Gewinnsteigerungen erreichen und dies zu einer Zeit, da die Möglichkeiten für Gewinnsteigerungen immer spärlicher werden. Sehen Sie sich einmal einige typische Fälle solcher „Schreibarbeitsprobleme" an:

– Ein Angestellter in der Auftragsabteilung nimmt den Kundenauftrag vom Händler entgegen und schreibt einen Fertigungsauftrag aus, in dem die Angaben für die Herstellung des bestellten Produkts genau spezifiziert sind. Weil der Sachbearbeiter in der Auftragsabteilung im Auftragsvordruck irrtümlich ,,grün'' statt ,,blau'' angekreuzt hat, erhält der Kunde das falsche Produkt. Alle Zeit, die darauf verwendet wird, die Übereinstimmung des hergestellten Produkts mit den Anforderungen zu überprüfen, ist von vornherein vergeudet, weil die Anforderungen falsch waren. Schlimmer noch, die wahre Fehlerursache kann unter Umständen erst nach einer Reihe unnötiger Maßnahmen entdeckt werden.

– Die Leute von der Kreditorenbuchhaltung haben eine falsche Angabe in den Computer eingegeben. Deshalb konnte die Firma die Diskontsenkung nicht in Anspruch nehmen.

– Ein für die Herstellung freigegebenes Produkt erfordert bis zur endgültigen Herstellung 231 technische Änderungen. Bei näherer Untersuchung stellt sich heraus, daß alle bis auf drei dieser Änderungen auf Rechenfehler, Schnitzer in den Konstruktionszeichnungen oder auch auf ganz gewöhnliche Übertragungsfehler zurückgehen, die sich schon seit Jahren eingeschliffen haben.

– Amtsleiter im Bereich der Sozialbehörde haben festgestellt, daß die größten Kosten in diesem Sektor durch bürokratische Fehler verursacht werden.

– Der Hotelangestellte schickt einen Gast in ein Zimmer, das noch nicht gemacht wurde. Als Folge davon verlieren der Angestellte, der Liftboy, der Leiter des Zimmerpersonals, das Zimmermädchen, der Empfangschef und natürlich auch der Gast mindestens eine Viertelstunde bei irgendeiner vermeidbaren Tätigkeit.

– Weil irgendwer am Fernschreiber eine falsche Taste drückte, wurde ein überlasteter Geschäftsmann nicht vom Flughafen abgeholt.

Um diese Zeit- und Kostenverschwendung abzustellen und sich wirklichen Zugriff auf die Probleme zu verschaffen, sind drei Voraussetzungen nötig*:

1. Erkennung des Mißstands durch das Management. Dieser Punkt ist Sache des Managements.

2. Ein Verfahren für die Messung des aktuellen Qualitätsstatus. Dieser Punkt gilt allgemein als das Hauptproblem bei der Qualitätsverbesserung in Dienstleistungs- und Schreibarbeitsbereichen. In Fertigungsbereichen wird jeder Schritt vom Qualitätswesen überwacht und die Einhaltung der Vorschriften zahlenmäßig erfaßt. Dies ist in Dienstleistungs- und Schreibarbeitsbereichen nicht der Fall, aber möglicherweise wäre es auch hier erforderlich. Schließlich ist jeder Vorgang meßbar, wenn man eine Bemessungsgrundlage für ihn findet. Im Fall der Schreibarbeiten besteht diese Grundlage in den nachträglichen Korrekturen, die durch ungenaue Arbeitsweise ausgelöst werden.

---

* Alle drei sind in einem neuen Programm enthalten; es heißt ,,Auf Nummer Sicher Gehen'' und ist in Kapitel 13 ausführlich beschrieben. Es ist speziell auf die ,,Software-'' und Dienstleistungsbereiche zugeschnitten, und es ist erprobt, praktisch und unkompliziert; es läßt sich während oder nach dem Vierzehn-Schritte-Programm durchführen. Seine Anwendung unter Aufsicht der jeweiligen Vorgesetzten hilft Kosten einsparen und, was noch wichtiger sein mag, sie erzeugt ein Gefühl aktiver Mitwirkung und damit ein Erfolgserlebnis seitens der Mitarbeiter wie auch der Vorgesetzten.

3. Ein Programm, um bestehende Probleme zu korrigieren und ihrem erneuten Auftreten vorzubeugen. In jedem Tätigkeitsbereich werden über kurz oder lang einmal Fehler gemacht. Diese Fehler müssen korrigiert werden. Die Korrektur kann entweder formell vorgenommen werden, beispielsweise mittels einer Änderungsanzeige für den Materialeinkauf, mittels einer Eingabe in das EDV-System oder mittels eines eingeschriebenen Briefs. Oder sie kann informell vorgenommen werden, etwa durch Ersetzen, Ausradieren oder Vernichten. Wie immer die Korrektur vorgenommen wird, die zuständigen Mitarbeiter im jeweiligen Bereich wissen darüber Bescheid, sie wissen, wie es gemacht wird, und sie wissen, wie es sich messen läßt. Sie müssen nur an diese Leute herantreten und sie um ihre Unterstützung beim Herausfinden der Korrekturmethode bitten, um so zu einer Quantifizierung der Meßverfahren zu kommen. Durch die tabellarische Darstellung der Meßergebnisse lassen sich Fortschritte – oder ihr Ausbleiben – systematisch aufzeichnen. Verbindlich vereinbarte Meßverfahren sind für ein Qualitätsverbesserungs-Programm von unschätzbarem Wert. Ohne diese Messungen läßt sich nichts machen. Es liegt an der Schwierigkeit, solche Meßverfahren für den jeweiligen Einzelfall zu entwickeln, daß Verbesserungsprogramme in Verwaltungsbereichen bisher nicht häufiger durchgeführt wurden. Heutzutage kann die Messung ganz umkompliziert vor sich gehen.

Frau Nordend bat Herrn Runge, die Lenkungsgruppe Qualität über Inhalt und Ziel des Schritts zur Qualitätsmessung zu informieren und ihnen die notwendigen Vorkenntnisse zu vermitteln. Herr Runge erklärte, daß der Schritt zur Qualitätsmessung wahrscheinlich der wichtigste Punkt des gesamten Programms sei, da er Ergebnisse aufzeigen helfe, ob einem diese angenehm seien oder nicht.

„Es ist von vordringlicher Wichtigkeit, daß wir die Messungen in unserem Betrieb jetzt schon durchführen und aufzeichnen, um an ihnen ablesen zu können, ob unsere Maßnahmen überhaupt etwas bewirken.

Wir müssen dafür sorgen, daß vor allem zwei Dinge in die Wege geleitet werden: Erstens müssen wir veranlassen, daß in jeder Abteilung bestimmte verbindliche Meßverfahren vereinbart werden; und zweitens müssen wir eine Methode finden, wie die Meßergebnisse für jedermann sichtbar dargestellt werden können."

Herr Meyer lehnte sich vor. „Wollen Sie etwa die Fehlerquoten der verschiedenen Abteilungen in Form von grafischen Darstellungen da aushängen, wo alle Welt sie zu sehen bekommt?"

Herr Runge nickte.

Einkaufsleiter Meyer schüttelte mißbilligend den Kopf. „Das halte ich nicht für den richtigen Weg. Ich bin ziemlich sicher, daß meine Einkäufer nicht begeistert wären, wenn alle Welt über ihre Probleme im Bilde wäre – zumindest nicht, wenn nicht gleichzeitig auch die Ursachen dargestellt würden. Und ich bin absolut sicher, daß unsere Zulieferer ihre Namen nicht gerne überall bei uns in der Firma aushängen sehen würden. Denn das wird bei uns in der Einkaufsabteilung doch schließlich gemessen: die Güte der Produkte, die uns von anderen Firmen geliefert werden."

„Eigentlich werden doch alle eingehenden Waren bei der Annahmeprüfung kontrolliert, und wir wissen genau, welcher Prozentsatz angenommen bzw. zurückgewiesen wird. Warum könnten wir das nicht schon für die Messung verwenden?" fragte Herr Eber, der Fertigungsleiter.

„Genau das wollte ich sagen, Herr Eber", erwiderte Herr Meyer. „Wir werden von mehreren hundert Firmen beliefert. Es wäre doch nicht realisierbar, für jeden einzelnen eine grafische Darstellung anzulegen, und selbst wenn wir dazu in der Lage wären, würden unsere Leute damit immer noch nichts anzufangen wissen. Sie würden nur von diesen „unfähigen Zulieferern" reden.

„Ich habe mich in dieser Frage schon etwas umgetan, Herr Meyer", bemerkte Herr Feldner, der Qualitätsleiter. „Ich glaube, es gibt da ein Verfahren, das für Sie in Betracht kommt. Es heißt ,Einkäufer-Beurteilung'. Sie tun nichts weiter, als jeden vom Zulieferer verursachten Fehler dem Einkaufssachbearbeiter anzulasten. Das ergibt mit der Zeit eine Fehlerquote. Nach allem, was ich über das System weiß, zeigt es ziemlich eindeutig, daß einige Einkaufssachbearbeiter einfach nicht so sorgfältig arbeiten wie andere, und damit haben Sie auch schon die Fakten auf dem Tisch. Wollen Sie nicht einmal darüber nachdenken?"

„Mit Nachdenken dürfte es wohl längst nicht getan sein. Ich werde die Sache mit den Einkäufern besprechen, mal sehen, was sie dazu sagen."

„Ich denke, wir alle werden mit den Mitarbeitern unserer Abteilungen diskutieren müssen, um die Art von Messungen zu bestimmen, die im Einzelfall durchzuführen sind. Im Fertigungsbereich stellt das keine Schwierigkeit dar, weil im sprichwörtlichen ,Herstellungsgetto' ohnehin jeder Handgriff gemessen wird. Wir müssen nur die Messungen herausgreifen, denen besondere Beachtung geschenkt werden muß. Die Personalabteilung, die Marketingabteilung und die übrigen reinen Dienstleistungsbereiche sollten uns dann gegen Ende der Woche ihre Daten vorlegen. Ich darf noch einmal darauf hinweisen, daß die Abteilungsleiter die Ergebnisse ihrer Bereiche Tag für Tag messen und beurteilen. Wenn sie nicht wissen, was sie in eine Tabelle aufnehmen sollen, dann fragen Sie sie einfach, wer ihre besten Arbeitskräfte seien, und stellen ihnen dann die Frage, woher sie das wüßten."

Frau Nordend lehnte sich zurück. „Lassen Sie mich das noch einmal klarstellen. Sie sagen also, wir sollten alle in unseren Abteilungen eine Art Meßtabelle haben, die wir gut sichtbar anbringen − vielleicht in jedem Raum von der Decke hängen − und anhand dieser Meßtabelle sollen wir unsere Fortschritte im Rahmen des Qualitätsverbesserungs-Programms messen?"

Herr Runge nickte.

„Dann heißt das, daß wir die Meßgrößen umsichtig auswählen müssen und sichergehen sollten, daß sie wirklich von Bedeutung sind. Wir brauchen doch eine Leistungsmessung, die mit dem Erfolg der ganzen Firma in Zusammenhang steht."

Herr Löwe unterbrach sie. „Wir haben doch all diese Mängelberichte aus dem Außendienst, Frau Nordend. Die sind nie richtig analysiert worden. Wir könnten sie uns doch einmal genau vorknöpfen. Das würde uns den Hinweis liefern, welche Bereiche wir besonders beachten müssen. Und den Abteilungen gäbe es Anhaltspunkte für ihre Messungen."

Frau Nordend strahlte. „Der Vorschlag ist wirklich großartig. Können unsere Qualitätsspezialisten da weiterhelfen?"

„Ja. Wir setzen uns sofort mit der Außendienstgruppe zusammen. Ich würde auch
vorschlagen, daß wir die Ergebnisse dieser Analyse als Ausgangspunkt für das Verbesserungsprogramm benutzen. Das heißt in anderen Worten, wir können sagen, daß dies
der Stand der Dinge war, als die Lenkungsgruppe Qualität in Aktion trat."

„Einverstanden. Wir können die Sitzung jetzt aufheben. Ich gebe Ihnen noch Informationen über Qualitätsmessung mit sowie über den nächsten Schritt des Verbesserungsprogramms – die Qualitätskosten. Das ist auch so eine Art Messung. Ich hoffe,
Sie nehmen sich ein wenig Zeit und gehen diese kleine Zusammenfassung in aller Ruhe
durch, damit wir auch sicher unter diesem Begriff alle dasselbe verstehen. Darum geht
es nämlich hier."

Als die Gruppe sich aufzulösen begann, blieb Alice Wagner, die Leiterin des Finanz-
und Rechnungswesens, ruhig sitzen, als wäre sie in Gedanken verloren. Den anderen
fiel das auf, und sie zögerten beim Hinausgehen. Frau Nordend fragte etwas besorgt:
„Was haben Sie, Frau Wagner? Zieht die Buchhalterin in Ihnen über uns schon die
Bilanz?"

Frau Wagner lächelte.

„Nein, mir ist eigentlich nur so durch den Kopf gegangen, wie gut das alles klappt
und daß ich fest darauf vertraue, daß alles so ausgeht, wie wir es uns erhoffen. Besonders was die Qualitätskosten anbelangt. Ich bin schon seit einiger Zeit über diesen Begriff im Bilde, aber ich muß sagen, daß es mir bisher nie gelungen ist, irgendwen dafür
zu interessieren. Aber das gehört hier nicht zur Sache. Etwas anderes aber wohl, und
das würde ich gerne noch loswerden, solange Sie alle so vor mir stehen."

Die meisten der Anwesenden setzten sich noch einmal. Herr Löwe und Herr Feldner
lehnten sich gegen die Wand. Frau Wagner redete bei Stabssitzungen meist nur, wenn
sie direkt angesprochen wurde. Sie hatte bereits in diesem kurzen Augenblick mehr gesagt als im Lauf des ganzen Jahres. Sie hatte sich allem Anschein nach über etwas Gedanken gemacht und sich nun entschlossen, damit herauszurücken.

„Was mich schon vom ersten Augenblick an gestört hat, seit wir dieses
Qualitätsverbesserungs-Programm in Angriff genommen haben, ist die Frage, warum
wir so etwas überhaupt brauchen."

Sie hob abwehrend die Hand, als Herr Feldner zu einer Antwort ausholte. „Ich sehe
durchaus ein, daß wir unseren Kunden mangelhafte Produkte und Dienstleistungen zugemutet haben. Und mir ist auch klar, daß wir Maßnahmen zur Korrektur der Probleme
ergreifen müssen. Ja, im Grunde, sind solche Maßnahmen längst überfällig. Ich sehe
das alles ein. Was mir nicht in den Kopf will, ist die Tatsache, daß wir uns zu diesem
Zweck auf ganz unübliche Weise organisieren müssen. Wieso brauchen wir eine Lenkungsgruppe Qualität und eine Anzahl genau vorgezeichneter Schritte, die in einer star-
ren Reihenfolge durchzuführen sind? Schließlich und endlich wollen wir doch nur tun,
was wir ohnehin tun sollten.

Das Ganze ist eindeutig nicht für die Beschäftigten gedacht; die sind weitgehend bereit, unsere Anweisungen zu befolgen. Der Chef hat die Schuld für die ganze Situation
bereits auf sich genommen, also suchen wir nicht bloß nach einem Sündenbock; und

wir sind doch auch alle ganz einsichtig; es brauchen also keine Berge versetzt zu werden.''

Herr Löwe wurde unruhig. ,,Sie wollten doch zur Sache kommen.''

,,Richtig. Zur Sache. Also die Sache ist die: Ich finde, es ist unübersehbar, daß die meisten Manager, wir nicht ausgenommen, so mit dem Heute und mit der Lösung ihrer realen und eingebildeten Probleme beschäftigt sind, daß sie es nicht fertigbringen, korrektive oder sonstwie konstruktive Maßnahmen für mehr als eine Woche vorauszuplanen. Unsere Lenkungsgruppe Qualität hier und das langfristig angelegte Verbesserungs-Konzept zwingt uns nun zu einer vorausschauenden Planung. Es verlangt uns eine Verpflichtung auf ein Ziel ab, aber vor allen Dingen schafft es eine Atmosphäre der Offenheit, in der wir ganz ehrlich miteinander reden und zusammenarbeiten können, ohne das Gefühl zu haben, daß uns jemand gegen den Wagen fahren oder uns den Rang streitig machen will. Ich glaube, wir müssen erkennen, daß wir zu einem bestimmten Zweck in diese Lenkungsgruppe Qualität berufen wurden und daß der Erfolg des Teams sehr wohl über Erfolg oder Mißerfolg des ganzen Betriebs entscheiden kann.

Hier möchte ich Ihnen ein paar Informationen vorab geben. Wie schon gesagt, ich interessiere mich schon seit einigen Jahren für die Qualitätskosten, und vor ein paar Tagen haben wir nun eine Berechnung darüber angestellt. Ich kann Ihnen hiermit sagen, daß unsere Qualitätskosten im Betrieb 20,2 Prozent der Umsätze ausmachen. Um Ihnen langes Rechnen zu ersparen: das entspricht einem Betrag von beinahe 22 Millionen DM jährlich. Worauf ich hinaus will, liebe Kollegen, ist, daß es für uns nichts Wichtigeres zu tun gibt, als diese Ziffer auf 4 Prozent der Umsätze oder einen Betrag von 4,2 Millionen DM zu senken, einen Wert, den die Qualitätsfachleute als annehmbar, wenn auch nicht unbedingt als optimal bezeichnen. Die Differenz sind lächerliche 18 Millionen DM! Wir können unseren Gewinn leicht um 8 Millionen DM aufstocken, wenn wir die Sache richtig angehen.

Ich werde mich also heute abend mit meinen Mitarbeitern zusammensetzen. Gemeinsam wollen wir eine Methode ausknobeln, wie sich Buchhalter, Arbeitsvorbereitung, Rechnungsprüfer und all die übrigen Funktionen meiner Abteilung messen lassen, und zwar eine Methode, die sie akzeptieren und gutheißen.''

Eine kurze Stille folgte. Dann sagte Herr Löwe: ,,22 Millionen DM für die Dinge, die falsch gemacht werden? Haben Sie das alles schwarz auf weiß?''

,,Diese Frage hätte ich natürlich nie erwartet'', bemerkte Frau Wagner schmunzelnd. ,,Hier habe ich für alle Kopien mitgebracht. Bitte beachten Sie, daß das Ganze keine Überschrift hat und ziemlich wenig dazu erklärt ist. Ich möchte nicht, daß die Konkurrenz diese Art Information in die Hände bekommt. Fast alle Kosten, die ich zusammengestellt habe, beziehen sich in dieser oder jener Form auf den Faktor Arbeit. Technische Änderungen oder Nacharbeit von Verwaltungsangestellten habe ich nicht mitgezählt. Es ist jedoch fast jeder Bereich vertreten.

Ich habe einen grob geschätzten Betrag von 34.000 DM pro Beschäftigten angesetzt, um Lohn- und Gemeinkosten abzudecken. In einigen Fällen ist diese Summe zu hoch, aber in den meisten ist sie zu niedrig angesetzt. Als Durchschnittswert ist der Betrag ganz angemessen. Meines Erachtens ist die ganze Berechnung insgesamt eher zu niedrig angesetzt.'' Sie verteilte die Unterlagen mit den Zahlenwerten:

- Außendienst-Mitarbeiter   DM

	DM
– Außendienst-Mitarbeiter (ausschließlich für Reparatur und Ersatz von Produkten beim Kunden zuständig)	281x34T = 9.554.000
– Mitarbeiter der Qualitätsabteilung (die wir größtenteils nicht brauchten, wenn wir die Dinge richtig machten)	187x34T = 6.358.000
– Mitarbeiter der Fertigungsabteilung, die für innerbetriebliche Nacharbeit zuständig sind	62x34T = 2.108.000
– Kosten für Garantieleistungen	2.539.550
– Ausschuß	1.240.482
Gesamtbetrag	21.800.000

Es entstand eine anhaltende Stille, als die Anwesenden die Zahlen bewußt zur Kenntnis nahmen. Schließlich meldete Herr Löwe die Frage an, ob das zu bedeuten habe, daß die gesamte Außendienstabteilung Zielscheibe des Verbesserungsprogramms sei.

„Keineswegs", erwiderte Herr Feldner. „Aber in dem Maße, in dem wir die Ausgangsqualität verbessern, werden wir natürlich immer weniger Kundendienstleistungen benötigen. Jedenfalls nicht von der Art, wie die Arbeit bisher strukturiert war. Aber das sollte Sie nicht grämen; meine gesamte Abteilung rangiert auch ganz oben als Kostenfaktor."

Wieder herrschte einen Augenblick Schweigen. Dann meldete sich Herr Eber zu Wort.

„Wenn wir das Problem richtig in den Griff bekommen, haben wir genug Gesamtwachstum, um unsere Leute behalten zu können, aber wir dürfen nicht vergessen, daß wir uns als Hauptziel gesetzt haben, die Firma zu sanieren. Wenn uns das nicht gelingt, und zwar richtig gelingt, dann bleibt uns keinerlei Wahl."

„Die Sitzung ist geschlossen", verkündete Frau Nordend.

SCHRITT VIER: QUALITÄTSKOSTEN

Ziel:

Die Bestandteile der Qualitätskosten definieren und ihren Nutzen als Instrument des Managements erklären.

Grundsätzliche Durchführung

1. Die Qualitätskosten setzen sich wie folgt zusammen:

Ausschuß   Kosten für Laborausrüstung
Nacharbeit   Technische Änderungen
Garantieleistungen   Materialumbestellungen
Kundendienst   Korrektur der Software
   (außer regulärer Wartung)   Verbraucherbelange
Audits   Revision
Lohnkosten für Qualitätslabor   Andere Kosten für Dinge, die
Lohnkosten für Tests   falsch gemacht werden

2. Die Qualitätskosten sollten insgesamt nicht mehr als 2,5 Prozent Ihres Umsatzes betragen.

3. Liegen Ihre Qualitätskosten über diesem Betrag, dann haben Sie die Gelegenheit, Ihre Umsatzrendite genau um den Betrag der eingesparten Qualitätskosten zu steigern. Diese Kosteneinsparung wird am schnellsten und wirksamsten durch die Konzentration auf Fehlervorbeugung und weniger auf Endprüfung zum Separieren des Ausschusses erreicht.

Folgende Aufwendungen sind vertretbare Werte für die Qualitätskosten:

Nacharbeit. Die Summe der Lohn- und Gemeinkosten sowie der Materialkosten, die für die Korrektur von Qualitätsabweichungen am Produkt erforderlich sind.

> Zulässig 0,25% der Umsätze
> Ihr aktueller Stand_____

Ausschuß. Der Gesamtwert des produzierten Ausschusses plus die bis zum Zeitpunkt der Ausmusterung aufgewendeten Lohn- und Gemeinkosten.

> Zulässig 0,25% der Umsätze
> Ihr aktueller Stand_____

Gewährleistung und Kundendienst. Der Gesamtwert der verkauften Produkte, die vom Kunden wegen Qualitätsabweichungen retourniert wurden, sowie die Kosten für Ersatz, Nachbesserung oder Kundendienst.

> Zulässig 0,2% der Umsätze
> Ihr aktueller Stand_____

Abnahmekosten. Die Personalkosten und Aufwendungen für Abnahmeprüfung, Qualitätskontrolle, Tests und Revision und andere Funktionen zur Messung von Qualitätsabweichungen.

> Zulässig 1,8% der Umsätze
> Ihr aktueller Stand_____

Eva Runge konnte es kaum erwarten, von ihrem Mann zu erfahren, wie die heutige Sitzung verlaufen war, und Bob Runge konnte es kaum erwarten, ihr darüber zu berichten. In ihrer Ungeduld ließen sie einander zunächst kaum ausreden, aber dann meinte Bob, langsamer kämen sie schneller ans Ziel.

„Ich fange am besten ganz von vorn an und erzähle dir, wie das Ganze gelaufen ist. Wir haben uns zu unserer wöchentlichen Sitzung getroffen und kurz über das System der Qualitätsmessung diskutiert. Dann habe ich das Thema Qualitätsbewußtsein angeschnitten. Es wird allmählich Zeit, daß wir uns mit diesem Aspekt beschäftigen, obwohl ich mir nicht sicher bin, ob sie alle so besonderes Interesse daran haben, überall Plakate aufzuhängen. Jedesmal, wenn ich wieder von dem Thema anfing, brachte irgend jemand noch einmal die Qualitätskosten aufs Tapet. Du machst dir keinen Begriff, was für einen Eindruck der zahlenmäßige Betrag und die Erkenntnis, daß es so etwas wie Qualitätskosten überhaupt gibt, auf das Management gemacht hat. Sie konnten es wirklich kaum glauben, daß die ganze Zeit so hohe Einsätze auf dem Spiel gestanden hatten."

„Das verstehe ich nicht", meinte seine Frau. „Rechnet nicht jede Firma auf die Art und Weise ihre Qualitätskosten aus? Sind die von eurer Firma so ungewöhnlich hoch? Was ist denn daran so verblüffend?"

„Das Verblüffende daran ist, daß wenige Leute die Kosten mit so unerbittlicher Vollständigkeit kalkulieren wie unsere Rechnungsleiterin. In jeder Firma, die ich kenne, haben sie den Betrag so niedrig wie möglich angesetzt. Zum Beispiel berechnen sie dort nur die Lohnkosten und nicht die Gemeinkosten für das Nacharbeitspersonal, und sie rechnen auch die Beaufsichtigung der Vorgänge nicht mit. Aber wenn man die Nacharbeiter nicht brauchte, käme man auch ohne das Aufsichtspersonal aus. Das weist wirklich darauf hin, daß wir auf eine ziemlich kritische Finanzlage zusteuerten."

„Ich könnte mir vorstellen, daß sie noch aus einem anderen Grund alle so schockiert waren", meinte Eva lächelnd. „Ich denke, vielen ist dadurch bewußt geworden, daß sie bei der Unternehmensführung doch keine solchen Glanzleistungen vollbracht haben. Sie hätten alle unsere Aktivitäten viel lukrativer machen können."

Herr Runge sah seine Frau überrascht an. „Genau das hat Willi Eber auch gesagt. Er hat uns eindeutig klargemacht, daß wir, wenn wir unsere Fehler auf Null bringen, unseren Betrieb aufgrund der Gewinne entsprechend ausweiten und die Mitarbeiter eingesparter Funktionen woanders vernünftiger wieder einsetzen können. Es geht nicht um Reduzierung des Personalbestands; wir werden gute Leute brauchen, wenn wir expandieren wollen. Das lag die ganze Zeit wie ein Stein auf unserer Tasche. Wir konnten nicht expandieren, weil unsere Produkte so viel Aufwand an Arbeit und Kontrolle verlangten. Wenn wir es schaffen, daß auf der Produktseite alles stimmt, dann haben wir freie Bahn."

„Ich finde, ihr solltet das Ganze in ‚Umdenk-Programm' umtaufen, statt von ‚Qualitätsverbesserungs-Programm' zu reden."

„Du hast absolut recht. Aber das darfst du der Lenkungsgruppe Qualität nicht verraten; die meinen nämlich, die ganze Idee stamme von ihnen. Aber jetzt laß uns essen. Ich brauche meine Kraft."

„Hunger ist auch eine Einstellung, weißt du", bemerkte seine Frau. „Ich habe so ein Gefühl, daß wir uns über Einstellung zu unserer Arbeit nicht genug Gedanken machen. Ich habe das Gefühl, daß die meisten Leute aus meinem Bekanntenkreis sich ihre Probleme erst durch ihre Einstellung schaffen. Sie haben diese oder jene Einstellung zu den Dingen, sie sind blind fanatisch oder auch nicht, und alles scheint so zusammenhangslos, als sei es nur ein Denkmuster, das sie sich im Lauf ihres Lebens angewöhnt haben."

„Mir ist aufgefallen, daß negative Einstellungen ansteckender wirken als positive."

„Das stimmt. Neulich habe ich im Fernsehen gesehen, wie ein Pfarrer Leute durch Handauflegen heilte. Ich verstehe das zwar überhaupt nicht, aber es hat tatsächlich Fälle gegeben, wo Lahme plötzlich gehen konnten, Taube hören und so weiter. Ich bin sehr für solche Heilungen, ganz gleich ob sie durch Gottes Gnaden bewirkt werden oder auf andere Weise. Ich wünschte bloß, wir könnten mehr für die Heilung von Einstellungen tun. Das würde dem Frieden und Wohlbefinden der Menschheit viel mehr Segen bringen als ein geheiltes lahmes Bein.''

Sie hielt inne.

,,Gut, du Einstellungs-Heiler. Jetzt gibt es Abendessen.''

Anmerkung: Die Qualitätskosten wirken als Katalysator, der der Lenkungsgruppe Qualität und anderen Mitgliedern der Unternehmensführung voll zu Bewußtsein bringt, was in ihrem Betrieb vorgeht. Zuvor haben sie die Schritte des Programms oft nur als Pflichtübung befolgt, um den richtigen Eindruck zu erwecken. Schließlich herrscht an Programmen in modernen Betrieben kein Mangel: Kampagnen für Sparbriefe, für Wertanalysen oder für Blutspenden; ,,Fünf Mark pro Tag''; Programme zur Lagerbereinigung, zur Kostenreduzierung, zur Sauberhaltung des Arbeitsplatzes und so weiter und so fort. Mit der Berechnung der Qualitätskosten wird die Qualitätsfrage aus dem Reich der grauen Theorie herausgehoben und als harte, klingende Münze ins Blickfeld gerückt. Plötzlich erschließen sich ganz neue Möglichkeiten, was sich mit Qualität erreichen läßt. Plötzlich ist der Qualitätsgedanke kein negativer, sondern ein gewinnbringender.

Aber verlieren Sie über der Berechnung der Qualitätskosten nicht den Überblick, wozu diese eigentlich dienen sollen: die Probleme ins Blickfeld zu rücken und herauszufinden, welche Bereiche Korrekturmaßnahmen erfordern.

SCHRITT FÜNF: QUALITÄTSBEWUSSTSEIN

Ziel:
In der gesamten Belegschaft des Betriebs das persönliche Verantwortungsgefühl für die Qualität des Produkts bzw. der Dienstleistung erhöhen und das Ansehen der Firma in bezug auf Qualität verbessern.

Grundsätzliche Durchführung

1. Wenn Sie für den Schritt Qualitätsbewußtsein bereit sind, sollten Sie mittlerweile eine klare Vorstellung davon haben, welcher Art Probleme Sie sich gegenübersehen und welche Kosten damit verbunden sind. Die Schritte Qualitätsmessung und Qualitätskosten haben Ihnen darüber genauen Aufschluß vermittelt.

2. Beim Qualitätsbewußtsein geht es darum, allen Mitarbeitern die Notwendigkeit einer Qualitätsverbesserung klarzumachen und sie zur künftigen Verpflichtung auf das Null-Fehler-Programm hinzuführen.

3. Die Erhöhung des Qualitätsbewußtseins wird über zwei grundsätzliche Wege erreicht:

    a. Führungskräfte und Beschäftigte sollen sich zu regelmäßigen Sitzungen treffen, um über spezielle Fehlerprobleme zu diskutieren und gemeinsam Maßnahmen zu deren Behebung zu erarbeiten. Solche Treffen sollten nicht nur zwischen Arbeitern und deren unmitelbaren Vorgesetzten stattfinden, sondern auch zwischen den Vorgesetzten und der Führungskräften. Die Sitzungen sollten kurz, konstruktiv und zielgerichtet sein. Sie müssen regelmäßig vereinbart werden, und gefaßte Vorsätze müssen eingehalten werden.

    b. Informationen über das Qualitätsprogramm müssen über Plakate, Artikel in der Firmenzeitung und Sonderveranstaltungen vermittelt werden. Durch diese Kommunikation soll den Belegschaftsmitgliedern auf Schritt und Tritt deutlich gemacht werden, daß es dem Betrieb mit der verstärkten Bemühung um Qualität ernst ist. Das Informationsmaterial ist nicht besonders kostspielig und kann sogar von Mitarbeitern selbst hergestellt werden. Manche Firmen veranstalten Plakatwettbewerbe, an denen die Beschäftigten und ihre Familien teilnehmen können; den Gewinnern winken kleine Preise, während die Firma eine große Auswahl an kostenlosen Plakatentwürfen erhält.

Der Schritt zum Qualitätsbewußtsein sollte von der Lenkungsgruppe Qualität geplant werden. Bei der Durchführung sollte das Team sich jedoch in erheblichem Maße auf die Bereiche Öffentlichkeitsarbeit, Personalwesen und ähnliche fachlich qualifizierte Funktionen stützen.

Anmerkung: Die Schärfung des Qualitätsbewußtseins sollte möglichst unaufdringlich, aber kontinuierlich betrieben werden — eine fortlaufende Reihe von Veranstaltungen ohne konkreten Beginn und ohne Ende.

Während das Programm allmählich Formen annahm, wurde die Kommunikation zwischen den Teammitgliedern immer komplexer. So beschloß Herr Runge, der praktische Programmleiter, regelmäßig Aktennotizen über den jeweiligen Stand der Dinge zu verfassen, um sicherzugehen, daß sie alle dieselben Informationen erhielten.

Aktennotiz an: Lenkungsgruppe Qualität
      von: Herrn Runge
      über: Qualitätsmessung

Wir haben nun die wichtigsten Meßkategorien für jede Abteilung und den vorläufigen Stand der im Außendienst festgestellten Fehlerursachen ermittelt. Sofern von Ihrer Seite nichts Gegenteiliges verlautet, gilt Nachstehendes als Ausgangspunkt unseres gegenwärtigen Qualitätsstands. Sie erhalten in Kürze detaillierte Berichte über die Probleme im Außendienst. Hier soll nur zusammengefaßt werden, wie die Probleme sich dem Kunden darstellen:

1. Produktmessung

Artikel	Kundenbeanstandungen	Hauptprobleme
Toaster	8,6%	Offene Heizspiralen
		Falsche Griffe
		Versandschäden

Anmerkung: Der Fehler an den Spiralen konnte auf fehlerhafte Schweißstellen auf Seiten des Zulieferers zurückgeführt werden. Die Griffe entsprachen der Zeichnung; beide waren überholt. Schäden bei Versand noch nicht geklärt.

Artikel	Kundenbeanstandungen	Hauptprobleme
Fernsehgerät	14,3%	Falsche Gehäusefarbe
		Teileversagen

Anmerkung: Die Farbe des Gehäuses stimmt in manchen Fällen nicht mit der Angabe auf der Verpackung überein; Ursache nicht bekannt. Die Reparaturtechniker stellten fest, daß die betroffenen Teile falsch eingebaut waren; man vermutet die Ursache bei der Endabnahme im Werk und wird diese überprüfen.

Artikel	Kundenbeanstandungen	Hauptprobleme
Elektro-	6%	Abblätternde Be-
pfanne		schichtung
		Unleserliche Be-
		schriftung

Anmerkung: Die Beschichtung am Pfannenstiel blättert ab, Ursache nicht bekannt. Unleserliche Beschriftung war der Hauptgrund für Retournierung, Ursache liegt offenbar bei schlampig ausgeführter Handarbeit im Werk.
Ausführliche Behandlung weiterer Produkte finden Sie in beiliegendem Bericht.

2. Messungen in den Abteilungen

Fertigung. Gegenwärtig werden in allen Operationen Schaubilder verwendet, auf denen die Meßwerte ‚Fehler pro Einheit' und ‚Prozent fehlerhaft' dargestellt sind. Darüber hinaus haben die betroffenen Arbeitskräfte den Wunsch geäußert, daß die Verbesserungsziele ebenfalls auf den Schaubildern enthalten sind und daß diese in den Arbeitsbereichen auf 1x1,2 m großen Tafeln aufgehängt werden, damit sie für alle einsehbar sind. Alle Schaubilder sollen in dieser Größe angefertigt werden, mit Ausnahme derjenigen für die Büroräume, wo sie weiterhin in einer Größe von 0,6x0,8 m an der Decke aufgehängt werden sollen.
Technik. Änderungsanweisungen für Konstruktionszeichnungen sowie bei Überprüfung der Zeichnungen festgestellte Fehler werden die wichtigsten Meßgrößen für die einzelnen Gruppen darstellen.
EDV-Programmierung. Zur Berechnung kommt die Zeit, die an der EDV-Anlage zur ,,Klärung" von Programmen benötigt wird, sowie die Anzahl der bei Probeläufen festgestellten Mängel. Verzögerungen durch fehlerhafte Dateneingaben sind ebenfalls zu messen.

Rechnungswesen. Es werden überfällige Außenstände und Buchhaltungsfehler gemessen, die bei Revisionen festgestellt wurden. Die Zeitkontrollbögen sind mittels Stichproben auf Rechenfehler zu prüfen. Eine Vorschlagskampagne ist im Gange, um weitere Methoden für die individuelle Leistungsmessung zu ermitteln.

Qualitätswesen. Zur Berechnung kommen die Kundenbeanstandungen, die Fälle, in denen Fehler nach der Korrektur erneut auftraten, und die Fehler, die einem vorhergehenden Arbeitsgang angelastet wurden. Maßnahmen von Arbeitsausschüssen, die länger als einen Tag in Anspruch nehmen, sind zu überprüfen.

Einkauf. Zur Berechnung kommen die bei Warenannahme festgestellten Produktfehler, die dem Einkäufer statt dem Zulieferer angelastet werden. Ungenauigkeiten oder Auslassungen in den Spezifikationen auf den Bestellformularen sind ebenfalls zu berücksichtigen.

Vertrieb. Zur Berechnung kommen Fehler in den Auftragsunterlagen, falsche Angaben über das Produkt, die auf Anfragen gemacht werden, versäumte Preismitteilungen usw.

Außendienst. Festzustellen sind wiederholt auftretende Fehler, unleserlich geschriebene Reparaturberichte, ungenügende Arbeitsqualität im Kundendienst.

Wachpersonal. Festzustellen sind Versäumnisse beim Betätigen der Stechuhren sowie Verstöße gegen die Sicherheitsvorschriften.

Personal. Die Unpünktlichkeit der Arbeitnehmer wird gemessen. Vertragsunstimmigkeiten sind mit dem Betriebsrat zu überprüfen. Verzögerungen in den Transportvorgängen innerhalb der Arbeitsprozesse sowie in der Teilnahme von Lehrgängen sind festzuhalten.

Frau Nordend stand vor der Lenkungsgruppe Qualität. ,,Das Allerwichtigste bei diesem Schritt hin zu Qualitätsbewußtsein ist, daß wir jeden einzelnen Mitarbeiter erreichen, und zwar gemeinsam mit seinen Arbeitskollegen über seinen unmittelbaren Vorgesetzten. Das sind die Personen, die für ihn am meisten zählen.''

Herr Wilms fragte: ,,Warum können wir nicht einfach eine große Versammlung einberufen und alle gleichzeitig informieren? Dann hätten wir die Sache schneller erledigt und könnten allmählich wieder etwas von dem Geld hereinbekommen, das wir hier vergeuden.''

Frau Nordend sah zu Herrn Runge hinüber und bedeutete ihm mit Blicken, daß er die Beantwortung der Frage übernehmen solle.

,,So werden wir wahrscheinlich verfahren, wenn wir erst einmal den Tag der Qualität erreicht haben, weil wir dann von jedem Beschäftigten erwarten, daß er das Programm durch persönlichen Einsatz vorantreibt. Aber an unserem jetzigen Punkt ist es notwendig, daß wir jedem einzelnen die Situation gewissenhaft erklären. Und er muß es von seinem jeweiligen Vorgesetzten erklärt bekommen, da er sonst möglicherweise nicht genug persönlichen Bezug zu der Sache hat, um Vorschläge beizusteuern und Maßnahmen zu ergreifen, was doch beides für die Fehlerreduzierung erforderlich ist.

Vielleicht sollten wir uns die nächsten paar Schritte einmal genauer ansehen, damit wir erkennen, wie sie aufeinander abgestimmt sind. Mit dem Qualitätsbewußtsein vermitteln wir den Leuten das Gefühl, daß wir Qualität und ihre Bedeutung in den

Vordergrund stellen. Die Vorgesetzten müssen Anleitung erhalten, wie sie ihren Leuten dieses Wissen vermitteln können. Wir müssen also den Vorgesetzten einige Schulung zukommen lassen.

Im Anschluß daran führen wir ein offizielles System von Korrekturmaßnahmen ein. Es gibt zwar bereits ein solches System, aber es muß neu durchorganisiert werden. Schließlich brauchen wir ein funktionierendes Korrektursystem, wenn wir von den Leuten erwarten, daß sie Probleme lösen.

Danach können wir mit der Planung für das Null-Fehler-Programm anfangen. Sobald das Programm angelaufen ist, können wir die Beseitigung von Fehlerursachen in Angriff nehmen und uns schließlich der Zielsetzung und der Leistungsanerkennung widmen.''

,,Warum gehen wir nicht einfach sofort zum Null-Fehler-Programm über? Schließlich ist das doch unser Ziel? Warum sich so lange bei all diesen anderen Schritten aufhalten?'' fragte Herr Wilms.

Jetzt meldete sich Herr Feldner zu Wort. ,,Wir wollen ein Verbesserungsprogramm als Dauereinrichtung, eines, das zum festen Bestandteil der gesamten Unternehmenskultur wird. Um das zu erreichen, müssen wir sichergehen, daß das Programm gründlich verankert wird. Die Schritte, die wir unternehmen, bevor wir zum Null-Fehler-Programm kommen, bringen uns schon ein reichliches Maß an Verbesserungen ein. Wenn man den Zahlenwerten anderer Firmen glauben darf, sollten wir bereits durch diese Maßnahmen unsere Fehler um 40 Prozent reduzieren können. Praktisch gesprochen, knöpfen wir uns erst einmal die leichteren Probleme vor − veranlassen so einleuchtende Verbesserungen wie sorgfältigere Lötarbeit, gewissenhaftere Planung des Arbeitsablaufs und zweimalige Überprüfung der Verpackung.

Aber wenn wir unseren Leuten das Null-Fehler-Programm vorstellen und sie auffordern, jede Sache gleich richtig zu machen, müssen wir auf sie eingehen können. Die Leute nehmen solche Forderungen ernst. Wenn sie sich ihren Arbeitsgang daraufhin ansehen, was der vollkommenen Normerfüllung im Weg steht, dann wollen sie die genaue Ursache des Fehlers bestimmen können. Sie müssen lediglich das Problem kennen. Seine Lösung ist dann unsere Sache.''

,,Mal sehen, ob ich Sie richtig verstanden habe'', sagte Otto Meyer. ,,Wir gehen von der Annahme aus, daß man der Belegschaft unserer Firma bisher nie klar zu verstehen gegeben hat, daß wir fest erwarten, daß jede Tätigkeit immer richtig ausgeführt wird. Damit es kein zu großer Schock für sie ist, wollen wir es ihnen langsam beibringen. Dann sind wir ihnen dabei behilflich, diese Anforderungen zu erfüllen, indem wir dafür sorgen, daß die Probleme, die sie uns melden, behoben werden. Das alles dient dazu, Fehlern vorzubeugen. Stimmt das?''

,,So klar habe ich es noch nie dargestellt gehört. Stimmt genau.''

,,Wissen Sie, vielleicht klappt es am Ende gar.''

,,Natürlich zielen wir im Endeffekt darauf ab, die Fehlervorbeugung als eine ganz selbstverständliche Leistungsnorm einzuführen. Darin liegt die Zukunft des Programms.''

„Also gut", resümierte Frau Nordend. „Dann können wir jetzt überlegen, was wir in puncto Qualitätsbewußtsein unternehmen wollen. Ich nehme an, daß unser Koordinator sich schon um Plakate und andere Formen der Werbung innerhalb des Betriebs gekümmert hat."

„Ja, ich habe bei kommerziellen Lieferanten Plakate mit Standardtexten bestellt, beispielsweise ‚Qualität ist die beste Sicherung von Arbeitsplätzen' und ähnliches. Aber meine Frau hat einen eigenen Vorschlag, der die Lenkungsgruppe Qualität interessieren könnte."

„Lassen Sie hören", sagte Frau Nordend lächelnd.

„Sie hat vorgeschlagen, daß wir die Kinder unserer Mitarbeiter bitten, uns Werbeplakate für Qualität zu malen. Wir können es in der nächsten Ausgabe der Firmenzeitung bekanntgeben. Als Preise könnten wir einige unserer Produkte in Aussicht stellen."

Herr Meyer hatte einen Einwand. „Was ist, wenn die Produkte nicht ziehen? Wie wäre es, wenn wir etwas als Preis aussetzten, was Kinder mögen? Einen Tag schulfrei beispielsweise. Oder einmal einen ganzen Tag so viel Fernsehen, wie sie nur wollen? Oder ein paar Bücher?"

Einer nach dem anderen kamen die Mitglieder der Lenkungsgruppe zu dem Schluß, daß die Idee großartig sei, und gaben ihre volle Einwilligung dazu. Frau Nordend äußerte die Bedenken, daß man das Vorhaben erst mit dem Betriebsrat besprechen müsse. Herr Feldner hielt ihr entgegen, daß man nicht unbedingt im Betriebsrat sein müsse, um Kinder zu haben. Die Teilnahme am Wettbewerb würde allen Kindern offenstehen, sie sei durchaus ehrenvoll, und es gäbe keinen Grund, um Erlaubnis nachzusuchen.

„Also gut", willigte Frau Nordend ein. „Wir werden eine Informationssitzung einberufen."

Man kam überein, alle leitenden Angestellten der Firma am selben Abend nach Arbeitsschluß zu einer Versammlung in die Cafeteria zu bitten, um sie eine halbe Stunde lang in die Ziele des Programms einzuweisen. Am Tag darauf sollten sie sich während der Arbeitszeit auf individueller Basis mit den jeweiligen Abteilungsleitern treffen, um spezifische Instruktionen entgegenzunehmen. Innerhalb der folgenden drei Tage sollten dann alle Mitarbeiter – mit Betonung auf „alle" – mit ihren Vorgesetzten über die Wichtigkeit des Qualitätsprogramms diskutieren. Danach sollten bis auf weiteres allwöchentlich Gruppensitzungen zu dem Thema abgehalten werden.

Vorgesetzte/Lenkungsgruppe Qualität
(Einige bezeichnende Kommentare)

Herr Breuer: „Ich habe mich auf ein angenehmes und einträgliches Berufsleben eingestellt, das schließlich von einem beschaulichen, finanziell abgesicherten Ruhestand gekrönt ist. Wenn wir die Qualitätsprobleme nicht in den Griff bekommen, kann ich meine Pläne in den Wind schreiben. Ob wir die Qualität tatsächlich verbessern oder nicht, liegt ganz und gar bei Ihnen. Die Leute richten sich in ihrer Leistung nach ihren

Vorgesetzten, und das sind Sie. Ich bin Ihr Vorgesetzter, und ich sage, daß wir künftig mit der Qualität unserer Produkte beim Kunden Wort halten werden.''

Frau Nordend: ,,Die Marketingleute stehen voll hinter diesem Programm. Die Verkaufsleiter in den Bezirken haben schon angefragt, wann sie ein paar ihrer wichtigsten Kunden zu einem Betriebsrundgang mitbringen können, damit diese sich mit eigenen Augen davon überzeugen, welche Qualitätsstandards wir hier praktizieren. Ich habe sie gebeten, uns zwei Monate einzuräumen. Herr Breuer meint, die Frist sei zu lang.''

Herr Runge: ,,Lassen Sie Ihre Leute in aller Ruhe um einen Tisch Platz nehmen, wenn Sie mit ihnen reden, und reden Sie ganz offen. Die Qualitätstechniker haben Ihnen detaillierte Informationen über die wichtigsten Fehler zusammengestellt, damit Sie Ihre Leute um Vorschläge bitten können, wie sich einige der genannten Probleme beheben lassen. Weisen Sie keine Vorschläge zurück, und machen Sie niemanden schlecht. Die Vorgesetzten in den Dienstleistungssektoren müssen die Auswirkungen der Arbeitsweise ihrer Gruppe im allgemeinen hervorheben und können erst auf spezifische Probleme eingehen, wenn uns mehr Daten vorliegen. Aber im Grunde sind Ihnen die Probleme bekannt. Es geht darum, jedermann zur Mitwirkung und Beteiligung an diesem Qualitätsverbesserungs-Programm zu mobilisieren.''

Es wurden ein paar Fragen über Methoden gestellt, und dann kam einige Unsicherheit auf, wie einzelne Gruppen auf das Programm reagieren würden. Doch wie Herr Breuer am Schluß der Sitzung feststellte, war keine Bemerkung laut geworden, daß die Maßnahmen unnötig seien. Das war an sich schon der Beweis, daß es höchste Zeit zum Handeln war.

Montageabteilung

Karl Abel saß mit den sechzehn Mitgliedern seiner Mannschaft, die Kabel montierte, um einen Tisch. Neun Frauen und sieben Männer warfen abwechselnd ihm und einander nervöse Blicke zu. Diese Versammlung paßte nicht zu seinem üblichen Arbeitsmodus. Herr Abel war selbst nicht besonders begeistert von der Idee, denn er war es gewohnt, immer nur mit einem oder höchstens zwei seiner Mitarbeiter zu verhandeln. Aber nun räusperte er sich und versuchte ein zaghaftes Lächeln. ,,Ich freue mich, daß wir uns alle einen Augenblick zusammensetzen konnten, um etwas zu besprechen, das für uns alle von größter Wichtigkeit ist. Und das ist Qualität.''

Er sah, wie sich auf einigen Gesichtern Erleichterung malte.

,,Gestern abend hatten wir eine Sitzung mit dem Geschäftsführer und seinem Stab und allen übrigen Vorgesetzten im Betrieb. Es ging darum, uns über die Qualitätslage zu informieren, damit wir uns mit Ihnen allen zusammensetzen und gemeinsam besprechen können, was sich tun läßt, um die allgemeine Lage zu verbessern.''

Ganz gegen seine Gewohnheit mußte Herr Abel sich unterbrechen, um Luft zu schöpfen. Dann meinte er: ,,Ich glaube, mir fehlt es an Übung, vor so vielen Leuten zu reden.'' Alle lachten, einige zündeten sich eine Zigarette an, und die Atmosphäre wurde allmählich entspannter.

„Ich will damit sagen, daß wir im Außendienst Probleme mit unseren Produkten haben, wegen der Fehler, die hier im Werk gemacht werden, weil entweder der Entwurf oder die Qualität der Arbeit zu wünschen übrig lassen oder auch die Qualität zugelieferter Produkte. Keiner ist da ganz ohne Schuld. Wir müssen alle zusammenarbeiten, um einen Weg zu finden, wie wir diese Probleme verhüten können.''

Martha Horninger hob die Hand. „Was ist denn mit den Leuten von der Fertigungskontrolle? Haben die nicht die Aufgabe, die mangelhaften Produkte abzufangen, ehe sie ausgeliefert werden?''

„Die haben sie gewiß, Frau Horninger, und sie werden ihre Prüf- und Testverfahren wohl in Zukunft verbessern müssen. Sie halten in diesem Augenblick ihre eigenen Besprechungen über das Thema ab. Aber wenn wir gerecht sind, müssen wir zugeben, daß die Abnahmeprüfung nicht viel falsch machen könnte, wenn wir unsere Arbeit immer vollkommen richtig machten. Wir müssen vorbeugen, darum geht es.''

„Was sind denn das für Fehler, die sie an unserer Arbeit finden?'' wollte Ludwig Auer wissen. „Wir kriegen hin und wieder eine Rückmeldung, aber gewöhnlich geht alles, was sie an unserer Arbeit beanstanden, direkt in die Nachbesserung, und wir bekommen nie mehr zu Gesicht, was es war. Ich würde ganz gerne einmal meine eigene Nacharbeit machen, dann wüßte ich nämlich, was alles schiefläuft.''

„Eine prima Idee, was Sie da sagen, Herr Auer. Ich wette, über diesen Aspekt hat noch keiner richtig nachgedacht. Die von oben denken wahrscheinlich, sie täten uns einen Gefallen, wenn sie die Nacharbeitsstücke an anderer Stelle bearbeiten lassen. Ich werde Ihre Idee sofort an das Management weitergeben.''

„Was sind denn das für Artikel, die beim Händler beanstandet werden?''

„Ich habe hier eine Liste mit den Fehlern, die auf uns zurückgeführt wurden. Am häufigsten kommt es vor, daß bei den Fernsehgeräten die Kabel der Stromversorgung vertauscht sind; am zweithäufigsten kommt es vor, daß bei einem Kabelbaum eines vergessen wurde. Ansonsten sind es hauptsächlich schadhafte Kabel und kleinere Mängel. Am teuersten ist die Nacharbeit für die fehlerhaften Steckverbinder der Fernsehgeräte. Hat irgend jemand eine Idee, was wir dagegen tun können?''

Frau Horninger streckte wieder die Hand hoch. „Wissen Sie, Herr Abel, die beiden Kabel haben dieselbe Farbe.''

„Das war doch nicht immer so. Früher war doch eines rot und das andere schwarz.''

„Jetzt sind sie jedenfalls beide grün.''

„Das muß wohl wieder so eine Sparmaßnahme gewesen sein.''

„Wie wäre es, wenn jemand die Kabel eine Zeitlang kennzeichnen würde und wir besser aufpaßten?''

„Okay. Das machen wir. Bevor wir alle wieder an unsere Arbeit gehen, möchte ich noch kurz etwas sagen. Wir treffen uns nächste Woche wieder hier. In der Zwischenzeit können Sie darüber in Ruhe nachdenken; wenn Ihnen etwas einfällt, sagen Sie es mir. Aber es ist uns wirklich ernst mit der Qualitätsverbesserung. Die Schaubilder mit den Meßergebnissen über die Zahl der Fehler pro Einheit werden nächste Woche gleich da drüben aufgehängt. Da haben wir's dann schwarz auf weiß, wie gut wir abschneiden. Unsere Quote ist 5,6 Fehler pro Einheit. Das ist sehr hoch. Ich hätte die

Quote gern schnell gesenkt. Eine Möglichkeit, wie wir das erreichen können, ist, daß wir selbst nachbessern; so weiß jeder besser Bescheid über die Fehler, die er selbst verursacht. Ich danke Ihnen."

Fertigungsüberwachung

Die Mannschaft von der Fertigungsüberwachung versammelte sich um den hochbeinigen Stahltisch im Metallteilelager. Harald Winter, der Gruppenleiter, schlug gutmütig mit der Faust auf den Metalltisch, um für Ruhe zu sorgen. Er und seine Leute hatten eine sehr lockere Art im Umgang miteinander, da sie schon lange als Mannschaft zusammenarbeiteten.

„Ich habe Ihnen heute etwas über Qualität zu erzählen", fing er lächelnd an.

Mehrere der Anwesenden stöhnten.

„Ich hatte mir schon gedacht, daß Sie so reagieren würden. Sie glauben, daß Qualität nichts mit Ihnen zu tun hätte; Sie glauben, Qualität falle in das Ressort der Qualitätsabteilung und sei allein deren Problem. Ich kenne Ihre Einstellung zu Qualität deshalb, weil ich sie bis gestern abend mit Ihnen teilte. Gestern abend wurden mir einige der Probleme vor Augen geführt, mit denen sich unser Betrieb herumschlagen muß, und ich habe erkannt, daß wir tatsächlich einen großen Teil zu ihrer Lösung beitragen können."

„Was können wir schon viel damit zu tun haben, Herr Winter?", fragte Tom Koller. „Abgesehen von dem Stück, das uns hin und wieder mal aus der Hand fällt, haben wir doch keinerlei Einfluß auf die Qualität."

„Und wenn ich Ihnen sage, daß der größte Fehleranteil bei der Montage von gedruckten Schaltungen durch Fehlbestückung entsteht? Irgendwer hat die falschen Bauteile aus dem Montagekorb genommen und auf die Platine gelegt. Und wer, glauben Sie, hat sie in den Montagekorb gelegt?"

Alle wollten gleichzeitig etwas sagen. „Das stimmt gar nicht." „Wir sind dafür nicht zuständig, wir stellen nur die Teile bereit. Andere Leute verteilen sie auf die Arbeitsplätze."

Herr Abel bat mit erhobener Hand um Ruhe.

„Also jetzt fangen wir noch einmal von vorn an. Wir kommen mit jedem Bauelement, das wir verarbeiten, in Berührung. Wir haben die Obhut darüber, von der Warenannahme bis zur Verladerampe. Wir sorgen an manchen Stellen für beschleunigte Abfertigung, an anderen halten wir sie zurück. Wir sorgen für den Durchlauf des Produkts von der Montage bis zur Abnahme, vom Lagerfach bis zum Mülleimer. Ob es gekauft, gefertigt, gelagert, verschrottet oder nur zum nächsten Arbeitsprozess transportiert wird, es geht durch unsere Hände. Stimmt's?"

„Stimmt."

„Dann tragen wir auch zu den Störungen in der Bereitstellung der richtigen Bauelemente bei, weil wir ab und zu mal ein Zulieferteil vertauschen oder sonstwie den Fluß unterbrechen."

Es trat Stille ein, gefolgt von einem allgemeinen Nicken der Zustimmung.

„Und ich will Ihnen sagen, was noch wichtiger ist an unserer Tätigkeit. Wir kommen den ganzen Tag mit jedem Mitarbeiter dieses Werks zusammen. Wir prägen die Einstellung der Leute, ob wir wollen oder nicht. In dem Sinn sind wir hier Vorbild für viele. Das finden Sie zwar nicht in diesen Meßtabellen verzeichnet, aber wir sind es doch, die Einfluß darüber haben, welches Klima hier im Betrieb herrscht. Wenn wir grimmig dreinschauen, dann wird das bald zur allgemeinen Stimmung; und wenn wir lächeln, dann lächeln die anderen auch. Stimmt's? Stimmt.

Also werden wir ab sofort die wandelnden Vorbilder für Qualität sein. Ich habe beim Koordinator des Qualitätsverbesserungs-Programms ein paar Abzeichen für uns in Auftrag gegeben, und jeder von uns soll sich so ein Ding anstecken. Darauf steht dann: Ich bin für Qualität. Wir werden das Abzeichen jeden Tag tragen, wo wir auch hingehen, und wir werden sehr sorgfältig darauf achten, wie wir unsere Arbeit machen. Einverstanden?"

Die Gruppe grinste. Herr Abel war schon in Ordnung.

„Dürfen wir selber Vorschläge einbringen, wie wir unsere Arbeit besser machen können?"

„Auf jeden Fall. Besprechen Sie Ihre Vorschläge mit Herrn Wimmer, und wir treffen uns morgen früh vor Arbeitsbeginn und diskutieren darüber. Wer es so früh nicht schafft, ist entschuldigt, schließlich fällt es ja nicht in die bezahlte Arbeitszeit. Aber wir wollen uns als die verbesserungswilligste Mannschaft im ganzen Betrieb zeigen. Stimmt's? Stimmt."

Und eine abschließende Bemerkung

Herr Breuer lud Herrn Feldner auf eine Tasse Kaffee in die Cafeteria ein. Unterwegs dorthin nickten sie allen Leuten, denen sie begegneten, zu und wechselten ein paar Worte mit ihnen. Herrn Breuer fiel auf, daß er die Belegschaft nun viel besser vom Sehen kannte. Die Leute schienen seine positive Ausstrahlung und seinen energischen Gang zu mögen. Herr Feldner hatte das Gefühl, daß ihr Vorhaben in besten Händen sei.

„Ich glaube, das Verbesserungsprogramm hat schon gut begonnen. Wir haben schon die ersten Rückgänge in der Fehlerquote zu verzeichnen, und die Sache mit der Umlegung der Nacharbeit auf die Arbeitskraft, die den Fehler verursacht hat, scheint nicht nur eine gute Korrekturmaßnahme zu sein, sondern überdies die Arbeitsmoral zu heben", sagte Herr Breuer.

Herr Feldner strahlte. „Ich glaube, Sie haben recht. Die vorläufigen Daten aus dem Außendienst haben sich auch verbessert. Soweit ich das beurteilen kann, sind die Zusammenkünfte der Vorgesetzten mit ihren Mannschaften gut verlaufen. Die meisten Mitarbeiter waren überrascht, daß überhaupt solche Gesprächssitzungen zustande kamen. Das Programm muß auf der ganzen Linie für den Betrieb eine große Sache sein."

„Ich bedaure es nur, daß wir nicht schon früher damit begonnen haben, Herr Feldner. Na ja, die Hauptsache ist ja, es ist überhaupt geschehen. Ich glaube, wir müssen Ihnen gratulieren, daß es soweit kam. Und wenn ich schon dabei bin, Ihnen in aller

Form auf die Schulter zu klopfen, muß ich noch hinzufügen, daß Sie uns das Programm
wahrscheinlich viel eher hätten verkaufen können, wenn Sie das mit den Qualitätskosten
schon früher an die große Glocke gehängt hätten. Aber das ist reine Vermutung.''
    ,,Ich weiß, daß Sie damit vollkommen recht haben, Herr Breuer. Ich hab mir schon
die schlimmsten Vorwürfe gemacht, daß ich nicht eher damit rausgerückt bin, aber von
jetzt an stehen die Qualitätskosten ja ganz im Vordergrund.''

SCHRITT SECHS: KORREKTURMASSNAHMEN

Ziel:
**Eine systematische Methode erarbeiten, um die bei den vorausgegangenen
Schritten festgestellten Probleme auf Dauer zu lösen.**

Grundsätzliche Durchführung

1. Probleme, die bei der regulären Abnahmeprüfung oder auf andere Weise festgestellt wurden, müssen schriftlich festgehalten und in aller Form gelöst werden.
   Unmittelbar Zugriff haben Sie, wenn Sie auf vier Betriebsebenen Stellen für die
   kontinuierliche Durchführung von Korrekturmaßmahmen einrichten:

   a. Vereinbaren Sie tägliche Besprechungen zwischen dem Werkmeister oder
      dem jeweiligen Bereichsleiter und einem Qualitätstechniker oder leitenden
      Qualitätsfachmann, in denen die festgestellten Probleme untersucht werden
      sollen. Dabei sollen Maßnahmen bestimmt werden, die sowohl zur Behebung
      der jeweils gegebenen Störung als auch zur Verhütung einer künftigen Wie-
      derholung dienen. Diese Besprechungen sollten zur Erstellung eines eigenen
      Aktionsdiagramms für jedes einzelne Problem führen; darin sollte tabel-
      larisch festgehalten werden, um welches Problem es sich handelt, wie
      schwerwiegend es ist, worin seine Ursache liegt und wer zu welchem Zeit-
      punkt welche Gegenmaßnahmen ergreifen soll.

   b. Vereinbaren Sie wöchentliche Besprechungen zwischen der obersten Ferti-
      gungsaufsicht und dem übergeordneten Qualitätsleiter, bei denen diejenigen
      Probleme angegangen werden sollen, deren Lösung auf der darunterliegen-
      den Betriebsebene nicht möglich war oder versäumt wurde. Zu diesen Tref-
      fen sollten auch die übrigen Mitglieder der Abteilung eingeladen werden, die
      von dem jeweiligen Problem betroffen sind. Der Inhalt der Besprechung soll-
      te gleichfalls in der obengenannten Art in Aktionsdiagrammen dokumentiert
      werden.

   c. Vereinbaren Sie monatliche oder nach Bedarf einberufene Besprechungen
      zwischen dem Geschäftsführer und den Mitgliedern der Geschäftsleitung, in
      denen die ungelösten Probleme überprüft werden. Es sollten nur spezifische
      Fälle auf dieser Ebene zur Sprache kommen; Fälle, die komplexe oder lang-
      fristige Maßnahmen erfordern, sollten einem Sonderteam zugewiesen
      werden.

d. Sonderteams sollten aus verantwortlichen Mitgliedern des jeweils betroffenen Betriebsbereichs zusammengestellt werden, wobei eine Person die Funktion des Vorsitzenden zu übernehmen hat. Die Aufgabe des Sonderteams sollte eindeutig formuliert und zeitlich klar befristet sein. Unter Umständen muß das Team täglich zusammentreffen, bis das Problem gelöst ist. Wenn das Problem als vollständig behoben angesehen werden kann, sollte das Team sich auflösen.

Anmerkung: Der Erfahrung nach sind Korrekturmaßnahmen am wirksamsten, wenn sie sich an das bekannte Pareto-Prinzip halten, demzufolge die größten und wichtigsten Probleme als erstes angegangen werden sollen, dann die zweitgrößten usw. Die Überzeugung von der Notwendigkeit der Fehlervorbeugung liefert den Ansporn, ein Problem derartig gründlich und dauerhaft zu lösen, daß es nicht wiederkehrt.

Muster für eine Mitteilung über Korrekturmaßnahmen

AN:	Albert Feldner
VON:	Botho Diller, Qualitätsingenieur
ÜBER:	Besprechung über Maßnahmen zur Korrektur von TV-Problemen
ANWESEND:	G. Wellner, Vertrieb
	J. Bruder, Technik
	B. Gilbert, Herstellung
	B. Diller, Qualitätswesen
	S. Lauda, Außendienst

Wie Sie bereits wissen, hat es im Geschäft von Kunden zahlreiche Fälle gegeben, in denen das Gehäuse eines Fernsehgeräts eine andere Farbe hatte als auf der Verpackung angegeben. Die Händler sind darüber sehr ungehalten und befinden sich mitunter in einer peinlichen Lage; sie müssen alle Verpackungen öffnen, um die Farbe des Geräts festzustellen. Da der Fehler von unserer Seite nicht korrigiert wurde, sind die Händler dazu übergegangen, sämtliche Produkte an die Außendienststelle zurückzuschicken, damit die Fehler behoben werden. Es wurde eine Besprechung über Korrekturmaßnahmen einberufen, um Mittel und Wege zu finden, wie sich das Problem künftig verhüten läßt.

S. Lauda stellte fest, daß das Etikett, auf dem Seriennummer und Farbe verzeichnet sind, erst auf dem Karton angebracht wird, wenn das Gerät fertig eingepackt und der Karton zugeklebt ist. Er ist der Ansicht, daß dies die Ursache des Problems gewesen sei und auch künftig Probleme auslösen werde. B. Gilbert stellte fest, daß der Ablauf so koordiniert sei, daß Etikett und Fernsehgerät gleichzeitig zur Verpackungsstelle kämen; er äußerte die Ansicht, daß es sich bei den beanstandeten Fällen nur um einige wenige handle, bei denen die Etiketten verwechselt worden seien, weil die Bandfertigung an einem Tag aus dem Takt geraten sei. Er war der Meinung, der Fehler werde sich nicht wiederholen.

G. Wellner sagte, es kümmere ihn nicht, wer das Problem behebe, aber er müsse darauf bestehen, daß etwas unternommen werde, da es die Beziehungen zu unseren Kunden schädige. B. Diller schlug vor, das Team solle ein Warenhaus aufsuchen und anhand einiger Stichproben feststellen, ob der Fehler mittlerweile behoben sei. Dreiundzwanzig Kartons wurden aufs Geratewohl ausgewählt und geöffnet. Neun davon enthielten Fernsehgeräte in einer anderen Farbe als auf dem Etikett angegeben. Der Versandleiter wurde zur Besprechung dazugeholt und über die Sache befragt. Er sagte, die Etikettiermaschine überspringe hin und wieder ein Etikett und er habe nicht genug Leute, um den Arbeitsgang von Hand ausführen zu lassen. Daraufhin riefen wir den Wartungsleiter, der für die Instandhaltung der Etikettiermaschine zuständig ist; dieser erklärte, es gebe kein zuverlässigeres Gerät im ganzen Werk als diese Maschine.

Als das Team die Sitzung eben aufheben wollte, schlug J. Bruder vor, wir sollten selbst in die Versandabteilung gehen, um uns den Etikettiervorgang einmal anzusehen und mit dem Arbeiter an der Etikettiermaschine zu reden. Dieser zeigte uns, daß die Etiketten aus einem Stapel in einer Ablage kommen, die von der Fertigungssteuerung in der Nähe seines Arbeitsplatzes angebracht wurde. Doch die Geräte kommen aus der Endabnahmeprüfung und werden von den Prüfern nach beendeter Abnahme auf das Verpackungsband gestellt. Somit ist eine echte Koordination zwischen Geräten und Etiketten nicht gewährleistet.

Man kann offenbar geradezu von Glück reden, daß so viele unserer Geräte mit dem richtigen Etikett ausgeliefert wurden, da der gesamte Vorgang allein vom Zufall bestimmt ist.

Die entsprechenden Korrekturmaßnahmen wurden angeordnet. Das Problem wird nicht mehr auftauchen.

Kopie: Lenkungsgruppe Qualität

„Korrekturmaßnahmen zu erarbeiten heißt im Grunde nur, daß man alle Steine umdreht und nachsieht, was darunter ist", sagte Herr Feldner. „Ich habe noch nie einen Fall erlebt, wo eine wirklich komplizierte Maßnahme getroffen werden mußte. In aller Regel geht irgend jemand von der Annahme aus, ein anderer habe etwas getan, was dieser in Wirklichkeit eben nicht getan hat."

„Sie tun so, als sei die Problematik so eindeutig", sagte Willi Eber. „Meiner Ansicht nach ist das wie mit dem Goldpreis: Wo zwei Leute behaupten, sie verstünden das System, sind sie todsicher verschiedener Meinung."

„Aber Sie haben doch verstanden, was ich gemeint habe."

„Natürlich. Und ich bin ja auch Ihrer Meinung. Was ich nur ganz gerne einmal gewußt hätte, ist, wieso alle Bereiche Probleme haben, die schriftlich dokumentierte Korrekturmaßnahmen erfordern, nur die Qualitätsabteilung nicht. Ich habe das Gefühl, deren Probleme kehren Sie unter den Teppich."

Herr Feldner erwiderte aufgebracht: „Wir waren bestimmt mit in das Etikettierungsproblem verwickelt. Und wir haben schließlich auch festgestellt, daß in einigen Fällen unsere Beanstandungen der Lötarbeit absolut nicht objektiv waren – auf keinerlei Tatsachen basierten."

„Das weiß ich doch, Herr Feldner. Ich habe das Ganze auch mehr als Scherz gemeint. Aber um ganz offen zu sein, ich habe das Gefühl, daß in einigen Qualitätsbereichen unserer Firma nicht alles richtig gemacht wird. Einer davon ist die

Wareneingangsprüfung. Ich finde, die wird ziemlich lasch gehandhabt — jedenfalls sicher nicht so streng und gründlich wie von Ihren Leuten in der Produktion."

Herr Feldner überlegte einen Augenblick. „Da könnten Sie unter Umständen recht haben. Ich will Ihnen sagen, was ich tun werde. Weil Sie uns diese unerhörten Komplimente gemacht haben, daß wir hin und wieder auch mal etwas richtig machen, werde ich etwas tun, was ich noch nie getan habe. Ich werde mich mit dem Hauptbüro in Verbindung setzen und veranlassen, daß sie einen ihrer Leute von der Qualitätskontrolle zu uns ins Werk schicken, damit er sich die Vorgänge bei der Wareneingangsprüfung einmal ansieht."

Herr Eber grinste. „Also das nenne ich wahren Opfermut. Sind Sie sicher, daß Sie nicht einfach jemanden von Ihren Leuten schicken wollen? Diese Typen von der Zentrale können einem die größten Scherereien machen."

In der darauffolgenden Woche suchte Jan Holms, der Qualitätstechniker aus der HPA-Zentrale, Herrn Feldner in seinem Büro auf. Nachdem sie sich miteinander vertraut gemacht hatten, fragte Herr Holms, was er für Herrn Feldner tun könne.

„Ich möchte Ihnen als erstes sagen, wie sehr ich mit dem Verbesserungsprogramm zufrieden bin, über das Ihr Büro uns Unterlagen geschickt hat. Wir sind mitten in der Durchführung, und die Ergebnisse sind schon nach so kurzer Zeit geradezu verblüffend. Im ersten Monat ist unsere Fehlerquote bereits um mehr als ein Drittel zurückgegangen. Alle im Betrieb sind begeistert. In etwa sechs Wochen oder so dürfte bei uns der Tag der Qualität gefeiert werden. Vielleicht könnten einige Ihrer Mitarbeiter herkommen und daran teilnehmen."

„Das täten wir sehr gern, Herr Feldner", erwiderte Herr Holms. „Ein paar unserer Unternehmen haben den Generaldirektor des Konzerns dazu eingeladen; man braucht ihn nicht lange zu überreden, daß er an solchen Veranstaltungen teilnimmt. Das sollten Sie sich vielleicht überlegen."

„Das würde den Leuten bestimmt großen Eindruck machen. Ich werde mit Herrn Breuer darüber reden."

„Nun, und welchen Bereich hätten Sie gerne von mir überprüft?"

„Wir haben uns darüber Gedanken gemacht, ob wir vielleicht bei der Wareneingangsprüfung nicht sorgfältig genug verfahren. Ich dachte, vielleicht könnten Sie uns in dieser Angelegenheit behilflich sein, indem Sie sich einige Zeit in diesem Bereich umsehen."

Herr Holms nickte. „Kein Problem. Aber bevor ich anfange, möchte ich Sie noch von unserem üblichen Vorgehen bei Audits dieser Art in Kenntnis setzen. Wir wollen besondere Vorsicht walten lassen, daß wir nur in positiver Form auf die von uns überprüften Betriebsvorgänge einwirken und den Ablauf nicht unnötig stören. Deshalb bereiten wir die Audits immer durch eine Reihe von Schritten vor. Hier habe ich ein Liste mit den wichtigsten Maßnahmen."

Herr Feldner nahm die Liste und las die Punkte darauf durch.

1. Unterredung mit dem Qualitätsleiter des Betriebs und Besprechung der allgemeinen Lage. Stellen Sie fest, was der Qualitätsleiter erreichen will.

2. Unterredung mit dem Geschäftsführer und Erläuterung dessen, was mit dem Audit erreicht werden soll.
   Informieren Sie den Qualitätsleiter, daß Sie Ihren Bericht noch während Ihres Aufenthalts in dem betroffenen Bereich abfassen werden.

3. Fragen Sie den Geschäftsführer des Betriebs, ob Sie ihm mit speziellen Analysen dienen können.

4. Durchführung des Audits in Zusammenarbeit mit dem Qualitätsstab. Klären Sie das Audit in jedem Fall vorher mit allen Abteilungsleitern ab, in deren Bereich Sie tätig sein werden.

5. Geben Sie die endgültige Fassung Ihres Berichts zum Tippen. Sprechen Sie den Bericht zuerst mit dem Qualitätsleiter und dann mit dem Geschäftsführer durch.

6. Falls diese mit Ihren Befunden nicht einverstanden sind, vermerken Sie ihre abweichende Meinung in dem Bericht; sofern ihre Kommentare zutreffend sind, sollten Sie den Bericht entsprechend abändern.

7. Wenn der Bericht an weitere Stellen verteilt werden soll, verschicken Sie ihn unmittelbar von dem überprüften Betrieb aus.

Herr Feldner hob den Blick vom Papier.
,,Warum machen Sie sich all den Umstand? Andere Mitglieder der Konzernleitung kommen einfach her, tun ihre Aufgabe und gehen wieder. Wir hören nie wieder von ihnen.''
,,Wir wollen eben sicher gehen, daß unsere Tätigkeit Nutzen bringt. Außerdem kann es leicht sein, daß man, wenn man erst eine Weile aus dem Betrieb draußen ist, zu einer anderen Einstellung gelangt. Wenn der Auditor seinen Bericht zu lange nach der eigentlichen Überprüfung schreibt, unterlaufen ihm leicht Fehler, oder aber er verwechselt einzelne Befunde mit denen aus anderen Bereichen. Wir kommen schließlich weit herum.''
Er lehnte sich vertraulich vor. ,,So, wie wir das handhaben, können wir sicher sein, daß wir jederzeit wieder willkommen sind. Die meisten Stabsleute von der Zentrale sehen sich massiven Widerständen gegenüber, wenn sie wieder im Betrieb erscheinen.''
,,Das ist ein überzeugendes Argument. Okay, mal sehen, ob Herr Breuer gerade Zeit hat für Ihren Besuch bei ihm.''

Der Auditbericht

AN: Hermann Breuer, Albert Feldner
VON: Jan Wilms, Zentrale Qualitätsabteilung
ÜBER: Audit der Wareneingangsprüfung

Erforderliche Maßnahmen:

1. Messungen der vom Zulieferer in Empfang genommenen Waren sollten sich an den Bedingungen des Bestellauftrags orientieren und nicht an den Unterlagen über frühere Lieferungen oder an den Ablaufplänen.

2. Die von der Wareneingangsprüfung zurückgewiesenen Partien sollten dem Zulieferer zur Durchsicht und Korrektur zurückgeschickt werden, statt diese Tätigkeiten vom Kontrollpersonal durchführen zu lassen.

3. Die Beanstandungen des Kontrollpersonals im Bereich der Warenannahme sollten nur in den seltensten Fällen von deren Vorgesetzten revidiert werden.

4. Das für die Arbeitsflußüberwachung, den Einkauf und die Fertigungssteuerung zuständige Personal sollte keinen Zutritt zum Prüfbereich der Wareneingangsprüfung haben.

5. Es empfiehlt sich, ein Programm zur Förderung des Qualitätsbewußtseins beim Zulieferer durchzuführen, soweit möglich unter Einbeziehung eines im Betrieb abgehaltenen Lehrgangs.

Allgemeine Lage:

1. Alle Arten von Prüfungen orientieren sich an Spezifikationen, die vom Qualitätswesen aus den Unterlagen früherer Bestellungen zusammengestellt wurde. So ist es möglich, daß bei einer Änderung des Bestellauftrags für einen bestimmten Artikel das eingehende Produkt getestet, beanstandet, überprüft, geklärt und dann erneut getestet wird, ehe die Änderung bemerkt wird. Dadurch entstehen neben der Mehrarbeit fehlerhafte Befunde. Diese unnötige Belastung verursacht Kosten und wirkt zudem demoralisierend auf das betroffene Personal.

2. Für die meisten Qualitätssysteme gilt ein zurückgewiesenes Produkt als Eigentum der Einkaufsabteilung, die darüber zu verfügen hat, ob es retourniert, überarbeitet oder ausgesondert werden soll. Es gehört jedoch zum Grundsatz von HPA, so früh wie möglich darüber zu bestimmen, was mit dem Produkt geschehen soll. Doch obwohl im Durchschnitt 18 Prozent der eingegangenen Partien aus diesem oder jenem Grund zurückgewiesen werden, wird nicht einmal ein halbes Prozent tatsächlich an den Zulieferer retourniert. Dies weist auf eine allzu nachgiebige Einstellung hin. Die Zulieferer werden folglich Reklamationen nicht ernst nehmen.

3. Kleinere Beanstandungen der Prüfer werden routinemäßig und offenbar ohne viel Überlegung vom Abteilungsleiter doch noch zur Annahme abgezeichnet.

4. Im Prüfbereich des Wareneingangs herrscht sehr viel Unruhe und Verwirrung. Es wird ständig beim Prüfpersonal nachgefragt, ob die noch in Prüfung befindliche Partie freigegeben werden kann. Das Material wird nicht sorgfältig überwacht, und die zurückgewiesenen Partien werden nicht gekennzeichnet.

5. Da die gesamte Produktion an Fertigwaren zu etwa 50 Prozent aus angeliefertem Material besteht, würde ich empfehlen, die Zulieferer über das in Durchführung befindliche Qualitätsverbesserungs-Programm zu informieren. Viele der wichtigsten Lieferfirmen habe keine Vorstellung, wie Sie ihr Produkt weiterverwenden, und haben außer über die Einkaufsabteilung keinen besonderen Bezug zu HPA oder anderen Kunden. Meines Erachtens ist es von entscheidender Wichtigkeit, daß wir uns darüber klar werden, daß die Zulieferer ihre Qualitätskosten die Zulieferer ihre Qualitätskosten an uns weitergeben. Wir sollten sie darin unterstützen, ihre eigenen Qualitätskosten zu senken.

Persönliche Wertung: Die Korrektur der obengenannten Probleme, die keinerlei Kostenaufwand erfordert, wird dazu beitragen, daß die Wareneingangsprüfung „zur Ruhe kommt" und ihre Effektivität erhöht. Insgesamt sind in dem Betrieb die Resultate des Qualitätsverbesserungs-Programms deutlich erkennbar. Die Mitarbeiter zeigen Engagement und sind voller Ideen. Ich schlage vor, daß Sie im Rahmen des Programms so bald wie möglich den Schritt zur Beseitigung der Fehlerursachen tun.

SCHRITT SIEBEN: NULL-FEHLER-PLANUNG

Ziel:
Die verschiedenen Vorbereitungsmaßnahmen prüfen, die zur offiziellen Einführung des Null-Fehler-Programms erforderlich sind.

Grundsätzliche Durchführung

Die Lenkungsgruppe Qualität sollte alle einzelnen Handlungsschritte, die zum Tag der Qualität hinführen, in einer Liste zusammenstellen, um allen Mitarbeitern das Konzept und den Aktionsplan möglichst anschaulich darlegen zu können. Diese Schritte werden in einen Zeitplan eingetragen und ihre Durchführung den jeweiligen Mitgliedern der Lenkungsgruppe zugewiesen; so erreicht man, daß die Verpflichtung des gesamten Betriebs auf das Null-Fehler-Programm durch effektiven Einsatz vorangetrieben wird. Da diese Vorgehensweise sich mehr oder weniger von selbst versteht, stellt dieser Programmschritt keine besondere Schwierigkeit dar. Weil es jedoch ein sehr wichtiger Schritt ist, sollte das Management sichergehen, daß er korrekt ausgeführt wird.

Spezielle Punkte: Die Hauptschritte für die Planung des Null-Fehler-Programms sind:

1. Das Konzept und das Programm allen Beschäftigten mit Vorgesetztenfunktionen erklären. Die Vorgesetzten darauf vorbereiten, daß sie es ihren Untergebenen erklären können.

2. Feststellen, welches Informationsmaterial benötigt wird und für seine Bereitstellung sorgen.

3. Entscheiden, welche Form der Durchführung des Programms am besten auf die speziellen strukturellen und „kulturellen" Gegebenheiten Ihres Unternehmens abgestimmt ist.

4. Klar definieren, welche Aufgaben mit dem Programm erfüllt werden sollen.

5. Untersuchen, welche Art von Anerkennung bisher zur Unternehmenspolitik gehörte, und feststellen, mit welcher Form der Anerkennung Leistungsverbesserungen künftig ausgezeichnet werden sollen.

6. Den Zeitplan aufstellen und diejenigen einweisen, die bei den Maßnahmen mitwirken sollen.

7. Feststellen, worum es bei dem Programm zur Beseitigung von Fehlerursachen geht, und erste Vorkehrungen zu seiner Durchführung treffen (Schritt 12).

Anregungen: Es gibt zahlreiche Betriebe, die Null-Fehler-Programme durchführen, und sie sind gerne bereit, Informationen und Erkenntnisse mitzuteilen. Wenn der mit der Durchführung des Programms betraute Manager mit anderen Firmen Kontakt aufnimmt, wird ihm klarer werden, worum es dabei geht.

Hier soll keine spezielle Methode zur Durchführung des Null-Fehler-Programms empfohlen werden. Doch um der Belegschaft das Konzept nahezubringen und es zu einer festen Zusage zu bewegen, hat es sich bewährt, das Programm auf nur einer Textseite darzustellen, auf der zugleich eine geeignete Teilnahmeerklärung enthalten ist. Die Firma läßt für jeden Mitarbeiter einen Informationstext auf ihrem Geschäftspapier vorbereiten. Zum vereinbarten Termin bespricht der Unternehmensleiter das Konzept und die offizielle Teilnahmeerklärung mit den ihm direkt unterstellten Mitarbeitern und händigt jedem von ihnen eine Kopie der genannten Erklärung mit dem Firmenbriefkopf aus. Wenn alle Fragen beantwortet sind, leisten die Führungskräfte ihre Unterschrift unter die Teilnahmezusicherung, die vom Unternehmenschef gegengezeichnet wird. Der Vorgesetzte behält dann das Dokument (möglicherweise, um es gerahmt aufzuhängen). Jede der Führungskräfte, die unterzeichnet haben, nimmt genügend Kopien mit, um jedem Mitarbeiter seiner Abteilung eine Erklärung aushändigen zu können. Sie wiederholen den Vorgang mit der ihnen unterstellten Funktionsebene, und so pflanzt sich das System durch die gesamte Hierarchie fort, bis jeder Beschäftigte der Firma das Null-Fehler-Konzept mit seinem direkten Vorgesetzten besprochen und gemeinsam mit diesem seine Teilnahme zugesagt hat. Bei dieser Vorgehensweise hat man die Gewähr, daß jeder Mitarbeiter informiert wird und daß auch das Management das Konzept versteht.

Eine Unterzeichnung der Zusageerklärung auch auf den unteren Ebenen wäre denkbar und natürlich freiwillig. Doch wenn das Programm richtig erklärt wird, dürfte es in diesem Punkt keine Schwierigkeiten geben.

In aller Welt wird das Null-Fehler-Programm von den Betriebsräten und Gewerkschaften voll akzeptiert und unterstützt. Die Gewerkschaften wissen um die große Bedeutung der Qualitätsarbeit. Deshalb ist es außerordentlich wichtig, Mitglieder des Betriebsrats in die Null-Fehler-Planung mit einzubeziehen. Manche Firmen bestimmen einen Vertreter des Betriebsrats zum Mitglied des Null-Fehler-Sonderausschusses innerhalb der Lenkungsgruppe Qualität. Andere Firmen halten den Betriebsrat lediglich auf dem laufenden. Ganz gleich, welche Form Sie wählen, vergessen Sie nicht, sich die Mitwirkung der Arbeitnehmervertreter zu sichern.

Anmerkung: Das Null-Fehler-Programm ist ein außerordentlich wirkungsvolles und wenig kostenaufwendiges Instrument des Managements, sofern es vom Management mit voller Überzeugung unterstützt wird.

Muster für das Null-Fehler-Schreiben

HPA-KONZERN
Null Fehler – Konzept des Programms

Null Fehler ist ein Standard. Es ist der Standard, der beispielsweise für jeden Handwerker unabhängig von seinem Auftrag gilt. Aber dieser Standard ist nicht allein auf Fertigungstätigkeiten beschränkt; vielmehr erweist er sich in Dienstleistungsbereichen oft am wirkungsvollsten. Das Motto des Null-Fehler-Programms lautet: *Mach es doch gleich richtig.* Das bedeutet, man konzentriert sich darauf, Fehler nicht nur herauszufinden und zu beheben, sondern von vornherein zu verhüten.

Wir sind alle immer angehalten worden zu glauben, daß Fehler unvermeidlich seien; dadurch nehmen wir Fehler nicht nur hin, wir setzen sie geradezu voraus. Es stört uns nicht, wenn wir ein paar Fehler bei unserer Arbeit machen, ganz gleich, ob wir elektronische Schaltungen entwerfen, eine Maschine aufbauen, Verbindungen löten, Briefe auf der Schreibmaschine schreiben oder Montageteile zusammensetzen. Irren ist menschlich. Wo es um Schule oder Beruf geht, haben wir alle unsere eigenen Normen – das heißt, wir bestimmen die Grenzen, an denen Fehler uns zu stören beginnen. Es ist gut, wenn man in der Schule eine Eins bekommt, aber durchkommen wird man auch noch mit der Note Drei.

Im Gegensatz dazu setzen wir in unserem persönlichen Leben ganz andere Normen an. Behielten wir dieselben Normen auch dort bei, so fänden wir es ganz selbstverständlich, daß wir hin und wieder zu wenig Gehalt ausbezahlt bekämen; wir fänden es selbstverständlich, daß Säuglingsschwestern einen gewissen Prozentsatz an Neugeborenen fallen ließen; wir fänden es ebenso selbstverständlich, daß wir beim Nachhausegehen hin und wieder die falsche Tür erwischten. Als Einzelpersonen würden wir derartige Fehler nicht tolerieren. Wir messen also mit zweierlei Maß: einen Standard legen wir im persönlichen Leben an, einen anderen bei unserer Arbeit.

Die meisten Fehler, die die Menschen machen, sind eher durch Unachtsamkeit als durch Unwissenheit verursacht. Die Wurzel der Unachtsamkeit liegt in unserer Einstellung, daß Fehler unvermeidlich seien. Wenn wir diesen Aspekt einmal sorgfältig überdenken und uns selbst fest vornehmen, immerfort bewußt darum bemüht zu sein, unsere Aufgabe gleich richtig zu machen, dann leisten wir einen Riesenbeitrag zur Eliminierung unnötigen Kostenaufwands für Nacharbeit, Ausschuß und Reparatur. Gerade durch diesen unnötigen Aufwand aber werden nicht nur unsere Kosten erhöht, sondern jeder einzelne von uns wird in seinen beruflichen Möglichkeiten beschnitten. Erfolg ist die Reise, nicht das Reiseziel.

Richten wir alle unser Augenmerk auf Null Fehler.

NULL-FEHLER-TEILNAHMEERKLÄRUNG

Ich verpflichte mich aus freien Stücken, immerfort bewußt darum bemüht zu sein, meine Aufgabe gleich richtig zu machen, da ich erkenne, daß mein Einzelbeitrag ein entscheidender Teil der Gesamtleistung ist.

Frau Nordend erklärte die Sitzung als eröffnet.

„Wie Sie wissen, haben wir Herrn Dr. Nelson, Herrn Löwe, Herrn Eber und natürlich unseren unersetzlichen Programmkoordinator, Herrn Runge, für unseren Null-Fehler-Sonderausschuß bestimmt. Sie sind nun dafür verantwortlich, das Null-Fehler-Programm vorzubereiten und uns alle dafür notwendigen Instruktionen zu erteilen. Außerdem rückt der Tag der Qualität für unseren Betrieb in greifbare Nähe. Wir müssen uns allmählich alle dafür einsetzen. Soviel ich weiß, sind Sie zum Sprecher des Ausschusses bestimmt, Herr Runge."

„Richtig. Wir haben in den vergangenen Wochen sehr viel darüber erfahren, wie man Null-Fehler-Programme durchführt. Wir haben drei Firmen besucht, die derartige Programme eingeführt haben, und wir hatten sogar eine längere Besprechung mit einer Managerin unserer Konzernleitung. Sie hat uns einen Gesprächstermin beim Watts-Konzern vermittelt. Alles in allem können wir mit gutem Gewissen sagen, daß wir uns gründlich informiert haben."

Herr Eber unterbrach ihn. „Worum er so lange herumredet, ist eigentlich nur, daß wir erfahren haben, daß wir schon die ganze Zeit auf dem richtigen Weg sind. Zwei der Gruppen, die wir interviewt haben, waren mit den Ergebnissen ihres Programms nicht zufrieden, und zwei konnten sich nicht besonders lobend darüber äußern."

Frau Nordend fragte: „Haben Sie herausgefunden, warum das Programm in einigen Fällen klappte und in anderen nicht?"

„Ja, das haben wir", antwortete Herr Eber. „Und ich glaube, über die Ursachen ist der Ausschuß sich einig. Herr Dr. Nelson wird Ihnen gleich Näheres darüber berichten."

Herr Feldner meldete sich zu Wort. „Ich wünschte, Sie würden endlich damit anfangen und die Sache nicht so spannend machen."

Dr. Nelson erhob sich. „Keine Sorge. Wir werden Sie nicht länger auf die Folter spannen. Das Schlüsselwort zur Erklärung des Phänomens heißt ‚Motivation'. Die Firmen, die mit den Ergebnissen nicht zufrieden waren, hatten sich auf das Programm eingelassen, um ihre Mitarbeiter, insbesondere die im Fertigungsbetrieb, zu besserer Arbeitsleistung zu ‚motivieren'. Die Firmen dagegen, die mit dem Programm einen durchschlagenden Erfolg erzielten, waren von einer anderen Grundidee ausgegangen. Von der nämlich, eine gemeinsame Einstellung zum Leistungsstandard zu vermitteln und bei den korrektiven Maßnahmen alle Kräfte zu konzertieren."

Herr Meyer schaute auf. „Das hört sich mir aber sehr nach sinnverwirrendem psychologischem Kauderwelsch an. Motivation ist und bleibt Motivation. Alles was man unternimmt, um andere dazu zu bewegen, etwas zu tun, fällt unter den Begriff Motivation. Wie kommen Sie um das herum?"

„Man muß gar nicht darum herumkommen", sagte Dr. Nelson. „Man muß die Dinge nur aus der richtigen Perspektive betrachten. Natürlich hat jeder menschliche Austausch etwas mit Motivation zu tun. Aber es spielen noch eine Menge anderer Faktoren wie Gefühle und Verständigung mit hinein. Das Problem ist, daß der Begriff Motivation selbst immer mehr in Richtung Manipulation verstanden wird, das heißt, als eine bequeme Methode, andere dazu zu bringen, etwas zu tun, indem man sie mit Plakaten, Fahnen, Musikkapellen und emotionsweckenden Symbolen zu beeinflussen sucht. Aber die

Leute sind im Grunde ganz anders. Man kann wohl ihre Begeisterung für eine Sache wecken und sie eine Weile zum Mitmachen bewegen, aber sobald sie sich bewußt geworden sind, daß hinter der Sache nichts steckt, lassen sie sie gleich wieder sein.

Außerdem haben diejenigen, die für die Durchführung des Programms verantwortlich sind, die verhängnisvolle Neigung, ihren Leuten irgendwelche Informationsbrocken zuzuwerfen, die sie verinnerlichen sollen, und sich dann in ihre Vorstandszimmer zurückzuziehen, um den Erfolg ihrer Aktion abzuwarten.

Wir sind daran interessiert, Null Fehler zum langfristigen Standard unserer Firma zu machen. Besser gesagt, wir wollen diesen Standard auf Dauer einrichten. Um das zu erreichen, müssen wir mit unseren Leuten in eine allumfassende und ehrliche Kommunikation treten, und zwar in einer Form, die für sie glaubwürdig ist und die sie als ihre eigene akzeptieren können. Die Leute lassen sich nicht hinters Licht führen.''

,,Sie wollen also sagen, diese anderen Betriebe haben sich bei der Durchführung des Programms einfach nicht genug Mühe gegeben?''

,,So ist es. Sie haben sich von der ersten Begeisterung forttragen lassen und dachten, das würde immer so weitergehen. Das Programm beginnt zwar mit dem Tag der Qualität, dem Q-Tag, aber das ist ganz ähnlich wie mit der Ehe: die wirkliche Arbeit beginnt erst nach dem Festakt. Vielleicht sollten Sie dem Team jetzt etwas über den Q-Tag erzählen, Herr Runge.''

Herr Runge hängte ein Schaubild auf. ,,Wir haben folgende Beschlüsse gefaßt. Wir sollten mit verschiedenen Aktivitäten auf den Q-Tag hinarbeiten. So halten wir es unter anderem für angebracht, ungefähr eine Woche zuvor einen ,Vorschlagswettbewerb' zu veranstalten. Alle Vorschläge, wie wir sichergehen können, daß unsere Produkte stimmen, werden in eine Art Lostrommel gesteckt. Am Q-Tag werden dann die glücklichen Gewinner einiger Preise gezogen. Das trägt zum Unterhaltungswert bei. Ich möchte mich noch einmal vergewissern, daß mich alle richtig verstehen: Der Q-Tag soll Spaß machen. So kann er sich einprägen und bleibt im Gedächtnis. Nach dem Q-Tag machen wir uns geradewegs an die Schritte Zielsetzung, Beseitigung der Fehlerursachen und Anerkennung. Dann fangen wir mit dem gesamten Programm wieder von vorne an, vom ersten Q-Tag einmal abgesehen; nur so können wir sicher sein, daß wir die Sache wirklich intus haben.''

,,Wollen Sie uns nicht sagen, was im einzelnen alles am Q-Tag stattfinden soll?''

,,Doch. Wir wollen den Tag in großem Stil begehen. Wir planen Teilnahmeerklärungen, es gibt Ansteckmnadeln und Luftballons; Preisverteilung im Kinderplakatwettbewerb und was uns sonst noch alles einfällt, um jedem die Devise ,Null Fehler' unauslöschlich einzuprägen. Herr Breuer hat den Generaldirektor des Konzerns eingeladen, und dieser hat angenommen. Ein Senator hat seine Teilnahme angesagt, und auch der Bürgermeister und der Gewerkschaftsvorsitzende des Landkreises wollen kommen. Wir müssen zwar einen gewissen Arbeitsausfall an diesem Tag in Kauf nehmen, aber dafür werden wir mit Sicherheit unsere Botschaft übermitteln.

,,Unser Slogan soll lauten: *HPA — Wachstum durch Qualität.*''

,,Bei HPA ist alles möglich.''

,,Hört sich an, als würde das ein toller Tag. Um wieviel Uhr soll das alles stattfinden?''

Herr Eber erhob sich von seinem Platz. „Wir hatten uns gedacht, wir könnten gleich morgens damit anfangen. Etwa eine halbe Stunde nach Schichtbeginn wollen wir die Leute aus den einzelnen Gebäuden nach draußen bitten. Die Vorgesetzten werden schon über alle Einzelheiten informiert sein und wissen, welche Ausgänge zu benutzen sind. Wir haben ein Programm von etwa dreißig Minuten vorgesehen, dann gehen alle an ihren Arbeitsplatz zurück, wo sie von ihren Vorgesetzten noch einmal mit dem Null-Fehler-Programm bekanntgemacht werden.

„Herr Breuer macht derweil mit unseren prominenten Besuchern einen Rundgang durch das Werk und die Verwaltungsbüros. Wir hoffen, daß die Besucher mitmachen.“

„Am nächsten Tag fangen wir mit der Beseitigung der Fehlerursachen an, indem wir an allen Arbeitsplätzen Formulare auslegen und zusätzlich noch jedem Beschäftigten zuschicken“, sagte Dr. Nelson. „Dadurch können wir uns den Höhepunkt des allgemeinen Interesses zunutze machen. Danach findet die ganze Sache auf individueller Basis statt.“

„Meine Güte, Sie haben sich ja voll eingesetzt“, sagte Frau Nordend. „Sie sind über der Sache ja geradezu in Feuer geraten.“

„Das kann man wohl sagen“, erwiderte Herr Eber. „Wissen Sie, ich muß zugeben daß mir vorher selbst nicht klar war, daß alles, was mit Qualität und Leistungsstandards zu tun hat, so unmittelbar davon abhängt, wie öffentlich sichtbar die Dinge ausgetragen werden. Ich meine damit *sichtbare* Verpflichtung, *sichtbare* Messung und *sichtbare* Korrekturmaßnahmen. Ich glaube, wir haben all das jahrelang sozusagen im stillen Kämmerlein ausgetragen.“

„Na ja, dafür werden sie jetzt gründlich ans Licht geholt“, sagte Frau Nordend. „Noch etwas. Wir sind immer noch bei dem Schritt ‚Qualitätsbewußtsein‘, und dabei wird es bis zum Q-Tag bleiben. Die Mannschaft von der Fertigungsüberwachung hat sich diese Plaketten einfallen lassen, und wir haben genug für jeden im Betrieb. Wie sollen sie verteilt werden? Die Aufschrift lautet: *Ich bin für Qualität.*“

„Warum legen wir sie nicht einfach in der Cafeteria aus; dann kann jeder, der will, sich welche nehmen. Und wir brauchen uns nicht lange darum zu kümmern, wer wen informiert. Wer sich geniert, die Plakette anzustecken, braucht es nicht zu tun. Ich nehme mir allerdings meine jetzt schon.“

„Einverstanden“, sagte Bob Runge. „Noch etwas ist uns bei unseren Untersuchungen aufgefallen: Manchmal meinen Leute in Schlüsselpositionen, sie würden das Null-Fehler-Programm verstehen, obwohl sie in Wirklichkeit gar nicht richtig begriffen haben, worum es geht. Und natürlich steht und fällt die ganze Sache damit, daß wir vom Team das Programm wirklich verstehen, denn die Leute werden Fragen stellen. Die Vorgesetzten werden sich dem Test (siehe Schritt 8: Mitarbeiterschulung) bei ihrer nächsten Versammlung unterziehen. Aber Sie dürfen ihn mit nach Hause nehmen und ihn für sich allein machen. Doch wenn Sie dabei auf Antworten stoßen, mit denen Sie nicht zurecht kommen, dann melden Sie sich doch bitte bei mir; wir können uns zusammensetzen und die Angelegenheit besprechen.“

„Ich muß zugeben“, sagte Dr. Nelson, „daß ich bei dem Test drei Fragen falsch beantwortet habe.“

SCHRITT ACHT: MITARBEITERSCHULUNG

Ziel:
Feststellen, welche Art von Schulung für die Vorgesetzten angezeigt ist, damit diese ihre Aufgabe innerhalb des Qualitätsverbesserungs-Programms aktiv ausführen können.

Grundsätzliche Durchführung

Jeder Vorgesetzte, angefangen beim Vorstandsvorsitzenden und weiter durch alle Ebenen der Betriebshierarchie, nimmt für das Erreichen von Verbesserungszielen eine Schlüsselstellung ein. Der Vorgesetzte prägt Einstellung und Leistungsstandard des einzelnen Mitarbeiters, sei es im technischen Bereich, im Vertrieb, bei der EDV-Programmierung oder in jedem beliebigen anderen Sektor. Aus diesem Grund muß in erster Linie der Vorgesetzte an der Planung des Programms beteiligt werden. Die Vertreter der Abteilungen in der Lenkungsgruppe Qualität können den Vorgesetzten zwar wesentliche Informationen hinsichtlich Planung und Konzept vermitteln, aber eine spezielle Schulung der Vorgesetzten ist dennoch unentbehrlich, wenn man sichergehen will, daß sie das Programm richtig verstehen und zur Ausführung bringen. Die Vorgesetztenschulung umfaßt mehrere Stufen, die zu verschiedenen Zeitpunkten durchgeführt werden:

1. Mit Beginn des Schritts „Qualitätsbewußtsein" sollten die Vorgesetzten mindestens sechs Stunden Schulung erhalten; sie sollten dabei über das System der Qualitätsmessung, die Zusammensetzung der Qualitätskosten, die Korrekturmaßnahmen auf mehreren Ebenen und das Ziel der Kampagne zur Weckung des Qualitätsbewußtseins unterrichtet werden. Diese Schulung muß sorgfältig vorbereitet sein und soweit möglich von höheren Führungskräften durchgeführt werden. Kein Vorgesetzter ist von der Schulung ausgenommen.

2. Mindestens vier Wochen vor dem geplanten Q-Tag sollten die Vorgesetzten vollständig über das Null-Fehler-Programm und die Beseitigung der Fehlerursachen, die wenige Wochen danach durchgeführt wird, ins Bild gesetzt werden. Es ist außerordentlich wichtig, daß sie in der Lage sind, die Fragen ihrer Untergebenen zu beantworten. Viele Firmen stellen ein eigenes Handbuch für Vorgesetzte zusammen, in dem das Programm eingehend beschrieben ist.

3. Die gesamte Schulung muß wieder und wieder durchgeführt werden.

Null-Fehler-Orientierungstest für Vorgesetzte

Kennen Sie Ihren Null-Fehler-IQ?
Verstehen Sie das Null-Fehler-Konzept?

Dieser Test soll Ihnen eine Orientierung vermitteln, ob Sie das Null-Fehler-Konzept verstanden haben. Keiner außer Ihnen wird erfahren, wie Sie dabei abschneiden. Natürlich bedeutet jedes Ergebnis, das unter der höchsten erreichbaren Punktzahl liegt, daß eine Verbesserung nottut. Bewerten Sie jede richtige Antwort mit 10 Punkten. Und um Ihnen gleich etwas zu helfen — die erste Behauptung ist falsch.

1. „Null Fehler" ist ein Konzept zur Motivierung der Arbeiter und Angestellten.　　　　　　　　　　　　　　　　　　　　　R　　F

2. „Null Fehler" muß vom Management unterstützt werden.　　R　　F

3. Jeder kann ein Null-Fehler-Programm leiten.　　　　　　　R　　F

4. Fehler werden von einem der drei Faktoren verursacht: Mangel an Kenntnissen, Mangel an Aufmerksamkeit oder Mangel an Mitteln.　R　　F

5. Ein Null-Fehler-Programm ist ein Kommunikationsmittel des Managements.　　　　　　　　　　　　　　　　　　　　　　　　R　　F

6. Null-Fehler-Programme sind mitunter erfolglos.　　　　　R　　F

7. Null-Fehler gilt nur für Herstellungsbetriebe.　　　　　　R　　F

8. Ein erfolgreiches Null-Fehler-Programm muß unter der Bezeichnung Null Fehler durchgeführt werden.　　　　　　　　　R　　F

9. Ein Null-Fehler-Programm muß sorgfältig vorbereitet werden.　R　　F

10. Auszeichnungsprogramme sollten den Arbeitnehmern möglichst Geldpreise in Aussicht stellen.　　　　　　　　　　　　R　　F

Lösungen:

1. Falsch. Null Fehler ist kein Motivationskonzept – es ist ein Standard für das Management. Es tritt an die Stelle des vagen „Machen wir's richtig", bei dem sich jeder seinen Standard selbst wählen kann. Ebenso wie wir genaue Leistungsstandards im Bereich der Kosten- und Terminplanung haben, brauchen wir einen solchen Standard im Qualitätswesen. Null Fehler ist ein Instrument des Managements, durch das es seine Standards auf unmißverständliche Weise darlegen kann. Das Null Fehler-Programm mit seinen Plakaten, Plaketten und ähnlichen „Gags" dient dazu, die Beschäftigten über den neuen Leistungsstandard zu informieren. Der einzige Grund, warum dieses Programm überhaupt erforderlich ist, liegt jedoch darin, daß das Management seinen Standpunkt zuvor nicht eindeutig klargemacht hatte.

2. Falsch. Null Fehler braucht die aktive Mitwirkung des Managements, nicht bloß seine Unterstützung. Die Leute beurteilen mehr an Taten als an Reden, wie ernst man etwas nimmt. Wenn die Aktion nur den Leuten auf den unteren Ebenen zur Ausführung überlassen wird, ist sie so hohl, daß sie binnen eines Jahres wieder eingeschlafen ist.

3. Richtig. Jeder, der sich Gedanken macht, kann ein erfolgreiches Null Fehler-Programm leiten. Es erfordert lediglich einige Untersuchungen und Vertrautheit mit der jeweiligen Unternehmenskultur.

4. Falsch. Fehler haben zweierlei Ursachen: Mangel an Kenntnissen und Mangel an Aufmerksamkeit. Mangel an Mitteln ist durch einen oder beide dieser Faktoren verursacht. Wer mit unzureichenden Mitteln arbeitet, kann schwerlich für diesen Fehler zur Verantwortung gezogen werden, außer der Betreffende hat die Mittel selbst gewählt. Die zuständigen Planungsleute und die Stabsmitglieder müssen für ihren Anteil an der Fehlerursache verantwortlich gemacht werden.

5. Richtig. „Null Fehler" prägt die Einstellung, daß Fehlervorbeugung notwendig ist. In diesem Rahmen kann man sich des Fehlerbeseitigungs-Systems oder anderer Kommunikationssysteme bedienen, die es den Mitarbeitern erlauben, ihre Probleme vorzubringen, ohne daß deren Lösungen unbedingt bekannt sein müssen. Die Wechselbeziehung zwischen Vorgesetzten und ihren Mitarbeitern wird dadurch gestärkt, und so wächst auch das Verständnis für die Probleme der Gegenseite.

6. Richtig. Doch ist der Grund für ihre Erfolglosigkeit immer derselbe: Das Management macht mit dem Null-Fehler-Programm kurzen Prozeß. In anderen Worten: Die Manager meinen, man brauche lediglich ein paar Fähnchen zu schwenken, und schon werde alles „in Ordnung kommen".

7. Falsch. Jede Art von Unternehmen ist in irgendeiner Form mit „Produktion" beschäftigt, in dem Sinn, daß es vorgeschriebene Prozesse und Verfahren auszuführen gibt. Die richtige Einstellung zur Fehlervorbeugung macht sich wirklich in jedem Unternehmen bezahlt.

8. Richtig. Null Fehler ist der Standard. „Bessere Arbeit leisten", „Höchste Anstrengungen machen" und ähnliche Slogans zur Motivation zielen an der Sache vorbei. Die Leute dürfen ihren Standard beim Programm zur Bildung des Qualitätsbewußtseins, das zum Null-Fehler-Programm überleitet, noch selbst bestimmen. Aber an dem Motto „Null Fehler" führt kein Weg vorbei. Es ist absolut eindeutig.

9. Richtig. Jedes Management-Programm bedarf der sorgfältigen Vorbereitung. Wenn viele Manager behaupten, ihre Computer lieferten enttäuschende Ergebnisse, so liegt die Schuld nicht bei den Geräten. Computer machen keine Fehler. Die Fehler werden einzig und allein von ungenau formulierten und schlecht ausgearbeiteten Programmen verursacht oder aber von unzureichend ausgebildeten Leuten, die für die Eingabe der Informationen zuständig sind.

10. Falsch. Auszeichnungen oder Formen der Anerkennung verstehen sich als sichtbare Beweise dafür, daß man mit der Leistung der Beschäftigten zufrieden ist. Falls in Ihrem Fall Geld als Auszeichnung angezeigt ist, sollten Sie Ihr Programm für die Beziehungen zu Arbeitnehmern und Gewerkschaften überprüfen. Die Leute arbeiten für Wertschätzung und Anerkennung − sofern ihr Auskommen gesichert ist. Auszeichnungen sollten mit Würde und Hochachtung verliehen werden; ihr Geldwert spielt keine Rolle. Vergessen Sie beim Auszeichnen auch das Management nicht.

Ihre Auswertung_____

SCHRITT NEUN: TAG DER QUALITÄT

Ziel:
Eine Veranstaltung organisieren, die allen Beschäftigten durch eigenes Erleben begreiflich macht, daß sich etwas verändert hat.

Grundsätzliche Durchführung

Null Fehler ist für alle Beteiligten die Offenbarung, daß die gesamte Unternehmenspolitik auf neue Ziele zustrebt. Sich der neuen Disziplin zu unterwerfen erfordert persönliches Engagement und Verständnis für diese neuen Ziele. Es ist daher unerläßlich, daß allen Beschäftigten des Unternehmens die Veränderung durch ein ausgeprägtes Erlebnis bewußt gemacht wird.

Spezielle Punkte: Soweit möglich, sollten alle Beschäftigten gleichzeitig von Leuten im Betrieb informiert werden, die für sie irgendwie wichtig sind. Manche Firmen haben ihre Belegschaft auf einem nahegelegenen Sportplatz oder auf dem Gelände vor dem Betriebsgebäude versammelt. Einige wenige haben sich für die Informationsveranstaltung des Betriebsfernsehens bedient.

Die beste Methode ist jedoch die direkte von Angesicht zu Angesicht. Lassen Sie ruhig ein wenig Show-Business in die Veranstaltung einfließen. An einem so wichtigen Tag sind Unterhaltung und Feierstimmung durchaus angebracht.

Koordinierende Leiter der Lenkungsgruppen Qualität werden mit der Zeit völlig abgehärtet gegen die alltäglichen Katastrophen. Da sie es Tag für Tag mit den verschiedensten Gruppen von Führungskräften zu tun haben, lernen diese Leiter Geduld, diplomatisches Geschick und Bescheidenheit. Außerdem lernen sie die Vorzüge der Dickfelligkeit und die Kunst der Improvisation. Findigkeit gehört zu den wertvollsten Eigenschaften des Koordinators.

Es gibt jedoch einen Faktor, der selbst den diszipliniertesten Koordinator garantiert zum nervösen Wrack werden läßt: das Wetter. Die Tribüne für die hohen Gäste ist aufgebaut, die Verstärkeranlage ist getestet, die gesamte Betriebsbelegschaft ist auf Punkt 8.15 Uhr vor die Tribüne bestellt, und ... es sieht nach Regen aus.

* * *

Als Herr Runge vereinzelte Tropfen ins Gesicht platschten, sah er Herrn Breuer mit Herrn Williams, dem Generaldirektor des Konzerns, herankommen; Senator Elmer und Bürgermeister Zaminski folgten im Schlepptau. In ungefähr fünfunddreißig Sekunden würde Herr Breuer fragen: ,,Was meinen Sie, Herr Runge? Sollen wir's riskieren?'' Und Herr Runge würde irgend etwas antworten müssen. Würde es regnen, oder würde es nicht regnen? (Guter Petrus, verregne mir meine schöne Parade nicht, betete er.)

Das Grüppchen war bei ihm angelangt, und Herr Breuer stellte ihm die Gäste vor. Herr Williams lächelte über die offensichtliche Besorgnis des jungen Teamleiters. ,,Machen Sie sich keine Sorgen wegen des Wetters, Herr Runge. Ich garantiere Ihnen persönlich, daß wir noch mindestens eine Stunde keinen Regen bekommen. Fangen wir ruhig mit dem Programm an. An einem Q-Tag regnet es nie.''

Ein wenig getröstet, aber keineswegs mutiger, gab Herr Runge das Zeichen, mit der Veranstaltung zu beginnen. ,,Das gibt's nur einmal'' (etwas Besseres war ihnen nicht eingefallen) ertönte über das Lautsprechersystem, und auf dieses Signal hin wurden die Beschäftigten von ihren Vorgesetzten aufgefordert, sich auf das Versammlungsgelände zwischen den Gebäuden zu begeben. Generaldirektor Williams stand mitten unter den Ankommenden und schüttelte jedem wahllos die Hand. Das war zu einem gewissen Teil seine eigene Idee, zum Teil folgte er aber auch dem Beispiel von Senator Elmer, der ihm später eingestand, daß es eine Art Reflex bei ihm sei, sobald er eine Menge um sich habe und Marschmusik höre.

,,Da muß ich den Leuten einfach die Hand schütteln und sie begrüßen.''

Herr Breuer hieß die Belegschaft auf der Versammlung willkommen, und nach ein paar Worten des Bürgermeisters wurde der Generaldirektor vorgestellt. Dieser, ein mittelgroßer, leicht untersetzter, temperamentvoller Mann, wußte sein Publikum sofort mit ein paar heiteren Anekdoten aufzulockern, ehe er zur Sache kam.

,,Das Wichtigste, was wir anzubieten haben, ist Qualität. Heutzutage kann jeder in unserer Branche die gleichen Bauteile, Entwicklungen und Verpackungen einkaufen. Jeder kann das gleiche Produkt zum selben Preis herstellen wie wir, in manchen Fällen sogar etwas darunter. Das einzige, was wir für uns ins Feld führen können, ist der persönliche Einsatz der Gruppe von Leuten, die jetzt vor uns steht (Applaus), und unser guter Ruf für Qualität, den wir uns eben erwerben. Die beste Art, sich diesen Ruf zu erwerben, liegt im Erbringen der entsprechenden Leistung. Null Fehler ist in meinen Augen kein abstraktes Ziel; es ist eine Lebenseinstellung, und zwar eine, die sich verwirklichen läßt. Ich sehe nicht ein, warum wir unseren Kunden weniger bieten sollten, als wir ihnen versprechen. Wir wollen unseren Kunden Produkte liefern können, die ihre Funktion erfüllen und zwar ausnahmslos immer erfüllen. Dafür wollen wir Sorge tragen, koste es, was es wolle — aber wir wollen keine Mark vergeuden (Applaus). Jetzt würde ich Ihnen gerne Herrn Senator Elmer vorstellen, der mir versprochen hat, keine Wahlrede zu halten.''

Der Senator trat winkend vorne aufs Podium.

,,Ich werde nicht nur keine Wahlrede halten, Herr Williams, ich werde überhaupt keine Rede halten. Ich möchte schließlich von Ihnen allen in bester Erinnerung gehalten werden. Und die schönste Aufgabe, die ich mir heute aussuchen konnte, war die Verleihung der Preise für Mitarbeitervorschläge. Aber bevor ich zu dieser freudigen Angelegenheit schreite, möchte ich Ihnen noch mitteilen, daß ich vorhin dem Generaldirektor Ihres Konzerns einen Scheck für eine Ihrer Elektropfannen überreicht habe. Diese Elektropfanne, die nächste Woche vom Lager ausgeliefert wird, soll als mein Geschenk an den Bundespräsidenten verschickt werden, damit er sich damit sein Frühstück zubereiten kann. Ich werde ihm einen Gruß dazulegen, in dem ich ihm mitteile, daß er hier eine Null-Fehler-Elektropfanne geschenkt bekommt.''

Herr Runge brachte die Trommel mit den Vorschlagszetteln aufs Podium, und der Senator zog einige davon heraus und verlas die Gewinner. Die Glücklichen kletterten aufs Podium, um ihre Preise in Empfang zu nehmen und sich in allen Fällen zu weigern, ein paar Worte ins Mikrophon zu sprechen. Das heißt, alle weigerten sich außer Frau Trautner, die sagte: ,,Ich arbeite bei den Elektropfannen am Band, und ich möchte Ihnen nur sagen, Herr Senator, daß Sie sich keine Sorgen zu machen brauchen wegen Ihres Geschenks an den Bundespräsidenten. Er wird jeden Morgen seine heiße Freude daran haben."

Danach stellte der Generaldirektor Herrn Bialek vor, den Leiter für internationale Beziehungen bei der Gewerkschaft, der ein wenig zu spät gekommen und unauffällig zu den Gästen auf die Tribüne geschlüpft war.

Er und Herr Bialek hätten etwa gleichzeitig Karriere gemacht, erzählte Herr Williams. „Wir kennen uns schon viele Jahre. Jedesmal, wenn er befördert wurde, bin ich auch befördert worden. Er hat sich auf eine Seite des Managements geschlagen, ich auf die andere. Ich war immer stolz darauf, ihn als meinen Freund ansehen zu können, selbst wenn es Zeiten gegeben hat, wo er mir mit Gesichtsmaske und Patronengürtel passender angezogen vorgekommen wäre als im Geschäftsanzug. Das ist Norbert Bialek."

Herr Bialek konterte mit ein paar Scherzen, die auf den Generaldirektor gemünzt waren, und kam dann zur Sache. „Ich möchte Ihnen ganz kurz einiges sagen, bevor es zu regnen anfängt. Da ist als erstes die Tatsache, daß die Gewerkschaft auf allen Ebenen hinter dem Qualitätsverbesserungs-Programm steht. Für uns ist Null Fehler ein erreichbarer Standard für die Praxis. Wenn Qualität dem Unternehmen Wachstum beschert, sind wir in dieses Wachstum mit einbezogen.

Zum zweiten möchte ich auf etwas zu sprechen kommen, das über meine unmittelbaren Ansichten über die Gewerkschaft und die Qualitätsverbesserung durch Null Fehler hinausgeht. Die Produktionskosten sind heute meist niedriger als im Ausland. Diese Verbesserung ist zu einem wesentlichen Teil der verbesserten Arbeitsproduktivität und zu einem geringeren Teil der vermehrten Investitionsbereitschaft unserer Industrie zu verdanken. Wir können heute qualitativ bessere Arbeit zu einem niedrigeren Gesamtpreis liefern, und es wird Zeit, daß wir uns diese Tatsache zunutze machen."

Nachdem der Beifall verebbt war, richtete Herr Breuer ein paar Worte des Danks an die Gäste und an die Belegschaft. Er erinnerte noch einmal daran, daß nun alle Gelegenheit erhalten würden, ihre Teilnahmezusage zum Null-Fehler-Programm zu geben und ihre Ansteckadeln in Empfang zunehmen. Er bat sie, ganz sicher zu gehen, daß sie das Programm richtig verstanden hätten, und versicherte ihnen, daß es sich dabei nicht nur um eine kurzlebige Marotte des Managements handle.

„Morgen treten wir in die Phase der Beseitigung von Fehlerursachen ein. Und wir behalten sie so lange bei, wie wir die Notwendigkeit zur Kommunikation empfinden, also aller Voraussicht nach für immer. Sie nennen mir das Problem, das Sie dabei haben, Ihre Sache gleich richtig zu machen, und ich sehe es als meine Aufgabe an, sicherzugehen, daß dieses Problem gelöst wird.

Ich danke Ihnen allen, daß Sie gekommen sind. Ich schlage vor, daß wir jetzt alle im Eilschritt hineingehen, um dem Regen ein Schnippchen zu schlagen."

Herr Williams, Herr Bialek und die strahlenden Politiker folgten Herrn Breuer und Herrn Runge durch die Verwaltungsabteilungen und dann durch die Werksbereiche. Viele Beschäftigte baten den Generaldirektor, ihre Zusageerklärung gegenzuzeichnen, wozu er sich in jedem Fall gerne bereit zeigte. Herr Runge fühlte sich allmählich ein wenig schwindlig vor so viel Beachtung und auch vor Erleichterung, daß auf der Kundgebung alles so gut geklappt hatte. Zumindest war es ihm gelungen, die Beachtung des Top-Managements zu finden, die er sich immer gewünscht hatte. Dieser Auftrag bot ihm wirklich die ganz große Chance. Er mußte sichergehen, daß er seine Aufgabe auch voll und ganz erfüllte – mit Null Fehlern, Mann!

Zum Abschluß des Q-Tags lud Herr Breuer die Lenkungsgruppe Qualität mit ihren Ehegatten zu einem festlichen Abendessen ein. Nachdem er den Mitgliedern in kurzen Worten seinen Dank und seine Wertschätzung für all ihre bisherigen Bemühungen zum Ausdruck gebracht und sie an die Aufgabe erinnert hatte, die noch zu bewältigen sei, überreichte er jedem von ihnen eine gerahmte Verpflichtungsurkunde, die von allen prominenten Gästen gegengezeichnet war. Und für den Ehemann der Vorsitzenden hatte er ein besonderes Geschenk: ein Foto, auf dem eine leicht aufgelöst und zerzaust wirkende Käthe Nordend zu sehen war, die eben mit Hand anlegte, das Transparent mit der Aufschrift ,,Mach es doch gleich richtig‘‘ quer über die Vorderseite des Betriebsgebäudes zu spannen.

Es war für alle ein Tag der guten Laune.

* * *

Eva Runge reichte ihrem Mann eine Tasse Kaffee.

,,Jetzt, wo der Null-Fehler-Tag vorbei ist, hast du da das Gefühl, daß sich die ganze Anstrengung gelohnt hat? Ich weiß doch, daß das nicht so ganz deinem Geschmack entspricht, so eine Großveranstaltung mit Ansprachen, Musik und all dem Schnickschnack.‘‘

,,Du hast ganz recht‘‘, sagte Bob Runge nickend. ,,Ich war mir wirklich nicht sicher, ob das Ganze für den Anlaß würdig genug oder den Beziehungen zwischen Belegschaft und Management angemessen sein würde. Ich habe wohl Angst gehabt, die Leute würden das nicht für voll nehmen. Aber jetzt, wo es glücklich vorbei ist, finde ich, daß es eine prima Sache war.‘‘

,,Hast du die Veranstaltungen deswegen gut gefunden, weil jeder die Möglichkeit hatte, einmal etwas ganz anderes zu erleben?‘‘

,,Ja, ich finde, die Hauptsache war doch, daß wir dabei Gelegenheit hatten, alle etwas gemeinsam zu erleben. Da hat man so viele Leute, die in derselben Firma arbeiten. Tag für Tag kommen sie morgens zur Arbeit und gehen abends wieder nach Hause. Sie bekommen immer nur einen kleinen Prozentsatz ihrer Betriebskollegen zu Gesicht, und sicher kommen sie noch mit weit weniger Leuten je ins Gespräch. Jetzt haben sie ein gemeinsames Thema, über das sie miteinander reden können, etwas, das sie gemeinsam erlebt haben. Ihre Freunde und Nachbarn hatten nicht diese Gelegenheit. Es war fast wie eine Weihnachtsparty. Es war ein Ereignis, ein kleines Happening.‘‘

,,Ereignis ist wohl der richtige Ausdruck‘‘, sagte seine Frau. ,,Ich glaube, ich verstehe jetzt, was du meinst. Sie haben dadurch alle einen gemeinsamen Ausgangspunkt. Und außerdem haben sie interessante Leute kennengelernt.‘‘

,,Und das Null-Fehler-Konzept hat sich den Leuten wirklich auf Dauer eingeprägt. Sogar diejenigen, die ihre Witze über das Programm reißen, müssen sich jetzt mit der

Losung auseinandersetzen. Am Ende werden sich alle dazu bekehren. Dabei muß ich sagen, daß ich von keinem einzigen Widerspruch gegen das Konzept gehört habe. Ein paar haben lediglich Zweifel geäußert, ob es sich tatsächlich verwirklichen läßt.''

,,Das Programm wird noch eine Weile deinen Einsatz brauchen. Glaubst du, daß sich der Auftrag für deine Karriere günstig ausgewirkt hat?''

Bob lächelte. ,,Ich wüßte nicht, was günstiger hätte sein können. Ich habe Gelegenheit gehabt, mit einer Managementebene eng zusammenzuarbeiten, in die ich sonst erst in ein paar Jahren hätte vordringen können. Ich habe herausgefunden, daß die Vorgänge auf dieser Ebene nichts Geheimnisvolles an sich haben; es dreht sich nur darum, sich die notwendigen Kenntnisse anzueignen und eine Urteilsfähigkeit zu entwickeln, die auf Erfahrung basiert. Und die Leute dort lernen sehr rasch. Ich habe außerdem festgestellt, daß sie alle sehr kollegial miteinander umgehen, auch dann, wenn sie nicht einer Meinung sind.''

Eva Runge meinte mit einem Augenzwinkern: ,,Das ist doch auch in der Ehe ganz empfehlenswert. Wie wär's mit noch einer Tasse Kaffee?''

SCHRITT ZEHN: ZIELSETZUNG

Ziel:
Vorsätze und Verpflichtungen in die Tat umsetzen, indem die einzelnen Mitarbeiter ermutigt werden, sich selbst und ihren Gruppen Verbesserungsziele zu setzen.

Grundsätzliche Durchführung

Ungefähr eine Woche, nachdem der Q-Tag begangen wurde, sollte jeder Vorgesetzte seine Mitarbeiter fragen, welche Ziele sie sich selbst stecken wollen. Aus jedem Tätigkeitsbereich sollten möglichst zwei Ziele genannt werden. Es sollte sich dabei um spezifische und meßbare Ziele handeln. Zwei denkbare Ziele wären beispielsweise:

— Die Fehlerquote pro Fertigungseinheit innerhalb eines Monats um 20 Prozent reduzieren.

— Im nächsten Monat den Preis für den ordentlichsten Arbeitsplatz gewinnen.

Sehen Sie im Rahmen des Null-Fehler-Programms von Verbesserungszielen hinsichtlich des Zeitplans ab; die Einhaltung des Zeitplans wird sich automatisch verbessern, wenn die Fehlerzahl zurückgeht. (Null Rückstand.)

Spezielle Punkte: Die Zielsetzung ist am effektivsten, wenn sie von der Belegschaft selbst und nicht von den Vorgesetzten vorgenommen wird. In jedem Fall sollte der Vorgesetzte jedoch schon eine gewisse Vorstellung haben, welche Ziele er anstrebt, bevor er mit seinen Leuten spricht.

Anmerkung: Lassen Sie den Leuten keine allzu einfachen Ziele durchgehen. Hängen Sie die Ziele an einer für jedermann sichtbaren Stelle aus. Und sparen Sie nicht mit angemessenem Lob für jede Gruppe, die Fortschritte erzielt — jede Verbesserung ist ein Anfang.

Herr Abel und seine Gruppe verteilten sich um den Tisch; nun, da diese Zusammenkünfte regelmäßig stattfanden, war die Atmosphäre bei ihren Besprechungen schon recht entspannt.

„Heute steht ein Gespräch über Zielsetzungen auf unserem Programm", begann Herr Abel. „Ich habe hier eine kurze Zusammenfassung, was mit Zielen gemeint ist und was nicht. Am besten lese ich Ihnen die Notiz einmal vor, ehe wir anfangen, uns Gedanken darüber zu machen."

Da keiner Einspruch erhob, las er laut vor: „Zielsetzung ist der Vorgang, bei dem eine Gruppe beschließt, welche Leistung sie in Teamarbeit anstreben will, und anschließend die Messung bestimmt, durch die diese Leistung erfaßt werden kann."

Herr Schmidt sagte: „Das heißt doch eigentlich, daß wir im voraus festlegen sollen, was wir tun wollen."

„Sie sollten unsere Informationen abfassen, Herr Schmidt; Sie sagen es viel klarer."

Herr Abel las weiter: „Zielsetzung heißt nicht, daß der Gruppe eine bestimmte Quote oder ein Leistungsziel aufgedrängt wird, an der ihre tatsächliche Leistung gemessen werden soll."

Frau Horninger kicherte. „Damit wollen sie uns nur beruhigen, daß es bei uns nicht so zugeht, wie in den Ländern, wo man gleich ins ewige Eis geschickt wird, wenn man das Plansoll nicht erfüllt."

Herr Abel legte das Informationsblatt beiseite. „Was wollen wir uns als Ziel setzen? Unsere Fehlerquote pro Einheit ist im vergangenen Monat von 5,6 auf 4,2 Prozent zurückgegangen. Sollen wir versuchen, den Wert noch weiter zu senken?"

„Ich glaube, wir können es auf einen noch viel besseren Wert bringen, Herr Abel. Jetzt, wo wir unsere Nacharbeit selbst ausführen, wissen wir doch, worauf es ankommt; und jetzt, wo sie bei den Fernsehgeräten die Kabel verschiedenfarbig machen wollen, können wir uns bestimmt enorm verbessern, möchte ich wetten."

„Was meinen denn die anderen?"

„Ich wette, wir kommen in den nächsten drei Monaten auf zwei Fehler pro Verkabelung, und wer weiß, vielleicht schaffen wir noch mehr bis Ende des Jahres", erklärte Frau Endres.

Herr Abel schüttelte den Kopf. „Das wäre ja eine Verbesserung von über 50 Prozent? Halten Sie das wirklich für möglich?"

„Warum denn nicht?" fragte Frau Horninger. „Ich gehe jede Wette ein, daß unsere Gruppe den absoluten Verbesserungsrekord im Fertigungsbereich aufstellen könnte, wenn wir es wirklich darauf anlegten. Und eigentlich haben wir diesbezüglich gar keine Wahl, oder?"

Herr Schmidt hob die Hand.

„Ich habe eine Idee. Ich glaube, unser Meßverfahren ist falsch. Ein Monat oder sogar noch eine Woche ist eine lange Zeit, um sich auf ein Ziel zu konzentrieren. Ich habe einen Vetter, der an der Spielsucht litt. Er hat es erst geschafft, mit dem Glücksspiel aufzuhören, als er sich Tag für Tag vornahm, den Abend ohne Spielen zu erreichen. Er hat sich immer nur einen einzigen Tag vorgenommen."

„Wie wäre es mit einer Stunde?" fragte Frau Endres.

„Wie meinen Sie das?"

„Nehmen wir einmal an, wir nehmen uns vor, soundsoviele Stunden mit null Fehlern zu schaffen; dann können wir irgendeine andere Gruppe im Betrieb auffordern, unser Ergebnis zu schlagen. Das wäre doch richtig spannend."

Herr Abel blickte sie erstaunt an. Die Gruppe wurde allmählich aufgeregt. „Wollen Sie damit sagen, wir sollten unsere Ziele nicht an diesen Diagrammen ausrichten, sondern uns einfach ein Ziel von, sagen wir, zwanzig Stunden ohne jeden Fehler setzen und dann sehen, wer uns darin unterbietet? Wir müßten uns aber auch auf dem Meßdiagramm ein Ziel vornehmen."

„Okay. Setzen wir uns doch ein Ziel von zwei Fehlern pro Verkabelung auf dem Meßdiagramm. Aber bitten wir außerdem noch die Leuten von der Inspektion, uns stündlich über die Ergebnisse zu berichten. Ich habe eine große Tafel zu Hause, die kann ich morgen früh mitbringen. Wir schreiben einfach ‚Arbeitsstunden der Gruppe mit null Fehlern' auf die Tafel und lassen die Prüfingenieure die Stunden eintragen."

Herr Abel lehnte sich zurück: „Meine Mitarbeiter sind einsame Spitze. Genau das machen wir. Ich sorge dafür, daß es im Betrieb publik wird und daß die Herausforderung für alle gilt."

Die Verkabelungsgruppe brauchte dreizehn Arbeitstage, ehe sie einen vollen Acht-Stunden-Tag ohne Fehler schaffte. Danach waren fehlerfreie Perioden von sechzehn bis fünfundzwanzig Stunden an der Tagesordnung. Andere Gruppen versuchten es mit derselben Methode, und Herr Runge machte vergnügt die Runde durch den Betrieb, um überall zu verbreiten, welche Fortschritte die Zielsetzungen und die Gruppentreffen machten. Die Technik, die Buchhaltung, die Kantine – alle Bereiche machten mit.

Die Diagramme spiegelten den gesamten Rückgang der Fehlerquote sichtbar wider. Die innerbetrieblichen Nacharbeitskosten waren seit Beginnn des Programms um 73 Prozent zurückgegangen. Die Nacharbeitskosten im Außendienst gingen langsamer zurück, da der Lagerbestand an fertigen Erzeugnissen zum großen Teil noch vor Beginn des Programms geräumt worden war und die Ergebnisse der allgemeinen Bemühungen verfälschte.

Herr Breuer beschloß, das Risiko für die Betriebsbilanz in Kauf zu nehmen, und rief einen Großteil dieses Bestands zurück; er veranlaßte eine besondere Prüf- und Nacharbeitsaktion, um den Bestand von fehlerhaften Produkten zu säubern. Das bedeutete, daß die Erzeugnisse der jüngsten Produktion direkt an die Händler gingen. Ihre Reaktion war sensationell. Sie zeigten sich höchst zufrieden, funktionierende Produkte zu erhalten. Sie wußten die Verbesserung zu schätzen. „Fehler pro Stunde" wurde zur Standardnorm. Alle, außer den Leuten von der Fertigungskontrolle, waren begeistert – und die wollen ihre Begeisterung ohnehin nie zugeben.

Herrn Abel und seiner Gruppe kam eine Sonderauszeichnung zuteil: Sie waren die einzige Mannschaft im ganzen Betrieb, die einen goldenen Rahmen um ihre Tafel anbringen durfte.

SCHRITT ELF: BESEITIGUNG VON FEHLERURSACHEN

Ziel:
Ein Kommunikationssystem einrichten, damit der einzelne Beschäftigte das Management über die Probleme verständigen kann, die es dem Beschäftigten schwer machen, seinen Verbesserungsvorsatz einzuhalten.

Grundsätzliche Durchführung:

Eine der größten Schwierigkeiten, denen sich die Arbeitnehmer gegenübersehen, ist der Mangel an Möglichkeiten, das Management über ihre speziellen Probleme zu verständigen. Manchmal nehmen sie Probleme einfach in Kauf, weil sie der Meinung sind, diese seien nicht wichtig genug, um die Vorgesetzten damit zu belästigen. Und manchmal hören die Vorgesetzten ohnehin nicht zu. Mit dem innerbetrieblichen Vorschlagswesen läßt sich in dieser Hinsicht einiges erreichen, doch bei derartigen Programmen, die sich auf Vorschläge seitens der Beschäftigten stützen, soll der Arbeitnehmer nicht nur sein Problem erkennen, sondern gleich einen Vorschlag zu dessen Lösung mitliefern. Das Programm zur Beseitigung von Fehlerursachen (BFU) ist so konzipiert, daß der Mitarbeiter lediglich sein Problem erkennen muß. Wenn er sein Problem beschrieben hat, kann es von der jeweils zuständigen Abteilung des Betriebs untersucht werden. Untersuchungen der BFU-Programme haben ergeben, daß über 90 Prozent der gemeldeten Probleme bearbeitet werden und daß ganze 75 Prozent der Fälle bereits auf der ersten Vorgesetztenebene gelöst werden können. In außerordentlich vielen Fällen führt die Beseitigung der Fehlerursache zu echten Kosteneinsparungen, da der Mitarbeiter mit jeder Arbeit, die er besser oder schneller tut, den Betrieb Geld spart.

Spezielle Punkte: Einfache Formulare von einer Textseite werden in allen Betriebsbereichen – meist in besonderen Wandkästen – bereitgelegt. Wenn der Beschäftigte sich vor einem Problem sieht, füllt er das Formular aus und wirft es in den Kasten. Beim BFU-Programm gibt es nur wenige Regeln, die zu beachten sind:

1. Jeder, der eine Fehlermeldung einreicht, erhält umgehend eine kurze Dankesnachricht. Das Formular wird an die Abteilung weitergeleitet, die für den Problembereich verantwortlich ist. Sobald im Fall eines bestimmten Problems ein Beschluß gefaßt wurde, wird dem Beschäftigten, der die BFU-Meldung vorlegte, die Bestätigung darüber zugesandt.

2. Jede BFU-Meldung muß ernst genommen werden.

3. Wenn Sie beschließen, im Fall einer BFU-Meldung nichts zu unternehmen, sollten Sie diese Entscheidung mit mindestens einer, vorzugsweise zwei, Vorgesetztenebenen abklären.

Es gibt immer Leute, die befürchten, ein Programm wie das zur Beseitigung der Fehlerursachen schaffe eine Menge innerbetrieblicher Unruhe und Reibereien; sie meinen, die Beschäftigten könnten auch respektlose Dinge schreiben, wenn man ihnen die Gelegenheit gäbe, sich schriftlich an das Management zu wenden. Doch in der Praxis ist dieser Fall nie eingetreten. Ähnlich ist es mit der Angst vor der Reaktion des Betriebsrats. Betriebsräte haben Null-Fehler-Programme immer nur unterstützt, da diese zumindest den Mitarbeiter in den Vordergrund des Interesses rücken.

Um das BFU-Programm bei HPA anzukurbeln, beschloß Bob Runge, jede Woche einen Gewinner im Losverfahren auszuwählen. Der beste Parkplatz vor der Firma erhielt die Markierung *BFU-Sieger* — *Reserviert*. Herr Breuer stellte seinen Wagen von nun an auf dem zweitbesten Parkplatz ab, und irgendwer auf dem letzten Platz in der Reihe verlor sein Anrecht. Diese Auszeichnung wurde unter der Belegschaft mit Begeisterung aufgenommen. Einen Parkplatz zu finden war immer ein Problem.

In der ersten Woche des BFU-Programms gingen 117 Problemmeldungen ein. Die Gesamtzahl stieg auf 385 innerhalb des ersten Monats. Das war nun allerdings eine Unmenge von Problemen, doch wie sich bald herausstellte, befanden sich darunter einige doppelte oder überflüssige Meldungen; außerdem konnte die Mehrzahl der Fälle in der ersten Instanz, d.h. auf der ersten Vorgesetztenebene, geklärt werden. Aber alle Meldungen waren konstruktiv. Nicht eine einzige nicht-konstruktive BFU-Mitteilung befand sich darunter. Die rasche Reaktion des Managements auf die Meldungen förderte das Vertrauen der Beschäftigten in das Programm, und so gingen immer neue Meldungen ein.

Unter den ersten BFU-Meldungen, die bei HPA nach Einführung des Programms eingingen, waren auch die folgenden:

- Ich kann den Transportbehälter mit den Pfannenstielen nicht auf meine Werkbank heben. Er wiegt bestimmt an die zehn oder zwölf Kilo. Wenn mir die Pfannenstiele dabei herunterfallen, springt der Lack ab.

- An meinem Arbeitsplatz ist nicht genug Licht, um die Instrumente ablesen zu können. Manchmal kann ich beim Ablesen nur raten.

- Mein Schraubenzieher ist so kurz, daß ich die Schraube nicht ordentlich anziehen kann.

- Die Farbbänder für die Schreibmaschinen werden immer wieder bei verschiedenen Herstellern eingekauft. Wenn einem mitten in einer längeren Arbeit das Farbband ausgeht, muß man meist noch einmal von vorne anfangen, weil die Farben des alten und neuen Farbbands nicht übereinstimmen.

- Die Kreditorenauszüge, die wir vom Außendienst zugeschickt bekommen, sind so schlecht zu lesen, daß wir in den meisten Fällen telefonisch nachfragen müssen.

- Jedesmal, wenn mir das Maschinenöl ausgeht, muß ich alles abstellen und bis ins nächste Gebäude hinübergehen, um eine neue Dose Öl zu holen. Wieso können wir nicht einige auf Vorrat hier haben?

- Bei uns sind ganz oben unter der Hallendecke Leuchten angebracht. Da es in angebracht. Da es in dieser Höhe nichts zu beleuchten gibt, und sie weiter unten kein Licht spenden, frage ich mich, wozu die Leuchten überhaupt da sind.

- Warum muß man gerade dann die Werkstatt ausfegen, wenn ich mein Pausenbrot esse?

- Das Kabel, das ich zu montieren habe, verhakt sich immer wieder an meinem Stuhl, weil es bis auf den Boden herunterhängen muß. Dadurch wird die Isolierung beschädigt.

- Weil die Beschäftigten am Arbeitsplatz nicht rauchen dürfen, verbringen sie relativ viel Zeit auf der Toilette.

- Warum wird die Farbangabe auf den Etiketten für die Versandkartons für Fernsehgeräte schon im voraus aufgedruckt? Warum kann man die Farbstempel nicht direkt am Verpackungsplatz bereitlegen und den Arbeiter, der die Geräte in die Kartons packt, die jeweilige Farbe aufstempeln lassen?

- Ich muß meist den ganzen Montagmorgen herumwarten, bis der Schmelzofen die vorgeschrieben Temperatur hat. Könnte man ihn nicht schon am Sonntagabend anstellen?

- Unsere Schemazeichnungen sind unheimlich schwer zu lesen. Müssen sie so klein gedruckt sein?

- Mein Lötkolben ist abgenützt, und ich bekomme keinen neuen.

- Die Heizspiralen für die Toastgeräte sind alle lose verpackt, und ich muß immer erst lange suchen, bis ich welche finde, die nicht beschädigt sind.

- Ich kriege hin und wieder einen elektrischen Schlag von meinem Testgerät.

- Wir bekommen die Holzkästen, die uns angeliefert werden, immer so schwer auf, weil wir nicht das richtige Werkzeug dafür haben.

- Wir prüfen alle Transistoren einzeln; dabei gibt es Geräte, die tausend Stück pro Minute testen können.

- Ich soll EDV-Programme schreiben und sitze genau neben den Typenraddruckern. Ich kann bei dem Krach einfach nicht denken.

- Es macht Schwierigkeiten, die Rückwand eines Fernsehgeräts einzubauen und sich gleichzeitig vorzubeugen, um die Röhre im Blick zu haben. Ich könnte am Arbeitsplatz so einen Spiegel gebrauchen, wie er bei der Endabnahme verwendet wird.

- Jedesmal, wenn ich irgendeine diffizile Feinarbeit angehe, plärrt der Firmenlautsprecher los, weil jemand ausgerufen wird. Ich finde, wir sollten das Ausrufen über die Anlage einstellen.

- Ich brauche schnellere Rückmeldungen darüber, wie gut meine Arbeit ist.

- Die Milch in der Kantine ist nicht frisch.

SCHRITT ZWÖLF: ANERKENNUNG

Ziel:
Die Leistungen der Teilnehmer würdigen.

Grundsätzliche Durchführung

Die Leute arbeiten im Grunde nicht um des Geldes willen. Natürlich gehen sie zur Arbeit, um Geld zu verdienen, doch sobald ihr Verdienst einmal feststeht, geht es ihnen hauptsächlich um Anerkennung. Zollen Sie der Leistung Ihrer Beschäftigten öffentlich und unüberhörbar Anerkennung, doch würdigen Sie die Leistung nicht dadurch herab, daß Sie Ihr Lob immer gleich in Geldwert ausdrücken, an alles sozusagen ein Preisschild kleben. Vorgesetzten ist sehr daran gelegen, daß ihre Leute qualitativ gute Arbeit leisten. Damit meinen sie, ihre Mitarbeiter sollten „Null Fehler" anstreben – insbesondere, was den Output, die Qualität und die Effizienz der Arbeit angeht. In jedem Fall hat das Erreichen spezifischer Leistungsziele, die im voraus gesteckt wurden, Anerkennung verdient; außerdem muß den Mitarbeitern Gelegenheit gegeben werden, bei der Auswahl der Ziele mitzuwirken. Der Schlüssel zum Erfolg des Programms liegt im Wettbewerb und in der Messung. Der Preis an sich ist nicht von Bedeutung. Es kommt einzig und allein darauf an, daß die Personen in der unmittelbaren Umgebung des Betreffenden erfahren, daß er sich in einer Sache tapfer geschlagen und den Sieg davongetragen hat. Das Allerwichtigste ist, daß jeder einzelne Beschäftigte weiß, daß seine Mitarbeit vom Management gebraucht und aufrichtig gewürdigt wird.

Frau Nordend wirkte sehr aufgebracht. „Jetzt haben wir uns schon so weit durch das Programm durchgearbeitet und es immer irgendwie geschafft, uns einig zu werden. Wieso kommen wir gerade beim Punkt Anerkennung in eine solche Pattsituation? In meinen Augen ist die Sache ganz einfach."

„In meinen Augen nicht", erwiderte Herr Meyer. „Ich kann einfach nicht glauben, daß die Leute uns wirklich ernst nehmen, wenn wir ihnen nicht Preise in Aussicht stellen, die der Rede wert sind. Sparbriefe oder Urlaubsreisen oder so etwas Ähnliches. Man sollte meinen, gerade Sie als Marketingleiterin müßten wissen, daß solche Dinge einen echten Anreiz bieten."

Herr Feldner klopfte Herrn Meyer beruhigend auf die Schulter. „Ehrlich gesagt, Frau Nordend hat recht. Die Leute wollen nur eine Anerkennung, die aufrichtig gemeint ist. Es gibt natürlich Fälle, wo sie Ihnen die Aufrichtigkeit Ihrer Anerkennung nur dann abnehmen, wenn Sie eine Menge Geld dafür ausgeben. Aber meines Erachtens sind die Beziehungen zwischen Mitarbeitern und Vorgesetzten bei uns nicht von dieser Art. Ich finde, wir sollten die Gruppeneinladungen zum Mittagessen mit Herrn Breuer und die Verleihung von Anerkennungsplaketten beibehalten."

„Ich habe meinen Leuten einmal eine Plakette überreicht, und sie waren nicht sonderlich beeindruckt."

Herr Eber funkelte Herrn Meyer böse an. „Na klar, Sie haben die Plakette beiläufig auf einen der Schreibtische geworfen und dazu irgend eine Bemerkung gemacht, die betreffende Person habe den ersten Preis im Schönheitswettbewerb gewonnen. Wundern Sie sich da, daß die Leute die Auszeichnung nicht ernst nehmen, wenn Sie es selbst nicht tun?"

Herr Meyer wurde rot. „Na ja, zugegeben, in dem Fall habe ich mich nicht ganz richtig verhalten. Aber ich finde trotzdem, daß wir eine Auszeichnung brauchen, die etwas mehr ... na ja, die wertvoller ist."

Frau Nordend schlug mit der flachen Hand auf den Tisch. „Wertvoll ist alles, was Wertvolles bewirkt. Ich bin der Ansicht, wir sollten unser Augenmerk mehr darauf richten, daß wir die Auszeichnungen in würdiger Form verleihen, als darauf, welchen Geldwert sie besitzen. Am besten regen wir uns alle erst einmal ab und sehen uns die Situation in Ruhe an. Herr Runge, Sie haben die ganze Sache genau untersucht. Was hat sich dabei ergeben?"

„Ich glaube, Sie hatten recht mit dem, was Sie eben sagten, Frau Nordend. Die Form, in der die Auszeichnungen verliehen werden, ist das, was eigentlich zählt. Meinen Erkenntnissen zufolge scheint der wichtigste Faktor bei der Anerkennung zu sein, daß alle davon erfahren. Die Auszeichnung selbst braucht gar nicht allzu groß zu sein, aber natürlich sollte es etwas sein, was sich vorzeigen läßt. Und es müssen auch gar nicht viele verschiedene Arten von Auszeichnungen sein, wir brauchen nur ein paar grundlegende Formen. Ich würde empfehlen, daß wir ein offizielles Anerkennungssystem für den ganzen Betrieb einführen, in dem drei verschiedene Gruppen gewürdigt werden: Mannschaften, die ihre kurzfristigen Ziele erreichen, Einzelpersonen, die irgendeinen hervorragenden Beitrag leisten, und Teilnehmer am BFU-Programm, die willkürlich, also im Losverfahren unter den eingereichten Problemmeldungen ermittelt werden. Damit haben wir drei Arten von Anerkennung: für Gruppenarbeit, für geistige Leistung sowie willkürlich gestreute Anerkennung.

„Wir sollten die Auszeichnungen für Einzelpersonen im Vierteljahresturnus verleihen, die für die Gruppen jeden Monat, und die Ziehungen aus den BFU-Meldungen können wir ganz nach Belieben abhalten."

Herr Meyer nickte. „Ich schätze, so könnte es gehen. Aber wenn Sie die Auszeichnungen schon nicht substantieller machen, dann sollten wir sie doch zumindest von einem der Direktoren überreichen lassen statt bloß von uns."

„Dem stimme ich für die Fälle zu, in denen es angebracht ist. Wir könnten die Verleihung vierteljährlich im Rahmen eines gemeinsamen Essens abhalten und einmal im Jahr dann eine ganz große Veranstaltung daraus machen", sagte Herr Runge.

„Noch etwas", sagte Frau Nordend. „Ich möchte, daß Herr Runge ein Komitee bestimmt, das darüber beschließt, was für Prämien verliehen werden sollen. Dem Komitee sollten, sagen wir, drei Leute aus der Fertigung, zwei Leute aus der Verwaltung, dann der Betriebsratsvorsitzende und Herr Meyer und wahrscheinlich auch Dr. Nelson angehören. Und ich möchte, daß wir uns über die ganze Sache einig werden, ehe wir weitermachen."

„Einverstanden", sagte Herr Runge. „Wird gemacht. Wir werden nächste Woche darüber berichten. Ich möchte hier noch darauf hinweisen, daß wir einen Manager unter uns haben, der sich auf das Verleihen von Auszeichnungen besonders gut versteht: das ist Herr Feldner. Das muß einmal gesagt sein, auch wenn er mein Boss ist: seine Methode ist einzigartig. Er wettet mit seinen Leuten um Zigarren oder Schokoladenriegel, daß sie ihre Ziele nicht erreichen können. Wer mit Herrn Feldner um eine Zigarre gewettet hat und sie tatsächlich gewinnt, der raucht sie nie. Er trägt sie als Orden in der Jackentasche.''

,,Da muß ich ja aufpassen, worum ich mit ihm wette'', schmunzelte Frau Nordend.

SCHRITT DREIZEHN: EXPERTENGRUPPEN

Ziel:
Die Qualitätsfachleute in offizieller Form zu regelmäßiger Verständigung zusammenbringen.

Grundsätzliche Durchführung

Es ist unbedingt notwendig, daß sich die professionellen Qualitätsfachleute eines Unternehmens regelmäßig treffen, um Probleme, Meinungen und Erfahrungen auszutauschen. Da sie vorwiegend mit der Messung und Berichterstattung befaßt sind und sich nicht selten unter ihren eigenen Mitarbeitern isoliert sehen, kann es leicht geschehen, daß sie sich von der Dringlichkeit der Vorgänge in ihren Arbeitsbereichen allzu stark beeinflussen lassen. Konsequenz in Einstellung und Handlungsweise ist die wesentliche persönliche Eigenschaft, die von demjenigen gefordert ist, der die Arbeit eines anderen zu beurteilen hat. Es geht dabei nicht allein um die Bedeutung der Arbeit selbst, sondern auch darum, daß diejenigen, die ihre Arbeit zur Beurteilung vorlegen, einen Großteil ihrer Leistungsnormen unbewußt von denen des Beurteilers abhängig machen.

Die für das Qualitätswesen zuständigen Fachleute Ihres Betriebs sollten sich also regelmäßig um einen Tisch setzen. Sie sollten ihre eigenen Fragen stellen dürfen, daneben aber auch anderen Mitgliedern des Managements Rede und Antwort stehen. Halten Sie sich bei der Organisation und Durchführung dieser Zusammenkünfte an eine einheitliche Form.

In Unternehmen mit mehreren Zweigbetrieben leuchtet der Wert eines solchen Erfahrungsaustauschs noch unmittelbarer ein. Die Expertengruppen sollten ihren Vorsitzenden, ihre Tagesordnung sowie den Zeitpunkt ihrer Zusammenkunft selbst bestimmen dürfen. Freier Meinungs- und Erfahrungsaustausch erlaubt Wachstum. Die Mitgliedschaft in diesen Ausschüssen sollte nicht an eine bestimmte Rangstufe der Fachleute gebunden sein.

SCHRITT VIERZEHN: WIEDER VON VORN ANFANGEN

Ziel:
Verdeutlichen, daß das Programm
zur Qualitätsverbesserung nie beendet ist.

Grundsätzliche Durchführung

Immer wenn Ziele erreicht werden, reagiert alles mit großer Erleichterung. Wenn man sich nicht in acht nimmt, geht das gesamte Programm an diesem Punkt zu Ende. Es ist deshalb notwendig, sofort ein neues Team aufzustellen, das mit allem wieder von vorn beginnen und seine eigenen Formen der Kommunikation aufbauen soll.

Herr Breuer verlas das Telegramm, in dem der Generaldirektor des Konzerns ihnen zu ihrem Erfolg bei der Durchführung des Qualitätsverbesserungs-Programms gratulierte.

„Dabei weiß er noch gar nicht, daß sich unsere jährlichen Qualitätskosten inzwischen um 8 Prozent des Umsatzes bewegen. Das ist bemerkenswert. Ich sehe keinen Grund, warum der Prozentsatz nicht noch weiter zu senken wäre.''

Frau Wagner nickte. „Noch ist nicht alles als reiner Gewinn zu verbuchen, aber der Gewinn wird jeden Tag greifbarer. Ich vermute, daß wir kommendes Quartal einen beträchtlichen Mehrgewinn verzeichnen können.''

„Sie vermuten nicht nur, liebe Frau Wagner, Sie wissen ganz genau, daß wir nächstes Quartal einen beträchtlichen Mehrgewinn verzeichnen können. Aber ich verstehe ja, daß Sie sich gegenwärtig noch mit Ihren Prognosen zurückhalten müssen. Jedenfalls haben wir von der Hauptgeschäftsstelle die Genehmigung bekommen, die neuen Produktgruppen Radiowecker und 20-Zoll-Fernsehgeräte in unser Programm aufzunehmen. Wir können die erforderlichen Arbeitskräfte wahrscheinlich zum größten Teil aus frei werdendem Personal decken, da wir die Nacharbeit so stark reduzieren konnten.''

Frau Nordend lächelte. „Ich möchte mal ein Wort einschieben dürfen, ehe Ihnen allen vor Ergriffenheit über die eigene Leistung die Sinne schwinden.''

„Nur zu. Sie haben es redlich verdient, Ihre Meinung hier kundzutun. Schließlich ist es Ihre Schuld, daß wir all diesen Erfolg verbuchen können.''

„Genau darüber möchte ich ja reden. Der letzte Schritt des Programms lautet: Wieder von vorn anfangen. Und das ist auch so gemeint. Meiner Ansicht nach gibt es für uns jetzt nur eines zu tun: eine neue Lenkungsgruppe Qualität aufstellen, einen neuen Vorsitzenden und einen neuen Programmleiter bestimmen und mit dem ganzen Programm wieder vorn anfangen. Nur so können wir sichergehen, daß diese Erfolge uns erhalten bleiben.''

Herr Breuer stutzte. „In der Form hatte ich mir bisher noch keine Gedanken darüber gemacht. Meinen Sie das wortwörtlich, daß wir mit der ganzen Sache wieder von vorn beginnen sollen? Alles ganz genauso machen, wie wir es schon einmal gemacht haben?''

Frau Nordend schüttelte den Kopf.

,,Nein, nicht ganz genau wie beim ersten Mal. Diesmal müssen wir uns erheblich mehr Gedanken machen und mehr neue Ideen entwickeln als das vorige Mal. Meiner Ansicht nach sollten wir die Planung für das Programm dieses Mal auf ein volles Jahr anlegen. Wir könnten dann genau ein Jahr nach unserem ersten Q-Tag einen Jubiläums-Q-Tag stattfinden lassen — und unser Engagement für das Ziel neu bekräftigen. Wir könnten eine Art Ruhmeshalle für Qualität einrichten und uns eine Menge anderer Dinge einfallen lassen. Ich glaube, wir kommen nicht darum herum.

Wir, die alten Streitrösser der Lenkungsgruppe Qualität, sollten allesamt ausscheiden, mit Ausnahme von Herrn Feldner, der sozusagen die Patenschaft für die nächste Generation übernehmen könnte. Herr Runge sollte entsprechend seinen großartigen Leistungen befördert werden; dann sollte ein Anerkennungsschreiben an die Zentrale geschickt und ein neuer Programmleiter bestimmt werden. So könnten wir im Rhythmus von achtzehn Monaten oder so immer wieder eine neue Lenkungsgruppe haben. Vielleicht sollten einige von uns beim zweiten oder dritten Mal wieder aufgenommmen werden.''

Herr Breuer schmunzelte. ,,Wissen Sie, Frau Nordend, so hatte ich das mit der Wiederholung und dem Kreis, der sich schließt, bisher nie verstanden. Sie haben natürlich vollkommen recht. Hat noch jemand den Bemerkungen von Frau Nordend etwas hinzuzufügen?''

,,Ich bin voll und ganz ihrer Meinung'', sagte Dr. Nelson. ,,Zudem sehe ich darin auch einen großen Wert für die Entwicklung des Managements. Es wird uns veranlassen, begabten Nachwuchs auszuwählen und ihm die Möglichkeit zu geben, in positiver Form mit kreativem Management in Berührung zu kommen.''

Das Konzept, das Frau Nordend umrissen hatte, fand bei allen Zustimmung.

Herr Eber fügte noch die Warnung hinzu, daß keiner von ihnen der Versuchung erliegen dürfe, ihren jeweiligen Abteilungsvertretern in der Lenkungsgruppe allzuviel dreinzureden; nur so wäre es möglich, daß das Programm mit neuen Ideen und Techniken bereichert würde.

,,Also gut'', sagte Herr Breuer. ,,So sei denn alles wie beschlossen ausgeführt. Jetzt brauche ich von Ihnen nur den Namen des jeweiligen Abteilungsvertreters, den Sie für das neue Team vorschlagen. Und Sie, Herr Feldner, bestimmen den neuen Programmleiter. Ich halte mit Herrn Feldner und dem neuen Team nächste Woche eine erste Sitzung ab. Wir tun einfach so, als hätte es bisher nie ein Qualitätsprogramm bei uns gegeben, und konzentrieren uns ganz darauf, die Qualitätskosten auf 2 Prozent zu drücken.

Und schließlich darf ich Ihnen allen noch eine Albert-Feldner-Zigarre zum Dank für Ihre Mitarbeit im Team überreichen. Die Sitzung ist geschlossen.''

* * *

Die neue Lenkungsgruppe Qualität beschloß, gleich zu Beginn ihrer Arbeit der Qualitätsverbesserung einen nachhaltigen Impuls zu geben: Sie beschloß die sofortige Durchführung des Fünf-Wochen-Programms ,,Auf Nummer Sicher gehen''. Konzept und Inhalt dieses Programms finden Sie in TEIL DREI in aller Ausführlichkeit beschrieben.

TEIL DREI

Mit welchen Instrumenten
wird Qualität erreicht?

Für den Leser ist die Fallgeschichte des HPA-Konzerns möglicherweise als Schulungshilfe nützlich, oder aber sie dient ihm selbst zum besseren Verständnis der Konzepte und Methoden, die bei der Durchführung eines Qualitätsverbesserungs-Programms eine Rolle spielen. TEIL DREI enthält einen Leitfaden für Schulungsleiter, der Sie Schritt für Schritt durch die Fallstudie des HPA-Konzerns führt. Das Ganze ist so aufgebaut, daß Sie die aktive Mitwirkung an Ihrem Lehrgang fördern können, indem Sie die Kursteilnehmer die Rollen der Führungskräfte von HPA nachspielen lassen.

Außerdem wird in diesem Teil das „Auf Nummer Sicher Gehen"-Programm in aller Ausführlichkeit beschrieben, so daß Sie es zum Bestandteil Ihres Qualitätsverbesserungs-Programms machen können. Dieses Programm, das in erster Linie auf den Angestelltenbereich zugeschnitten ist, verhilft den Bemühungen um Qualitätsverbesserung zu einem entscheidenden Durchbruch. In jedem Fall ist seine Anwendung im Rahmen des Schritts Qualitätsbewußtsein innerhalb des Vierzehn-Schritte-Programms von besonderem Nutzen.

Mit welchen Instrumenten die Qualität erreicht?

12
Leitfaden für Schulungsleiter am Modell des HPA-Programms zur Qualitätsverbesserung

Die Fallgeschichte des HPA-Konzerns stellt in modellhafter Form dar, wie sich ein Qualitätsverbesserungs-Projekt in Anlehnung an das Vierzehn-Schritte-Programm planen und durchführen läßt. Die Fallstudie soll den Kursteilnehmern eine gemeinsame, fesselnde Unterrichtsgrundlage liefern, um über die zugrunde liegende Philosophie und Vorgehensweise bei der Durchführung des Programms zu diskutieren. Den Leitfaden für den Schulungsleiter finden Sie auf den folgenden Seiten. Anhand dieses Leitfadens können Sie die Kursteilnehmer sinnvoll führen, während diese in wachsendem Maße Verständnis für die Logik und methodische Vorgehensweise des Qualitätsverbesserungs-Programms gewinnen.

Folgende Schritte sind bei der Schulung am Modell der beschriebenen Fallgeschichte zu beachten.

1. Schicken Sie das Buch den Kursteilnehmern so rechtzeitig zu, daß sie es eine Woche vor Beginn des Schulungskurses erhalten. Fügen Sie einige persönliche Zeilen bei, in denen Sie den Teilnehmer bitten, die Fallgeschichte zu lesen und jegliche Fragen, die ihm dazu einfallen, festzuhalten. Der Kursteilnehmer sollte das Buch zu allen Schulungsterminen mitbringen, da es ein wichtiges Unterrichtsmittel ist.

2. Beim Eintreffen der Teilnehmer sollten Sie diesen in einem ersten Orientierungsgespräch unmißverständlich klarmachen, daß ihre Teilnahme an dieser Schulung vom Management unter erheblichem Kostenaufwand ermöglicht wurde, damit sie lernen, wie sie ein solches Qualitätsverbesserungs-Programm in ihrem eigenen Betrieb durchführen können. Allein die Tatsache, daß sie zu diesem Lehrgang geschickt wurden und der Betrieb die Kosten dafür aufwendet, sollte ihnen als greifbarer Beweis dienen, daß das Management ihres Unternehmens fest von ihnen erwartet, daß sie bei ihrer Rückkehr das Vierzehn-Schritte-Programm vollständig durchführen. Jeder, der nicht gewillt ist, sich dieser Aufgabe zu stellen, sollte gar nicht erst mit dem Kurs anfangen. Betonen Sie nachdrücklich, daß es sich hier um eine Zusammenkunft ausgewählter Fachleute handelt und daß Sie hocherfreut sind, vor diesem Kreis aufzutreten.

3. Weisen Sie die Teilnehmer darauf hin, daß Sie für das gründliche Verständnis des Fallbeispiels sorgen wollen, indem Sie es Schritt für Schritt mit ihnen gemeinsam durchsprechen. Halten Sie die Teilnehmer so viel wie möglich zu

eigenem Reden an, und unterbrechen Sie sie nur, um weitere Fragen zu stellen oder die Diskussion zum Thema zurückzuführen. (In diesem Zusammenhang leisten die an einer späteren Stelle in diesem Kapitel aufgeführten Diskussionsvorschläge für jeden Einzelschritt wertvolle Dienste.) Sinn und Zweck dieser Diskussionen ist es, alle möglichen Fragen oder Probleme, die sich den Teilnehmern unter Umständen bei der Durchführung des Programms in ihren eigenen Betrieben stellen werden, bereits hier vorwegzunehmen und lösen zu lassen. Für die gesamte Schulung dürften etwa zwölf Unterrichtsstunden erforderlich sein, um das Fallbeispiel einschließlich des „Auf Nummer Sicher Gehen"-Programms vollständig durchzuarbeiten.

4. Für die Schritte Qualitätsmessung, Qualitätsbewußtsein, Null-Fehler-Planung, Tag der Qualität und Anerkennung können Gruppenaufgaben gestellt werden. Wenn man diese Schritte von einzelnen Gruppen (maximal zwei pro Thema) darstellen läßt, kann man die Informationsvermittlung abwechslungsreicher und müheloser gestalten. Außerdem wird sich eigene Mitwirkung positiv auf das Interesse der Seminarteilnehmer auswirken.
   Wenn in dem Fallbeispiel des HPA-Konzerns die Lenkungsgruppe Qualität eine Sitzung abhält, empfiehlt es sich, die Kursteilnehmer in der jeweils festgelegten Rollenverteilung die Dialoge laut lesen zu lassen. Dadurch können sie sich den Inhalt des Gesagten nicht nur durch Lesen, sondern auch durch Hören einprägen.

5. Wenn Sie sich vergewissert haben, daß das Programm „Auf Nummer Sicher Gehen" von allen Teilnehmern verstanden wurde, lassen Sie Teams bilden, die Sie damit beauftragen, die Darstellung des Programms für den nächsten Schulungstag auszuarbeiten. Dadurch geben Sie ihnen noch eine Aufgabe mit nach Hause.

6. Im Rahmen der Diskussionen ist es sinnvoll, die Einzelschritte zur weiteren Besprechung auf Gruppen aufzuteilen, die dann dem übrigen Kurs am nächsten Morgen oder schon nach der Mittagspause über die Ergebnisse berichten sollen.

7. Geben Sie den Teilnehmern am Schluß des Seminars zu verstehen, daß Sie fest mit Rückmeldungen über ihre jeweiligen Fortschritte und Erfolge rechnen.

Im folgenden sind Diskussionsthemen und Kommentare für jeden einzelnen Schritt des Programms aufgeführt.

VORGESCHICHTE DES PROJEKTS

1. Bei HPA scheinen die Probleme wie Pilze aus dem Boden zu schießen. Jedermann tut bei der Arbeit sein Bestes, aber trotzdem treten immer wieder neue Schwierigkeiten auf. Haben Sie Fälle wie diesen selbst schon erlebt?

Kommentar: Mit dieser Frage sollen die Teilnehmer dazu angeregt werden, ein wenig über die Probleme zu berichten, die sie selbst erfahren oder bei anderen erlebt haben. Damit soll das Eis gebrochen werden. Jeder hat Schwierigkeiten und redet gerne darüber. Versuchen Sie, die Diskussionsbeiträge so zu steuern, daß die Notwendigkeit, eine bessere Lösung zu finden, offensichtlich wird.

2. Der Außendienstleiter erwähnte die Notwendigkeit vorbeugender Maßnahmen zur Fehlerverhütung. Herr Breuer scheint darüber verwundert zu sein. Glauben Sie, daß bisher niemand in der Firma auf eine solche Idee gekommen ist? Wenn ja, warum hat dann keiner etwas unternommen?

Kommentar: Andere hatten wahrscheinlich auch schon daran gedacht, nur waren sie so sehr mit der Bewältigung der alltäglichen Probleme beschäftigt, daß sie immer meinten, sie seien noch nicht ganz soweit, sich vorbeugenden Maßnahmen zuwenden zu können. Sie wußten nicht, wo sie mit der Mängelvorbeugung hätten anfangen sollen. (Hier liegt einer der Kernpunkte der Schulung, die ja vorwiegend darauf abzielt, den Leuten beizubringen, wie und wo sie mit der Fehlerverhütung ansetzen können.)

3. Der Qualitätsleiter wußte offenbar, was Herr Breuer meinte, und er hatte auch schon einen fertigen Plan, wie man eine Qualitätsverbesserung einleiten könnte. Warum hatte er die Sache nicht schon früher zur Sprache gebracht?

Kommentar: Hier soll die Tatsache vermittelt werden, daß der Qualitätsleiter nicht wußte, wie er anderen die Notwendigkeit vorbeugender Maßnahmen klarmachen konnte, weil er das Konzept des Qualitätsverbesserungs-Programms nicht voll begriffen hatte und keine Vorstellung davon hatte, wie es sich ,,verkaufen'' ließ.

4. Herr Feldner trat sehr bestimmt auf, als es darum ging, Herrn Breuer klarzumachen, daß es sich hier nicht um ein Motivationsprogramm handle. Warum wohl? Ist Qualitätsverbesserung keine Form der Motivation?

Kommentar: Diese Frage dürfte aller Voraussicht nach heiße Diskussionen auslösen. Wir müssen jedoch erkennen, daß der Faktor Motivation, wenngleich er bei jeder Form der menschlichen Kommunikation eine Rolle spielt, immer nur kurzfristig wirksam ist. Was wir dagegen anstreben, ist, eine auf lange Sicht und kontinuierlich wirksame Einstellung zu prägen — eine grundsätzliche Veränderung der Disziplin. Dies verlangt von den Führungskräften ein Höchstmaß an Überlegung und systematischer Planung in ihrem Vorgehen. Wenn wir den Ausdruck ,Motivation' verwenden, ist damit indirekt angedeutet, daß es hier um ein gefühlsmäßiges Engagement der Mitarbeiter geht. Das Programm gründet sich jedoch nicht auf Gefühle.

5.	Das Null-Fehler-Konzept klingt so einfach, daß es manchmal übersehen wird. Wir wollen es einmal genauer unter die Lupe nehmen. Warum werden hier beispielsweise unzureichende Mittel oder falsches Werkzeug nicht zu den anerkannten Fehlerursachen gezählt wie etwa falsche Einstellung oder mangelnde Kenntnisse?

Kommentar: Hier soll deutlich gemacht werden, daß ein Arbeitsgang nur deshalb mit unzureichenden Mitteln oder den falschen Werkzeugen ausgestattet ist, weil es an Aufmerksamkeit oder Fachwissen mangelt. Wer behauptet, falsch eingesetzte Mittel seien die einzige Ursache für auftretende Störungen, engt das Verbesserungskonzept auf ein reines Leistungsverbesserungsprogramm für Mitarbeiter ein. Weisen Sie darauf hin, daß ein Null-Fehler-Test zu einem späteren Zeitpunkt folgen wird.

6.	Warum ist ein „annehmbarer Qualitätslevel" kein brauchbarer Leistungsstandard für das Management? Haben wir in unserer Funktion als Qualitätsleiter diesen Wert nicht selbst zum Leistungsstandard gemacht?

Kommentar: Lassen Sie die Teilnehmer nach einigen weiteren falschen Standards suchen, die im täglichen Leben häufig zugrunde gelegt werden – zum Beispiel die Zahl der Jahre, die einer auf der Universität verbracht hat, als angeblicher Indikator für Gescheitheit oder auch die Zahl der Telefone auf einem Schreibtisch als Indikator für Wichtigkeit.

7.	Frau Breuer wies ihren Mann darauf hin, daß er Vorbehalte gegen das Programm habe, weil es ihm nicht kompliziert genug scheine. Er gab zu, daß ihm die „Einfachheit und Direktheit" suspekt vorkämen. Im Grunde war er ein wenig beschämt, daß ihm selbst nicht längst die Idee dazu gekommen war. Warum wohl?

Kommentar: Er ist immer sehr beschäftigt. Er hält es für Sache seiner Untergebenen, derartige Programme zu entwickeln. Der Qualitätsmanager hatte so lange gezögert, damit herauszurücken, weil er nicht genau wußte, wie ein solches Programm zu realisieren ist.

DISKUSSIONSANREGUNGEN FÜR DIE EINZELNEN SCHRITTE

Schritt Eins: Verpflichtung des Managements

1.	Im Text heißt es, die Qualitätsgrundsätze eines Unternehmens seien zu wichtig, um allein dem Qualitätsleiter überlassen zu werden. Stimmt das? Ist die Qualitätsabteilung also nicht für Qualität zuständig?

Kommentar: Machen Sie deutlich, daß die Qualitätsabteilung dafür verantwortlich ist, den Qualitätsstand zu messen und über ihn Bericht zu erstatten. „Qualität bedeutet Erfüllung von Anforderungen" soll als Grundsatz zwar erst später besprochen werden, doch da beispielsweise Einkauf, Herstellung oder technische Entwicklung nicht zum Aufgabenbereich des Qualitätswesens zählen, kann man den Qualitätssektor schwerlich für die Ausübung dieser Funktionen verantwortlich machen.

2. Wie kann es sein, daß es den Gesichtspunkt der „Wirtschaftlichkeit von Qualität" überhaupt nicht gibt? Wir bekommen den Begriff doch andauernd zu hören.

Kommentar: Wir halten Führungskräfte nicht dazu an, Qualität als einen Sammelbegriff für „Hochwertigkeit" anzusehen. Sie müssen genaue Angaben machen, was sie in bezug auf Luxus, Formschönheit usw. fordern. Somit bedeutet Qualität nichts anderes als Erfüllung von Anforderungen, und es ist in jedem Fall weniger kostenaufwendig, die Sache gleich beim ersten Mal richtig zu machen. Fragen Sie nach, ob den Teilnehmern ein Beispiel einfällt, wo es billiger ist, die Sache erst beim zweiten Anlauf richtig zu machen.

3. Wie viele der Anwesenden haben in ihrer Firma eine offizielle Qualitätspolitik bekanntgegeben? Hat jemand Schwierigkeiten damit? Wenn ja, wer und warum? Wie hat man sich bisher mit den Problemen auseinandergesetzt?

Kommentar: Steuern Sie die Diskussion nach Möglichkeit in die Richtung, daß die Teilnehmer einsehen, warum der Wortlaut der Qualitätspolitik nicht durch Zusätze verwässert werden sollte – wie es beispielsweise Herr Breuer in Erwägung gezogen hatte.

4. Was müßte von Seiten des Geschäftsführers oder Unternehmensleiters geschehen, um die Mitarbeiter der Qualitätsabteilung davon zu überzeugen, daß es ihm mit der Qualitätsverbesserung ernst ist?

Kommentar: Fordern Sie die Teilnehmer nach der Diskussion dieser Frage auf, sich eine Notiz darüber zu machen, wozu sie ihren Firmenchef auffordern müßten, damit diese Haltung klar zum Ausdruck kommt.

Schritt Zwei: Lenkungsgruppe Qualität

1. Warum empfiehlt es sich, eine andere Person als den Qualitätsleiter zum Vorsitzenden der Lenkungsgruppe zu bestimmen? Man sollte annehmen, daß diese Funktion fest zu seinem Aufgabenbereich gehört.

Kommentar: Der Qualitätsleiter muß als treibende Kraft hinter dem gesamten Programm stehen; er ist Motor, Kopf und Informationsquelle des Projekts. Aber der Qualitätsleiter muß dafür sorgen, daß er ein Team zusammenbekommt, das – vorzugsweise unter der Leitung einer anderen Person – die Durchführung des Programms übernimmt. Sonst hat er wirklich „nur wieder eine der üblichen Qualitätskampagnen".

2. Wen würden Sie in Ihrem Fall als koordinierenden Programmleiter auswählen? Was sind Ihrer Meinung nach die wesentlichsten Eigenschaften, die von einem Programmleiter gefordert werden?

Kommentar: Die vorrangigsten Eigenschaften sind Fähigkeit zur Kommunikation, hohe eigene Ambitionen und gute Belastbarkeit bei Streß.

3. Wenn wir, Herrn Breuers Beispiel folgend, ausrechnen wollten, wie die Umsätze in Ihrer Firma verteilt sind, wie würde eine solche Aufschlüsselung aussehen? Wie hoch ist der Umsatz pro Kopf in Ihrer Firma? Wie hoch beläuft sich der Gewinn nach der Besteuerung?

Kommentar: Wenn die Seminarteilnehmer über solche Zahlenwerte nicht Bescheid wissen, dann bringen sie ihrer Firma nicht das erforderliche Interesse entgegen. Und, was noch gravierender ist, dann funktioniert ihre Kommunikation mit den übrigen leitenden Angestellten wahrscheinlich nicht ausreichend.

4. Glauben Sie, daß 25 Prozent der Verwaltungs- und Büroangestellten damit beschäftigt sind, Vorgänge ein zweites oder drittes Mal auszuführen? Was bedeutet das für die Firma?

Kommentar: Das ist der Punkt, an dem Sie die Schulungsteilnehmer für die Qualitätsprobleme auf dem Angestelltensektor interessieren können. Dieses Interesse muß für die Überleitung zum „Auf Nummer Sicher Gehen"-Programm gegeben sein.

5. Haben Sie je darüber nachgedacht, daß Sie im Grunde für die Qualitätskosten Ihrer Zulieferbetriebe aufkommen?

6. Wenn Sie den Mitgliedern des Top-Managements Ihres Unternehmens den Zehn-Frage-Test über Qualität vorlegen würden (siehe Ende dieses Abschnitts), wie würden sie wohl abschneiden? Sind Sie der Ansicht, ihr Informationsstand sei besser als der des Management-Teams bei HPA?

Kommentar: An diesem Punkt müßte es Ihnen gelingen, die Führungsmitglieder, die an Ihrem Schulungskurs teilnehmen, davon zu überzeugen, daß sie bei ihrer Rückkehr eine allgemeine Orientierung über Qualität durchführen müssen. Im Grunde ist dies bereits ein guter Zeitpunkt, sie auf dieses Vorhaben zu verpflichten.

7. Warum ist es gerade für Ihre Arbeit wichtig, daß der Satz „Qualität bedeutet Erfüllung von Anforderungen" als oberstes Prinzip beibehalten wird?

Kommentar: Es ist wichtig, weil es äußerst schwierig ist, mit so vagen Dingen wie ,,Schönheit, Wahrheit, Luxus'' seinen Lebensunterhalt zu bestreiten. Man braucht eine Aufgabenstellung, die sich messen läßt.

8. Kommen wir zur Besprechung der einzelnen Fragen und Antworten in dem Zehn-Fragen-Test bezüglich der Einstellung zu Qualität. Wir müssen ganz sichergehen, daß wir den Test in allen Einzelheiten richtig verstehen. Wie würde Ihr Mitarbeiterstab bei diesem Test abschneiden?

Kommentar: Verwenden Sie viel Zeit auf diesen Punkt: Gehen Sie auf jede Frage genau ein, und lassen Sie darüber wirklich diskutieren. Jetzt ist der Augenblick, wo Sie alle noch vorhandenen Vorbehalte aufspüren und aus der Welt schaffen sollten. Sonst erreichen Sie nicht das notwendige Verständnis für die weiteren Vorgänge in unserem Fallbeispiel.

9. Bei HPA wurde Frau Nordend zur Leiterin der Lenkungsgruppe Qualität bestimmt. Wen würden Sie in Ihrer Firma für diese Aufgabe bestimmen? Aus welchen Gründen?

Kommentar: Es ist nicht nötig, für jede der vertretenen Firmen eine Person bestimmen zu lassen; wenn Sie erreichen, daß mehrere der Seminarteilnehmer die Gründe ihrer Wahl darlegen, ist dem ganzen Kurs damit gedient.

10. Weiß jeder der Teilnehmer über die Arbeitsweise der Expertengruppen Bescheid? Existiert auch für Ihren Unternehmenszweig eine Expertengruppe? Wie geht bei Ihnen die Verständigung zwischen Qualitätsfachleuten vor sich?

Kommentar: Die auf den Sitzungen der Expertengruppen gesammelten Informationen sollten im ganzen Unternehmen verbreitet werden.

11. Halten Sie es für möglich, daß der Geschäftsführer oder Leiter Ihres Unternehmens eine Rede wie Herr Breuer hält?

Kommentar: Der Unternehmensleiter wird sicher dazu bereit sein, wenn er darum ersucht wird. Sind die Geschäftsführer der im Seminar vertretenen Firmen je dazu aufgefordert worden?

12. Würden Sie den Verlauf des Treffens mit dem Betriebsrat als typisch bezeichnen? Glauben Sie, daß Sie von Seiten des Betriebsrats Schwierigkeiten zu befürchten hätten?

Kommentar: Nach unseren Erfahrungen hat es bisher keinen einzigen Fall gegeben, bei dem der Betriebsrat das Verbesserungsprogramm nicht voll und ganz unterstützt hätte.

13. Warum ist hier der Unterschied zwischen einem Konzept und einer Technik so ausführlich dargestellt?

Kommentar: Es ist wichtiger, daß die Leute die Grundidee des Konzepts nicht aus den Augen verlieren, als daß sie sich darauf konzentrieren, den vorgezeichneten Programmverlauf bis zum letzten i-Tüpfelchen einzuhalten. Es gibt keine unveränderliche und unfehlbare Methode, ein Verbesserungsprogramm einzuführen — es ist ein Denk- und Verständnisprozeß, der täglich neu vollzogen werden muß. Der erste Schritt, den jeder für sich persönlich tun muß, besteht in der Erkenntnis, daß all die Einzelschritte, die hier besprochen werden, miteinander verknüpft sind und ein Ganzes ergeben. Regen Sie an, daß dieser Aspekt unter den Teilnehmern in aller Ausführlichkeit diskutiert wird.

Zehn Fragen über Qualität

1. Qualität ist ein Gütemaß für das Produkt, das sich in Kategorien wie ausreichend, gut, sehr gut unterteilen läßt.

   Nein. Qualität bedeutet Erfüllung von Anforderungen und nichts anderes. Wenn man anfängt, Qualität mit Eleganz, Formschönheit, Glanz, Würde, Liebe oder irgendwelchen anderen Werten gleichzusetzen, wird man bald feststellen, daß jeder sich etwas anderes darunter vorstellt. Man sollte daher nie von guter oder schlechter Qualität reden. Man sollte vielmehr nur von Erfüllung oder Nichterfüllung von Anforderungen reden. Wenn Sie mit den Anforderungen nicht einverstanden sind, dann veranlassen Sie, daß diese in offizieller Form abgewandelt werden. Wenn Sie sich diese Einstellung nicht zu eigen machen und sich nicht eisern daran halten, kann sich jeder in Ihrem Betrieb seinen eigenen Standard setzen, und der letzte in der Reihe bestimmt dann, wie das fertige Produkt aussieht.

2. Aus Gründen der Wirtschaftlichkeit von Qualität sollte das Management annehmbare Qualitätslevel als Leistungsnormen festlegen.

   Nein. Es gibt keinen Gesichtspunkt wie ,,Wirtschaftlichkeit von Qualität''. Es ist immer billiger, die Sache gleich richtig zumachen. Viele Betriebe verwirren ihre Leute, indem sie gewisse annehmbare Qualitätslevel, wie sie bei Stichprobenprüfungen als Bewertungskriterien zugrunde gelegt werden, als Leistungsnormen definieren. Die unweigerliche Folge davon ist, daß sich jeder Betriebsbereich 1 Prozent Fehlerspielraum einräumt. Der einzige angemessene Leistungsstandard ist aber ,,Null Fehler''. Warum sich mit Schlechterem zufrieden geben? Die Leute richten sich nach den Normen, die Sie ihnen vorgeben.

3. Die Qualitätskosten sind der Preis für die Fehler, die gemacht werden.

   Ja. Qualität kostet nichts. Allein die Nichterfüllung ist daran schuld, daß mögliche Gewinne verschenkt werden.

4. Kontroll- und Testvorgänge sollten dem Herstellungsbereich unterstellt sein, damit dieser seine Arbeit richtig machen kann.

Falsch. Wenn man die Inspektions- und Testvorgänge der Zuständigkeit des Produktionssektors unterstellt, wird man keine genaue Aufzeichnung der gemessenen Fehler erhalten. Überdies wird das Inspektions- und Testpersonal dann nicht die Ausbildung, Disziplin aund Anerkennung erfahren, die es zur Ausübung seiner Funktion braucht. So werden Fertigungskontrolleure, die für Fertigungsleiter arbeiten, zu bloßen Sortierern und Expedienten. Da die Qualitätskontrolle nach der Inspektion noch eine Überprüfung vornimmt, wird das Inspektionspersonal zudem rund 10 Prozent der Fehler übersehen. Ein Prüfingenieur in einem Inspektionsvorgang wird nur effektiv arbeiten, wenn die Inspektion der letzte Vorgang innerhalb eines Arbeitsablaufs ist. Wenn Sie wirklich glauben, der Fertigungsbereich müsse über die Kontrollfunktion verfügen, um seine Arbeit richtig machen zu können, dann können Sie ihm ebenso gut die Funktionen Rechnungswesen, Öffentlichkeitsarbeit, Einkauf und Lohnbuchhaltung unterstellen. Dann haben Sie nicht nur einen Geschäftsführer in Ihrem Betrieb, sondern ein halbes Dutzend.

5. Für Qualität ist die Qualitätsabteilung zuständig.

Nein. Gemäß der ihr gebührenden Funktion ist die Qualitätsabteilung dafür zuständig, die Erfüllung von Anforderungen zu messen, aufzuzeichnen und darüber zu berichten; die entsprechenden Korrekturmaßnahmen zu fordern; vorbeugende Maßnahmen zur Fehlerverhütung anzuregen; das Personal auf dem Gebiet der Qualitätsverbesserung zu schulen und als Gewissen des Unternehmens zu fungieren. Wenn dem Qualitätsleiter die Verantwortung dafür zugeschoben wird, daß die Einkaufsabteilung einen miserablen Zulieferer gewählt hat oder daß ein Arbeiter im Herstellungsbereich nicht richtig löten kann, dann stecken Sie in größten Schwierigkeiten. Für die Arbeit sind diejenigen verantwortlich zu machen, die dafür bezahlt werden. Niemand würde den Leiter des Rechnungs- und Finanzwesens dafür zur Rechenschaft ziehen, daß die Umsätze rückläufig sind. Aber vergessen Sie nicht: Wenn alle ihre Sache richtig machten, brauchte man überhaupt keine Qualitätsabteilung in Ihrem Betrieb.

6. Die wichtigste Fehlerursache liegt in der Einstellung der Beschäftigten zu ihrer Arbeit.

Nein. Die Arbeiter wie alle übrigen Beschäftigten eines Betriebs richten sich in ihren Leistungen nach der Einstellung des Managements. Wenn die Belegschaft sich nicht darum kümmert, ob die Produkte die Anforderungen erfüllen, so nur deshalb, weil sie spürt, daß die Führungskräfte selbst dieser Erfüllung keine Bedeutung beimessen. Ein erfahrener Auditor auf dem Qualitätssektor kann schon nach fünfminütiger Unterredung mit dem Geschäftsführer eines Betriebs das Qualitätsniveau der ausgelieferten Produkte einschätzen, und zwar mit einer einprozentigen Genauigkeit. Die Beschäftigen eines Betriebs sind einem Spiegel vergleichbar. Wenn Sie hineinblicken, sehen Sie sich selbst.

7. Ich lasse mir Meßdiagramme vorlegen, aus denen ich die Rückweisungsquoten für alle Hauptarbeitsgänge ersehen kann.

Wenn Sie hier nicht mit „Ja" antworten, dann sind Sie schlimmer dran, als ich dachte. Indexwerte zählen nicht. Wenn Sie nicht wissen, wie hoch die Fehlerquote in Ihrem Betrieb ist, wie wissen Sie dann, wann Sie wütend werden sollen?

8. Ich habe meine zehn vordringlichsten Qualitätsprobleme auf einer Liste zusammengestellt.

Wenn Sie hier mit „Ja" antworten und tatsächlich eine Liste mit den zehn Hauptproblemen — oder wie vielen auch immer — vor sich liegen haben, dann ist entweder mit Ihren Korrekturmaßnahmen etwas nicht in Ordnung, oder aber Sie verstehen die Situation nicht. Es gibt im Grunde keine allgemeinen Qualitätsprobleme. Die Probleme sollten nach den Abteilungen benannt sein, die für die jeweiligen Korrekturmaßnahmen zuständig sind. Sie sollten also lediglich Herstellungsprobleme, Beschaffungsprobleme, Konstruktionsprobleme, Kundendienstprobleme usw. kennen. Der Qualitätsleiter, der über Qualitätsprobleme eine Liste führt und, schlimmer noch, diese seinem Chef vorlegt, fordert sein Verhängnis geradezu heraus. Wenn er nämlich in diesem Fall nicht nach einiger Zeit dafür gesorgt hat, daß die Arbeiter im Herstellungsbereich fachlich besser geschult wurden, daß ein besseres System zur Fertigungsüberwachung eingerichtet wurde und daß eine hundertprozentige Methode zur Sicherung der Produktqualität oder zuverlässigere Konstruktionen gefunden wurden, dann kann er bald seinen Hut nehmen. Und sein Nachfolger auf dem Posten wird eine neue Liste der gravierendsten Qualitätsprobleme zusammenstellen und so weiter und so fort. Sprechen Sie nie vom „Qualitätsproblem". Nennen Sie das Kind beim Namen.

9. Das Null-Fehler-Programm ist ein Motivationsprogramm für die Beschäftigten.

Nein. Wenn Sie Null Fehler für ein Motivationskonzept ansehen, dann unterschätzen Sie das Programm. Null Fehler bedeutet nichts anderes, als daß das Management seine Leistungsnormen in einer Art und Weise vorgibt, die von keinem Beschäftigten mißverstanden werden kann. Die Leute lassen sich so leicht nichts vormachen: Sie werden ihnen nicht weismachen können, daß sich Ihre Grundeinstellung verändert hat, indem Sie bei Betriebsfesten ein paar Reden halten oder ein paar Transparente aufhängen. Sie müssen wirklich davon überzeugt sein, daß Sie Null Fehler wollen und nichts anderes. Was sollen die Beschäftigten Ihrer Meinung nach für Ihren Wahlspruch halten: „Machen Sie es gleich richtig" oder „Machen Sie es, so gut Sie können — ich sehe ja ein, daß keiner von uns vollkommen ist"?

10. Unser Hauptproblem ist heutzutage, daß der Kunde kein Verständnis für unsere Schwierigkeiten hat.

   Nein. Der Kunde braucht kein Verständnis aufzubringen. Der Kunde ist König. Sie selbst üben doch auch keine Nachsicht, wenn die Produkte, die Sie in Ihrem Privatleben kaufen, nicht den Anforderungen entsprechen. Warum wollen Sie von Ihren Kunden eine andere Verhaltensweise erwarten?

Schritt Drei: Qualitätsmessung

1. Warum ist der Einführungstext zu diesem Schritt in zwei verschiedene Abschnitte für die Bereiche „Fertigung" und „Dienstleistung" unterteilt?

   Kommentar: Nur sehr wenige Firmen würden eigene Meßverfahren für die Nicht-Herstellungsbereiche verarbeiten und bei der Durchführung des Programms zur Anwendung bringen, wenn sie nicht mit sanfter Gewalt dazu gezwungen würden. Indem Sie an dieser Stelle die Diskussion über die Fehlerursachen im Dienstleistungssektor in Gang bringen, beginnen Sie schon damit, diesen heilsamen Zwang auszuüben. Sprechen Sie die irrige Auffassung über das „Getto" des Herstellungssektors an, derzufolge angeblich alle Fehler in diesem Bereich auftreten.

2. Hören Sie sich die Argumente bei der Diskussion im HPA-Verbesserungsteam an. Wir wollen die Dialoge mit verteilten Rollen lesen und dann feststellen, inwieweit es in unseren eigenen Betrieben Parallelen dazu gibt.

   Kommentar: Lassen Sie – ohne langes Hin und Her – die Rollen verteilen und die Dialoge des Fallbeispiels laut lesen. Weisen Sie ausdrücklich darauf hin, daß die HPA-Lenkungsgruppe sich bei der Erläuterung des Programms offenbar viel Zeit läßt und sich sehr sorgfältig vergewissert, daß alle Mitglieder dieselbe Auffassung von den bevorstehenden Schritten haben.

3. Können Sie die Qualitätskosten für Ihren Betrieb genauso berechnen, wie Frau Wagner es im Fall von HPA getan hat? Haben Sie es schon einmal getan?

4. Glauben Sie, daß die Lenkungsgruppe sich über den Ernst der Lage voll im klaren war, ehe die Leiterin des Rechnungswesens mit den genauen Zahlenwerten aufwartete?

Schritt Vier: Qualitätskosten

1. Für wie ausschlaggebend halten Sie die persönliche Einstellung? Teilen Sie Frau Runges Ansichten über deren hohe Bedeutung?

Schritt Fünf: Qualitätsbewußtsein

> *Kommentar: Möglicherweise haben Sie an diesem Punkt in der Besprechung des Programms das Ende des ersten halben Sitzungstags erreicht und wollen den Lehrgang für heute abschließen. Dann ist dies die ideale Gelegenheit, die Seminarteilnehmer in Gruppen aufzuteilen, die jeweils einen spezifischen Schritt aus ihrer Sicht darstellen und eigene Empfehlungen zu seiner Durchführung ausarbeiten sollen. Zwei Gruppen für den Schritt Qualitätsbewußtsein und zwei für den Schritt Qualitätsmessung dürften gerade richtig sein. Fordern Sie die Schulungsteilnehmer auf, sich am Abend gruppenweise zusammenzusetzen und den ihnen zugeteilten Schritt durchzusprechen. Sie sollten am nächsten Kurstag so weit vorbereitet sein, daß sie den anderen Gruppen die konkrete Vorgehensweise bei der Durchführung des betreffenden Programmschritts erläutern können. Dadurch fühlen sich die Teilnehmer zur eigenen Mitwirkung herausgefordert, und die wirklichen Fragen und Unklarheiten kommen zum Vorschein.*

1. Warum ist es so unbedingt notwendig, alle Beschäftigten eines Betriebs von der Notwendigkeit der Qualitätsverbesserung zu überzeugen? Wäre es nicht schon damit getan, von den Leuten einfach das zu verlangen, was man in puncto Qualität durchsetzen will?

   Kommentar: Qualität läßt sich nicht einbleuen und nicht durch Bestrafung der „Missetäter" erreichen. Man muß den Leuten die richtige Einstellung vermitteln, ihr Qualitätsbewußtsein schärfen und sie aktiv am Programm teilnehmen lassen – für dumm verkaufen darf man sie auf keinen Fall.

2. Warum ist es so wichtig, daß die aktuellen Ergebnisse der Qualitätsmessung zu Beginn des Programms für alle sichtbar ausgehängt werden?

   Kommentar: Versäumt man es, den Stand der Dinge, von dem man ausgegangen ist, genau aufzuzeichnen, dann kann man aus dem ersten „großen Sprung nach vorn" unmittelbar nach dem Anlaufen des Verbesserungsprogramms keinen Nutzen ziehen. Wenn man dagegen auf die erzielten Fortschritte hinweisen kann, hilft einem das auch über die ersten Rückschläge oder toten Punkte hinweg, die möglicherweise einige Wochen später zu überwinden sind.

3. Fallen Ihnen noch einige weitere Meßverfahren ein, mit deren Hilfe Qualität in den Nicht-Herstellungsbereichen gemessen werden kann?

   Kommentar: Versäumen Sie nicht, sich gute Vorschläge zu notieren, damit auch künftige Schulungskurse davon profitieren können.

4. An diesem Punkt wäre es günstig, die Diskussion bei der Sitzung der HPA-Lenkungsgruppe noch einmal zusammen zu lesen. Dann können wir besser darüber diskutieren, welche Art von Aufklärung bei den Mitgliedern der Lenkungsgruppe Qualität nottut.

   Kommentar: Fordern Sie die Teilnehmer auf, besonders auf die Kommentare des Einkaufsleiters Otto Mayer zu achten.

5. Den Diskussionen bei den Zusammenkünften zwischen Vorgesetzten und Beschäftigten nach zu urteilen, traf die Idee der Qualitätsverbesserung bei HPA offenbar auf keinerlei Widerstand. Warum sind Führungskräfte dann Ihrer Ansicht nach meist so zaghaft, wenn es darum geht, ihren Leuten eine Qualitätsverbesserung abzuverlangen?

   Kommentar: An dieser Stelle wäre es angebracht, in der Diskussion näher darauf einzugehen, daß Führungskräfte von ihren Leuten leicht isoliert werden können und ein falsches Bild von ihnen entwickeln. Wir müssen die Kommunikation in beiden Richtungen mit allen Mitteln fördern. Schließlich haben wir alle einmal an irgendeiner Werkbank oder an einem Schreibtisch in irgendeinem Büro angefangen.

6. Wie stehen Sie zu der Vorstellung, daß auch Sie die Einstellung Ihrer Mitarbeiter prägen? Würden Sie Herrn Winter mit seiner Behauptung recht geben? Wen würden Sie innerhalb Ihrer Firma sonst noch zum Kreis der „Leitbilder" für die allgemeine Einstellung zählen?

7. Was wollte Herr Breuer seinem Qualitätsleiter Albert Feldner zu verstehen geben? Könnten Sie in eine ähnliche Situation kommen?

Schritt Sechs: Korrekturmaßnahmen

1. Lassen Sie einen der Teilnehmer über den Bericht des Qualitätsingenieurs referieren. Stellen Sie diese Aufgabe so rechtzeitig, daß sich alle darüber Gedanken machen können. In diesem Fall zogen offensichtlich mehrere Leute aus ihren Nachforschungen die falschen Schlüsse. Was war der Grund dafür?

   Kommentar: Hier wird wieder einmal deutlich, daß man sich an die unmittelbar Betroffenen auf der Ausführungsebene wenden muß, um herauszubekommen, was wirklich vorgeht. An diesem Punkt können Sie noch einmal speziell auf die Vorzüge des methodischen Erarbeitens von Korrekturmaßnahmen auf mehreren Betriebsebenen eingehen.

2. Der Leiter der Qualitätsabteilung, Herr Feldner, war überrascht, als jemand die Vermutung äußerte, es könnte auch in seinem Bereich ein paar Probleme geben. So etwas ist ihm offensichtlich noch nie gesagt worden. Warum reagiert er Ihrer Ansicht nach auf diese Weise? Wie können Sie verhindern, daß Sie in eine ähnliche Lage kommen?

   Kommentar: Richten Sie an alle Kursteilnehmer die Frage, wann in ihrem Bereich das letzte Mal ein Audit durch Außenstehende vorgenommen wurde.

3. Worin liegt Ihrer Ansicht nach der besondere Vorteil, wenn ein Mitglied des Zentralstabs mit der Einstellung von Jan Holms an seine Aufgabe herangeht?

*Kommentar: Nehmen Sie sich ein paar Minuten Zeit, um in aller Ausführlich-
keit auf die Tatsache einzugehen, daß sich die Revision durch Mitglieder der
zentralen Konzernleitung auf den betroffenen Betrieb oder Funktionsbereich in
keiner Weise negativ auswirken sollte. Wo dies der Fall ist, und es zu einer
Störung des Betriebsablaufs kommt, fällt der Schaden auf die Mitglieder der
Konzernverwaltung zurück. Heben Sie hervor, wieviel Planung für eine korrekte Handhabung der Audits erforderlich ist. Biegen Sie lange Diskussionen über
das problematische Verhältnis von Stab- und Linienfunktionen möglichst rasch
ab. Dieser Aspekt lenkt nur vom eigentlichen Thema ab.*

4. Fordern Sie einen Teilnehmer auf, den Audit-Bericht über die Wareneingangs-
    prüfung zu analysieren.

    *Kommentar: Es ist nicht zu übersehen, daß in diesem Betriebssektor ge-
    schlampt wurde. Alle Welt hatte Zutritt zum Prüfbereich, und die leitenden
    Kontrollingenieure gaben auf den Druck der Einkaufsabteilung und der Ferti-
    gungsüberwachung viel zu sehr nach. Regen Sie eine Diskussion über die in
    diesem Fall erforderlichen Korrekturmaßnahmen an. Was konnte Herr Feldner
    dem Verbesserungsteam berichten?*

Schritt Sieben: Null-Fehler-Planung

*Kommentar: Bei diesem Schritt empfiehlt es sich wieder, eine Gruppe mit der
Darstellung der Vorgehensweise zu beauftragen. Die Frage, wie sich ein Null-
Fehler-Programm gestalten läßt, ist sehr geeignet zur Entwicklung eigenstän-
diger Ideen. Viele Schulungsteilnehmer reagieren eher ängstlich auf die Vorstellung, ein Null-Fehler-Programm in ihrem Betrieb einzuführen, und die Aussicht, einmal einen Tag der Qualität begehen zu müssen, stimmt sie besonders
nervös.*

1. Inwieweit unterscheidet sich die Null-Fehler-Phase von allen Programmschrit-
    ten, die bei HPA bereits eingeleitet worden waren?

    *Kommentar: Verdeutlichen Sie den Teilnehmern, daß nach den ersten größeren
    Fortschritten zu Beginn des Programms nach ein paar Monaten eine gewisse
    Stagnation die Regel ist. Um die noch verbleibenden Verbesserungsmöglichkei-
    ten auszuschöpfen, ist es erforderlich, auf das Null-Fehler-Programm umzu-
    steigen. Alle Kräfte müssen von nun an darauf gerichtet sein, daß ein höheres
    Maß an Verbesserung als das bisher erzielte erreicht wird. In der Phase, die
    dem Null-Fehler-Programm vorausging, ging es lediglich darum ,,Besseres zu
    leisten''. Aber das ist nicht genug.*

2. Die Darstellung des Null-Fehler-Konzepts auf der Teilnahmeerklärung ist eine
    Zusammenfassung der Erläuterungen auf dem Tonband. Sind Sie der Mei-
    nung, daß noch etwas hinzugefügt werden sollte? Wenn ja, was?

Kommentar: Lassen Sie die Diskussion nicht allzusehr ausufern, aber verge-
wissern Sie sich bei der Diskussion, daß alle Teilnehmer den Null-Fehler-
Rundbrief gelesen und das Prinzip verstanden haben, demzufolge die Teilnah-
meerklärung als eine wechselseitige Verpflichtung zwischen Vorgesetztem und
Mitarbeiter anzusehen ist. Die Teilnehmer sollten auch erkennen, warum eine
derartige Erklärung notwendig ist. Lassen Sie die Diskussion auf der Sitzung
der Lenkungsgruppe zu diesem Schritt wieder mit verteilten Rollen lesen.

3.   Warum mußte die HPA-Lenkungsgruppe schon wieder über Motivation debat-
tieren? Wieso herrschte gerade in diesem Punkt so viel Unklarheit?

Kommentar: Wiederholen Sie noch einmal, daß Sie als Vorgesetzter eines mit
absoluter Sicherheit voraussagen können: Wenn Sie heute einem Geschäftsfüh-
rer erklären, Sie wollten ein Motivationsprogramm lancieren, dann wird dieser
Sie umgehend an die PR-Abteilung verweisen. (Merken Sie an, daß der Len-
kungsgruppe auch ein PR-Mann angehören sollte.)

Schritt Acht: Mitarbeiterschulung

Kommentar: Lassen Sie alle Teilnehmer den Null-Fehler-Test ausfüllen. Verge-
wissern Sie sich, daß alle begriffen haben, daß sie das Null-Fehler-Konzept
ihrem eigenen Verbesserungsteam erklären müssen, wenn sie wieder in ihren
Betrieb zurückkehren. Alle denkbaren Fragen, die sie dabei beantworten müs-
sen, sollten also hier bereits aufgezeigt und behandelt werden.

1.   Die Vorgesetzten wurden bereits zu Beginn der Schritte Qualitätsbewußtsein
und Korrekturmaßnahmen umfassend informiert; im Zusammenhang mit der
Planung des Null-Fehler-Programms ist nun ebenfalls eine Orientierung für die
Vorgesetzten vorgesehen. Welche weitere Vorgesetztenschulung ist Ihrer Ansicht nach erforderlich?

Kommentar: Zu den Punkten, die weitere Vorgesetztenschulung erfordern, zäh-
len: wie man bei den Teilnahmeerklärungen verfahren sollte; wie man mit Be-
legschaftsmitgliedern reden kann, die daran zweifeln, ob das Programm ernst
gemeint ist; was man auf die Frage eines Betriebsratsmitglieds antworten kann;
wie man mit BFU-Meldungen verfahren sollte. Vorgesetzte müssen in vielen
Dingen Bescheid wissen.

Schritt Neun: Tag der Qualität

Kommentar: Besprechen Sie das gesamte Programm für diesen Tag und sorgen
Sie dafür, daß Sie ein uneingeschränkt positives Bild von der feierlichen Bege-
hung eines solchen Tages entwerfen. Wie wäre es schließlich sonst möglich,

*zu allen Betriebsangehörigen gleichzeitig vorzudringen? Geben Sie den Teil-
nehmern Informationen, wie sie das Material in Druck geben können. Schildern Sie ihnen, wie die Q-Tage, die Sie selbst miterlebt haben, begangen wurden. Lesen Sie die Kommentare, die der Generaldirektor im Fallbeispiel des
HPA-Konzerns bei seiner Rede abgab: Da haben Sie die Kernpunkte zusammengefaßt.*

Schritt Zehn: Zielsetzungen

*Kommentar: Dieser Schritt eignet sich wieder vorzüglich zur Gruppenarbeit,
insbesondere wenn Sie das Augenmerk auf den Angestelltenbereich richten.*

1. Was halten Sie von dem Meßverfahren, das Karl Abel und seine Mannschaft
   vorschlugen (Null Fehler pro Stunde)? Würde sich ein solches Meßverfahren
   auch auf Ihren Bereich anwenden lassen?

*Kommentar: Die Zielsetzung ,,Null Fehler pro Stunde'' läßt sich in jedem be-
liebigen Bereich und mit jeder Art von Personal verwirklichen. Es ist ein großartiges Meßverfahren. Da können selbst Ingenieure gegen Sachbearbeiter im
Versand antreten.*

2. Nun, da Sie konkrete positive Rückmeldungen über erzielte Fortschritte besitzen, stellt sich Ihnen die Frage: Wie leiten Sie die Informationen weiter?

3. Wie können wir alle Belegschaftsmitglieder mit unseren Informationen erreichen?

Schritt Elf: Beseitigung von Fehlerursachen

*Kommentar: Weisen Sie noch einmal auf die Tatsache hin, daß der Mitarbeiter
aufgefordert wurde, fehlerfreie Arbeit zu liefern. Das BFU-Programm gibt den
Beschäftigten die Möglichkeit, alle Probleme in ihrem Bereich vorzutragen,
die sie möglicherweise an der Erfüllung des Null-Fehler-Standards hindern.
Die Beschäftigten brauchen dabei keine Lösung des jeweiligen Problems vorzu-
schlagen. Lassen Sie einige Beispiele für BFU-Meldungen vorlesen und diskutieren. Bei den aufgeführten Fehlermeldungen handelt es sich um typische
Fälle.*

1. Bei HPA wurde das BFU-Programm erst relativ spät innerhalb des Verbesserungsprogramms eingeführt. Könnte es nicht schon früher stattfinden?

*Kommentar: Natürlich kann dieser Schritt auch vorgezogen werden. Aber ver-
gewissern Sie sich, daß Sie erst dann zu BFU übergehen, wenn den Beschäftigten eindeutig klargemacht wurde, daß Verbesserung notwendig ist.*

Schritt Zwölf: Anerkennung

Kommentar: Lassen Sie die Diskussion bei der HPA-Teamsitzung über diesen Schritt laut vorlesen.

1. Warum ist es wichtig, im Rahmen des Anerkennungssystems keine Auszeichnungen von hohem materiellem Wert zu verleihen?

   Kommentar: Die Menschen arbeiten nicht für Dinge, sie arbeiten für Anerkennung. Sie sollten sich davon überzeugen, daß alle Teilnehmer dieses Prinzip verstehen und gutheißen.

2. Was haben Literaturpreise wie etwa der Pulitzerpreis mit dieser Art von Anerkennung zu tun?

3. Was für Anerkennungssysteme können Sie vorschlagen, die speziell für Ihren Betrieb geeignet wären? Was halten Sie von regelmäßigen Auszeichnungen?

Schritt Dreizehn: Expertengruppen

Kommentar: Sprechen Sie zunächst Aufbau und Bedeutung der Ausschüsse mit den Teilnehmern durch. Lassen Sie das Ausschuß-System diskutieren.

1. Wie können Sie in Ihrem Betrieb Expertengruppen einführen?

Schritt Vierzehn: Wieder von vorn anfangen

Kommentar: Bei diesem Schritt sollten Sie sich unter Umständen etwas länger aufhalten, da die Leute meist nur schwer davon zu überzeugen sind, daß das Programm nie zu Ende ist und tatsächlich immer wieder von vorn durchgespielt werden muß. Lassen Sie die entsprechende Sitzung der Lenkungsgruppe bei HPA laut vorlesen.

1. Warum muß das Programm fortlaufend wiederholt werden?

   Kommentar: Wie wäre es anders möglich, das Interesse an Qualität auf dem erforderlichen hohen Stand zu halten? Das Programm läuft nicht selbsttätig ab wie ein Automat: Sie müssen schon dafür sorgen, daß das Getriebe geölt und ihm konstant Energie zugeführt wird.

13
„Auf Nummer Sicher Gehen"

Einführung

Im folgenden Abschnitt wird als eines der Instrumente, mit denen sich Qualität erreichen läßt, das Programm „Auf Nummer Sicher Gehen" behandelt. Auf den ersten Seiten finden Sie das Konzept des Programms und eine Anleitung für seine Darstellung im Rahmen einer Einführungsveranstaltung. Im Anschluß daran finden Sie die vollständige Beschreibung jedes einzelnen Schritts, der für die Durchführung des „Auf Nummer Sicher Gehen"-Programms erforderlich ist.

„Auf Nummer Sicher Gehen" ist ein speziell auf den Angestelltenbereich zugeschnittenes Verbesserungsprogramm, das sich an den einzelnen Beschäftigten wendet und bei allen sofortige Beachtung findet. Sie werden feststellen, daß über 90 Prozent der Beschäftigten, die im Rahmen des Programms angesprochen wurden, Vorschläge zur Fehlervorbeugung einreichen.

Ich habe das Programm „Auf Nummer Sicher Gehen" ganz bewußt gesondert dargestellt und nicht im Zusammenhang mit der HPA-Fallstudie, weil ich der Meinung bin, daß der nachrückenden Lenkungsgruppe Qualität, die sich vor die Aufgabe gestellt sieht, das Verbesserungsprogramm noch einmal von vorn zu beginnen, ein Instrument zum Erreichen von Qualität an die Hand gegeben werden sollte, von dem das „Urteam" nichts wußte.

Ich wünsche Ihnen viel Glück bei der Anwendung. Sie werden sehen: es funktioniert.

Leitfaden für die Einführung in das „Auf Nummer Sicher Gehen"-Programm

Zeit:

Ungefähr eine Stunde

Erforderliches Material:

Eine Tafel oder andere Vorrichtung, etwas anzuschreiben

Teilnehmer:

Fünfzehn bis fünfundzwanzig Belegschaftsmitglieder aus dem höheren Angestellten- oder Verwaltungsbereich. Es empfiehlt sich, die Teilnehmer aus vielen verschiedenen Abteilungen oder Funktionsbereichen auszuwählen. Die Einführung kann jedoch auch unter Mitarbeitern eines einzigen Betriebsbereichs abgehalten werden; in diesem Fall sollte der Schulungsleiter einiges Gespür beweisen, um die spezifischen Organisations- oder Personalprobleme zu berücksichtigen, die innerhalb des betreffenden Funktionsbereichs unter Umständen bestehen.

Ziel:

– Das Konzept von „Auf Nummer Sicher Gehen" in einer Art und Weise darlegen, daß die angesprochenen Mitarbeiter aus freien Stücken an diesem Programm zur Fehlervorbeugung in administrativen und funktionalen Tätigkeitsbereichen teilnehmen wollen.

– Eine regelmäßig fortzusetzende Untersuchung von Abläufen und Methoden durch die angesprochenen Mitarbeiter in Gang setzen, die zu den übrigen Maßnahmen zur Fehlervorbeugung beitragen soll.

Verlauf des Einführungsprogramms:

1. Machen Sie die Teilnehmer zunächst mit dem Gedanken vertraut, daß viele Probleme mit der Nichterfüllung von Qualität ihre Ursache im Verwaltungs- und Dienstleistungssektor der Firma haben und daß diese meist langfristige Auswirkungen zeitigen.

2. Erläutern Sie dann, daß „Auf Nummer Sicher Gehen" ein Verbesserungsprogramm ist, mit dessen Hilfe die genannten Probleme festgestellt und dauerhaft behoben werden können, indem die einzelnen Beschäftigten, die mit der eigentlichen Ausführung des betroffenen Arbeitsgangs betraut sind, aufgefordert werden, ihre Ideen und Vorschläge einzubringen.

3. Bitten Sie jeden Teilnehmer, sein „größtes Problem" bei der Arbeit zu nennen. Schreiben Sie die genannten Probleme an die Tafel, vorläufig noch ohne näher darauf einzugehen.

4. Nachdem jeder der Reihe nach sein Problem genannt hat und diese an der Tafel angeschrieben wurden, weisen Sie darauf hin, daß hier ausschließlich Probleme vorgebracht wurden, die nicht von den Teilnehmern selbst verursacht wurden, und daß allem Anschein nach keiner der Anwesenden selbstverschuldete Probleme hat. Merken Sie an, daß diese Einstellung eine sehr verbreitete und sehr menschliche ist.

5. Richten Sie nun die Frage an die Teilnehmer, wie sich ihrer Ansicht nach einige der an der Tafel stehenden Probleme verhindern ließen. Vermeiden Sie es, irgend jemanden bloßzustellen oder festzunageln. Lassen Sie ein oder zwei Teilnehmer ihre Ideen vortragen, und steuern Sie selbst ein paar Vorschläge für vorbeugende Maßnahmen bei.

6. Weisen Sie mit Nachdruck darauf hin, wie wichtig es ist, daß jeder von uns „auf Nummer Sicher geht", was eigene Fehler anbelangt. Führen Sie einige Statistiken an, um die Kostenaufwendungen für Fehler zu belegen, die im Verwaltungssektor gemacht werden.

7. Gehen Sie wieder durch den Raum, und fragen Sie jeden noch einmal nach seinem „größten Problem". Dieses Mal sollten die Antworten anders ausfallen.

8. Fordern Sie die Anwesenden auf, dem Verbesserungsteam schriftlich ihre Vorschläge zur Fehlervorbeugung einzureichen. Deuten Sie an, daß es für die hier Beteiligten vielleicht von Nutzen wäre, sich mit ihren Vorgesetzten zusammenzusetzen und innerhalb ihres Fachbereichs Gruppen zu bilden, die über mögliche Maßnahmen zur Fehlervorbeugung diskutieren.

9. Danken Sie allen Anwesenden für ihre Teilnahme, und verabschieden Sie die Gruppe.

Einführungstreffen für das „Auf Nummer Sicher Gehen"-Programm

Rede des Schulungsleiters:

Guten Morgen. Mein Name ist _____ Ich möchte heute mit Ihnen über ein neues Programm diskutieren, das wir „Auf Nummer Sicher Gehen" genannt haben. Dieses Programm hat zum Ziel, uns alle, die wir mit Bleistift und Schreibmaschine, Computer, Telefon, kurzum mit Bürogerät arbeiten, mehr über unsere persönliche Verantwortung für Qualität erfahren zu lassen.

Wie Sie sicher aus eigener Erfahrung wissen, haben viele der kostspieligsten und frustrierendsten Fehler und Probleme, die wir heute erleben, ihre Wurzel in Geschriebenem, Gedrucktem und anderen Mitteilungsformen. Jeder von uns hat schon irgendwann einmal Ärger gehabt mit den Großrechnern von Warenhäusern, mit den Herstellern von

Katalogen, mit der innerbetrieblichen Verwaltung unserer Firma, mit Hotelrezeptionen und anderen Dienstleistungsstellen, die uns eigentlich das Leben leichter machen sollten.

Untersuchungen haben ergeben, daß über 25 Prozent aller Arbeiten im Nicht-Produktionsbereich regelmäßig ein zweites Mal ausgeführt werden müssen, ehe das Ergebnis zufriedenstellend ist. Dazu gehören auch die Arbeiten, für die wir hier Tag für Tag zuständig sind.

Die größte Schwierigkeit, der wir uns bei der Erfüllung unserer Aufgabe gegenübersehen, hat ihre Wurzel in der Kommunikation, die alle unsere Einzeltätigkeiten miteinander verknüpft – etwa die Funktionen des Managements, die EDV-Nutzung, die Bürotätigkeiten, Arbeitsgänge im Produktions- und Vertriebsbereich, Tätigkeiten im technischen Bereich, im Rechnungs- und Personalwesen. Diese und viele andere Tätigkeiten sind durch eine allen gemeinsame Notwendigkeit miteinander verbunden: die Notwendigkeit, daß wir alle, jeder an seinem Platz, unseren persönlichen Beitrag zu der uns gestellten Aufgabe leisten müssen, sei das nun mit Bleistift, Schreibmaschine, Computer, Gesprächen oder auf irgendeinem anderen Weg, wie er durch unsere jeweilige Tätigkeit festgelegt ist.

Von einer bestimmten Stelle im Betriebsablauf werden uns Daten vermittelt, wir treffen aufgrund dieser Daten Entscheidungen und geben an die nächste Stelle im Ablauf etwas weiter, zu dem wir unseren bescheidenen Beitrag geleistet haben. Wenn wir uns in diesem Prozeß nicht sorgfältig vergewissern und nicht immer auf Nummer Sicher gehen, daß wir unsere Sache richtig gemacht haben, können wir die ganze Kette von Einzeltätigkeiten in die falsche Richtung lenken.

Im Grunde läßt sich das gesamte Wirtschafts- und Geschäftsleben auf eine nie endende Kette von Schreibarbeiten und anderen Formen der Kommunikation reduzieren, die wir steuern und zu unseren Diensten einsetzen. Wie effektiv wir im Geschäftsleben arbeiten, hängt davon ab, wie reibungslos uns diese Datenvermittlung gelingt.

Unglücklicherweise reicht bereits ein falsches Element in der Kommunikationskette aus, um die Effektivität und Genauigkeit des gesamten Ablaufs empfindlich zu stören. Wenn wir als Einzelmenschen Bestandteile einer großen elektronischen Anlage wären, könnten wir unsere Kommunikationszuverlässigkeit genau bestimmen. So geschieht es beispielsweise mit den Bauelementen von elektronischen Schaltungen. Besteht eine solche Schaltung aus 100 Bauelementen, von denen jedes zu 99 Prozent zuverlässig ist, so beträgt die Wahrscheinlichkeit, daß der gesamte Systemkreis einwandfrei funktioniert, nur 35 Prozent. Man muß nämlich die Zuverlässigkeit jedes einzelnen Bestandteils mit der des nächsten multiplizieren und so weiter.

Worauf das alles hinausläuft, ist, daß wir uns heute Gedanken machen müssen über unsere persönliche Zuverlässigkeit im Gesamtablauf. Und mit dieser Zuverlässigkeit ist gemeint, daß wir in jedem Fall auf Nummer Sicher gehen, damit wir keine Störungen verursachen.

Wenn es uns möglich ist, jede Aufgabe gleich beim ersten Mal richtig auszuführen, dann kommen wir mit weniger Zeit aus, die wir sonst oft auf Nacharbeit vergeuden, dann haben wir es mit weniger enttäuschten Kunden zu tun und haben auch weniger

Ärger und Frust, den wir uns sonst oft selbst bereiten. Wir können unsere Arbeit sinnvoller und somit befriedigender gestalten.

Ich könnte nun einige typische Probleme als Beispiele anführen, doch ich möchte einen anderen Weg wählen. Ich möchte jeden von Ihnen bitten, uns das Problem zu nennen, das Ihnen bei Ihrer Arbeit die größten Schwierigkeiten bereitet – das Problem, das Sie selbst als das Haupthindernis ansehen, Ihre Arbeit immer und in jedem Fall gleich beim ersten Anlauf richtig zu tun. Ich werde nun unter Ihnen herumgehen und mir von jedem sein Problem nennen lassen, das wir vorläufig nicht weiter diskutieren wollen. Ich werde die Dinge, die Sie mir nennen, an die Tafel schreiben, und damit haben wir in wenigen Minuten eine Liste von Problemen aus unserer realen Praxis, über die wir weiterreden können.

Ich halte es für sehr wichtig, daß wir bei der Diskussion dieser Frage von Dingen ausgehen, die sich auf unsere konkrete Situation beziehen, und nicht von irgendwelchen Beispielen aus anderen Bereichen.

Anmerkung: Deuten Sie der Reihe nach auf jeden der Anwesenden, und fragen Sie jedesmal: ,,Was würden Sie als Ihr größtes Problem bezeichnen?'' Vergewissern Sie sich, daß Sie die Antwort richtig verstanden haben, und gehen Sie dann zur Tafel, um das Genannte anzuschreiben. Gehen Sie bei dieser Befragung sehr offen und herzlich vor, denn die Teilnehmer dürfen auf keinen Fall das Gefühl haben, daß etwas von dem, was sie hier vorbringen, gegen sie verwandt wird.

Sie werden wahrscheinlich typische Antworten hören wie:
- *Ich bekomme nie genaue Angaben.*
- *Unsere Führungskräfte drücken nie klar aus, was sie eigentlich wollen.*
- *Wir erfahren nie, an welcher Stelle die Probleme auftreten.*
- *Die Vorschriften werden ständig geändert.*
- *Wir kommen nie an den Rechner heran, wenn wir ihn brauchen.*
- *Die Leute aus dem Verkauf schicken uns ihre Order immer erst in letzter Minute, und dann soll alles sofort geschehen.*
- *Die Kunden wissen nicht, was sie wollen.*
- *Die Zeit reicht einfach nie aus.*

Da haben wir jetzt also eine Aufstellung unserer wichtigsten Probleme, und wie Sie selbst sehen, haben alle diese Probleme etwas gemeinsam. Es handelt sich in allen Fällen um Probleme, die wir nicht selbst verschulden, sondern die andere uns verursachen. Daß wir gerade die Probleme als die gravierendsten empfinden, die uns von anderen aufgehalst werden, ist eine ganz normale und ausgesprochen menschliche Reaktion.

Wir sehen also: Um Probleme aus der Welt zu schaffen, muß man auch die eigene Zuverlässigkeit bei der Arbeit verbessern. Aber ich muß gleich hinzufügen, daß es nicht ausreicht, wenn wir uns bei der Arbeit lediglich etwas besser konzentrieren oder ein wenig mehr anstrengen. Es geht hier nicht allein darum, mehr Sorgfalt aufzuwenden. Dann wäre der Effekt nämlich ähnlich wie bei Ihrer neuen Diät: eine Weile klappt alles wunderbar – und über kurz oder lang ist alles wieder beim alten. Das geht schließlich jedem von uns so.

Was hier von uns gefordert wird, ist, daß wir systematisch zu der Erkenntnis kommen, wo das grundsätzliche Problem liegt. Bei dieser Erkenntnis geht es um drei Dinge:

- Als erstes müssen wir uns darüber klar werden, daß die meisten Fehler und Störungen, die im Ablauf eines Betriebs auftreten, im Bereich der Kommunikation verursacht werden. Die Fertigungsbetriebe haben ihre eigenen Probleme, aber sie arbeiten mit den Daten und Unterlagen, die wir ihnen vorlegen.
- Zum zweiten müssen wir erkennen, daß sich jedes Problem vermeiden läßt und daß zu seiner Vermeidung derjenige am besten beitragen kann, der das betreffende oder auch ein ähnliches Problem zu irgendeiner Zeit verursacht hat.
- Zum dritten müssen wir erkennen, daß wir, selbst wenn wir diese Worte hören und mit ihnen übereinstimmen, immer noch nicht recht glauben wollen, daß wir als einzelne persönlich davon betroffen sind. So etwas ist nur menschlich.

Unser Einstieg in das Programm „Auf Nummer Sicher Gehen" ist also zunächst die Erkenntnis, daß wir viele unserer Probleme selbst verursachen und daß es an uns liegt, sie zu verhindern.

Schlußteil des Einführungstreffens:

1. *Sprechen Sie die „größten Probleme" an der Tafel mit den Teilnehmern auf mögliche Lösungen hin durch.*
   Wir wollen uns die Probleme, die an der Tafel stehen, noch einmal genauer ansehen. Ich weiß nun nicht mehr, wer von Ihnen welches Problem genannt hat, aber wir können einfach zwei oder drei davon herausgreifen und uns überlegen, wie sie eventuell zu verhindern wären, wenn wir die Leute an den richtigen Stellen dafür gewinnen könnten. Fangen wir mit einem Beispiel an:
   - Wenn Ihr Vorgesetzter seine Anweisungen nicht klar abfaßt, können Sie den Arbeitsablauf selbst schriftlich festhalten und Ihren Gegenvorschlag machen. Dann kann er entweder zustimmen oder, sofern er nicht einverstanden ist, das Verfahren nach seinen Wünschen abändern. So sind alle Unklarheiten aus dem Weg geräumt.
   - Wenn an anderer Stelle Probleme mit dem auftauchen, was Sie weitergegeben haben, sollten Sie sich vielleicht darüber Gedanken machen, ob Sie sich nicht klarer ausdrücken können.
   - Wenn die Angaben, die Sie erhalten, nicht genau sind, dann wäre es vielleicht angebracht, ein wenig Schulung zutreiben, wie man bei der Datenerfassung zu genauen Ergebnissen kommt; oder aber Sie stellen einen Preis in Aussicht für diejenigen in Ihrer Gruppe, die das genaueste Datenmaterial erbringen.

   Solche Ideen und Möglichkeiten sind Ihnen im Grunde alle aus eigener Erfahrung vertraut.

Anmerkung: Nachdem Sie einige Lösungsmöglichkeiten vorgeschlagen haben, sollten Sie die Teilnehmer dazu auffordern, selbst ein paar Vorschläge zu machen.

2. *Verteilen Sie nun die Formulare für die Einreichung von Vorschlägen, und ermutigen Sie die Anwesenden, in nächster Zeit weiter über diesen Aspekt nachzudenken und ein paar Ideen zu entwickeln, mit deren Hilfe sie sich selbst das Leben leichter machen können.*

3. *Richten Sie nun ein zweites Mal an alle die Frage: „Was würden Sie als Ihr größtes Problem bezeichnen?", jedoch ohne die Antworten an die Tafel zu schreiben. Diesmal sollten Sie von vielen als Antwort hören, sie müßten sich selbst mehr ins Zeug legen und dafür sorgen, daß die Dinge auf Anhieb richtig gemacht werden. Damit sind die Leute also auf dem besten Weg zu der Erkenntnis, daß sie selbst Teil des Problems sind. Schlagen Sie ihnen vor, innerhalb ihrer Arbeitsgruppen regelmäßig Diskussionsrunden abzuhalten, bei denen gemeinsam über Möglichkeiten der Fehlervorbeugung beratschlagt werden solle; damit ließen sich in ihrem Bereich Probleme ebenso planmäßig verhindern wie im Fertigungssektor durch die Gruppensitzungen über Korrekturmaßnahmen.*

4. *Danken Sie allen Anwesenden, und schicken Sie die Teilnehmer wieder an ihre Arbeitsplätze zurück, doch weisen Sie darauf hin, daß Sie für jeden, der noch Fragen hat oder einen speziellen Rat benötigt, nach der Sitzung zur Verfügung stehen.*

Schritte bei der Durchführung des Programms „Auf Nummer Sicher gehen"

1. Informieren Sie die Mitglieder des Managements über Konzept und Ziel des Programms. Lassen Sie für jede Abteilung Programmleiter bestimmen. Vergessen Sie nicht, daß das Hauptaugenmerk auf die Verwaltungs- und Dienstleistungssektoren gerichtet sein sollte.

2. Setzen Sie sich mit den Programmleitern aus den einzelnen Abteilungen zusammen, und erläutern Sie ihnen das Programm. Fordern Sie sie auf, alle Vorgesetzten in ihrer Abteilung zu einer Sitzung einzuberufen, um sie gleichfalls in das Programm einzuweisen. Fragen Sie sie nach Fallbeispielen, bei denen dem Betrieb durch Maßnahmen zur Fehlerverhütung oder die Verwendung größerer Sorgfalt auf Details Probleme und Kosten erspart geblieben wären. Lassen Sie jeden von ihnen mindestens drei solcher Beispiele für seinen Bereich nennen. Es brauchen keine spektakulären Dinge zu sein. So könnten sie

zum Beispiel nennen: Fehler bei der Rechnungsstellung bewirkten, daß der Kunde uns die Rechnung zurückbrachte, die infolgedessen nicht rechtzeitig bezahlt wurde; falsche Angaben bei der Einkaufsbestellung hatten zur Folge, daß die falschen Produkte geliefert wurden; Fehler in der Arbeitsanweisung und tausend andere Dinge, über die sich Vorgesetzte im Gespräch über ihre Arbeit so oft beschweren. Wenn Sie den Leuten ein wenig Mut machen und ihnen versichern, daß ihre Aussagen nicht gegen sie verwendet werden, sind sie bestimmt nicht um Beispiele verlegen.

3. Je nach Betriebsgröße werden Abteilungsleiter vom jeweiligen Programm-Koordinator in die Durchführung des Programms eingewiesen; oder aber, falls die Abteilung zu groß ist, weist der Programmleiter einen Vertreter seiner Abteilung ein, der sich dann wiederum um die Schulung der Vorgesetzten einschließlich der Abteilungsleitung zu kümmern hat.

4. Die Vorgesetzten treffen sich mit ihren Mitarbeitern. Sie erklären ihnen die Logik und das Konzept, die dem Programm zugrunde liegen und veranschaulichen ihnen an einigen Beispielen, warum der Betrieb ihre Unterstützung braucht. Daraufhin sollten folgende Fragen gemeinsam diskutiert werden:

— Wer ist unser ,,Kunde'' oder Abnehmer innerhalb des Betriebs? (Das kann sowohl eine andere Abteilung sein als auch der Generaldirektor oder jede andere Stelle, an die Ergebnisse unserer Arbeit weitergeleitet werden.)

— Was erwartet bzw. braucht der Abnehmer im einzelnen von uns?

— Was könnten wir, um es einmal negativ auszudrücken, im einzelnen tun, daß er nicht bekommt, was er braucht?

— Wer ist der letzte Abnehmer in der ganzen Reihe, d.h., wem dient das Produkt, die Dienstleistung oder die Firma?

— Was erwartet bzw. braucht dieser letzte Kunde von uns?

— Wie können wir, um es noch einmal negativ auszudrücken, sichergehen, daß er nicht bekommt, was er braucht? (Führen Sie die Diskussion hier locker und spielerisch, aber lassen Sie den Gedanken durchaus zu Ende denken.)

— Wählen Sie die besten ,,negativen Maßnahmen'', nach denen hier gefragt wurde, aus, und stellen Sie diese zur Diskussion. Erbitten Sie daraufhin Vorschläge, wie sich diese Vorgehensweisen messen ließen. Zum Beispiel: Gesetzt den Fall, wir würden unsere Rechnungen regelmäßig an die falsche Adresse schicken, dann wüßten wir, daß uns ein Versehen unterlaufen ist, wenn eine dieser Rechnungen nicht wieder mit der Post zurückkommt. Das hieße also, wir hätten aus Versehen die Rechnung an die richtige Adresse geschickt.

— Schreiben Sie die vorgeschlagenen Meßverfahren auf, da diese zu einem späteren Zeitpunkt als Ausgangsbasis für die Messung ,,positiver Maßnahmen'' dienen sollen.

5. Fordern Sie die Leute nun auf, das Gedankenspiel einmal andersherum anzuge-
    hen und sich Vorschläge zu überlegen, wie die Abteilung sichergehen könnte,
    daß diese Irrtümer nicht vorkommen. Auf dem Vorschlagsformular heißt es:
    „Wie können wir auf Nummer Sicher gehen, daß unser Kunde das bekommt,
    was wir ihm in Aussicht gestellt haben?"

6. Nehmen Sie die Vorschläge entgegen, und verteilen Sie für jeden eingereichten
    Vorschlag eine „Nummer Sicher"-Plakette. Der Vorgesetzte fügt jedem Vor-
    schlagsformular einen eigenen Kommentar bei und leitet den Vorschlag dann
    an den Programmkoordinator weiter.

7. Machen Sie viel Aufhebens um Vorschläge, die sofort in die Tat umgesetzt
    werden. Lassen Sie die Ideen und die Fotos ihrer Urheber am Schwarzen Brett
    aushängen.

8. Die Nützlichkeit von Vorschlägen kann dadurch gemessen werden, daß man
    die Arbeitsstunden ausrechnet, die eingespart werden können, indem man eine
    Aufgabe auf Anhieb richtig ausführt. Mitunter können auch Materialkosten
    eingespart werden. Um den Geldwert der Einsparungen zu ermitteln, multipli-
    ziert man die eingesparten Arbeitsstunden mit dem Stundentarif. Sie sollten
    jedoch nie aus den Augen verlieren, daß es bei dem Programm letzten Endes
    darauf ankommt, den Leuten die richtige Einstellung zur Fehlervorbeugung
    zu vermitteln.

9. Veranstalten Sie in der letzten Woche eine Art Countdown: noch vier Tage,
    um auf Nummer Sicher zu gehen, noch drei Tage ...usw.

10. Richten Sie an jeden Mitarbeiter ein Schreiben, in dem Sie ihm für die Beteili-
    gung an dem Programm Ihren Dank abstatten und ihm mitteilen, daß jeder ein-
    zelne Vorschlag aufs genaueste geprüft werden wird.

11. Bringen Sie so viele Vorschläge wie nur möglich zur Anwendung, und berich-
    ten Sie in den folgenden Monaten regelmäßig über deren Ergebnisse und
    Erfolge.

12. Vertiefen Sie sich in den Leitfaden für die Einführung in das Programm. Beste
    Ergebnisse erzielen Sie, wenn Sie sich buchstabengetreu an diese Anleitung
    halten.

Das Wichtigste in Kürze

Doch die Unternehmenswirklichkeit sieht heutzutage so aus, daß sich Verkaufskosten Jahr für Jahr schneller erhöhen als Ihre Preise.   10

„Qualität ist wie Ballet, nicht wie Hockey."   13

Das eigentliche Problem beim Qualitätsmanagement ist weniger, was die Leute
nicht wissen. Das Problem ist vielmehr, was sie zu wissen glauben.   13

Mit der Qualität verhält es sich nicht viel anders als mit dem Sex.   13

Es ist schwierig, eine sachliche und realistische Diskussion über Sex, Qualität
oder andere komplexe Themen zu führen, ehe nicht einige grundlegende Irrtümer
aufgedeckt und aus dem Weg geräumt sind.   13

Wir müssen zunächst die Gedankengänge näher untersuchen, die der Auffassung
Vorschub leisten, Qualität sei nichts anderes als Hochwertigkeit und immer mit
Mehrkosten verbunden.   14

Es sind Menschen, die für die Betriebsführung in einem Unternehmen verantwortlich sind, ganz gleich, ob es sich um eine Gießerei oder ein Hotel handelt.   14

Die erste Fehleinschätzung ist die, daß Qualität mit Hochwertigkeit gleichzusetzen sei oder auch mit Luxus, Glanz, Gewichtigkeit.   14

„Lebensqualität" ist ein Klischee, weil jeder, der den Ausdruck gebraucht, es
für selbstverständlich hält, daß sein Gegenüber darunter dasselbe versteht wie er. 14

Wir müssen Qualität als „Erfüllung von Anforderungen" definieren, wenn wir
sie bewerkstelligen wollen.   14

Der zweite grundsätzliche Irrtum ist der, Qualität sei ein nicht faßbarer und demzufolge auch nicht meßbarer Begriff. Das Gegenteil ist der Fall: Qualität ist sehr
genau meßbar, und zwar am ältesten und ehrenwertesten alle Maßstäbe — an barer, harter Münze.   15

Der dritte irrige Glaube ist der, es gäbe so etwas wie einen Gesichtspunkt der
„Wirtschaftlichkeit von Qualität".   15

Die vierte Fehleinschätzung, die Schwierigkeiten bereitet, läuft darauf hinaus,
daß angeblich alle Qualitätsprobleme von den Arbeitern verursacht seien, insbesondere von denen im Fertigungsbereich.   16

Eine Karriere könnte längst beendet sein, ehe ein Mensch Gelegenheit hätte, aus jedem möglichen Fehlschlag Erfahrungen zu sammeln. 24

Probleme ziehen immer neue Probleme nach sich, und wenn es keine disziplinierte Methoden gibt, sie offen anzugehen, kommen immer neue Probleme hinzu. 25

Betriebe auf der Stufe der Unsicherheit wissen, daß sie Probleme haben, aber nicht, warum; was sie wohl sagen können, ist, daß es nicht daran liegt, daß sie nicht hart genug arbeiten. 26

Für das Durchlaufen der einzelnen Entwicklungsstufen im Bereich der Qualitätsverbesserung gibt es keinen festen ,,Fahrplan" wie bei Verkehrsbetrieben. 27

Qualität bedeutet Erfüllung von Anforderungen. Das Fehlen von Qualität ist gleichzusetzen mit Nichterfüllung. 38

Wir Menschen sind allesamt schwach und eitel. 42

In der Unsicherheitsphase gibt es nur die Gegenwart. Die Welt beginnt jeden Tag neu und endet mit demselben Abend. 43

Wovor Betriebe auf der Stufe der Einsicht im Grunde zurückschrecken, ist die Ausrichtung auf die Zukunft. Die Unsicherheit weiß nichts über die Zukunft und macht sich folglich darüber keine Sorgen. Die Einsicht weiß davon und macht Sorgen. Keiner handelt, wenn auch aus verschiedenen Gründen. Was dabei herauskommt, ist in beiden Fällen dasselbe. 44

Im Grunde steht und fällt alles mit der Einstellung. 45

Das erste, was einem auffällt, wenn das Management eines Betriebs in die Erleuchtungs-Phase eintritt, ist ein Nachlassen der Spannungen. 45

Die Tatsache, daß der Geschäftsführer und die Abteilungsleiter hohe Ideale haben, sagt noch lange nichts über den Rest der Belegschaft aus. 46

Es dauert Jahre, bis eine echte, dauerhafte und nicht mehr rückgängig zu machende Qualitätsverbesserung eintritt. Und selbst dann noch kann man ihrer nie sicher sein. 46

Unternehmen, die Qualitätsverbesserungs-Programme mit Motivationsprogrammen verwechseln, erreichen nie die Stufe der Weisheit. 47

Wenn man keine Fehler erwartet und bei ihrem Auftreten höchst befremdet ist, kommen einfach keine Fehler vor. 47

Denken Sie daran, wie weit Ihre Firma es bringen könnte, wenn Sie die Aufwendungen für Fehler vollständig eliminierten.

47

Der effektivste Weg, um Stabsmitglieder und andere Führungskräfte zur Einsicht zu bewegen, ist, sie mit jemandem in Kontakt zu bringen, dem sie Glauben schenken.

47

Jeden Tag kommen Vorschläge von wohlmeinenden, aufmerksamen, aufrichtigen Leuten, die wollen, daß getan wird, was sie für richtig halten. Das ist eine Hürde, die schrecklich schwer zu überwinden ist.

47

In jedem Betrieb gibt es einen Bereich, der für neue Ideen aufgeschlossener ist als alle anderen.

48

In Streitfällen will man sich auf Grundsätze berufen können.

54

Sinn und Zweck einer unabhängigen, objektiven Qualitätsabteilung ist es, Entscheidungen denjenigen vorzubehalten, die aus dem jeweiligen Ergebnis keinen Nutzen ziehen.

55

Wenn eine Sache leicht zu verstehen und sinnvoll ist und doch nicht immer getan wird, dann muß es dafür einen Grund geben.

55

Man kann bestens davon leben, wenn man sich aktiv für Qualität einsetzt und nicht nur überprüft, warum sie auf der Strecke geblieben ist.

56

Als „Fehlervorbeuger" kann man reich werden.

56

Es gibt absolut keinen Grund, warum ein Produkt oder eine Dienstleistung Fehler oder Mängel aufweisen sollte.

57

Management auf Funktionsebene ist weit schwieriger als auf der operativen Ebene.

57

Auf der operativen Ebene geht es lediglich darum, die Leute aus den Funktionsbereichen herumzukommandieren.

57

Ein Inspektor wird seinem Namen nicht gerecht, wenn die Inspektion nicht unabhängig und endgültig ist.

58

Die Hälfte der vorkommenden Rückweisungen werden vom Käufer verschuldet.

60

Die Qualitätstechnik hat zur Aufgabe, die Arbeit der ganzen übrigen Abteilung zu bestimmen und zu planen.

61

Die Leute sind durchaus für Messungen, solange sie fair und offen durchgeführt werden.　　61

Das obere Management läßt die Qualitätsleute nur so weit auf die Zukunft hinarbeiten, wie es für das Überleben in der Gegenwart erforderlich ist.　　62

Die eigentliche Stärke und der Wert der Qualitätstechnik liegt darin, daß sie aus der Vergangenheit lernt, um die Zukunft reibungsloser zu gestalten.　　62

Die Leute werden Ihnen immer nur von den Schwierigkeiten, die ihnen andere machen, erzählen. Sie werden Ihnen niemals offenbaren, was auf ihr eigenes Konto geht.　　62

Sobald Sie im blauen Anzug auftreten, sagt Ihnen kein Mensch mehr die Wahrheit.　　62

Erwünschte Dinge treten nur ein, wenn sie geplant wurden; unerwünschte Dinge stellen sich von selbst ein.　　63

Jede neue Sache muß getestet und erprobt werden, ehe sie angewandt werden kann.　　63

Das entscheidende Kriterium ist letztendlich die Realität.　　63

Audits sind eine Art Gendarmerie des Geschäftslebens.　　64

Bei Audits werden lediglich die Gleichgültigen, Gelangweilten oder Achtlosen ertappt.　　64

Eine Theorie über menschliches Verhalten besagt, daß die Menschen unbewußt selbst ihre intellektuelle Weiterentwicklung hemmen.　　65

Die Fanatischen, die Engstirnigen, die Halsstarrigen und die ewigen Optimisten haben allesamt aufgehört zu lernen.　　65

Der Kunde verdient es, genau das zu bekommen, was zu liefern wir uns verpflichtet haben.　　66

Wenn staatliche Bestimmungen zu wünschen übrig lassen, liegt das meist daran, daß die unmittelbar Betroffenen sich nicht die Zeit nahmen, beratend und anregend auf eine optimale Gesetzgebung über Anforderungen und Verfahrensfragen hinzuwirken.　　66

Es gibt viel einfachere Wege, sich an der Welt zu bereichern, als ein paar Mark aus einem großen Unternehmen herauszuschinden.   67

Tag für Tag werden Millionen von Produkten hergestellt, die nicht vor Gericht enden.   67

Die Leute wollen nicht mehr, als daß ihre Rechte gewahrt werden, solange Sie diese Rechte nicht mit Füßen treten. Dann allerdings wollen sie sich rächen.   67

Ich habe noch nie ein Problem mit der Produktsicherheit erlebt, das nicht im Grunde durch das fehlende Güteverständnis einer einzelnen Führungskraft verursacht gewesen wäre.   68

Produktsicherheit ist kein rechtliches Problem, sondern ein ethisches.   68

In keiner Situation sind wir so exponiert, wie wenn wir ein Problem anzugehen haben.   70

Bei jedem menschlichen Konflikt gibt es Sieger, Verlierer und Zuschauer.   71

Unternehmen, die Probleme wirklich angehen wollen mit der festen Absicht, sie zu lösen, müssen auf allen Etagen eine offene Gesellschaft entstehen lassen, die von den Grundsätzen der Integrität und Objektivität beherrscht wird.   71

Über 85 Prozent der Probleme können bereits auf der ersten Vorgesetztenebene gelöst werden.   72

Hin und wieder stößt man auf ein Problem, für das es keine Lösung gibt. Dann bildet man sich ein Urteil, akzeptiert die Situation − und das Leben geht weiter. Rechnen Sie mit ein oder zwei Fällen dieser Art im Lauf eines Berufslebens.   72

Spezifische Probleme bedürfen einer spezifischen Lösung.   72

,,Montage ist eigentlich nichts weiter, als große Dinge aus kleinen zu machen.''   75

Qualitätsverbesserung ist völlig aussichtslos, wenn Menschen nicht zu der Einsicht bereit sind, daß Verbesserung nottut.   77

Wenn Sie sich auf dem Weg zu einem Ziel nicht über jeden Schritt Ihres Weiterkommens im klaren sind, werden Sie nie wissen, wann Sie stehen oder ob Sie ihr Ziel erreicht haben.   83

Die Leute bilden sich gerne ein, daß sie das Geschehen in der Hand haben, aber in Wirklichkeit ist es umgekehrt.   84

Im Grunde läuft die Einstellung des Mitarbeiters darauf hinaus, daß dieser im
Vorgesetzten „die Firma" personifiziert sieht.   91

Qualität kostet nichts, doch diese Tatsache wird keinem je bewußt, solange nicht
irgendein allgemein anerkanntes Meßverfahren dafür existiert.   100

Selbst in den ausgesprochenen Produktionsbetrieben nimmt rund die Hälfte der
Belegschaft das Produkt nie in die Hand.   101

Als einzelne sind wir allesamt „Dienstleistende". Außer wenn wir als Blutspender auftreten − dann sind wir Herstellungsbetriebe.   101

Verlieren Sie sich nicht im sumpfigen Gelände der Statistik.   105

Was für den Reformer vom Sturm-und-Drang-Typ am schwersten zu begreifen
ist, ist die Tatsache, daß jede wirkliche Verbesserung einfach ihre Zeit braucht. 107

Im Grunde sind wir sehr schwerfällig, was Veränderungen anbelangt, weil wir
das Neue zunächst ablehnen.   108

Die Stadtsanierung hat mehr Geld verschlungen als irgendein anderes Programm
der öffentlichen Hand, mit Ausnahme der Rüstung.   108

Beide Unterfangen sind in ihren Auswirkungen gar nicht so unähnlich: gewaltsa-
me Eingriffe in Städte und das Leben ihrer Bewohner. Der Unterschied liegt vorwiegend in der geographischen Lage der betroffenen Städte.   108

Man muß die Menschen behutsam an etwas heranführen, was sie längst als richtig
erkannt haben.   108

Um ein guter Tennisspieler zu werden, ist mehr nötig als der richtige Schläger
und die besten Vorsätze.   109

Wer in seinem Betrieb ein Verbesserungsprogramm, gleich welcher Art, durchzusetzen hat, wird immer das Gefühl haben, die anderen seien gegen sein
Programm.   109

Wir stellen uns nicht gerne mit einem eigenen Beitrag ins Blickfeld, wenn wir
nicht ganz sicher sein können, daß er die richtige Aufnahme findet.   109

Die meisten Dinge funktionieren nicht so, wie sie sollten.   111

Indem das Management zu der Einsicht gebracht wird, daß seine persönliche Verpflichtung und Mitwirkung an dem Programm unbedingt notwendig ist, wird das Qualitätswesen ins Blickfeld gerückt, und man kann mit jedermanns Mitwirkung rechnen, solange erkennbare Fortschritte erzielt werden. 111

Durch die Formalisierung des gesamten Meßsystems innerhalb eines Unternehmens werden die Kontroll- und Testfunktionen gestärkt und korrekte Messungen gewährleistet. 113

Indem man die Berechnung der Qualitätskosten vom Rechnungswesen durchführen läßt, räumt man alle Zweifel an der Objektivität der Ergebnisse aus. 114

Der eigentliche Vorteil der Kommunikation ist die Tatsache, daß Qualität dadurch regelmäßig als ein positiver Wert zwischen Vorgesetzten und Beschäftigten im Gespräch ist. 114

Mit jedem Schritt des gesamten Programms haben sich Verbesserungen eingestellt. 115

Vorgesetzte beweisen ihr Verständnis für das Programm durch die Fähigkeit, es zu erklären. 115

Die Verpflichtung auf das Null-Fehler-Konzept an einem besonderen Tag zu begehen, verleiht dem Programm Nachdruck und läßt es nachhaltig in Erinnerung bleiben. 115

Echte Anerkennung für Leistung ist etwas, das jeder Beschäftigte zu würdigen weiß. Sie liefert den Ansporn zur kontinuierlichen Mitarbeit im Programm, und zwar auch dann, wenn der einzelne nicht von der Auszeichnung betroffen ist. 116

Durch die stete Wiederholung wird das Programm zur Dauereinrichtung und somit Teil des „tragenden Gerüsts". 117

Wo Qualität nicht fest im Unternehmen verankert ist, kommt sie nie zustande. 117

Das Wort „Stil" beinhaltet im gängigen Sprachgebrauch oft eine subjektive Leistungsbewertung. 119

Jede Generation stellt beim Blick auf die Generation vor ihr fest, daß die Situation sich doch grundlegend gewandelt habe. Aber unsere Generation braucht nicht auf eine andere Generation zurückzublicken, um das sagen zu können. 120

Daß es der Führungskraft an sich schon schwerfällt, die Mitarbeiter zu verstehen und richtig mit ihnen umzugehen, wird nicht gerade erleichtert durch die Tatsache, daß die Leute ihre Arbeit nicht allein deshalb tun, weil sie von ihnen verlangt wird.   121

Wenn es um das Verständnis für die Zielsetzung und Arbeit des Unternehmens geht, darf man zwischen den verschiedenen Ebenen der Unternehmenshierarchie keine Unterschiede machen.   122

Wir brauchen Führungskräfte, die sich selbst vollkommen in der Hand haben, die zu kreativem Denken befähigt und zugleich in der Lage sind, ihre Ideen auch praktisch zu verwirklichen, und die dabei immer noch locker genug bleiben, die Gefahr, die hinter der nächsten Wegbiegung lauert, vorherzusehen und zu umschiffen.   123

Im Grunde können wir uns nicht vorstellen, daß wir einer beruflichen Tätigkeit nachgehen wollten, die nicht ein hohes Maß an Integrität und Mitgefühl von uns verlangt.   123

Unsere goldenen Worte haben keinen Wert, sofern sie ungehört verhallen.   124

Wenn Ihre Mitmenschen erst einmal gemerkt haben, daß Sie sich beim Zuhören die Zeit nehmen, sie zu verstehen, werden sie selbst sich die Zeit nehmen, ein Konzept in ihre Gedanken zu bringen, so daß sie leichter zu verstehen sind.   124

Es gibt nichts Wichtigeres als echtes Zuhören und Verstehen – und nichts Rareres.   124

Einem Team anzugehören ist dem Menschen nicht von Natur aus gegeben; aber es läßt sich lernen.   124

Kooperation bedeutet nicht, daß man seinen Prinzipien untreu werden soll.   125

Vertrauenswürdige Leute machen sich bei ihrer täglichen Arbeit keine nennenswerten Feinde.   125

Manager, die ignoriert werden, können mit niemandem mehr kooperieren.   125

Helfen hat etwas mit Geben zu tun, ohne direkte Erwartung einer sofortigen Gegenleistung.   125

Um in konstruktiver Weise helfen zu können, muß man wirklich aufrichtig an Menschen und Ergebnissen interessiert sein.   126

Wahre Hilfe ist wirklich uneigennützig. 126

Wenn man sicher sein kann, daß Ihre Bestrebungen, Hilfe zu leisten, auf wirklicher Anteilnahme an der Person beruhen und nicht Ihnen selbst zum Vorteil gereichen, dann wird man Ihre Hilfe bereitwillig annehmen. 126

Auf dem Gebiet der persönlichen Ideenvermittlung wird mehr zur Verbesserung getan als auf irgendeinem anderen Sektor und weniger erreicht. 126

Man muß etwas zu sagen haben. 126

Ihre Kleidung, Ihr physisches Auftreten, Ihre Figur, Ihre Gepflegtheit und viele andere Ihrer Eigenheiten sagen sehr viel über Sie aus, und zwar oft so vordringlich, daß Ihre Worte vielleicht gar nicht mehr gehört werden. 126

Schreiben ist wie Bällewerfen. Die größte Zielsicherheit erreicht man mit kurzen, geradlinigen Würfen; unerwünscht sind dagegen lange, gebogene Wurflinien. 126

Sich verständlich zu machen ist harte Arbeit. 127

Sich auf eine öffentlich gehaltene Rede überhaupt nicht vorzubereiten ist einer der schlimmsten Auswüchse von Selbstgefälligkeit. 127

Jede dieser Übermittlungsfunktionen lassen in Ihrem Gegenüber oder in Ihrem Publikum ein festes Bild von Ihnen entstehen. 127

Denken Sie nur an die Personen, an denen Sie aus irgendwelchen Gründen etwas auszusetzen haben. Sie meinen wahrscheinlich, sie seien bewußt so, wie sie sind. Aber es steckt bestimmt keine Absicht dahinter. 128

In der Welt des Managements ist Kreativität durchaus erlernbar. 128

Sie können lernen, für ein kompliziertes Problem auf kreativem Weg eine Lösung zu finden, indem Sie der einzige sind, der dieses komplexe Problem auf seine Hauptursachen reduziert. 128

Was für den Führungsstil in puncto Kreativität am Allerwichtigsten ist: Sie sollten sich nicht zur Gewohnheit machen, Ihre Einfallslosigkeit immer wieder laut zu betonen. 128

Nicht einmal der zehnte Teil der Menschheit ist wirklich kreativ in dem Sinn, daß die Leute in der Lage sind, aus einem völlig eigenständigen, neuartigen Gedanken ein eigenständiges, neuartiges Konzept zu entwickeln. 128

Es ist viel weniger kostenaufwendig, Fehlern vorzubeugen, als fehlerhafte Produkte nachzubessern, auszusondern oder im Kundendienst instandzusetzen.   147

Wenn das Management des Unternehmens keine offizielle Qualitätspolitik festlegt, dann wählt sich die Belegschaft ihre eigene − und zwar jeder eine andere.   148

,,Du bist dabei, in der Firma ein neues Verhaltenskonzept einzuführen, mußt aber gleichzeitig so tun, als ginge es nur um eine Management-Technik.''   167

Qualitätsmessung kann nur effektiv sein, wenn sie zu Meßwerten führt, die von den Leuten verstanden werden.   167

Die meisten Manager sind so mit dem Heute und mit der Lösung ihrer realen und eingebildeten Probleme beschäftigt, daß sie es nicht fertigbringen, korrektive oder sonstwie konstruktive Maßnahmen für mehr als eine Woche im voraus zu planen.   174

Die Leute schaffen sich die meisten ihrer Probleme durch ihre Einstellung selbst.   177

Negative Einstellungen wirken ansteckender als positive.   177

Ein Verbesserungsprogramm als Dauereinrichtung wird fester Bestandteil der Unternehmenskultur.   182

Wir prägen die Einstellung der Leute, ob wir wollen oder nicht.   187

Korrekturmaßnahmen zu erarbeiten heißt im Grunde nur, daß man Steine umdreht und nachsieht, was darunter ist.   191

Wir messen mit zweierlei Maß: einen Standard legen wir im persönlichen Leben an, einen anderen bei unserer Arbeit.   196

An dem Motto ,,Null Fehler'' führt kein Weg vorbei. Es ist absolut eindeutig.   202

Die Leute arbeiten im Grunde nicht um des Geldes willen.   213

Motivation ist immer nur kurzfristig wirksam.   223

Wenn man anfängt, Qualität mit Eleganz, Formschönheit, Glanz, Würde, Liebe oder irgendwelchen anderen Werten gleichzusetzen, wird man bald feststellen, daß jeder sich etwas anderes darunter vorstellt.   228

Es ist immer billiger, die Sache gleich richtig zu machen.   228

Wenn man die Inspektions- und Testvorgänge der Fertigung unterstellt, wird man keine genaue Aufzeichnung der gemessenen Fehler erhalten.   229

Gemäß der ihr gebührenden Funktion ist die Qualitätsabteilung dafür zuständig, die Erfüllung von Anforderungen zu messen, aufzuzeichnen und darüber zu berichten; die entsprechenden Korrekturmaßnahmen zu fordern; vorbeugende Maßnahmen zur Fehlerverhütung anzuregen; das Personal auf dem Gebiet der Qualitätsverbessserung zu schulen und als Gewissen des Unternehmens zu fungieren.   229

Die Arbeiter wie alle übrigen Beschäftigten eines Betriebs richten sich in ihren Leistungen nach der Einstellung des Managements.   229

Wenn Sie nicht wissen, wie hoch die Fehlerquote in Ihrem Betrieb ist, wie wissen Sie dann, wann Sie wütend werden sollen?   230

Sie selbst üben doch auch keine Nachsicht, wenn die Produkte, die Sie in Ihrem Privatleben kaufen, nicht den Anforderungen entsprechen. Warum wollen Sie von Ihren Kunden eine andere Verhaltensweise erwarten?   231

Viele der kostspieligsten und frustrierendsten Probleme, die wir heute erleben, haben ihre Wurzel in Geschriebenem, Gedrucktem oder anderen Mitteilungsformen auf dem Kommunikationssektor.   241

Ein falsches Element in der Kommunikationskette reicht bereits aus, um die Effektivität und Genauigkeit des gesamten Ablaufs empfindlich zu stören.   242

Unser Einstieg in das Programm ,,Auf Nummer Sicher Gehen'' ist zunächst die Erkenntnis, daß wir viele unserer Probleme selbst verursachen und es an uns liegt, sie zu verhindern.   244

Sachregister